WIR WERDEN
DICH TÖTEN

MICHAEL SCOTT MOORE

WIR WERDEN DICH TÖTEN

977 TAGE IN DER HAND VON PIRATEN

Übersetzung aus dem
Amerikanischen: Martin Both

Edel Books

Ein Verlag der Edel Germany GmbH

Copyright © 2018 by Michael Scott Moore

Published by arrangement with The Robbins Office, Inc. and Aitken, Alexander &
Associates, Ltd.

Copyright © 2019 Edel Germany GmbH,

Neumühlen 17, 22763 Hamburg

www.edelbooks.com

Übersetzung: Martin Both

Projektkoordination: Dr. Marten Brandt

Lektorat: Annette Krüger

Layout und Satz: datagrafix GSP GmbH

Umschlaggestaltung: Rothfos & Gabler, Hamburg

Druck und Bindung: optimal media GmbH, Glienholzweg 7

17207 Röbel / Müritz

2. Auflage 2019

Printed in Germany

ISBN 978-3-8419-0638-0

In Algiers one speaks simply of the existence of two varieties of Islam – one, which is called the Islam of the desert, and a second, which is defined as the Islam of the river (or of the sea). The first is the religion practiced by warlike nomadic tribes struggling to survive in one of the world's most hostile environments, the Sahara. The second Islam is the faith of merchants, itinerant peddlers, people of the road and of the bazaar, for whom openness, compromise, and exchange are not only beneficial to trade, but necessary to life itself.

RYSZARD KAPUSCINSKI, *TRAVELS WITH HERODOTUS*

INHALT

PROLOG

Rolly Tambara hatte ein Problem: „Der Pirat hat meine Bibel mit Füßen getreten!"

Rolly saß mit mir im Schatten eines Förderbands an Deck eines gekaperten Thunfisch-Kutters. Er war vermutlich mein bester Freund im Umkreis von zweieinhalbtausend Kilometern, sicherlich der beste Freund in der somalischen Region Galmudug, wo wir uns das erste Mal getroffen hatten, und ganz bestimmt der einzige Freund hier vor dem Horn von Afrika im Indischen Ozean, wo der Kutter momentan vor Anker lag.

Rolly stammte von den Seychellen und war Fischer, ein alter Mann, faltige Stirn, kahler Kopf, gedrungene Gestalt, klein, kräftig, aufrecht. Er sprach Kreolisch. Nach einiger Zeit als Geiseln an Land hatte man uns an Bord der NAHAM 3 verschleppt.

„Wer war es?", fragte ich.

„Kenn ihn nicht."

Rolly saß mit seiner Bibel an Deck, als einer der Piraten von der Brücke herabkam, um sich Tee zu kochen. Während er darauf wartete, dass das Wasser kochte, setzte er sich zu Rolly, neugierig, was dieser da las. Als er sah, dass es eine Bibel war, versuchte er sie mit seinen salzverkrusteten Füßen über Bord zu kicken – mit den Händen hätte er dieses Buch niemals angerührt.

„Ist sie über Bord gegangen?"

„Nein, ich konnte sie gerade noch retten."

„Wo ist der Kerl jetzt?"

„Auf der Brücke, mit seinem Tee."

„Und du weißt nicht, wie er heißt?" Rolly schüttelte den Kopf.

„Du musst es Tuure sagen."

Auf diesem verfluchten Kahn war Tuure der Chef, ein Somali undefinierbaren Alters mit nach vorn gebeugten Schultern, zerzaustem

Haar und Zahnlücken, die sein Grinsen regelmäßig freilegte. Sein eigenartiger Sinn für Humor und sein – wenn auch eigenwilliges – Verständnis von Gerechtigkeit sicherten ihm einen gewissen Einfluss unter den Piraten. Er lief an Deck umher und grüßte mit erhobener Hand jeden, dem er begegnete, mit einem krächzenden „Heeyyyy!". Er war klapperdürr, sein Anblick erinnerte mich an „The Fonz" aus der Kultserie Happy Days – nur noch etwas heruntergekommener und morbider. Tuure würde vermutlich nicht viel mit einer Bibel anfangen können, aber er ließ andere mit seinem muslimischen Glauben in Ruhe. Außerdem verachtete er Respektlosigkeit – ein wenig zumindest.

Rolly hörte auf meinen Rat und ging aufs Oberdeck. Seine Beschwerde sorgte bei den Piraten für Aufregung. Ich brühte mir eine Tasse Instantkaffee auf und verzog mich an einen Platz, von wo ich über das Wasser aufs Land blicken konnte. Wir lagen unmittelbar vor der Stadt Hobyo. Kurzsichtig, wie ich war, sah ich allerdings wenig mehr als ein paar verschwommene graue Felsen auf dem ansonsten wüstenleeren Ufer. Manchmal blitzte das Sonnenlicht wie Nadelstiche auf, wenn es von den Zinkdächern der Hütten in der Stadt reflektiert wurde.

Die NAHAM 3 maß von Heck bis Bug etwa 50 Meter. Sie fuhr unter der Flagge Omans, war allerdings von einer taiwanesischen Firma gechartert worden, ein Langleinen-Fischerboot. Die Besatzung waren chinesische, kambodschanische, vietnamesische, indonesische und philippinische Fischer und Seeleute. Jetzt saßen sie als Geiseln an Bord ihres Schiffes fest und vertrieben sich ihre Zeit mit Kartenspielen und Rauchen, Insassen eines Gefangenenlagers auf See. Ich selbst, damals Anfang 40, war als Journalist an Bord gestrandet, mein altes Leben in Berlin nur mehr eine verblassende, ferne Erinnerung. Ich war schmächtig geworden. Während der drei, vier Monate in Gefangenschaft hatte ich gut 20 Kilo verloren.

Am Heck des Schiffes gab es eine Thunfischwaage: ein Haken mit Federn. Man konnte ein Seil daran befestigen und sich baumeln lassen. Dann hing man da wie ein toter Fisch. An der Reling stand Jian Zui – gesprochen „Jyen-Tswai". Das war sein Spitzname. In Wirklichkeit hieß er Leng Wenbing. Er stammte aus China. Sein flaches Gesicht wirkte einfältig, nur manchmal zeigte sich ein breites Grinsen. Jian streckte mir seine Zigaretten entgegen.

„Nein danke!"

Er schnippte seinen Zigarettenstummel über die Reling ins Wasser, blickte hinüber nach Hobyo und legte seine Handflächen über dem Kopf zusammen, wie für einen Kopfsprung über Bord. Mir stockte der Atem, seine Geste war ein klarer Verstoß gegen die ungeschriebenen Gesetze an Bord. Verstohlen sah ich mich nach unseren bewaffneten Wächtern um, die auf dem Oberdeck in der Sonne dösten. Jian Zui und ich konnten uns kaum verständigen, dachten aber das Gleiche. Tausende Male schon hatte ich mir vorgestellt, mit einem beherzten Sprung ins Wasser mein Gefängnis zu verlassen. Bei Jian war ich mir allerdings nicht sicher, ob er schwimmen konnte.

Er grinste: alles nur Spaß! Er blickte gen Himmel und faltete seine Hände zum Gebet wie ein guter Katholik: „Santa Maria!"

„Santa Maria!", unter den Chinesen an Bord hieß das so viel wie „Tod". Wer springt, ist tot.

Ich nickte.

Ein Motorboot schoss über die Dünung auf uns zu. Zweimal täglich kam ein Versorgungsboot von Hobyo herüber. „Moto", kommentierte Jian Zui. Das Boot kam längsseits, die Insassen warfen ein Tau an Bord und die Piraten belegten damit eine Klampe an Deck, während die Wellen die Boote auf und ab schaukeln ließen. Drei, vier Somalis sprangen an Bord, ein weiterer reichte ihnen einen Sack Khatblätter, ein Aufputschmittel, das die Somalis kauen, so wie im Westen Alkohol getrunken wird. Die Piraten stritten sich, wer den Sack oben verstauen sollte.

In diesem Sommer des Jahres 2012 beobachtete ich das Kommen und Gehen der Zulieferboote mit vorsichtigem Optimismus. In einem der seltenen Telefongespräche mit meinen Angehörigen daheim in Kalifornien hatte ich auf Deutsch einen Hinweis auf unseren Aufenthaltsort fallen lassen. Meine Mutter wollte mir daraufhin ein Carepaket schicken.

„Michael, können wir dir ein Carepaket dorthin schicken?"

Der naive Optimismus in ihrer Stimme klang noch lange in meinem Inneren nach. Er hatte mich damals verwirrt und trostlos zurückgelassen. Die Vorstellung, ein Carepaket könnte es wirklich an all den Clans und Verbrecherbanden vorbei durch die Savanne zu mir schaffen, ließ mir die Tränen in die Augen steigen.

Von Süden her kam ein Flugzeug geflogen und kreiste über Hobyo. Noch bevor ich den Propellerlärm hörte, sah ich es am Himmel. Dann trug der Wind Geräuschfetzen übers Wasser zu uns herüber. Als es in weitem Bogen über uns flog, glaubte ich einen europäischen oder amerikanischen Aufklärer zu erkennen, war mir ohne Brille aber nicht sicher. Doch da kam auch schon ein Somali mit finsterem Blick von der Brücke zu uns herab und drohte mit der Waffe.

„Amerikaner!", rief er.

Er drängte mich dorthin zurück, wo man mich vom Flugzeug aus nicht sehen konnte. Auch die Piraten zogen sich zurück, aus Angst, ihre Gesichter könnten erkannt werden.

„Amerikaner!", rief der Somalier nochmals und wedelte mit seiner Pistole herum. Für uns Geiseln hatte er nur Verachtung übrig. Seinen Befehlen gehorchen zu müssen, ließ Wut in mir aufsteigen. Ich beugte mich erst recht über die Reling und beobachtete die Somalis, wie sie ihre Fracht von der Barke an Bord unseres Schiffes schafften. Ein Carepaket war natürlich nicht dabei.

„Lass es, Michael", drang eine Stimme von unter dem Fließband hervor. „Provoziere sie nicht", sagte Rolly.

DIE GERÜCHTEKÜCHE

Mein Vater hielt sich lieber an das, was er kannte. „Man soll seine Nase nicht in anderer Leute Dinge stecken", sagte er immer. Und es stimmte ja, ich reiste ans Horn von Afrika nicht nur wegen der Weite der Savanne, des rauen Klangs in den Stimmen ihrer Bewohner, des einfachen Lebens ohne die gewohnten Annehmlichkeiten zu Hause. Mich trieb die Neugier. Ich wollte etwas über eine Gruppe Piraten herausfinden, der in Hamburg der Prozess gemacht wurde. Ein Prozess, der damals ganz Europa in Atem hielt. Es war der erste Piratenprozess in Deutschland seit über 400 Jahren. Während ich in Berlin für *Spiegel Online* arbeitete, hatte ich darüber berichtet. Der Prozess bot jede Menge Einblicke in das Denken und die Welt somalischer Piraten. Stoff genug für ein spannendes Buch, wie mir schien.

Ich habe als Journalist viel von dem indischen Dokumentarfilmer Ashwin Raman gelernt, der auch für deutsche Fernsehsender von den Krisenherden der Welt berichtet. Seine Bekanntschaft machte ich 2009 in Dschibuti, von wo aus ich für ein Magazin über Piraterie berichten sollte. Dschibuti ist ein kleiner ostafrikanischer Staat am Ausgang des Roten Meers, mit einer Hauptstadt aus verfallenen Kolonialbauten der französischen Besatzungszeit und zahllosen Hütten aus Zeltplanen, in denen es nach Ziegenmist stinkt. Die glühende Hitze dort ist unerträglich.

Wer aus Europa oder Amerika nach Dschibuti kam, übernachtete gewöhnlich im Méridien, einem teuren Hotel außerhalb der Stadt. Ich stieg jedoch nie dort ab, was die Fahrer, die mich zu meinen Terminen in der Stadt fuhren, regelmäßig verwirrte. „Aber es ist doch ein schönes Hotel, alle Europäer, alle Journalisten übernachten dort", befand der junge Exilfranzose, der mich an meinem ersten Morgen zu einem NATO-Schiff bringen sollte. Ich mied das Méridien jedoch aus gutem Grund. Von den Europäern und Amerikanern dort konnte mir keiner etwas über das alltägliche Leben in Dschibuti erzählen.

„Ich habe keine Ahnung, wo Ihr Hotel liegt", musste selbst mein Fahrer gestehen, auch er komme nur selten in die Stadt.

Etwas außerhalb der Stadt auf der amerikanischen Militärbasis Camp Lemonnier traf ich schließlich Ashwin Raman. Zusammen führten wir ein Interview mit dem zuständigen Flottengeneral. Ashwin lebte zu dieser Zeit schon lange in Deutschland und auch er war nicht im Méridien abgestiegen. Er hatte mit seinen Kriegsberichten bereits zahlreiche Auszeichnungen gewonnen. Seine Ausrüstung: eine kleine handelsübliche Digitalkamera. „Ich filme damit einfach das, was ich sehe, mehr ist es nicht." Ashwin wirkt bei der Arbeit ganz unscheinbar, als sei er nur ein indischer Tourist, der für seine Enkel daheim ein paar Reiseerinnerungen festhalten will. Er hat dieses spezifische Talent, sich mit seiner Kamera unbemerkt selbst den gefährlichsten Situationen zu nähern und auch wieder rechtzeitig zu verschwinden. Vor unserem Treffen hatte er in Somalia mehrere Monate als pakistanischer Muslim getarnt unter den Kämpfern der islamistischen Miliz al-Shabaab gedreht.

Ashwin kann auf ein bewegtes Leben zurückblicken. 1968 verließ er Indien, um in Oxford zu studieren. Doch bereits sein Weg nach England geriet ihm zum Abenteuer. Passende Langstreckenflüge gab es damals nicht. Stattdessen reiste er auf einem Boot voller Mekkapilger, einer hölzernen Dau, entlang der Küste des Arabischen Meers Richtung Nordwest. „Bist du schon mal auf einer Dau gesegelt?", fragte er mich. „Es war ruhig und friedlich – zumindest bis Karatschi. Dann sind die Moslems zugestiegen und es wurde stressig und laut."

Am Ende des Persischen Golfs, in Kuwait, ging er schließlich von Bord und fuhr von dort mit dem Bus weiter nach Bagdad; von dort wollte er den Zug nach Europa nehmen. Am ersten Tag in der Stadt wurde er Zeuge einer Hinrichtung. Das war ganz am Anfang von Saddam Husseins Herrschaft im Irak. Dass er als Reporter auch Zeuge von dessen Ende werden sollte, konnte er damals noch nicht ahnen.

Ein halbes Dutzend Mal kehrte er später als Journalist für deutsche Sender in den Irak zurück. 20 Mal reiste er in deren Auftrag nach Afghanistan. Mich erinnert Ashwin Raman an den indischstämmigen Autor Sir Vidiadhar Surajprasad Naipaul, so verschmitzt und warmherzig, wie er ist, selbst wenn ihm nur selten ein freundliches Wort über die Lippen kommt. Als Oxford-Absolvent ist er durch nichts zu beeindrucken. Nach unserem Interview mit dem Flottengeneral in Camp Lemonnier sprach ich ihn auf seine Ähnlichkeit mit Naipaul an.

„Ich hab ihn mal getroffen", entgegnete er, „ein fürchterlicher Mensch!"

Auch Ashwin arbeitete gerade an einer Reportage über die somalischen Piraten in Dschibuti und schlug vor, gemeinsam weiterzureisen. Ich war geschmeichelt. Außerdem konnte ein erfahrener Ratgeber wie er nicht schaden. Konkrete Pläne hatte ich zu diesem Zeitpunkt nicht.

Camp Lemonnier lag hinter gigantischen Sanddünen auf dem Gelände einer verlassenen Kaserne der französischen Fremdenlegion. Die ganze Siedlung bestand aus Schiffscontainern, dazwischen Basketballfelder, ein paar Wellblechbaracken und gepflasterte Straßen inklusive Straßenschilder. In einem „Navex" – einem Laden der Navy – konnten Ashwin und ich uns mit Zahnpasta und Zeitungen eindecken. Der Laden sah aus, als hätte die Armee einen Drogeriemarkt aus einem Vorort von Los Angeles direkt hierher verfrachtet. Kaltes Neonlicht, Mundspülungen, Tortillachips und das Schmerzmittel Ibuprofen neben Jack-Daniels-Flaschen und Glückwunschkarten, kilometerlange Regale mit verschiedensten Haarshampoos.

Nicht zuletzt um solchen Orten zu entfliehen, war ich nach Berlin gegangen. In meiner Kindheit in Kalifornien war ich oft mit meinem Vater in diesen Läden einkaufen. Einmal versengte er mir dabei aus Versehen den Arm mit einer Zigarette. Er war an dem Nachmittag merkwürdig fahrig, wahrscheinlich hatte er getrunken. Es tat ihm furchtbar leid und er versuchte vergeblich, mich mit ein paar Lakritzschnecken zu trösten. Ich hasste amerikanische Drogeriemärkte.

In Dschibuti jedoch empfand ich das Gegenteil. Wie der deutsche Exilant Kurt Weill, der meinte, dass er auf einer einsamen Insel weniger seine Heimat Berlin als vielmehr die Drug Stores in New York City vermissen würde.

Vielleicht habe ich meinem Vater Unrecht getan. Er war kein einfältiger Mensch. Auch wenn er in seinen letzten Jahren manchmal ziemlich grob sein konnte und vergesslich wurde: Ich habe ihn als zupackenden, ehrgeizigen Mann mit einem verwegenen Lächeln in Erinnerung. Wir lebten in einem gelben Haus mit großem Garten samt Pool im San Fernando Valley. Eine typisch amerikanische Vorstadtfamilie.

Mein Vater hatte meine Mutter in Deutschland kennengelernt. Er arbeitete als Luftfahrtingenieur für den Rüstungskonzern Lockheed. Wenn in Europa ein neuer F-104 Starfighter gebraucht wurde, flogen er und seine Kollegen dorthin, um mit den NATO-Generälen in Italien oder Frankreich die Details zu besprechen. Meine Mutter war Sekretärin im Koblenzer Büro des Konzerns. Von ihrem Wohnort aus musste sie nur kurz den Rhein überqueren, um zur Arbeit zu gelangen.

Ihren bissigen Humor besaß sie schon damals, mit Anfang 20. Laut Familienlegende kam es bei der ersten Begegnung meiner Eltern zu einem amüsanten Missverständnis: Mein Vater musste aufs Klo und verlangte mit breitestem amerikanischen Akzent nach dem „Restroom". Meine Mutter – sie kannte bis dahin nur das englische Wort „to rest" – vermutete, mein Vater sei vom langen Transatlantikflug müde, und wies ihn in einen der Konferenzräume, dort könne er sich ausruhen.

Was nun wiederum meinen Vater irritierte: „In den Blumenkübeln?", soll er gefragt haben.

„Wenn Sie das bequem finden", soll meine Mutter kühl geantwortet haben und auf ihren Stöckelschuhen davonstolziert sein.

Wie viele seiner Freunde und Kollegen bei Lockheed kehrte mein Vater mit einer deutschen Braut nach Amerika zurück. Redselige, weißweinliebende Mütter aus dem Rheinland und pedantische, konservative Väter mit Ingenieursdiplom, das war das soziale Umfeld, in dem ich aufwuchs. Im Kindergarten verliebte ich mich in die Tochter der Lyons, Freunde meiner Eltern aus Koblenz. Sie hatten einen Dackel, der wütend durch das Haus in dem Wüstenvorort tobte, sobald Gäste da waren. Sein Gekläffe war Beweis genug, dass die Familie mütterlicherseits aus Deutschland stammte.

Mein Vater entwickelte als Ingenieur die Elektronik für Satelliten und Flugzeuge. Und er trank – mehr und mehr. So viel, dass am Ende immer deutlicher die Risse in unserem Vorstadtidyll sichtbar wurden. Seine Trunksucht gestand er sich erst ein, als meine Mutter ihn verließ. Oder besser, als sie ihn auf die Straße setzte. Er starb während des Hitzesommers 1981, allein in seiner verqualmten Wohnung gegenüber der katholischen Kirche am Reseda Boulevard. Mom erzählte damals, es sei ein Herzinfarkt gewesen. Nach seinem Tod zogen wir nach Redondo Beach. Die Lage nahe am Meer half gegen Mutters Allergien, allerdings war nun der Garten kleiner und unser Haus bescheidener.

Ich habe meine ganze Kindheit und Jugend in Kalifornien verbracht und habe sowohl im Süden als auch im Norden gelebt. Der oberflächliche Hedonismus der Kalifornier blieb mir dabei immer fremd und das alltägliche Verkehrschaos empfand ich als ebenso absurd wie die Unantastbarkeit der kalifornischen Schlüsselindustrien Film und Luftfahrt. Als Kind entdeckte ich einmal beim Spielen ein altes Kästchen in einem Schrank. Meine Eltern hatten darin Kleingeld aus aller Welt gesammelt. Nicht nur deutsche Mark, auch französische Francs, Schweizer Franken, mexikanische Pesos und britische Pfund waren darin. Beim Anblick der Münzen packte mich das erste Mal das Fernweh. Vorerst jedoch musste meine Briefmarkensammlung das Verlangen nach fremden Ländern befriedigen.

Mit Mitte 30 dann, als meine erste Ehe gerade in die Brüche gegangen war, fiel mir mein deutscher Pass in die Hände. Mit dem kalifornischen Way of Life hatte ich damals genauso abgeschlossen wie mit meiner gescheiterten Beziehung, den amerikanischen Drogeriemärkten, amerikanischer Politik, amerikanischem Fernsehen, dem kalifornischen Verkehr und Shoppingmalls. Kurz, ich hatte mit allem gebrochen, was mich an mein kleines, erbärmliches Leben in den Staaten erinnerte. 2005 ließ ich mich in Berlin nieder.

Aus den Fenstern meines Apartments blickte ich nun auf das Grün der Bäume in einem Ostberliner Park. Ich hatte neue Freunde gewonnen und führte ein angenehmes, ruhiges Leben. Ich liebte die milden, langen Sommertage in der Stadt, ich genoss den bitteren Frost im Winter. Nur ab und zu dachte ich mit Wehmut an den Pazifik. Und als ich erfuhr, dass es auch in Deutschland eine Surferszene gibt, reifte in mir die Idee für mein erstes Buch: *Wie das*

Wellenreiten über die Welt kam – und was zwischendrin noch so alles passierte. Ich wollte zeigen, wie eine völlig unamerikanische Idee zum Inbegriff der amerikanischen Kultur werden konnte und wie sich am Ende die ganze Welt von der amerikanischen Begeisterung für diesen Sport anstecken ließ. Ein Reisetagebuch sollte es sein, es sollte von Hippies, amerikanischen Touristen und den Freizeitangeboten für die im Ausland stationierten amerikanischen Soldaten handeln, davon, wie nach dem Zweiten Weltkrieg der Surfsport und damit die amerikanische Kultur hinaus in die Welt getragen wurden.

Für das Buch bereiste ich Westafrika, Kuba, Marokko, Israel und den Gaza-Streifen. Dabei hörte ich erstmals Geschichten von modernen Piraten rund um Afrika und in der Karibik. Die moderne Piraterie wuchs sich zu dieser Zeit zu einem ernsten Problem auf internationalen Seewegen aus, vor allem am Horn von Afrika. Zu Hause in Berlin am Newsdesk bei *Spiegel Online* verfolgte ich die Meldungen von Entführungen und gekaperten Schiffen mit großer Neugier, während ich im Stillen schon über mein nächstes Abenteuerbuch nachdachte. Ich begann mich über die Art der Berichterstattung zu ärgern. Somalische Piraten, so hieß es, hätten nichts zu tun mit Seeräuberromantik, mit Augenbinden, Totenkopfflaggen und Papageien. Die Piraten von heute seien eine ernsthafte Gefahr. Nur die von heute? Das stimmte nicht. Zwar war ich wie jeder amerikanische Junge mit wilden Piratengeschichten aufgewachsen, wie sie Hollywood zu Blockbustern à la *Pirates of the Caribbean* weiterspinnt, zu nostalgischem Unsinn und martialischen Märchen. Aber mir war klar, dass die Wirklichkeit damit nichts zu tun hatte – auch die historische nicht. Vermutlich waren die Piraten von damals genauso bösartig und gefährlich wie die Piraten vor den Küsten Somalias heute. Ich ahnte nur noch nicht, wie viel *alle* Piraten miteinander gemeinsam haben.

Mitte der 80er-Jahre beschrieb Lou Reed in seinem prophetischen Song *Video Violence* eine Gesellschaft ganz im Bann der Popkultur, gefesselt durch Fernsehbilder von Explosionen und Schießereien. Inzwischen gehörten Gewaltexzesse wie das Schulmassaker in Columbine zum amerikanischen Alltag. Der Einsturz des World Trade Centers oder die Kriegsberichte von der US-Invasion im Irak, Bilder und Szenen, die der Fantasie eines Katastrophenfilmregisseurs zu entstammen schienen, beherrschten die Medien. Für mich war die neue Piraterie vor Somalia ein Beispiel für diesen Verfall der bisherigen Ordnung. Ich war Zeitzeuge und wollte genauer wissen, wie es dazu gekommen war.

Von Dschibuti aus kreuzte ich mehrere Tage an Bord einer NATO-Fregatte im Golf von Aden. Die GEDIZ fuhr unter türkischer Flagge und hatte sich bereits vor der Nordküste Somalias einen Ruf als Piratenjäger erworben. Kapitän Hasan Özyurt war dennoch unzufrieden. Ohne die vielen Einsatzvorschriften der NATO wären er und sein Kriegsschiff noch viel erfolgreicher. Hasan Özyurt zufolge war den Piraten nur mit einem härteren Mandat beizukommen. 200 Jahre lang hätten die Weltmächte die Piraterie in Schach gehalten, sagte er. „Dass die Piraten heute wieder hier draußen sind, ist ein Armutszeugnis für unsere Zeit."

Und vermutlich hatte er recht. Piraten hat es immer gegeben, aber ihr letzter großer Auftritt war zur Zeit der nordafrikanischen Barbaresken. Bis ins 19. Jahrhundert hinein ließen die osmanischen Herrscher in Tunis, Algier oder Tripolis ihre Korsaren Jagd auf die christlichen Handelsflotten im südlichen Mittelmeerraum machen. Wer damals unbehelligt durch deren Gewässer reisen wollte, musste Tribut zahlen. Erst um 1800 entschlossen sich die amerikanischen Mächte, die nordafrikanische Küste von den Piraten zu befreien und deren Stützpunkte an Land zu schleifen. Noch fehlte ihnen dazu allerdings die geeignete Kriegsflotte. Ab 1815 war Amerika dann in der Lage, den Dey von Algier, einen der wichtigsten Unterstützer der Piraten, militärisch unter Druck zu setzen. Mit dem Abschluss eines Abkommens nahm er künftig die Handelsschiffe der noch jungen amerikanischen Nation von den Tribut- und Lösegeldzahlungen an die Korsaren aus. Mit diesen ersten Zugeständnissen an die Amerikaner endete allmählich auch die letzte große Ära der Piraten. Eine Ära, die tatsächlich noch den Donner von Schiffskanonen, Schwertkämpfe und waghalsige Manöver unter Segeln gekannt hatte.

Amerika hatte am Ende des 17. Jahrhunderts seine eigene Vorgeschichte als Piratenmacht gehabt, wie ich bei meinen Studien der

Geschichte der Seeräuberei erfuhr. Die nordamerikanische Atlantikküste mauserte sich während des 18. Jahrhunderts binnen drei Generationen vom bevorzugten Rückzugsort für Piraten zur wichtigsten Kraft im Kampf gegen die Piraterie auf den Weltmeeren. Mit den wachsenden Handelsströmen von und nach Amerika entstanden in dieser Periode allmählich jene Werte, die es vor der Gesetzlosigkeit der Seeräuber zu schützen galt. Was, wenn Somalia heutzutage auf einem ähnlichen Weg war? Selbst wenn es natürlich Unterschiede gab, wäre das nicht zumindest eine gute These für ein Buch?

Lange Zeit drückte ich mich davor, dieser These vor Ort nachzugehen – aus gutem Grund. Doch dann sollte in Hamburg einer Gruppe somalischer Piraten der Prozess gemacht werden. Medienvertreter aus ganz Europa waren in der Stadt: Piraten in Deutschland! Am Anfang des 21. Jahrhunderts! Eine Sensation.

Im Gerichtssaal saßen zehn Somalis mit ihren 20 Anwälten. Ein holländisches Kommando hatte sie nach einem Gefecht festgenommen, als sie gerade das deutsche Frachtschiff TAIPAN kapern wollten. Die Angeklagten seien nichts als arme einfache Fischer, die nur unter Zwang zu Piraten wurden, brachten die Verteidiger vor. Ein beliebtes Klischee, das gern zugunsten der somalischen Piraten bemüht wird. Auch das deutsche Gericht saß ihm letztlich auf, nachdem es im Prozess so gut wie nichts über die wahre Identität der Männer hatte in Erfahrung bringen können.

Je länger der Prozess dauerte, umso weniger abwegig erschien es mir, selbst nach Somalia zu reisen. Mochte es noch so viele vernünftige Gründe geben, die dagegensprachen. „Doch es ist nicht allein die Vernunft, die darüber entscheidet, ob uns unsere nächste Reise in die Schweiz oder nach Westafrika führt", schrieb schon Graham Greene in seinem Bericht *Reise ohne Landkarte* über den Weg in sein erstes außereuropäisches Abenteuer.

Im Frühjahr 2010 war die TAIPAN auf südlichem Kurs entlang des Horns von Afrika gefahren. Die diensthabenden Offiziere auf der Brücke machten acht Kilometer hinter dem Heck eine hölzerne Dau aus. Kein untypischer Anblick, viele Fischer der Region nutzen die bunt bemalten Holzkähne, mal motorgetrieben, mal unter Segeln.

Selbst als das Boot sich dem Frachter näherte, vermutete Kapitän Dierk Eggers dort noch Fischer am Werk, die im Kielwasser der TAIPAN ihre Netze auswerfen wollten. Stattdessen tauchte hinter der Dau plötzlich eine Reihe kleinerer Schnellboote auf, die mit hoher Geschwindigkeit auf den Frachter zuhielten.

Eggers setzte sofort einen Notruf über Funk ab, während an Deck bereits die ersten Salven aus den Kalaschnikows der Piraten einschlugen. „Die Kugeln durchdrangen den Schiffsstahl wie Butter", berichtete der Kapitän den Hamburger Richtern, „natürlich waren wir in Lebensgefahr."

An Bord der TAIPAN gab es einen gepanzerten Schutzraum. Dort verbarrikadierte sich Eggers mit seiner Crew. Als die Richter genauer wissen wollten, wo an Bord sich der Schutzraum befinde, wich der Kapitän aus. „Irgendwo im Maschinenraum", gab er widerstrebend preis. Weiteren Nachfragen begegnete er mit einem vorsichtigen Blick in den Gerichtssaal. Es war das erste Mal, dass er die Somalis an diesem Tag ansah.

„Wir hatten großes Glück", sagte er, „dass unser Schutzraum nur sehr schwer zu finden ist."

Kapitän Eggers war ein groß gewachsener Mann, damals 69 Jahre alt, drahtig mit stoppeligem Bart, das Haar zurückgekämmt, weißgrau mit ein paar blonden Resträhnen. Seine Stimme war rau, aber angenehm. Vor Gericht erschien er in schwarzen Jeans und Lederweste. Er war ein erfahrener Seemann, das Gericht vertraute seiner Autorität.

„Niemand wagte ein Wort zu sprechen", erzählte Eggers. „Ich ging fest davon aus, dass die Piraten sehr schnell unser Versteck entdecken und uns als Geiseln entführen würden. Vor dem Tod hatte ich keine Angst, eher davor, irgendwo an der somalischen Küste als Geisel festzusitzen."

An Bord der TAIPAN arbeiteten damals 15 Männer aus Russland, der Ukraine, Sri Lanka und Deutschland. Alle hörten, wie die Piraten das Schiff durchsuchten. Eggers hatte Angst, die Piraten würden den Schein der Notbeleuchtung durch den Schlitz unter der Tür ihres Verstecks entdecken. „Die Maschinen wurden leiser, gleich darauf wieder lauter. Irgendwer spielte auf der Brücke offenbar mit den Hebeln", erinnerte sich Eggers. „Plötzlich spürten wir, wie das Schiff hart nach Steuerbord drehte. Das muss Richtung Westen gewesen sein, auf die Küste Somalias zu."

Im Maschinenraum gab es Toiletten, aber auch Computer, mit deren Hilfe man auf die Radarsignale auf der Brücke zugreifen konnte. Außerdem gab es einen Notausknopf, der alle Maschinen stoppte. Ein deutsches Aufklärungsflugzeug hatte inzwischen die TAIPAN ausfindig gemacht. Keiner der Piraten hatte es bemerkt. Aus einer Höhe von 11 000 Metern filmte es die Ereignisse an Bord. Im Gerichtssaal sahen wir die gestochen scharfen Aufnahmen. Wir sahen die Radarantennen sich drehen, die ungeheure Bugwelle des Frachters und die unbemannten Wasserkanonen, die riesige Salzwasserfontänen um das Schiff spien. Ein Frachtschiff in voller Fahrt hält so schnell nichts auf.

Eggers war überzeugt, dass er und seine Mannschaft ihre Freiheit nur ihrem perfekten Versteck zu verdanken hatten. Zwei Stunden durchsuchten die Piraten das Schiff, dann setzte ein holländischer Hubschrauber eine Spezialeinheit auf dem Deck der TAIPAN ab. Die Besatzung konnte die Schießerei hören, die Stimmen an Bord, englische Stimmen: „Sie sind in Sicherheit, wir kommen, um Sie zu retten!" Doch weder Eggers noch die Crew vertrauten den Worten. Auch somalische Piraten sprechen bisweilen Englisch. Erst als er holländisches Gemurmel vor der Tür vernahm, fühlte Eggers sich sicher und verließ das Versteck.

Draußen an Deck lagen die Somalis gefesselt auf dem Bauch, die Augen verbunden. Die Holländer fotografierten und verhörten sie und transportierten die Gefangenen schließlich in die Niederlande ab. Von dort wurden sie nach Deutschland ausgeliefert, wo ihnen der Prozess gemacht werden sollte.

Während ich diesen Prozess 2011 verfolgte, freundete ich mich mit einem der somalischen Übersetzer an. Abdi Warsame, ein freundlicher, intelligenter Mann, arbeitete normalerweise für die deutschen Ausländerbehörden. Er stellte mir Mohammed Sahal Gerlach vor, einen somalischen Stammesältesten, der zu dieser Zeit in

Berlin lebte. Gerlach stammte wie auch die meisten Angeklagten aus Galkayo und hatte bereits zuvor Journalisten bei ihren Recherchereisen durch seine Heimat bis in das Piratennest Hobyo begleitet. Ashwin Raman und ich bissen sofort an. Wir löcherten Gerlach in den folgenden Monaten mit Fragen. Es gelang mir, zwei Zeitschriftenmagazine davon zu überzeugen, mich nach Somalia zu schicken, und ich bewarb mich erfolgreich für ein Recherchestipendium des Pulitzer Center on Crisis Reporting. Ich wollte so schnell wie möglich nach Somalia, um mir mit eigenen Augen einen Eindruck vor Ort zu verschaffen, und konnte es kaum erwarten, bis die Urteile im Prozess gesprochen waren. Ich wollte nichts riskieren, aber wenn ich eine Geschichte über die Piraten in Somalia schreiben wollte, musste ich mit den Recherchen bei den Piraten in Somalia selbst beginnen.

Anfang des Jahres 2012 landeten wir schließlich auf somalischem Boden. Offiziell hatte uns Mohamed Ahmed Alin nach Galkayo eingeladen. Er war zu dieser Zeit Präsident der Region Galmudug. Das erste Mal trafen wir uns in seiner beigebraunen Villa etwas abseits einer staubigen Hauptstraße. Hinter den hohen Mauern des Anwesens kauten Wachleute im Schatten einiger verdorrter Bäume Khatblätter. Unsere Leibwächter schlossen sich ihnen sofort an. Vor dem Haus mit dem überdimensionierten Eingangsportal parkte der silberne Geländewagen des Präsidenten. Von der Straße aus hätte niemand in Galkayo diese Art von Luxus erahnen können. Die Mauern rund um das Grundstück versteckten ihn gut. Selbst der höchste Teil des Gebäudes schien sich unter dem metallenen Hausdach wie hinter der Krempe eines Filzhuts vor den Blicken von außerhalb wegzuducken.

Mohamed Ahmed Alin empfing uns in seinem Büro. Auf seinem Kopf trug er die für Sufis typische bestickte Gebetsmütze. Zu dieser Zeit strebte die Region Galmudug, ein schmaler Streifen Land im Herzen Somalias, nach Unabhängigkeit. Man erkannte die wenig handlungsfähige Übergangsregierung in der Bundeshauptstadt Mogadischu an, wenn auch nur, um in Galmudug selbst die eigenen Führungskräfte in Stellung bringen und auf die Finanzmittel der

Bundesregierung zurückgreifen zu können. Alin sah uns durch die Gläser seiner Gleitsichtbrille an. Er wirkte ruhig, aber auch etwas bedrückt.

„Herzlich willkommen in Galmudug", begrüßte er uns. „Wie gefällt es Ihnen hier?"

„Ganz gut so weit."

Mohammed Gerlach saß mit uns am Tisch und übersetzte das Gespräch.

„Wo sind Sie untergebracht?", fragte der Präsident. „Im Embassy-Hotel?"

„Genau."

„Und Sie wollen weiter nach Hobyo?"

Unser Übersetzer hatte die Recherchereise für uns geplant, darunter natürlich auch einen Abstecher nach Hobyo, wo wir uns mit Piraten treffen wollten. Der kleine Küstenort lag zwar offiziell in der Region Galmudug und damit in der Zuständigkeit Präsident Alins. Allerdings, so gestand dieser uns, hätte die Regierung dort keinerlei Einfluss, dafür fehlten ihm und vor allem dem Militär die Mittel: „Wir geben unser Bestes dort, aber es ist fast unmöglich."

Alin saß an seinem schlichten Schreibtisch mit einem vergilbten älteren Computermodell. Durch das Fenster konnten wir das Wachpersonal hören. Alin und unser Übersetzer waren Cousins. Und wie der Präsident hatte auch unser Übersetzer einen Regierungsposten als stellvertretender Minister inne. Beide stammten aus dem Sa'ad-Klan. Während wir sprachen, wurde uns allmählich klar, dass Alin all seine stellvertretenden Minister aus dem eigenen Klan rekrutiert haben musste.

Während unserer Reisevorbereitungen hatte Gerlach häufig über seine Pläne für die Entwicklung der Region Galmudug gesprochen. Er wollte Arbeitsplätze schaffen, träumte von Häfen an der Küste, die dem Warenverkehr und damit der gesamten somalischen Wirtschaft auf die Beine helfen würden. Mir leuchtete der Plan sofort ein, er passte gut zu der These, mit der ich zu meiner Recherchereise aufgebrochen war: Piraterie war zuallererst eine Form von Handel, wenn auch eine äußerst verbrecherische und gewalttätige. Sie entsteht dort, wo die Menschen sonst keine Arbeit finden. Deswegen existierte sie einst an der Küste Amerikas und heute am Horn von Afrika.

Präsident Alin kannte die Pläne seines stellvertretenden Ministers: „Das wäre unsere Zukunft", sagte er. Derzeit allerdings schafften die somalischen Warlords mit ihren Banden einheimische Waren wie zum Beispiel Zucker auf verschlungenen Wegen über die äthiopische oder kenianische Grenze außer Landes, ohne dafür Zölle und Abgaben zu bezahlen. Es gab also bereits einen Warenverkehr. Gerlach und Präsident Alin setzten darauf, dass dieser sich aus der Illegalität befreien ließe und aus ihm Jobs und neue Perspektiven für die somalische Wirtschaft entstanden.

„Nur schaffen wir das nicht allein", gestand Alin, „wir brauchen dafür die internationale Hilfe."

Ein vernünftiger Ansatz, wenn sich auch internationale Entwicklungshilfe für Somalia bisher stets als schwierig erwiesen hatte. Der Name „Galkayo" bedeutet so viel wie „Wohin die Ungläubigen flohen". Er verweist auf die Kriege mit den Kolonialmächten Italien und England und auf die tiefsitzenden antikolonialen Ressentiments der Bevölkerung.

Dabei hatte Galkayo trotz seiner staubigen Straßen durchaus etwas Kosmopolitisches. Die Stadt war gerade mal 100 Jahre alt, doch die vergangenen fünf Jahre organisierter Piraterie vor der Küste hatten ihre Spuren hinterlassen. Gab es zuvor kaum Strom oder fließendes Wasser, geschweige denn Schulen, so beherbergte die Stadt nun zwei Universitäten, über 20 einfache Schulen, eine Reihe konkurrierender Mobilfunkanbieter, etliche, wenn auch heruntergekommene Hotels und einige Internet-Cafés. Sogar Alkohol konnte man kaufen. Eine Boomtown sei die Stadt, erzählten die Bewohner voller Stolz, mit Krankenhäusern und klimatisierten „Hawala-Shops" für den internationalen Geldverkehr. Die Einkünfte aus dem Piratengeschäft verschafften Galkayo sichtbaren Wohlstand. Nach Einschätzung der Vereinten Nationen brachten vor allem die Lösegelder die Wirtschaft dort in Schwung. Das hatte mir bereits vor meiner Abreise ein UN-Experte berichtet: „Überall in Galkayo wird gebaut.

Selbst aus dem All kann man es sehen, die Stadt ist heute nachts viel heller als noch vor ein paar Jahren." Auch neue Villen sprossen aus dem Boden wie Gänseblümchen auf der Wiese.

Blickte man auf die schmutzigen, ungepflasterten Straßen, war „Boomtown" vielleicht doch etwas übertrieben. Vor allem im Vergleich zu anderen Orten, wo die Somalier mindestens ebenso erfolgreich wirtschafteten. Das Viertel Eastleigh in Kenias Hauptstadt Nairobi war fest in somalischer Hand und hatte einen enormen wirtschaftlichen Aufschwung zu verzeichnen. Es blühte zwischen 2005 und 2011 regelrecht auf und sah nun beinahe wie ein zweites Manhattan aus. Offenbar profitierten auch andere Teile Ostafrikas von den Piratengeschäften der Somalis. In Galkayo saßen sehnige Männer in weiten Sarongs im Schatten vor den Hawala-Shops. Ladenschilder oder Werbetafeln gab es nicht, die Firmennamen wurden mit großen bunten Bildern direkt auf die Hauswände gepinselt. Ziegen blökten in den Straßen, einigen hatte man Telefonnummern ins Fell gemalt. Alles flirrte in der Hitze einer ungnädigen Sonne.

Gerlach führte uns durch eines der Kraftwerke, die der Stadt den Strom lieferten. Über den Straßen spannte sich von ihnen aus ein dichtes Netz Stromleitungen. Wir konnten bereits in unserem Hotel Tag und Nacht den Lärm der Generatoren hören. Das Kraftwerk war nicht viel mehr als ein offener Platz, eingepfercht zwischen zwei Gebäuden. Ein Somali war mit dem Ölen der Kolben der sechs Dieselmotoren beschäftigt, die man offenbar aus alten Lastwagen oder Traktoren ausgebaut hatte, um damit die Generatoren anzutreiben. Er lächelte uns durch blauschwarze Rußschwaden an, während er die Tanks der Maschinen aus einer Blechkanne mit Diesel befüllte.

„Sind hier alle Kraftwerke so?", rief ich Gerlach zu.

„Im Süden ja", schrie er zurück, „im Norden von Galkayo sind sie ein bisschen anders. Dort drüben ist die Grenze."

Gerlachs Assistent Hamid zeigte uns eine Häuserzeile am Ende der Straße: „Davor verläuft die Grenze!"

Die Grenzlinie zwischen den beiden somalischen Bundesstaaten Galmudug und Puntland ging mitten durch die Stadt. Doch während Galmudug durch den Sa'ad-Klan regiert wurde, herrschten jenseits der Grenzlinie die Omar Mahmoud. Am Ende der Straße verlief also eine der ständig wechselnden Fronten des somalischen Bürgerkriegs. Regelmäßig schlugen hier die Granaten der Gegner ein. Nach dem Sturz Präsident Siad Barres waren die blutigen Grenzkonflikte im Land wieder aufgeflammt. Zwischen Galmudug und Puntland verlief außerdem die Stammesgrenze der beiden mächtigsten Klans Somalias, der Hawiye und der Darod. Während die Omar Mahmoud zu den Darod gehörten, waren die Sa'ad ein Teil des Hawiye-Klans.

Genau wie der Bürger- und Klankrieg war auch Somalias Piratenproblem eine Folge des Zusammenbruchs der staatlichen Autorität im Jahr 1991. Davor hatte das Land unter dem Diktator Said Barre gelitten, doch bei allem Leid und aller Ungerechtigkeit hatte Barre – ähnlich wie Gaddafi in Libyen – die widerstreitenden Klaninteressen der somalischen Gesellschaft in einer Nation zusammengehalten. Mit der Bundesregierung war nun auch die Marine verschwunden und die somalischen Fischer mussten ohnmächtig zusehen, wie Europäer und Asiaten die Gewässer vor ihren Küsten rücksichtslos leer fischten. Einige regionale Herrscher in Puntland machten daraus ein Geschäft. Mithilfe bewaffneter Schnellboote setzten sie in den 90er-Jahren einige ausländische Fischkutter vor ihrer Küste fest und forderten von den Eindringlingen sogenannte Fischereigebühren. Oft zwangen sie die Boote tagelang vor Anker zu liegen, bis sich die Eigner mit den Somalis auf die Höhe der Gebühr geeinigt hatten. Wurde am Ende die Gebühr überwiesen, in Größenordnungen um 50 000 Dollar, stellten die somalischen Regionalfürsten dem Boot eine Art Fischereischein aus und ließen die Kutter und ihre Besatzungen unbehelligt weiterarbeiten.

Dieses Geschäft lief eine ganze Weile gut, dann allerdings griffen die Piraten immer größere Schiffe an. 2005 brachten sie einen Gastanker für zwei Wochen in ihre Gewalt. Zwei Jahre später hatte sich das Problem zu einem ernsten internationalen Konflikt ausgeweitet. Statt mit ein paar Eintreibern halboffizieller Fischereigebühren hatte man es nun mit einem skrupellosen kriminellen Netzwerk zu tun, dessen Mitglieder bis unter die Zähne bewaffnet waren. Die

NATO und die EU begannen vor dem Horn von Afrika mit ihren Kriegsschiffen zu patrouillieren.

Wir verließen das Kraftwerk. Im Schatten eines Marktstandes auf der Straße unterhielten sich die Frauen in ihren weiten Kleidern. Vor ihnen türmten sich Khatstängel auf wie auf anderen Märkten die Petersilie. Ihre Ware war sicher mehrere 100 Dollar wert. „Die Khatsucht treibt die Somalis in die Piraterie", behauptete Gerlach. „Wer abhängig ist, braucht dafür am Tag 20 Dollar und mehr. Die wenigsten hier verdienen so viel."

Das amphetaminhaltige Kraut kommt meist aus dem äthiopischen oder kenianischen Bergland. Von dort gelangt es als Flugfracht in die somalische Ebene. Jeden Morgen kann man den Khatflieger beim Landeanflug auf Galkayo hören.

Unsere Leibwächter, die gerade ihren Lohn erhalten hatten, gingen an den Stand einer jungen Frau in einem dunkelroten Kleid. Die Frau lächelte zu mir herüber. „Salam alaikum", grüßte ich zurück.

Sie ließ mich durch unsere Leibwächter fragen, ob ich schon eine Frau hätte. Als ich lachend „Nein!" erwiderte, drehte sie sich schüchtern um und sagte nichts mehr. Im Hotel feixten Gerlach und die Leibwächter, dass ich ihr wohl gefallen hätte. Mich erstaunte es, dass eine muslimische Frau in Somalia derart offen einen Mann ansprechen konnte. Die Stimmung in der Stadt selbst schien ungehemmt, locker – während die Menschen hier im Allgemeinen oft misstrauisch und voller Zynismus waren. Auf der einen Seite bestimmten Religion und Tradition das Leben der Leute, auf der anderen Seite herrschte Gesetzlosigkeit wie einst im Wilden Westen.

Wegen organisatorischer Probleme verzögerte sich unsere Fahrt nach Hobyo. Die Tage zogen sich scheinbar endlos hin und über der Stadt lag eine brütende Hitze. Es war so schwül und drückend, dass ich mir bisweilen nicht sicher war, ob die Außentemperatur oder bereits die Fieberschübe einer Malariainfektion meinen Körper derart erhitzten. So griff auch ich zum Khat. Solange ich an einem der Stängel der Droge kaute, ging es mir gut und ich konnte wieder klar denken. Ich erzählte Ashwin davon.

„Das bildest du dir nur ein", gab er zurück.

Von unserem Balkon aus blickten wir auf die Straße hinunter, wo unser Leibwächter Mowliid mit einem Maschinengewehr über der Schulter auf und ab patrouillierte. Seine Munitionsgurte klimperten wie schwerer Goldschmuck.

„Was hältst du von ihm?", fragte ich Ashwin.

„Er hat uns verdammt viel Geld gekostet", antwortete er trocken. Er schwieg und dachte anscheinend weiter über meine Frage nach. Nach einer Weile meinte er: „Ich halte ihn für zuverlässig. Allerdings gefällt mir unser Hotel nicht recht."

Das Zimmer war schmutzig. Auf dem Ventilator klebte zentimeterdick der Staub, über den Betten hingen Moskitonetze. Die Stromversorgung war unzuverlässig und wir horteten wassergefüllte Plastikflaschen für den Fall, dass mal wieder das Leitungswasser abgedreht wurde, wenn wir gerade eine Dusche brauchten.

Ich dachte über die Rückreise nach, für die wir noch keine Flugtickets hatten.

„Hat dir Hamid einen Flug besorgen können?", fragte ich.

„Bis jetzt hat er mir nur zwei Termine vorgeschlagen."

Hamid war Gerlachs Gehilfe. Er sollte für uns in einem kleinen Reisebüro um die Ecke die Rückflugtickets besorgen. Dazu hatte er unsere Pässe mitgenommen, um damit auf drei Flügen einen Platz reservieren zu lassen. Wir würden uns einen davon aussuchen und Hamid die beiden überflüssigen Termine stornieren lassen. Eine Vorsichtsmaßnahme offenbar. Ursprünglich wollten wir Somalia gemeinsam verlassen. Doch dann entschied sich Ashwin, von Hobyo nach Mogadischu weiterzureisen, während ich allein nach Nairobi zurückfliegen sollte. Technisch kein Problem, trotzdem bedeutete jede unerwartete Änderung der Reisepläne Stress.

Mittags aßen wir im Innenhof des Hotels. An den Teetischen hatten sich die hiesigen Stammesältesten mit ihren weiten Kaftanen und blechernen Gehstöcken niedergelassen. Neben ihnen saßen etliche Exilsomalis, die bei einem Besuch in der Heimat gern im Embassy-Hotel abstiegen. Sie lebten überwiegend in Europa, hielten aber enge Verbindung zu Präsident Alin und bekleideten irgendwelche Ämter in seiner Regierung. „In Somalia gibt es sehr viele Minister", hatte mir der Übersetzer Abdi Warsame in Hamburg erzählt. „Jeder Somali weiß besser, wie Regieren geht. Deshalb gibt's dort auch ständig Bürgerkrieg", hatte er gescherzt. „Europa und Amerika sind streng hierarchisch nach Klassen geordnet – auch wenn das niemand wahrhaben will. In Somalia glauben zehn Millionen Menschen ernsthaft, der Posten des Premiers stünde allein ihnen zu."

Gerlach war eher ein gemütlicher Typ mit Brille und einem herzlichen Lächeln, groß und etwas untersetzt. In den 70er-Jahren hatte er eine Deutsche kennengelernt und nach der Hochzeit ihren Familiennamen angenommen. Bilder aus jener Zeit zeigen Somalia freier und offener als heute. Die Frauen auf den Fotos trugen keine Schleier, sondern Blusen und Hosen. Unmittelbar nach der Unabhängigkeit von den britischen und italienischen Kolonialherren hatte sich Somalia mit einer moderat sozialistischen Wirtschaftsordnung und einem vernünftigen Bildungssystem zunächst gut entwickelt. Doch nach dem Sturz Siad Barres verfiel das Land in Anarchie und die Bürger glaubten nun an die Macht der Maschinengewehre und an die Verschleierung der Frauen. „Der Sa'ad-Klan war am Sturz Barres beteiligt", erklärte uns Gerlach. „Aber was dabei herausgekommen ist, gefällt mir nicht."

Ein junger Somali mit Spitzbart grüßte Gerlach und setzte sich zu uns an den Tisch.

„Das ist Mohamud Awale", stellte uns Gerlach den etwas behäbigen jungen Mann vor. „Er ist Bürgermeister in Hobyo."

Es überraschte uns etwas, den Bürgermeister hier anzutreffen, schließlich lag Hobyo rund 200 Kilometer entfernt von Galkayo.

„Nur ein Ehrentitel", erklärte Mohamud Awale. „Ich lebe eigentlich in London."

„Es ist schwierig, in Hobyo zu arbeiten, oder?", warf Ashwin ein.

„Ja, leben kann ich dort nicht", gab der Bürgermeister unumwunden zu. „Unsere Provinzregierung hat entlang der Küste nicht den geringsten Einfluss – irgendwann, eines Tages vielleicht. Im Augenblick organisieren wir nur Hilfslieferungen dorthin. Die Leute in Hobyo hungern. Auch wenn wir dort kaum hinkönnen, wir als

Regierung müssen irgendwie helfen, einfach raushalten können wir uns nicht."

„Kommen Sie doch morgen einfach mit uns mit", schlug Ashwin vor.

„Stimmt, vielleicht ist es gut, wenn ich mich dort zeige."

„Und was machen Sie in London?", fragte Ashwin.

„Ich bin Busfahrer."

Hamid, Gerlachs Gehilfe, der jetzt neben uns Platz nahm, war schmächtig, sein Spitzbart hatte bereits ein paar graue Haare. Er trug sein weites Hemd offen und rauchte Royal. Für Gerlach vermittelte er Journalisten in Galkayo Kontakte zu Einheimischen. Auch unsere Leibwächter hatte er ausgesucht – mithilfe eines Stammesältesten vor Ort, wie Gerlach betonte. Jetzt brachte Hamid uns eine überraschende Nachricht: Es gebe Gerüchte in der Stadt, dass einer der Anführer der Piraten mich entführen wolle.

„Mohamed Garfanji hat 15 Millionen Dollar auf deinen Kopf ausgesetzt", berichtete er.

Ich bekam es mit der Angst zu tun: „Müssen wir das ernst nehmen?"

Gerlach und Hamid berieten sich. Schließlich schüttelte Gerlach den Kopf. „Gerüchteküche", sagte er zu mir auf Deutsch. Meist sei an solchen Gerüchten nicht viel dran. Allerdings kursierten sie oft unter Menschen, die kaum lesen und schreiben könnten und dazu neigten, Lügen für bare Münze zu nehmen. Falschnachrichten würden überall in Somalia gestreut. „Die somalische Gerüchteküche ist gefährlich", gab er zu.

„Das glaube ich sofort", sagte ich.

„Wir müssen vorsichtig sein."

Den ganzen Nachmittag wollte ich nichts als nach Hause. Allerdings starteten die Maschinen nach Nairobi nicht jeden Tag, also musste ich warten. Außerdem wollte ich den Trip nach Hobyo nicht einfach absagen. Vielleicht, so dachte ich mir, wäre es ohnehin besser, nicht im Hotel auf mein Flugzeug zu warten, sondern weiterzureisen. So wäre es schwieriger für die Piraten, mich aufzuspüren.

In unserem Hotelzimmer beriet ich mich mit Ashwin. „Hör zu, Michael", sagte er, „ich weiß, das ist beängstigend. Aber das ist genau das, was sie wollen, nämlich dass wir Angst haben. Vielleicht wollen sie einfach nur mehr Geld. Wenn dieser Garfanji dich wirklich entführen will, was hält ihn davon ab, mit seinem Technical hier vorm Hotel vorzufahren und dich einfach mitzunehmen?"

Ich nickte nur. Ein Technical war ein Überbleibsel aus dem somalischen Bürgerkrieg, ein Pick-up mit einem Maschinengewehr auf der Ladefläche.

„Mach dir keine Sorgen", beruhigte mich Ashwin. „Gerlach meint, deine Entführung würde hier einen kleinen Bürgerkrieg auslösen."

„Das stimmt", gab ich zu.

„Es ist ein Gerücht, nicht mehr!"

Ich nickte wieder. Wir waren schließlich als Gäste des Präsidenten hier, was sollte uns also schon passieren.

Hamid und Gerlach hatten für die Reise nach Hobyo die Zahl unserer Leibwächter verdoppelt. Mit drei Land Rovern und einem Technical machten wir uns morgens auf den Weg. Unterwegs wurden wir mächtig durchgeschüttelt. „Kibir Jabiye", stand auf dem Heck des Technicals vor uns. „Nieder mit dem Hochmut!", übersetzte Gerlach für uns, ein alter Slogan aus der Zeit der Kämpfe gegen Diktator Siad Barre. Die Technicals waren Anfang der 90er-Jahre eine der wichtigsten Waffen der Aufständischen.

„Kennt ihr Aidid?", fragte Gerlach.

Ich wusste, dass Farrah Aidid damals den Aufstand gegen Siad Barre angeführt hatte. Später, 1993, hatte er dann als Warlord in der Schlacht um Mogadischu gegen die Soldaten der Vereinten Nationen gekämpft.

„Aidid gehört zu unserem Klan. Während der Aufstände war ‚Kibir Jabiye' unser Schlachtruf."

„Aidid ist also ein berühmter Sa'ad?", warf ich ein.

„Genau!", antwortete Gerlach.

In Ridley Scotts Kriegsfilm *Black Hawk Down* war er einer der Schurken des Bürgerkriegs – aus amerikanischer Sicht. Die Somalis feiern ihn als Kriegshelden.

Stoßstange an Stoßstange rumpelten wir über die staubigen Straßen. Man hatte Ashwin, Gerlach, Hamid und mich in ein Auto gepfercht. Einige der Exilsomalis aus dem Hotel saßen in einem zweiten Wagen. Mit uns fuhr auch Digsi, ein Ältester des Sa'ad-Klans. Er war sehr einflussreich, hieß es, einflussreicher als Präsident Alin. Der kräftige Mann mit der rundlichen Silhouette und dem schütteren weißen Haar schritt mit stolzgeschwellter Brust einher. Während die Somalis im anderen Wagen als Vertreter der machtlosen Regionalregierung nach Hobyo reisten, hofften wir, dass die Piraten Digsi, ihrem Ältesten, den gebührenden Respekt entgegenbringen würden und uns seine Autorität vor Schwierigkeiten bewahrte.

Ein paar bewaffnete Somalis klammerten sich auf der Ladefläche des Technical fest, während das Maschinengewehr bei jedem Schlagloch über ihren Köpfen hin und her schwenkte.

„Sind das alles Sa'ads?", fragte ich Gerlach.

„Ja", antwortete er.

Mowliid, unser Leibwächter, hatte sich in den Laderaum unseres Land Rovers gezwängt. Er tippte Gerlach auf die Schulter.

„Mowliid will euch sagen, dass K'naan, der kanadische Rapper, sein Klanbruder ist", übersetzte Gerlach.

„Echt?", rief ich erfreut und drehte mich zu Mowliid um.

Gerlach und er redeten eine Weile auf Somali und der Fahrer spielte über die Musikanlage einen Song von K'naan.

„Der Fahrer gehört auch zu K'naans Klan", sagte Gerlach. „Der Rapper ist das zweite berühmte Familienmitglied der Sa'ad."

Einen Tag lang fuhren wir so durch sengende Hitze und weiß-rötlichen Staub, bis die untergehende Sonne die wenigen Wolken am Horizont rötlich färbte. Kurz vor dem Örtchen Budbud – auf Somalisch „Putput" ausgesprochen – hielten wir an, um uns ein wenig die Beine zu vertreten. Wir wollten dort bei Digsis Verwandten übernachten.

„Besser, wir lassen uns Zeit", hatte Gerlach gesagt. „Junge Somalis fahren die Strecke über die Khatpisten schon mal in vier, fünf Stunden. Aber wir sind nicht so schnell."

„Was sind Khatpisten?", fragte ich ihn.

„Die Lieferwege für das Khat", erklärte er. „Jeden Tag wird es aus Galkayo nach Hobyo gebracht – ein wichtiger Wirtschaftsfaktor."

Budbud war ein winziges Dorf. Zwischen flachen Hütten lag überall ein grauer, feiner Staub, der von den Dünen und Anhöhen mit jedem Windstoß herübergeweht wurde.

„Hier fängt allmählich die Wüste an", erklärte Gerlach. „Die Savanne zieht sich mit dem Klimawandel Jahr für Jahr weiter zurück."

Vor einem Betonklotz mit pastellfarbenem Anstrich warteten bereits die Dorfbewohner auf unsere Autokarawane. Die Männer mit ihren Turbanen und weiten Sarongs wirkten grobschlächtiger als die Leute in der Stadt. Einige trugen wilde Bärte. Einige der Ältesten hatten ihre Barthaare mit Henna gefärbt. Digsi wurde von ihnen herzlich begrüßt, während Hamid uns schnell ins Innere des Hauses lotste.

In einem dunklen Schlafzimmer setzten wir uns. Eine leichter Luftzug bewegte die blauen Vorhänge vor dem Fenster in der Ecke des Raumes. Auf einem hölzernen Frisiertisch standen Dosen und Fläschchen mit allerlei Cremes und Wässerchen. Auf dem Boden lag eine mit Satin bezogene Matratze. Abgesehen von ein paar zerschlissenen Wandteppichen gab es hier sonst nichts, noch nicht einmal einen Stuhl.

„Wo um alles in der Welt sind wir hier?", wollte Ashwin von Hamid wissen.

„Wir sind bei Digsis Schwester zu Gast, sie überlässt uns heute ihr Schlafzimmer", erklärte er. „Ihre Familie wird extra für uns eine Ziege schlachten."

Unsere Leibwächter setzten sich mit ihren Gewehren um uns herum auf den Boden. Mowliid hatte immer noch seinen Patronengürtel über den Schultern und lehnte das Stativ mit dem Maschinengewehr gegen den Türrahmen. Da das Gewehr mit der Munition aus seinem Gürtel geladen war, blieb er mit seiner Waffe verbunden, solange er den Gürtel an sich trug. Umständlich befreite er sich, indem er die Patronenkette zu einem Haufen neben der Waffe aufschichtete.

„Brauchen wir hier Schutz?", fragte ich und deutete auf das Gewehr an der Tür.

„Vor Piraten!" Er grinste breit und bot mir einen schlaffen Strunk aus seinem Khatvorrat an.

Ich schüttelte den Kopf.

Die Sonne ging unter und über dem Dorf lag ein roter, fast endzeitlicher Glanz. Immer wieder kamen groß gewachsene junge Männer mit zerzausten Bärten vorbei, um durch den Türrahmen einen Blick auf uns zu erhaschen. Vor unserem Zimmer hörten wir Frauen, die sich am Herd zu schaffen machten.

„Michael", Mowliid zeigte auf die Patronen an seinem Munitionsgürtel, vermutlich 30-Millimeter-Kaliber, „wie teuer?"

„Wie viel die kosten? Die Patronen? Keine Ahnung!"

„Ein Dollar!", sagte er.

„Das Stück?", fragte ich ungläubig.

Er nahm einen Teil seines Gürtels hoch und wog ihn mit der Hand: „Alles zusammen 500 Dollar!", schätzte er. Ein Somali verdient im Jahr durchschnittlich 550 Dollar. Wenn Mowliid also stolz mit seinem klimpernden Gürtel über den Schultern durch die Straßen patrouillierte, dann trug er aus somalischer Perspektive ein Vermögen spazieren.

Nun wurde es draußen dunkel und man brachte uns zwei große Pfannen Nudeln herein. Mit einem Krug voll Wasser wuschen wir uns zunächst die Hände. Hamid goss jedem von uns ein Glas Tee ein. Dann begannen Gerlach, Digsi und die anderen Somalis mit den Fingern direkt aus der Pfanne zu essen.

„Besteck gibt es hier nicht, wir sind auf dem Dorf, nicht in der Stadt!", erklärte uns Hamid. Die Spaghetti waren mit gerösteten Zwiebeln und Stücken von Ziegenfleisch gemischt. Wir versuchten das Fleisch mithilfe der Spaghettibündel zu fassen und zu essen.

„Die Spaghetti haben wohl die Italiener hierhergebracht?", fragte ich Gerlach.

„Das ist auch das einzig Gute, was die Kolonialzeit Somalia hinterlassen hat", lachte er.

Wir saßen auf dem Boden und aßen alle aus derselben Pfanne. Im Halbdunkeln sah ich etwas über unsere Nudeln krabbeln. Ich bin normalerweise nicht zimperlich, aber dieser fette Mistkäfer auf den Nudeln war mir zu eklig.

„Vorsicht!", warnte ich die anderen.

Gerlach sagte etwas auf Somali, daraufhin verschwand die Pfanne hinter der Zimmertür. Nach ein paar Augenblicken wurde uns eine andere Pfanne gereicht. Mir war der Appetit vergangen, aber es half nichts, Digsi hatte in seiner Pfanne ein Stück Ziege entdeckt, das er seinen Gästen nicht vorenthalten wollte. Also wurde das Stück Fleisch mit viel Aufsehen zu uns herübergereicht.

„Die Schulter", raunte Hamid, „das beste Stück! Es ist eine Ehre, davon angeboten zu bekommen!"

„Mahadsanid", bedankte ich mich auf Somali.

Ich versuchte vorsichtig, das brühend heiße Stück Fleisch mit den Fingern zu teilen. Digsi nickte mir lächelnd und voller Wohlwollen zu. Die Art jedoch, mit er mich als Ehrengast in seinem Haus begrüßte, hatte etwas Gestelltes und ging mir in den kommenden Monaten nicht mehr aus dem Kopf. Offenbar wollte er den anderen Somalis beweisen, dass er noch gewissenhaft die alte somalische Tradition der Gastfreundschaft gegenüber Fremden pflegte. Doch waren Digsis Gesten zu theatralisch, zu aufgesetzt, als dass ich mich geehrt fühlen konnte. Mehr und mehr wurde mir unwohl in meiner Haut.

Nach dem Essen wurde uns nochmals Wasser in einem Krug gereicht und wir wuschen uns damit die Hände. Digsi reichte seinen Gästen einen Flakon Kölnisch Wasser. Mir hätte eine Serviette gereicht, um das Fett an meinen Fingern loszuwerden. Doch wieder war es Digsi, der sich meiner annahm und mir mit einem Lächeln vormachte, wie man Hände und Unterarme mit dem süßlichen Parfüm einzureiben hatte. Offenbar sollte der betäubend schwere Duft des Parfüms das Ziegenfett an den Fingern mitsamt Staub und Schweiß der Reise verschwinden lassen.

Am Horizont wurden zwei Minarette sichtbar. Wir fuhren mit unseren Wagen hintereinander auf einer staubigen Piste – der „Pirate Road", wie sie Gerlach nannte – durch den Busch. Ab und zu gab das Gelände den Blick auf das Meer frei.

„Das ist die Straße von Harardhere nach Eyl, Hobyo liegt genau in der Mitte", sagte Gerlach.

Ich deutete kurz auf den Technical vor uns, dessen Maschinengewehr bei jedem Stein, bei jedem Schlagloch auf der Ladefläche umherschlenkerte.

„Meinst du, wir werden von Drohnen beobachtet?", fragte ich.

„Klar!", Gerlach lachte.

Wir fuhren an einem riesigen grauen Moscheekomplex vorbei. Auf dem Dach zwischen den beiden Minaretten standen vermummte Männer und hielten mit Granatenwerfern im Anschlag Wache.

Mowliid sagte etwas und Gerlach übersetzte: „Wahrscheinlich halten sie dort Geiseln."

„In einer Moschee?", fragte ich ihn ungläubig.

Die Moschee und die Waffen hatten mich sofort an die islamistische Al-Shabaab-Miliz erinnert. Eine Terrororganisation, die in Hobyo ansonsten keine Präsenz zeigte.

„Die Geiseln werden irgendwo in der Moschee oder ganz in der Nähe sein", antwortete Gerlach.

„Die Typen da sehen aus, als wären sie von al-Shabaab", warf ich ein.

„Piraten", sagte Gerlach verärgert. „Piraten sind keine Moslems! Wer in einer Moschee Geiseln hält, entweiht die Moschee!"

Wir passierten inmitten von Sand und dürren Sträuchern die ersten niedrigen Hütten am Stadtrand von Hobyo. Etwas weiter sahen wir eine Villa, umgeben von hohen Mauern. Über dem Eingangstor thronte weithin sichtbar das Gipsmodell eines Geländewagens, angemalt mit leuchtenden Pastellfarben. „Land Cruiser", stand darunter. Wer es unter den Piraten zu etwas bringt, so das landläufige Versprechen, dem winken Luxusautos und Wohlstand. Wer durch dieses Tor eintritt, so die Botschaft des Hausherrn, kommt diesem Versprechen einen guten Schritt näher.

„Das Haus gehört tatsächlich einem berühmten Piraten", bestätigte Gerlach meinen Verdacht.

„Wie heißt er?", fragte ich nach.

„Was weiß ich", murmelte Gerlach nur.

Wir fuhren durch die Stadt und erreichten schließlich einen breiten Strandabschnitt. Direkt am Wasser lagen große Boote mit hochgeklappten doppelten Außenbordmotoren im Sand. Es war der Hafen der Stadt, wenn man so will.

Wir hielten nahe einer natürlichen Buhne aus schwarzem Fels und unsere Leibwächter sicherten für uns den Strand. Hamid erklärte uns, dass die Sa'ads den Küstenabschnitt vor uns gern in einen Hafen verwandeln wollten. Die felsige Buhne hier, schwärmte er, wäre eine ideale Pier, die erste für die Region Galmudug.

Auf den ersten Blick allerdings überzeugten uns seine Pläne nicht. Zu wild brachen sich die Wellen an den scharfkantigen Felsen. Die Gischt spritzte uns ins Gesicht.

Hobyo wirkte verlassen und unsere Leibwächter blickten angespannt umher.

„Hast du das Schiff dort gesehen?", fragte mich Hamid.

Er deutete in Richtung Wasser auf ein Wrack, das dort gekentert auf der Seite lag.

„Ein chinesischer Fischkutter", sagte er. „2010 haben ihn die Piraten gekapert. Seitdem liegt er hier."

„Und die Geiseln?"

„Sind irgendwo in Hobyo. Vielleicht sogar in der Moschee."

Also lebten hier in Hobyo Geiseln, irgendwo, verborgen vor unseren Augen.

„Ein Chinese hat sich umgebracht", erzählte Hamid.

„Wie lange sind die schon gefangen?"

„15 Monate, vielleicht mehr."

In der Hoffnung auf riesige Lösegeldzahlungen hielten die Piraten ihre Geiseln immer länger gefangen. Doch gehörten die Mannschaften auf den Schiffen meist einer namen- und rechtlosen Klasse Mensch an.

„Den Chinesen sind ihre Geiseln egal", sagte Ashwin resigniert. „Die lassen ihre Leute lieber hier verrecken. Die bezahlen keine Lösegelder."

Digsi bahnte sich trotz seines weiten Gewands geschickt seinen Weg auf die Felsen und zeigte mit einer ausladenden Geste von einem Ende des Horizonts zum anderen. Auf Somali machte er uns darauf aufmerksam, dass kaum mehr ein Schiff zu sehen war. „Früher", so erzählte er, „lag hier ein gekapertes Schiff neben dem anderen. Heute ist hier nichts mehr."

Noch 2011 hatte ein deutsches Fernsehteam an der Küste Galmudugs die Reihen der gekaperten Schiffe filmen können. Die Strände der Region glichen dem Hafen von Amsterdam, hieß es damals in dem Bericht. Digsi war ganz offensichtlich stolz darauf, dass bei unserem Besuch so wenig von Somalias Piraterie zu sehen war.

„Nur das chinesische Wrack hier", sagte ich.

„Mehr aber nicht", gab Hamid zurück.

Unsere Leibwächter stießen einen Warnruf aus. Wir sollten zu den Autos zurückkehren.

„Wir werden von Piraten beobachtet", erklärte Hamid.

Inzwischen waren zwei Autos aus Hobyo zu uns herübergefahren. Von einer Düne aus wurden wir beobachtet. Plötzlich hörten wir das Peitschen von Gewehrsalven. Ich versuchte, mich irgendwo am Strand in Sicherheit zu bringen, bis mich jemand packte und in ein Auto verfrachtete. Mir wurde flau im Magen.

Ashwin, Hamid, Gerlach und ich zwängten uns in einen Land Rover und ich hörte Ashwin sagen: „Die haben nicht auf uns geschossen. Ich kann das hören. Glaube mir, ich hab schon oft Gewehrfeuer gehört. Die haben in die Luft geschossen."

Ich war unsicher.

„Das klang wie ein Feuerwerk", meinte Ashwin. „Wenn es so klingt, dann wollen sie einen nur warnen."

„Wovor?" Ich hatte einen Kloß im Hals.

„Sie glauben, wir sind hier, um Geiseln zu befreien", sagte Gerlach. „Die glauben, wir gehören zur Operation Atalanta", das Marinekommando der EU vor der Küste Somalias. „Wir haben ihnen zu erklären versucht, dass wir nur Journalisten sind, dass wir eine friedliche Lösung suchen – auch wenn unsere Leibwächter uns natürlich verteidigen."

„Okay", sagte ich.

Unsere Leibwächter gingen angespannt am Strand auf und ab, das Gewehr fest in der Hand. Es war nicht zu erkennen, wer genau mit unseren Angreifern „eine friedliche Lösung suchte". Keiner schien zu telefonieren. Nach ein paar Minuten jedoch entspannte sich die Lage und wir stiegen zurück in unsere Autos.

„Wir dürfen den Strand verlassen", sagte Gerlach.

Wir fuhren im Konvoi durch die Außenbezirke von Hobyo, vorbei an Sandhügeln und verwitterten Zaunpfählen. Wir kamen bis auf ein paar Meter an den chinesischen Fischkutter heran. Das Boot war in der Dünung zur Seite gekippt, der Kiel leuchtete noch hellblau, war aber bereits mit zahllosen rostbraunen Stellen durchsetzt. Auf Ashwins Filmaufnahmen konnten wir am Rumpf den Namen erkennen: „SHIUH FU 1", stand dort in lateinischen und chinesischen Buchstaben.

Am Stadtrand bogen wir schließlich in eine schmale Straße ein. Ein kräftiger Mann mit dunkelschwarzer Haut wartete dort bereits auf uns. Er trug einen auffälligen Turban und einen Sarong. Digsi stieg aus und gab ihm die Hand.

„Ein echter Verbrecher", murmelte Gerlach. „Er gehört zu einem anderen Teil des Sa'ad-Klans. Wir sind hier zum Essen eingeladen." Der Sa'ad-Klan teilt sich in viele kleine Untergruppen auf. Digsi gehörte zu den Ali Nimaale, während in Hobyo überwiegend die Gruppe der Ahmed Nimaale zu Hause war – eine Gruppe mit engen Verbindungen ins Piratengeschäft.

Wir fanden uns in einem stickigen, mit goldbestickten Sofas vollgestellten Raum wieder. Das Zimmer war offenbar eigens für uns vorbereitet worden. Auf einem niedrigen Tisch standen etwas Wasser und billiger Mangosaft. Auf den Sofas hatte jemand gleichmäßig Papierflaggen in den somalischen Farben verteilt. Mir wurde mit einem Mal der Ernst meiner Lage bewusst: Ich war hier gefangen, sollte mir hier etwas zustoßen, nichts und niemand könnte mir zu Hilfe kommen. Wir nahmen die Flaggen von der Couch und setzten uns. Fliegen surrten durch die heiße, feuchte Luft.

Unser Gastgeber stellte sich uns als Abduelle vor. Auch er behauptete, Bürgermeister von Hobyo zu sein. Mohamud Awale, der sich uns zuvor in Galkayo als Hobyos Bürgermeister vorgestellt hatte, war nicht im Raum und konnte ihm also den Titel nicht streitig machen. Mit ausladenden Gesten und rauer Stimme setzte Abduelle nun zu einer Rede an. Gerlach übersetzte für uns ins Deutsche: Er begrüße seine Klanbrüder und die Gäste aus dem Ausland. Dringend sei er im Kampf gegen die Piraterie auf die Hilfe der ausländischen Mächte angewiesen, er brauche mehr Waffen und logistische Unterstützung. Außerdem brauche es eine bessere Abstimmung zwischen den Atalanta-Einsatzkräften der EU und seinen Leuten. Kaum jemand in Somalia glaubte, dass der EU-Einsatz sonst zu einem Erfolg führen könne.

Ganz offenbar spielte Hobyos Bürgermeister hier auf die Überzeugung vieler Somalis an, dass die EU mit ihrem Einsatz nur die aus somalischer Sicht illegalen Fischzüge der europäischen Fischereiflotten vor dem Horn von Afrika schützen wollte.

Ich kannte den Konflikt nur zu gut und hatte als Journalist schon häufiger darüber berichtet. Allerdings konnte mir bisher noch niemand eindeutige Beweise für die Anschuldigung der Somalis liefern. Auch meine Bitten an Präsident Alin um Fotos oder andere Dokumente, die das illegale Treiben europäischer Fischereiflotten stichhaltig beweisen konnten, waren gar nicht oder nur ausweichend beantwortet worden.

„Die wissen doch, dass wir nicht von Atalanta kommen?", fragte ich Gerlach.

„Das hab ich ihm so gesagt!"

„Wir brauchen dringend Hilfe", fuhr Abduelle fort, „militärisch und wirtschaftlich. Der Tsunami 2004 hat unsere Lebensgrundlagen zerstört."

Das Beben im Indischen Ozean hatte tatsächlich weite Teile der somalischen Küste überflutet, hatte Häuser und Fischkutter weg- und stattdessen Fässer voller hochtoxischem Müll an die Strände gespült, die Müllschiffe der italienischen Mafia in den Jahren zuvor regelmäßig vor der somalischen Küste verklappt hatten.

„Wir werden Ihre Botschaft weitergeben", versicherte ich dem Bürgermeister und versuchte über Gerlach herauszubekommen, warum sich in Hobyo zwei Männer um den Job des Bürgermeisters stritten.

„Abduelle ist kein offizieller Bürgermeister, die Regierung unterstützt ihn nicht", erklärte mir Gerlach. „Allerdings wird er von den Klans hier in Hobyo unterstützt, vor allem von den Piraten."

„Und wo ist unser Bürgermeister, Mohamud Awale?", fragte ich noch.

„Er lässt sich mit dem Auto durch die Stadt fahren, damit ihn möglichst viele Leute sehen können. Zum Mittagessen will er wieder hier sein."

Als Mohamud Awale schließlich auftauchte, wirkte er unbeholfen und unsicher, ganz im Gegensatz zu dem großspurig auftretenden Abduelle. Zu Mittag gab es Berge von Spaghetti mit Makrele und Kamelfleisch. Dazu wurde stark gesüßter Tee gereicht. Die Fliegen waren kaum von unserem Essen zu vertreiben, bei jedem Bissen schwirrten sie um unsere Lippen. Mit fettigen Händen versuchten wir sie zu verscheuchen – einige von uns nahmen selbst die Papierflaggen zu Hilfe. Eine Fliege schaffte es am Ende, auf meinem Augapfel zu landen. Es schien, als wären Hobyos Fliegen genauso ausgehungert wie die Bewohner der Stadt.

Gerlach und Digsi hatten mir versprochen, dass ich nachmittags mit einem Piraten sprechen könnte. Während wir nach dem Essen herumsaßen, die Fliegen vertrieben und warteten, nannte mir Mohamud Awale den Namen des Piratenbosses, an dessen Anwesen mit dem Land-Cruiser-Gipsmodell wir vormittags vorbeigefahren waren.

Er hieß Fatxi. Und Fatxi war es auch, der seinerzeit die Entführung der SHIUH FU 1 geplant hatte.

Den Namen des Piraten jedoch, den wir an diesem Nachmittag erwarteten, konnte mir Awale nicht sagen. Es sollte noch eine geschlagene Stunde dauern, bis er schließlich durch die Tür des

Wohnzimmers trat. Seine schlaksigen Beine steckten in einer sand-farbenen Uniformhose, sein Hemd war bräunlich, um den Kopf hatte er ein rot kariertes Palästinensertuch gewickelt. Es bedeckte fast sein gesamtes Gesicht, sodass wir nur seine rot unterlaufenen Augen sehen konnten. Er stellte sich uns als Mustaf Mohammed Scheich vor. Ashwin richtete schnell seine Kamera ein und wir begannen unser Interview. Mustaf Mohammed gab ohne Umschweife zu, dass er sich im Krieg mit dem Westen sah. Die Weißen hätten mit ihren Fischzügen und dem Giftmüll die Korallenriffe zerstört. „Wenn ihr Weißen aufhört, unseren Fisch zu stehlen und euren Müll vor unserer Küste zu versenken, dann verschwindet das Problem mit den Piraten von ganz allein!", verkündete er.

Viele seiner Anschuldigungen entsprachen den Tatsachen. Allerdings war derartiger politischer Aktivismus unter den Piraten meist nur ein Vorwand. Seit jeher rechtfertigten Freibeuter ihr Geschäft mit den sozialen und politischen Missständen ihrer Zeit. Der Pirat Klaus Störtebeker beispielsweise nannte am Ende des 14. Jahrhunderts seine Mannschaft „Likedeeler". Ein Hinweis darauf, dass sie die Beute, die sie den Schiffen in der Nord- und Ostsee raubten, zu gleichen Teilen unter sich verteilten. An Bord seines Schiffes herrschten im Vergleich zum menschenverachtenden Regiment auf anderen europäischen Schiffen dieser Zeit flache Hierarchien und echter Mannschaftsgeist. Auch seine Zeit kannte zahlreiche soziale Missstände und jeder Widerstand dagegen scheint aus heutiger Sicht gerechtfertigt. Allerdings hielt ihr gerechter Anspruch die Piraten des 14. Jahrhunderts keineswegs von Mord und Vergewaltigung ab.

Über 700 Matrosen saßen zum Zeitpunkt unseres Interviews in Hobyo unter unmenschlichen Bedingungen in den Kerkern von Piraten. Menschen aus ärmsten Verhältnissen, aus Indien, Bangladesch, dem Iran, aus Sri Lanka, Thailand, dem Jemen und von den Philippinen. Auch die von den Entführungen betroffenen Reedereien hatten nur selten etwas mit dem Westen zu tun. Sie saßen überall auf der Welt; in Dänemark oder Griechenland genauso wie in Liberia, Malaysia oder China. Mustaf Mohammeds Kreuzzug gegen den

Westen schien uns zumindest nicht sein einziges Motiv. Somalische Piraten nahmen einfach das, was ihnen vor die Nase kam.

„Können Sie schwimmen?", fragte Ashwin den Piraten. „Ja", übersetzte Gerlach die Antwort.

„Damit sind Sie doch wohl eher eine Ausnahme oder?", fragte Ashwin weiter.

„Woher wollen Sie das wissen?", fragte der Pirat zurück. „Jeder bei uns muss schwimmen können, das ist lebenswichtig!"

Im Hamburger Piratenprozess hatte ich noch etwas anderes gehört und davon auch Ashwin erzählt. Ein holländischer Kapitän berichtete damals dem Richter von einer Verhaftung auf hoher See. Ein junger Pirat war in Panik über die Reling ins Wasser gesprungen.

„Und, konnte er schwimmen?", hatte der Richter gefragt.

Die meisten Piraten könnten nicht schwimmen, hatte daraufhin der Kapitän geantwortet. Es war eine der wenigen Aussagen in dem zähen und langwierigen Prozess, die mir im Gedächtnis geblieben ist.

Mustaf Mohammed dagegen war von den Schwimmkünsten seiner Leute überzeugt: „Die meisten Leute wissen gar nicht, was einen echten Piraten ausmacht. Der Mut, die Geschicklichkeit, mit der er über die Leitern und Taue auf die Frachtschiffe klettert", zählte er für uns auf, „ein starker Wille, das ist es, was einen Piraten ausmacht."

Wir nickten nur und ich stellte die nächste Frage.

„Angenommen, man würde entlang der Küste Hafenanlagen einrichten, glauben Sie, dass man damit der Wirtschaft in Somalia auf die Beine helfen könnte? Angenommen, das brächte Jobs für Ihre Leute, gäbe es dann weniger Piraterie?"

„Nein, erst wenn ihr aufhört, unsere Gewässer leer zu fischen oder mit euren Giftfässern zu verpesten, dann können wir über weniger Piraten reden."

„Wie sind Sie selbst Pirat geworden?", fragte ich ihn.

„Jemand hat mein Fischerboot versenkt", erzählte er. „Meinen Bruder haben sie umgebracht, unsere Ausrüstung, die Netze, alles zerstört. Damit hat alles angefangen."

„Wann war das?"

„Vor zehn Jahren ungefähr."

„Wer hat das gemacht?"

„Die Dänen. Ein dänisches Schiff, ein Fischkutter."

Die Sonne draußen vor den Fenstern heizte unser Zimmer immer weiter auf. Die Fliegen schwirrten um die Reste unseres Mittagessens. Hinter seinem Palästinensertuch schaute der Pirat nervös um sich, bevor er mich mit seinem unsteten Blick fixierte.

„Eine letzte Frage", sagte Ashwin. „Entführen Sie auch Leute an Land?"

„Nein", antwortete Scheich Mohammed, „wir entführen keine Unschuldigen. Was würde uns sonst davon abhalten, euch zu entführen?"

Das Interview war zu Ende. Mustaf Mohammed Scheich stand auf und ging, so wie er gekommen war, umwölkt von unheilschwangerer Selbstgefälligkeit. Während des ganzen Interviews hatte einer der Ältesten neben ihm gesessen und ihm ins Ohr geflüstert. Ganz so, als hätte er ihm die richtigen Antworten vorgesagt. Sobald der Pirat aus dem Raum war, fragte Ashwin den alten Mann, was das zu bedeuten hatte. Doch der schüttelte nur den Kopf.

„Er sagt, er habe kein Wort zu dem Piraten gesagt", übersetzte Gerlach.

Abduelle überreichte den Ältesten aus Galkayo die Rechnung für unser Mittagessen. Schnell und lautlos wie die Grinsekatze aus Lewis Carrolls *Alice im Wunderland* machte er sich danach aus dem Staub. Digsi, der mit dem Rücken an die Couch gelehnt auf dem Boden kauerte, gab die Rechnung mit der ganzen Würde seines Alters an einen unserer Begleiter weiter. Nur die Miene verriet sein ungläubiges Staunen. Der Zettel machte schließlich die Runde im Zimmer. Offenbar versuchten die Sa'ads in Hobyo, Gerlach und seine Klanbrüder aus Galkayo bloßzustellen. 620 Dollar verlangten sie für unsere Bewirtung.

Ein stolzer Preis, selbst außerhalb von Somalia. Ashwin und ich hatten Gerlach bereits Tausende Dollar für die Organisation der zwei Wochen in Somalia bezahlt, doch wussten wir, dass jeder Streit über Geld unsere Entführung zur Folge haben könnte. Entsprechend wachsam verfolgten wir die Auseinandersetzung, die sich allmählich, wenn auch ohne erkennbares Ergebnis, zu beruhigen schien.

Aus Sicherheitsgründen hatte man uns geraten, mit unserer Abfahrt noch etwas zu warten. Und so saßen wir von Fliegen umschwirrt in dem heißen und stickigen Raum fest, bis wir schließlich am späten Nachmittag in unsere Autos einsteigen durften. Wir verließen Hobyo in nördliche Richtung über die Pirate Road. Wir wollten später in Idaan übernachten, einem anderen Küstenort, wo Digsi mit den Sa'ads einen weiteren Hafen plante.

Nach Sonnenuntergang rumpelten unsere Geländewagen über eine Piste aus getrocknetem Schlamm. Wir bremsten und unser Fahrer griff zum Handy. Zwischen den Büschen am Rande eines Felsgrats tauchten plötzlich die Lichtkegel von Taschenlampen auf. Drei Somalis lotsten uns über einen schmalen Weg zwischen den Felsen zu einem Lager am Strand.

Wir waren in Idaan angekommen. Wir stiegen aus, nahmen unsere Reisetaschen und versuchten es uns unter einem runden Strohdach, das von einem einzigen kräftigen Balken in der Mitte gestützt wurde, bequem zu machen. Gerlach ließ sich auf einen Plastikstuhl fallen und zündete sich eine Zigarette an. „Hier würde ich gern für immer bleiben", sagte er voller Wehmut. „Oben auf der Klippe gibt es eine alte Dosenfabrik. Hamid und ich wollten sie eigentlich kaufen. Wenn hier mal wieder Ordnung herrscht, könnte man dort oben eine Wasseraufbereitungsanlage einrichten. Wasser in Flaschen wird in Somalia immer gebraucht." Gerlach seufzte: „Wenn ich mal in Rente gehe, möchte ich hier leben."

Uns allen war selbst im Dunkeln bereits der Reiz dieser Gegend aufgefallen. Der Ort war ruhig und unberührt, wenn auch etwas wüst und unheimlich.

Eine junge Frau in einem weiten Kleid sperrte uns die Tür zu einem kleinen Laden auf, nicht größer als ein Wandschrank, vollgepackt mit Getränken und kleinen Snacks. Unsere Leibwächter stellten sich an, um Zigaretten zu kaufen. Sie kannten den Ort. Vor unserem Unterstand gab ihnen ihr Chef mit leiser Stimme Anweisungen für die Nacht. Er hieß Nuur, war um die 40 und trug ein Hemd mit offenem Kragen. Mitten im somalischen Busch war hier auf einmal etwas Heimatliches und Vertrautes. Mit seiner tiefen Stimme, seinem kritischen Blick, seinem struppigen Bart und der Zigarette, die ständig in seinem Mund mit der großen Zahnlücke hing, ähnelte er stark einem Freund meiner Eltern: Denis Lyon, dem Vater von Sonja, meiner großen Liebe aus Kindergartenzeiten. Und so verbrachte ich den ganzen Abend mit Erinnerungen an meine amerikanische Kindheit. Denis war ein hartgesottener, cleverer Ingenieur, ein geradliniger Typ, Mitarbeiter bei Lockheed wie mein Vater. Wir Kinder mochten und respektierten ihn gerade wegen seiner warmherzigen Strenge. Als mein Vater nicht mehr da war, wurde er für mich eine Art Ersatzvater. Er war einer der wenigen aus der Generation meines Vaters, der mich noch als Kind gekannt hatte.

Über Idaan ging die Morgensonne auf. Der Ort lag in einer weiten Bucht. In einem Bett aus Sandstein mündete ein Fluss ins Meer. Die Hirten der Nomadenstämme ringsum brachten ihre Ziegen- und Kamelherden hierher zur Tränke. Wir spazierten mit Gerlach den Strand entlang und stießen recht bald auf einen gelben Quader im Sand, einen Container für Industrieabfälle mit fast zweieinhalb Metern Seitenlänge.

„Den hat der Tsunami angespült", sagte Gerlach. „Die Leute kriegen den hier nicht weg, er ist viel zu schwer."

„Woher kommt der?", fragte ich ihn.

„Wenn wir das wüssten!"

Mich erinnerte der Container an die Container für radioaktive Abfälle, die ich auf Fotos gesehen hatte. Italienische Journalisten hatten bereits die Müllgeschäfte der italienischen 'Ndrangheta-Klans mit den somalischen Warlords öffentlich gemacht. In den 90er-Jahren hatten die Somalis den Mafiafamilien erlaubt, Tonne um Tonne giftigen Industriemülls in Somalia zu vergraben oder vor der Küste zu verklappen. Der Container in Idaan konnte gut aus derartigen Geschäften stammen. Ob der Giftmüll am Strand wohl Gerlachs geplanten Trinkwasserbrunnen am Ort im Wege stand?

Später am Morgen brachen wir auf in Richtung Norden. Digsi fuhr mit seinem Land Rover ein gutes Stück voraus. Rings um uns gab es nichts als dürres, verbranntes Land. Erst nach einer Weile bemerkte ich, dass wir nicht mehr wie geplant Richtung Westen, Richtung Galkayo fuhren.

„Wohin fahren wir?", fragte ich Gerlach.

„Nach Garacad."

Garacad war eine weitere Piratenhochburg etwas weiter nördlich an der Küste.

„Kann Digsi uns dort unterstützen?", wollte ich wissen.

„Kaum."

Einer der Piraten aus dem Hamburger Prozess stammte aus Garacad, allerdings hatten wir uns gegen einen Besuch dort entschieden. Gerlach selbst war es, dem der Plan als zu gefährlich erschienen war.

„Was wollen wir da?", protestierte ich.

„Digsi will euch den Horizont dort zeigen. Er sagt, Ashwin muss ihn filmen."

Offenbar wollte der Sa'ad-Älteste, dass wir an derselben Stelle filmten wie zuvor unsere deutschen Kollegen. Anscheinend wollte er der Öffentlichkeit beweisen, dass sich vor der Küste in Garacad keineswegs gekaperte Boote drängten wie Schiffe im Hafen von Amsterdam. Digsi wollte der Welt zeigen, dass – anders, als das deutsche Fernsehteam behauptet hatte – sein Klan das Piratenproblem im Griff hatte.

„War das deine Idee?", fragte ich Ashwin.

„Nein."

Mir gefiel das alles nicht und wir baten unseren Fahrer, sofort umzukehren. Wir wendeten auf dem hart getrockneten Boden und fuhren westwärts in Richtung Galkayo. Gerlach versuchte Digsi im Auto einige 100 Meter vor uns per Telefon zu erreichen. Als auch er gewendet hatte und über die holprige Piste wieder zu uns gestoßen war, schien der sonst stets freundliche Mann höchst verärgert. Wir mussten anhalten. Mitten im Busch begannen er und Gerlach sich auf Somali zu streiten. Hamid übersetzte für uns, was er von dem Gespräch mitbekam. Digsi fühlte sich in seiner Ehre gekränkt: „Wir lassen uns nicht wie Kinder behandeln!" Ashwin konnte den Streit durch den Seitenspiegel beobachten.

„Digsi gibt nicht nach", berichtete er.

Am Ende stieg Gerlach wieder in unser Auto. Er murmelte etwas von „Digsi", „Analphabet" und „nachgeben", hatte aber offenbar den Streit gewonnen. Unsere Karawane setzte sich wieder in Richtung Galkayo in Bewegung.

Die staubigen Straßen von Galkayo erschienen uns nach unseren Erfahrungen in der Wüste beinahe vertraut und liebenswert, jedenfalls weniger bedrohlich und unberechenbar als zuvor. Hamid behauptete, selbst das Gerede über die Entführungspläne des Piratenbosses Garfanji sei verstummt. Dennoch wollten Ashwin und ich so schnell wie möglich das Land verlassen. Nicht zuletzt wegen des Streits mit Digsi.

Die Familien der Piraten aus dem Hamburger Prozess lebten im Norden Galkayos. Ich hatte vor, sie vor meiner Abreise zu besuchen, um ihnen ein paar Fragen zu stellen. Doch wusste ich noch nicht, ob der Besuch für mich sicher war. Unnötige Risiken wollte ich in jedem Fall vermeiden. Und ich wollte um jeden Preis die nächste Maschine nach Nairobi erwischen, während Ashwin weiter nach Mogadischu musste. Sein Flug startete ein paar Tage vor meinem.

„Wie geht's dir, Mike?", fragte er mich in unserem Hotelzimmer.

„Besser", sagte ich.

„Hast du genug Material für einen Artikel?"

Ich bezweifelte das und wollte noch meine Interviews in Nord-Galkayo abwarten.

„Viel ist es nicht", gab Ashwin zu, „aber manchmal muss man einfach mit dem arbeiten, was da ist."

„Ich weiß."

„Wäre es dir lieber, wenn ich mit dir warte, bis dein Flug geht?", bot er an. „Oder kann ich morgen nach Mogadischu?"

Auf der Straße zum Flughafen waren schon öfters Menschen entführt worden, so wie vor ein paar Monaten die beiden Entwicklungshelfer Jessica Buchanan und Poul Thisted. Sollte ich Ashwin zum Flughafen begleiten, so musste ich das Risiko, auf der Straße gekidnappt zu werden, zweimal eingehen. Ashwin jedoch wollte weiter, er hatte hier nichts mehr zu tun.

Zusammen mit Hamid planten wir die Sicherheitsvorkehrungen. Hamid kannte einen Angestellten der Vereinten Nationen namens Robert, der mit seinen Leuten in Nord-Galkayo für meine Sicherheit sorgen würde. Am Samstag – es war der 21. Januar – sollte ich mit Ashwin zum Flughafen kommen, um Robert zu treffen. Sobald Ashwin im Flieger saß, würde ich unter dem Schutz der Vereinten Nationen zu meinen Recherchen im Norden Galkayos aufbrechen können. Meine Leibwächter würden diesmal nicht aus dem Sa'ad-Klan stammen, sondern von den Darod aus Puntland. Ich war einverstanden. Meine Nervosität legte sich etwas und ich schickte sogar ein paar fröhliche Nachrichten nach Hause: über das Essen, die Wassermelonen und das Wildkamelfleisch.

Am Samstag standen wir sehr früh auf und warteten auf das Auto, das uns zum Flughafen bringen sollte. Unsere vertrauten Leibwächter aus Hobyo sollten uns auf dem Weg begleiten, allerdings tauchten weder Auto noch Leibwächter auf. „Ich mach mir langsam Sorgen", gestand Gerlach nach einer halben Stunde und rief schließlich Präsident Alin an. Der schickte uns ein Auto mit einem einzigen bewaffneten Leibwächter. Niemand erklärte uns die plötzliche Änderung der Sicherheits- und Transportvorkehrungen. Im ersten Augenblick wollte ich im Hotel bleiben, doch schien mir auch das zu unsicher. Gerlach hatte uns stets eingeschärft, in seiner Nähe zu bleiben: „So werden wir alle gemeinsam gefangen genommen – und wer mich entführt, riskiert einen Bürgerkrieg!", sprich ein Aufflammen der blutigen Klankämpfe in der Stadt.

Die Straße zum Flughafen Galkayo bestand aus drei steinigen Pisten durch die Wüste, gesäumt von aufgetürmten Felshaufen. Diese traditionellen Sufi-Gräber sollten an die Bewohner Galkayos erinnern, die im Bürgerkrieg ihr Leben lassen mussten.

An der Einfahrt zum Flughafengelände saß ein Somali vor einer rostigen Blechbarriere. Auch wenn man in Somalia recht sorglos mit Waffen umgeht, im Bereich des Flughafens waren sie offiziell verboten. Entsprechend forderte der Wärter unseren Leibwächter auf, ihm sein Gewehr auszuhändigen. Wir seien viel zu früh dran, behauptete er, der Flughafen sei noch gesperrt. Er steckte jedoch bereitwillig den Dollarschein ein, den wir ihm als Schmiergeld hinhielten, und schob das rostige Blech von der Straße. Wir parkten unmittelbar vor dem Terminal. Inzwischen fielen die ersten Sonnenstrahlen auf die Landebahn. Die weiß gekalkte Flughafenhalle war nicht viel größer als ein Busbahnhof. Sie war tatsächlich versperrt. Nur eine kleine Flughafenbar mit ein paar Plastikstühlen davor machte gerade auf und wir kauften uns ein paar Gläser Tee.

Immer mehr Somalis trafen ein und warteten auf den Plastikstühlen vor der Bar. Hamids Handy klingelte. Robert, der Mann bei den Vereinten Nationen, hatte schlechte Nachrichten für uns.

„Er sagt, sein Sicherheitsdienst hätte heute keine Zeit für uns", berichtete Hamid.

„Gib mir das Telefon!"

Am anderen Ende der Leitung hörte ich eine angenehme Stimme mit britischem Akzent. Robert klang besorgt und entschuldigte sich. Man hätte Hamid gern den Gefallen getan, aber das Sicherheitsteam der UN würde plötzlich andernorts dringend gebraucht. Unser Einsatz war für Robert offenbar nur eine Gefälligkeit, kein bezahlter Auftrag.

„Den Trip nach Nord-Galkayo kann ich vergessen", sagte ich zu Hamid. „Mit nur einem Leibwächter mache ich das nicht."

„Vielleicht sieht's morgen ja anders aus", antwortete er.

Ich war erleichtert, dass uns die gefährliche Tour in den Norden vorerst erspart blieb. Allerdings war mir auch nicht ganz wohl bei dem Gedanken, mit nur einem Jeep und einem bewaffneten Leibwächter die Fahrt zurück ins Hotel antreten zu müssen. Doch ich klammerte mich an mein Teeglas und versuchte, das ungute Gefühl in meinem Bauch zu verdrängen.

Hamid fragte mich nach meiner E-Mail-Adresse und ich gab ihm meine Visitenkarte der *Spiegel Online*-Redaktion. Er nahm sie und las beim Entziffern meinen Namen laut vor. Ein dicker Somali am Nachbartisch drehte sich daraufhin zu uns um.

„Sie sind Michael Scott Moore?"

„Ja."

„Ich habe Ihr Foto im Internet gesehen", meinte der Somali. „Sie sind hier berühmt."

„Das hoffe ich nicht!", gab ich stirnrunzelnd zurück.

Spätestens jetzt hätte ich Bescheid wissen müssen, die Gerüchteküche Somalias war offenbar selbst kein Gerücht. In diesem Moment jedoch fühlte ich nur ein leises Unbehagen über das merkwürdige Gespräch an der Flughafenbar. Den Augenblick, um noch angemessen reagieren zu können, hatte ich zu diesem Zeitpunkt ohnehin längst verpasst.

Endlich traf das verspätete Flugzeug ein, mit dem Ashwin nach Mogadischu weiterfliegen wollte. Auf einem quadratischen Teerflecken neben der Startbahn verabschiedeten wir uns mit einem Handschlag. Wir stiegen sofort in den Geländewagen des Präsidenten und machten uns auf den Weg zurück ins Hotel. Es war bereits Mittag und die Sonne brannte auf den Steingräbern entlang der Piste. Wir waren jedoch nicht allein unterwegs, denn uns folgten einige andere Wagen. Plötzlich bremste unser Fahrer ab und wandte sich an Gerlach.

„Ein Technical", übersetzte der. „Wir wissen nur noch nicht, welcher."

Ich hatte den Pick-up zunächst gar nicht wahrgenommen, jetzt allerdings sah ich das Kriegsgefährt links von uns am Straßenrand stehen. Auf der Ladefläche dösten ein paar Männer neben dem Maschinengewehr.

„Können wir nicht einfach vorbeifahren?", fragte ich.

„Die gehören zu uns", beruhigte mich Gerlach.

Und tatsächlich, zu meiner großen Erleichterung konnte ich die Worte „Kibir Jabiye" auf dem Auto lesen. Doch plötzlich hupte jemand und der Technical fuhr los.

Ich war nicht wegen des Nervenkitzels nach Somalia gekommen, schon gar nicht wollte ich hier sterben. Vor allen Dingen hatte ich stets Angst, diese eine unsichtbare Grenze zu übertreten, vor der sich jeder fürchtet, der in den Kriegsgebieten dieser Welt unterwegs ist: Meine größte Sorge war, dass meine Angehörigen und Freunde mit in den Schlamassel hineingezogen werden könnten.

In diesem Augenblick jedoch hatte ich keine Zeit, mir darüber Sorgen zu machen. Der Technical versperrte uns den Weg und baute sich vor unserem Geländewagen auf. Einige Männer zielten mit dem

Gewehr auf unsere Windschutzscheibe. Andere sprangen von der Ladefläche und richteten ihre Waffen auf uns. Und noch immer verstand ich noch nicht ganz, was vor sich ging, oder besser, ich verdrängte es. Es ist erstaunlich, wie unser Gehirn mit Extremsituationen umgeht, wie es mir jetzt trotz äußerster Gefahr eine Normalität vorgaukelte, die längst Vergangenheit war. Ich redete mir ein, wir wären in eine Verkehrskontrolle geraten, und kramte in meinem Rucksack bereits nach meinem deutschen Pass. Kein Problem, dachte ich noch. Erst als die Männer um unser Auto herumliefen und in die Luft schossen, wurde mir meine Lage klar. Panik ergriff mich. Ich beugte mich zu Gerlach hinüber und versuchte mein Gesicht mit meinen Armen zu schützen. Draußen donnerten die Gewehrschüsse. Noch hatten sie mich nicht und ich klammerte mich mit meiner rechten Hand verzweifelt am Griff der Autotür fest. Die Männer rissen sie auf und schlugen immer wieder mit dem Schaft ihrer Kalaschnikow auf mein Handgelenk. Nie zuvor in meinem Leben war ich derartig brutaler Gewalt ausgesetzt gewesen. Trotzdem zog und zerrte ich an meiner Tür. Vielleicht würde das unserem Leibwächter genug Zeit verschaffen, auf den Angriff zu reagieren. Immer mehr Männer droschen nun auf mein Handgelenk ein, ich spürte, wie ein Knochen brach, und ließ den Türgriff los. Man zerrte mich aus dem Auto, warf mich in den Straßenstaub und jemand schlug mir auf den Kopf.

Vielleicht kommt auch der Tod so: tückisch, unvermittelt, als plötzlicher Übergang. Mir fiel auf, dass unser Leibwächter noch keinen einzigen Schuss abgegeben hatte. Offenbar hatte ihn das Maschinengewehr auf dem Technical in Schockstarre versetzt. Ich rief um Hilfe, doch die Männer schlugen mir ungehindert ins Gesicht und zerbrachen dabei meine Brille. Jeder Hilferuf war vergebens. Die Somalis in den Autos hinter uns warteten geduldig ab, eingeschüchtert durch die Gewaltorgie vor ihnen. Die Piraten zerrten an meinen Armen, schleiften mich über den Boden, sodass mein T-Shirt in Fetzen gerissen wurde. Irgendwo hörte ich Gerlach rufen, konnte allerdings nicht sagen, ob ihn die Entführer im Auto festhielten oder ob sie ihn wie mich auf die Straße gezogen hatten. Dass seine Entführung wirklich zu einem Klankrieg führen konnte, schien mir plötzlich unwahrscheinlich. Ich sah nur noch bewaffnete Männer, hörte ihre Rufe in Somali und schluckte den weißen Staub. Ich wehrte mich immer noch. Die Entführer rissen mir den Rucksack aus den Händen und jetzt erst entdeckte ich das Blut auf meinen Kleidern. Vermutlich hatte ich durch den Schlag des Gewehrkolbens auf meinen Kopf eine Platzwunde davongetragen. In meinem Handgelenk pochte der Schmerz, während ich versuchte, die Gesichter der Piraten zu erkennen. Hatten am Ende unsere Leibwächter aus Hobyo die Seiten gewechselt? Doch bei all den Tritten und Schlägen konnte ich niemanden ausmachen, der mir bekannt vorkam.

Mit einem Mal wurde mir bewusst, dass ich jene unsichtbare Linie überschritten hatte: Meine Familie wusste zwar noch nichts, aber schon bald würde ich eine schwere Last für sie sein. Diese Erkenntnis traf mich viel schlimmer als die Tritte meiner Entführer, der Schrecken überschwemmte mich wie ein Wolkenbruch, wie Blut und Schweiß. Wenn ich nur die Zeit zurückdrehen könnte.

Meine Entführer packten mich in einen wartenden Land Cruiser und fuhren zu einem Haus am Stadtrand. Jemand gab meinen Rucksack einem groß gewachsenen, furchterregenden Mann, der vor der Einfahrt unruhig auf uns wartete. Er nahm hastig den Rucksack entgegen und schon fuhren wir weiter in Richtung Osten. Mit blutüberströmtem Gesicht und zerrissenen Kleidern saß ich zwischen drei meiner Entführer und ihren Gewehren. Stundenlang holperten wir so durch den Busch.

„Okay, okay", sagte einer der Männer vorne. „No problem."

Gnadenlos bretterte der Land Cruiser über Steine und Schlaglöcher, sodass mein Kopf von innen an das Autodach schlug und dort Blutflecken an der Verkleidung hinterließ.

„Fuck!", schrie ich und zeigte auf die Flecken. Mein gebrochenes Handgelenk versuchte ich auf meinem Schoß möglichst ruhig zu halten.

Außer obszönem Gefluche wollte ich in diesem Augenblick nichts von mir geben.

„Okay, okay", sagten sie.

DIE UNTERWELT

Gegen Abend erreichten wir ein Camp mitten im Busch. Man führte mich zu einer Schaumstoffmatratze, die am Fuß einer brüchigen Felswand auf dem roten Sand lag. Mit meinen verschlissenen Kleidern muss ich wie eine Vogelscheuche ausgesehen haben. Mir war schwindlig und ich konnte kaum etwas sehen, dennoch erkannte ich weitere Geiseln und noch mehr bewaffnete Männer.

In unserem Rücken ging allmählich die Sonne unter. Da wir aus dieser Richtung gekommen waren, schloss ich, dass wir uns östlich von Galkayo befinden mussten. Soweit ich das mitbekommen hatte, waren wir auf dem Weg hierher kaum in südliche oder nördliche Richtungen gefahren. Damit mussten wir nach meiner Schätzung im nordöstlichen Teil Galmudugs gelandet sein – mitten im Territorium des Sa'ad-Klans.

„Okay, Michael?"

Ein junger Mann mit ernstem Gesicht unter einem Turban hatte sich vor mir aufgebaut. Scherenschnittartig hoben sich sein Kopf und seine Kalaschnikow gegen den rötlichen Himmel in der Dämmerung ab.

„Nein", antwortete ich nach einer Weile.

Bei jedem Wächter, der mir begegnete, kniff ich die Augen zusammen. Ich wollte wissen, ob sich einer unserer Leibwächter meinen Entführern angeschlossen hatte. Anscheinend nicht. Es hätte auch keinen Unterschied gemacht. Ich war offensichtlich in der Gewalt des Sa'ad-Klans, desselben Klans, der eigentlich für meine Sicherheit sorgen wollte. Meine Gastgeber hatten mich verraten.

Das Team, das mich im Land Rover hierhergebracht hatte, hatte sich inzwischen unter die Piraten im Lager gemischt. Einer von ihnen stolzierte, die Munitionsweste lässig über den Schultern, mit wutverzerrtem Gesicht zwischen uns Gefangenen umher. Er hatte faulende Zähne und blutunterlaufene Augen. Die anderen nannten ihn „Ahmed Dirie".

Und noch einen Namen sollte ich immer wieder zu hören bekommen: Abdinuur. Er wurde meist voller Ehrfurcht ausgesprochen.

Ich hatte Schmerzen am ganzen Körper und sorgte mich dennoch vor allem um meinen Rucksack. Noch war ich nicht lange genug Geisel, noch hoffte ich meine Angelegenheiten selbst regeln zu können. Ich hatte die Kontrolle verloren und wollte sie wieder zurück.

„Wo ist mein Rucksack?", rief ich einem der jungen Wächter zu. „Ein brauner Rucksack, mit meiner Kamera, kannst du sie fragen, wo er ist?"

„Deine Kamera wurde gestohlen?"

„Ja!"

„Diese Verbrecher!", platzte es aus ihm heraus.

Ich sah ihn fragend an.

Ein dürrer Somali mit tiefschwarzer Haut hockte sich neben mich und gab mir Wasser in einer Flasche, etwas Thunfisch aus der Dose und zwei dünne Scheiben Brot. Ich versuchte ein wenig zu essen. Doch überall an meinen Händen, meinem Shirt und in meinen Haaren war Blut. Mein Handgelenk pochte schmerzhaft. Vorsichtig drückte ich auf die Schwellung und konnte einzelne, lose Knochensplitter fühlen.

Im Camp herrschte eine wachsame Stille. In mir tobte dagegen der Wunsch, mich aus dieser Situation zu befreien. Alles hier stand im krassen Widerspruch zu den Dingen, von denen ich bis dahin geglaubt hatte, sie machten mich aus. Es widersprach meinen Gewohnheiten, meinen Bedürfnissen und allem, was ich zu sein und zu besitzen glaubte. „Ihr dürft das nicht!", wollte ich meine Entführer anschreien. Nur, was hätte das geändert?

Ohne meine Brille konnte ich selbst bei Licht nur verschwommen sehen. Jetzt war die Sonne untergegangen und wir saßen in völliger Dunkelheit am Fuß des Steilhangs. Von oben rieselte ab und zu Sand auf uns herab. Ich saß immer noch blinzelnd auf meiner Schaumstoffmatratze und versuchte etwas zu erkennen. Meine Entführer forderten mich auf, endlich zu schlafen. Ein Pirat zu meiner Rechten leuchtete mir mit seiner Taschenlampe mitten ins Gesicht.

Er bedeutete mir, mich hinzulegen. Offenbar wollte er sich ungestört mit Ahmed Dirie zu meiner Linken unterhalten.

„Sleeping! Sleeping!", befahl er mir. Im Schutz der Dunkelheit zeigte ich ihm den Mittelfinger. Lasst mich frei, wenn ich euch störe, dachte ich mir.

Unser Lager befand sich inmitten eines trockenen Savannenabschnitts, einer heißen, dürren Übergangszone zwischen Küste und Ogadenwüste, die sich von hier nach Norden und Westen bis nach Äthiopien erstreckt. Jedes Geräusch wurde von der Landschaft geschluckt. Die Stille begann mich zu quälen, genauso wie die äußeren Umstände meiner Geiselhaft. Der Gedanke, welche Aufregung und Sorge meine Entführung für meine Familie und meine Freunde in Los Angeles und Berlin bedeuten musste, nagte ständig an mir. Ich war Gefangener im Dunkel einer Unterwelt, aus der bestenfalls Gerüchte aufstiegen, als Geflüster von Geistern für alle, die dort drüben in der wirklichen Welt lebten. Ob Ashwin bereits zu Hause angerufen hatte? Sollte Gerlach am Leben und frei sein, hatte er sicher zuallererst Ashwin in Mogadischu informiert. Ashwin hatte die Telefonnummer meiner Mutter in Los Angeles.

Doch war Gerlach wirklich auf freiem Fuß? Und was war mit Hamid passiert?

Gab es jetzt einen Klankrieg zwischen den einzelnen Sa'ad-Familien?

Oder hatten mich am Ende meine Kontaktleute in Somalia selbst verraten?

Irgendwann schlief ich ein. Gleich nach Sonnenaufgang packten mich die Piraten und verfrachteten mich zu zwei weiteren Geiseln auf die Rückbank eines wartenden Autos. Die beiden anderen waren um die 60. Afrikaner der eine, der andere mit der kakaobraunen Haut der pazifischen Inselbewohner. Hinter seinen Ohren standen zwei graue Haarbüschel hervor. Es war Rolly Tambara, wir sollten bald gute Freunde werden.

Neben uns quetschten sich bewaffnete Piraten auf die Rückbank und banden uns drei an den Armen zusammen. Vom Beifahrersitz aus bellte Ahmed Dirie seine Befehle nach hinten. In seinem

Gesicht mit dem verfaulenden Gebiss spielte wieder jener Zug unverhohlener Wut und Verachtung. Wir saßen in demselben Auto, mit dem ich am Vortag hierhergebracht worden war. Ich erkannte den Blutfleck wieder, den meine Kopfwunde an der Deckenverkleidung hinterlassen hatte.

Etwa eine Stunde lang schaukelten wir die Pirate Road entlang, bis uns ein anderes Auto überholte. Auf einem Stück mit weichem weißem Sand hielten wir schließlich an.

„Go, go, go, go!", herrschten uns die Piraten an und warteten darauf, dass wir in das andere Auto umstiegen. Wir waren verwirrt. Ein groß gewachsener Somali mit eindrucksvollem Silberblick, der aus dem anderen Auto gestiegen war, trieb uns an: „Come on! Come on!" Gerade als wir in den zweiten Wagen eingestiegen waren, schlug er mir mitten ins Gesicht.

„No!", schrie er, als hätte ich irgendetwas falsch gemacht. „No! No!"

„Fucking hell!", fluchte ich.

Sein Kopf tauchte im Seitenfenster auf. „Wir wissen genau, was du hier treibst. Du bist Journalist!", sagte er auf Englisch. „Macht nichts. Wenn du das Lösegeld bezahlen kannst, lassen wir dich frei."

Er stieg in den Land Cruiser, mit dem wir hierhergekommen waren, und brauste in einer Staubwolke davon.

Wir rumpelten danach fast eine Stunde lang weiter in südlicher Richtung, bis wir auf ein eingezäuntes Gelände mit einem heruntergekommenen Haus stießen. Die Entführer brachten die beiden anderen Geiseln in das Haus. Mich drängten sie in einen Anbau daneben. Der Boden bestand aus blau gestrichenem Beton, die Fenster waren verriegelt, sonst gab es dort nichts.

Ich setzte mich auf den Boden. Ich wusste nicht, wo ich mich befand. Das Haus lag wohl am Stadtrand der ersten Stadt, die wir auf unserem Weg über die Pirate Road passiert hatten. Wir waren also entweder in Hobyo oder in Harardhere. Ich hatte zuvor gehört, wie einer der Wärter etwas wie „Harardhere" in sein Handy gebrüllt hatte. Ich kniff die Augen fest zusammen und versuchte das Gelände vor dem Haus zu erkennen. Mindestens 20 Somalis mit Kalaschnikows und Maschinengewehren hatten sich auf dem Betonplatz in der Sonne versammelt und kauten Khat.

Um den Eingang zu meinem Zimmer schwirrten die Fliegen.

Die Fliegen kamen mir aus Hobyo bekannt vor, also war ich wohl dorthin zurückgekehrt.

Ahmed Dirie wuchtete eine Matratze in mein Zimmer. Andere brachten Thermoskannen voll Tee und ein paar Dosen Thunfisch. Jemand drückte mir ein Sieb und ein Päckchen löslichen Kaffee in die Hand. „Caffè!", strahlte er mich an.

Ich liebte guten Kaffee, trank zur Not auch schlechten Kaffee und hatte mich noch nie über einen Kaffee beschwert – selbst in Somalia nicht. Auf meinen Reisen schluckte ich jede noch so trübe Brühe, ich wusste ja, dass zu Hause wieder ordentlicher Kaffee auf mich wartete. Denn wenn ich auch keinen Fernseher, kein Auto oder teure Möbel besaß und mir sonst keinen großen Luxus leistete, in meiner Berliner Wohnung stand eine richtige Siebträgermaschine, die mit jeder Tasse, die sie zubereitete, die Wohnung nach frisch gebrühtem Espresso duften ließ.

Mein Gegenüber hier jedoch bedeutete mir, ich solle den Tee durch das Sieb gießen. So ansteckend seine Begeisterung dabei war, ich verstand nicht, was das mit Kaffee zu tun haben sollte. Guten Kaffee habe ich in Somalia vermisst, nicht gleich vom ersten Tag an, aber nachdem ich als Geisel unter Piraten geraten war.

Irgendjemand schob mir über den Betonboden eine Schüssel gekochter Bohnen zu. Ich hatte Hunger, obwohl meine neuen Lebensumstände mich buchstäblich anekelten. Ein Pirat reichte mir einen Löffel und ich aß wortlos, während um mich herum die Fliegen schwirrten.

Auf dem Hof hatte ich neben ein paar alten Autoreifen einen Brunnen gesehen. Mein Essen verströmte denselben Geruch nach Exkrementen oder abgestandenem Wasser, der überall auf dem Gelände zu riechen war. Offenbar hatte man die Bohnen in dem Brunnenwasser gekocht. Der Gedanke reichte aus, um meinen Magen revoltieren zu lassen. Ich musste würgen und kotzte die paar Bissen, die ich gegessen hatte, auf die Türschwelle.

„Problem!", rief einer der Piraten.

Man begann nach einem Lappen zu suchen, um das Erbrochene aufzuwischen, alle schimpften und rannten wild durcheinander. Der Pirat, der mir in der Nacht zuvor mit der Taschenlampe in die Augen geleuchtet hatte, starrte durch die Tür auf den Tumult; ganz so, als beobachte er im Zoo das Treiben im Dromedargehege. Vielleicht hat er verstanden, dass meine Kotze durchaus als Ausdruck meines Unbehagens mit meiner neuen Rolle als Geisel zu verstehen war. Und als Protest, versteht sich, gegen das unmenschlich schlechte Essen.

Eine Stunde später trat ein schmieriger Kerl in lockeren Freizeithosen zu mir ins Zimmer. Er stellte sich mir als mein Übersetzer vor. Erst später erfuhr ich von den anderen seinen Namen: Boodiin. Ungefragt und voller Herablassung begann er mir seine Weisheiten aufzudrängen und mich zu warnen. Ich hätte einen Fehler begangen, sagte er. Aber das sei schließlich nur allzu menschlich. Falls ich übrigens auf die Idee käme, die Fenster zu öffnen, warteten davor Wächter mit ihren Waffen. „Sobald du ein Fenster öffnest, stirbst du."

„Hmm."

„Du musst etwas essen", sorgte er sich, „wenn du nichts isst, wirst du verhungern."

„Das Essen ist zum Kotzen!"

„Was willst du zum Frühstück essen?"

„Keine Ahnung, wie wär's mit Haferflocken?"

„Du musst etwas essen!"

Mein Übersetzer hatte ein schmales Gesicht mit wachsamen Augen. Seine westliche Kleidung hob ihn deutlich von meinen Wächtern mit ihren schäbigen Sarongs und den ärmellosen T-Shirts ab. Er mochte um die 30 sein, auch wenn es nicht einfach war, sein Alter zu schätzen. Mir schien er nervös und reizbar.

Um mein Handgelenk hatte ich in der Zwischenzeit ein Stück Stoff gewickelt. Er zeigte sich besorgt.

„Was ist mit deiner Hand?"

„Gebrochen", sagte ich, „mein Handgelenk ist gebrochen, ich brauche einen Arzt."

„Ist das passiert, als die" – er deutete mit einer knappen Geste auf den Hof – „dich gefangen genommen haben?"

Nein, du Arsch, ich laufe zum Spaß mit gebrochenem Handgelenk durch Somalia!

„Ja!" Ich zwang mich trotz meiner Wut zu einer etwas knapperen Antwort.

„Ich geb's weiter."

Du hast einen Fehler gemacht, hatte Boodiin gesagt. *Aber das ist nur menschlich.* Sehr witzig, das von jemandem gesagt zu bekommen, der mit meinem Lösegeld reich werden wollte.

Natürlich hatte ich es vermasselt, nur welchen Fehler hatte ich eigentlich genau begangen? Vermutlich meinte er meine journalistische Tätigkeit, das Herumschnüffeln in den Angelegenheiten der Piratenbanden. Doch was hatte der Sa'ad-Klan mit dem Frachter TAIPAN zu schaffen? Die Piraten in Hamburg stammten allesamt aus dem Darod-Klan in Puntland, sie waren erbitterte Gegner meiner vermeintlichen Gastgeber. Zu den Recherchen in Nord-Galkayo war ich überhaupt nicht gekommen. Ich blinzelte und sah auf dem Hof die Umrisse einiger Somalis, die in der sengenden Sonne ihr Khat kauten. Was hatte sie derart aufgeschreckt?

Boodiin erklärte mir, dass die Piraten, die mich gefangen genommen hatten, zu einer „bad group" gehörten – einer miesen Bande. Hier sei ich allerdings in den Händen einer „good group". Er sagte das ganz so, als schulde ich den netten Kerlen da draußen so etwas wie Dankbarkeit. Außerdem brauchte ich nur die Augen zusammenzukneifen, um dort auf dem Hof mindestens einen meiner Entführer aus jener „bad group" wiederzuerkennen. Ahmed Dirie lungerte dort in einem gelben Sarong neben einem Maschinengewehr auf einem dreifüßigen Ständer, im Gesicht immer noch denselben wutbenebelten Ausdruck.

Ich sah meinen Übersetzer finster an. Er war kein guter Lügner.

„Wie heißt du?"

„Ali."

Der wirkliche Ali, der Ali, auf den es hier ankam, war Ali Duulaay – gesprochen „Duhlei". Er hatte mir auf der Piratenstraße ins Gesicht geschlagen, seinen Namen erfuhr ich jedoch erst später. Zweimal hatte er bisher unser Lager besucht. Bei seinem ersten Besuch stand plötzlich der Umriss seiner hoch gewachsenen Gestalt bedrohlich still im Türrahmen meines Zimmers. Nach einer Weile kam er zu mir herein, hockte sich neben meine Matratze und stellte mir in holprigem Englisch ein paar Fragen. Er war um die 40 und gut trainiert, trug Uniformhosen, ein Hemd mit Kragen und natürlich eine Kalaschnikow. Er tat so, als sorgte er sich um mein gebrochenes Handgelenk.

Dabei waren ihm offensichtlich andere Dinge wichtiger: „Du bist Deutscher?"

„Mein Ausweis ist in meinem Rucksack", antwortete ich, „den haben Sie ja."

Vermutlich war er es, der am Tag meiner Entführung bei unserem kurzen Stopp vor dem Haus in Galkayo meinen Rucksack in Empfang genommen hatte. Wenn das so war, warum sollte ich ihn dann nicht nach meinen Sachen fragen? Statt mich wie eine eingeschüchterte Geisel zu verhalten, versuchte ich Ali Duulaay mit einem nassforschen, fordernden Auftreten zu beeindrucken. „Sie haben mir meinen Rucksack weggenommen", quasselte ich weiter auf ihn ein, „irgendjemand muss ihn doch haben. Bringen Sie ihn mir. Meine Notizbücher, mein Adressbuch, alles ist da drin. Ich muss dringend jemanden anrufen."

Er starrte mir regungslos ins Gesicht, kein Blinzeln, nichts.

„Du bist Amerikaner."

„Ich bin deutscher Staatsbürger", widersprach ich.

Er stand auf und ging. „Ich schick den Doktor vorbei", sagte er zum Abschied.

Den amerikanischen Reisepass hatte ich mit meinem Laptop und anderen wichtigen Dingen in Nairobi gelassen. Die Behörden in Galmudug wären sonst bereits bei meiner Ankunft in Galkayo alarmiert gewesen. Ein europäischer Reisepass war für Somalis weit weniger verdächtig. Allerdings hatte Duulaay womöglich im Internet nach meinem Namen gesucht. Wenn dort bereits über meine Entführung berichtet wurde, wusste er vermutlich alles über mich. *Du hast einen Fehler gemacht,* hatte Boodiin gesagt. *Fehler sind menschlich.*

Ein Wächter brachte mir Zahnpasta, ein Handtuch, Shampoo, ein paar Mango-Drinks und in Plastikfolie verpackte Shorts und T-Shirts. Ich solle frische Kleider anziehen, gaben sie mir zu verstehen. Auch wenn mein Hemd und meine Baumwollhosen zerrissen und voller Blut waren, ich wollte sie lieber behalten. Sie waren bequem und vor allem vertraut. Sie den Piraten zu überlassen, die sie vermutlich beseitigen würden, verstärkte mein Gefühl des Ausgeliefertseins und der Angst. Warum sollte man meine Kleider wegwerfen, warum mein altes Leben entsorgen? Beides war doch in Ordnung, so wie es zuvor gewesen war. Die neuen Kleider passten nicht, sie waren zu eng.

Ich zog mich langsam und vorsichtig um. Von draußen sahen mir die Piraten zu. Ohne Knöpfe war es schwierig, mein gebrochenes Handgelenk durch den Polyesterärmel meines neuen Shirts zu zwängen. Als ich fertig war, befahl man mir, zum Duschen zu gehen.

„Jetzt? Ich hab mir gerade frische Kleider angezogen!"

„Jetzt! Los, komm!"

„Ich kann doch auch später duschen!"

„Go, go, go, go!"

Unter vorgehaltenem Gewehr lief ich mit einer Flasche Shampoo in der Hand an den verächtlichen Blicken der Piraten vorbei über den dreckigen Hof. Die Dusche war nicht viel mehr als ein Mauereck gleich neben der offenen Latrine. Einer der Wärter reichte einen Kanister voll Wasser über die kaputte Metalltür und blieb dort stehen, während ich mich auszog. In den Mauern der Dusche waren ein paar hübsch verzierte Luftlöcher eingelassen. Wenn ich die Augen zusammenkniff, konnte ich durch sie verschwommen und schemenhaft eine staubige Straße mit ein paar Häusern erkennen. Doch solange ich keine Brille aufhatte, sah für mich alles, was ein paar Meter von mir entfernt war, wie ein Gemälde von Monet aus. Ich konnte außerdem ein paar Büsche erkennen und sah das

Meer. Auf der Straße waren neben einigen Ziegen ein paar Frauen in weiten Gewändern unterwegs.

Ich konnte jedoch nicht erkennen, wo ich gelandet war. Genauso wenig sah ich eine Möglichkeit zur Flucht.

Mit meinem gesunden linken Arm goss ich mir also Wasser aus dem Kanister über den Körper. Schmutziges Brunnenwasser, wie ich vermutete, und so vermied ich den Kontakt mit meinem Gesicht und den Wunden am Kopf. Ich rieb mich mit Shampoo ein und spülte vorsichtig nach. Es war ein schöner Abend, die Sonne ging gerade unter und irgendwo in der Ferne sangen Kinder somalische Lieder.

Gefangen am Ende der Welt fiel es mir schwer, mir vorzustellen, ob und wie meine Mutter in Kalifornien inzwischen von meiner Entführung erfahren hatte. Tatsächlich hatte die Nachricht sie schnell erreicht. Gerlach hatte Ashwin kontaktiert, der sofort die deutsche und die amerikanische Botschaft in Mogadischu informierte. In der Washingtoner FBI-Zentrale hatte man bereits einen halben Tag nach meiner Entführung fünf Agenten aus dem Los Angeles County mit meinem Fall betraut.

Meine Mutter Marlis Saunders war mit ihren 72 Jahren eine rüstige, liebenswerte Dame mit einem strahlenden Lächeln. Soweit ich das von Berlin aus mitbekam, verbrachte sie ihren Ruhestand mit Tennis- und Golfstunden alles andere als ruhig. Ihr Vorname war eine Zusammenziehung von „Maria Elisabeth", ihr Nachname derjenige ihres zweiten Ehemanns Lou Saunders. Er war bis zur Pensionierung Ingenieur beim Flugzeughersteller TRW, der mittlerweile durch die Northrop-Grumman-Gruppe aufgekauft worden ist. Beide lebten in einem Vorort von Los Angeles, wo in den 50er- und 60er-Jahren ein Großteil der Ingenieure und des mittleren Managements von TRW wohnte. Diese kleinen Küstenorte waren seit den 70er-Jahren zu einigem Wohlstand gekommen, nur das Haus meiner Mutter schien wie aus der Zeit gefallen.

Sie las wohl gerade Zeitung und wartete auf ein paar Freunde, die sie zum Mittagessen beim Mexikaner abholen wollten, als ein unscheinbarer Sedan in der Auffahrt parkte und fünf Männer in dunklen Anzügen ausstiegen. Es war Samstag und samstags sind Anzüge in Redondo Beach ein höchst ungewöhnlicher Anblick. Meine Mutter öffnete den Männern also mit einer gehörigen Portion Neugier die Tür.

„Mrs. Saunders?", fragte der eine und hielt ihr seine Dienstmarke unter die Nase.

„Als ich die Dienstmarke gesehen habe, bekam ich es mit der Angst zu tun", gestand mir meine Mutter später. „Es wurde der schlimmste Tag meines Lebens."

Das FBI ermittelt in jedem Verbrechen, in das ein amerikanisches Opfer verwickelt ist, egal ob in Amerika oder im Ausland. Genauso nimmt das deutsche Bundeskriminalamt die Ermittlungen auf bei Verbrechen, denen Deutsche zum Opfer gefallen sind. Und so machte zur gleichen Zeit mein Onkel in Köln die Bekanntschaft mit einigen Beamten des BKA. Auch bei meinem Arbeitgeber, dem *Spiegel* in Berlin, standen an jenem Tag BKA-Mitarbeiter vor der Tür. Genauso wie in Washington die Mitarbeiter des Pulitzer Centers wiederum das FBI zu Besuch hatten. Allen hinterließen die Beamten genaue Anweisungen, was im Fall einer Entführung zu tun und zu lassen wäre. „Die meinten, wir sollten einfach immer cool bleiben, selbst dann, wenn du am Telefon gebrüllt hättest, weil ein Pirat dir gerade einen Finger abschneidet", erzählte mir später Charles Hawley, ein Kollege und Freund bei *Spiegel Online*.

Im Haus meiner Mutter gaben sich die Agenten die Klinke in die Hand. Sie wollten von ihr alles über meine Reise wissen, über Gerlach und Ashwin, über alle meine Freunde und Bekannten. Sie installierten eine Abhöranlage an ihrem Telefon und schärften ihr ein, was sie den Piraten zu sagen hätte, sobald sie bei ihr anriefen. Entführer wollten eigentlich nur Geld, versuchten die Beamten sie aufzumuntern, was nützte ihnen da eine tote Geisel. Meine Mutter war verwirrt und voller Angst. „Und die ganze Zeit klingelten ihre verdammten Blackberrys", erinnerte sie sich. „Ich ahnte ja nicht, dass in unserer Nachbarschaft so viele FBI-Agenten wohnen!"

In der Zwischenzeit waren auch die Freunde eingetroffen, die sie eigentlich zum Mittagessen abholen wollten. Deutsche und Amerikaner aus verschiedensten Stadtbezirken Los Angeles', die meine Eltern seit meiner frühesten Kindheit und noch länger kannten. „Denis, Sylvia, Hilde, alle waren geschockt. Aber sie kamen noch nicht mal ins Haus!"

Hilde war eine gute Freundin der Familie. An Denis Lyon, den bärtigen Mann mit der tiefen Stimme, hatte ich während meines Aufenthalts in Idaan denken müssen. Seine Frau Sylvia erzählte später, wie überrascht sie an jenem Samstag waren, als Mutter ihnen mit tränenüberströmtem Gesicht die Tür öffnete. „Deine Mutter erzählte uns an der Tür, was passiert war", erzählte mir Sylvia, „dann tauchten zwei FBI-Agenten auf und meinten, wir könnten jetzt nicht reinkommen. Denis meinte nur, dann lass uns hier draußen reden."

Ich hatte die Freunde meiner Eltern seit Jahren nicht mehr gesehen, aber sie waren ein fester Teil meiner Kindheitserinnerungen. Mir erscheint es immer noch als merkwürdiger Zufall, dass Denis sowohl in meinen Erinnerungen am Strand von Idaan als auch am Tag meiner Entführung bei meiner Mutter auftauchte. „Mein Vater machte sich Riesensorgen um dich und verschlang jede noch so kleine Nachricht über deinen Fall", gestand mir später seine Tochter Sonja. „Wir haben oft über dich gesprochen. Einmal fragte ich ihn, was wir machen könnten, um dich wieder freizubekommen. Doch er sagte nur: Das weiß ich auch nicht, mein Kleines. Ich glaube, Michael steckt wirklich in der Klemme."

Beim Aufwachen entdeckte ich, dass mir jemand eine Flasche Wasser und eine Schüssel Haferflocken in mein kleines schmutziges Zimmer gestellt hatte. Gestern hatte da noch eine Flasche Mangosaft gestanden, die jetzt verschwunden war. Ich setzte mich auf und überlegte, wie ich die trockenen Flocken essen sollte, als ein Pirat in mein Zimmer spähte.

„Wuuriyaa!", gab er von sich. „Mango!"

„Hm?"

„Gib mir Mango."

„Wozu?"

„Mango! Mango!"

Zu meinen Vorräten gehörten auch ein paar Flaschen übersüßter Mangolimonade, die ungenießbar aussahen, also reichte ich dem Piraten eine Flasche. Der verschwand daraufhin ohne ein weiteres Wort. Warum schnorrt sich ein Pirat von mir einen Drink, dachte ich ärgerlich. Ich war schließlich auf die Vorräte angewiesen, die mir die Piraten überließen, warum also sollte ich ihnen etwas davon abgeben?

Die Geisel mit den beiden Haarbüscheln hinter den Ohren kam aus dem Zimmer nebenan und schlurfte über den Hof zur Latrine. Er sagte ein paar Worte in brüchigem Seemannsenglisch. Die Piraten nannten ihn „Lorry" und machten sich über ihn und seine Haare lustig. Er verlangte nach einem Haarschnitt. Und tatsächlich, als ich ihn das nächste Mal sah, waren seine Haare kurz und er sah beinahe zivilisiert aus.

Sein Seemannsenglisch musste er auf einem Handelsschiff oder auf irgendeiner Insel mit britischer Kolonialgeschichte aufgeschnappt haben – vielleicht stimmte auch beides. Er verschwand wieder in seinem Zimmer, ohne zu mir herübergesehen zu haben. Ich saß auf meiner Matratze und sehnte mich nach Kaffee und Haferflocken. Als ich einen Piraten um heißes Wasser bat, sah er mich verständnislos an.

„Caffè!", rief er voller Eifer und deutete auf meine Thermoskanne. Ich schüttelte den Kopf, denn in der Kanne war nur Tee.

Was für eine dumme Geisel ich doch war! Der Pirat kam zu mir herüber, riss ein Päckchen löslichen Kaffees auf und leerte das braune Pulver in ein Plastiksieb. Er bedeutete mir, das Sieb über meine Tasse zu halten, nahm die Thermoskanne und goss den heißen Tee durch das Sieb mit dem Kaffeepulver. In der Tasse war nun ein bräunlicher, klebriger Brei – ein höchst koffeinhaltiger Brei.

„Das ist ekelhaft!", protestierte ich.

„Caffè!", bestand der Somali.

„Niemals!"

Zwar hatte ich gerade das Kaffeerätsel gelöst, mit der Frage, wie ich die trockenen Haferflocken hinunterbekommen sollte, war ich jedoch keinen Schritt weitergekommen. Gekocht in Wasser wären sie sicher essbar, allerdings fürchtete ich, die Piraten würden dafür das Brunnenwasser verwenden. Ich musste also irgendwie einen Piraten dazu bringen, mir die Haferflocken mit dem Wasser aus meiner Flasche zu kochen.

Der Pirat, der mir mit der Taschenlampe in die Augen geleuchtet hatte, kam in mein Zimmer. Er riss das Fenster auf, wovor mich tags zuvor Boodiin noch unter Todesdrohungen gewarnt hatte. Ich zog den Kopf ein und wartete auf die erste Gewehrsalve. Doch stattdessen entwickelte sich am Fenster eine lebhafte Unterhaltung zwischen dem Piraten und einem Wächter vor dem Fenster.

Nach einer Weile ging der Taschenlampen-Typ wieder weg, ohne das Fenster geschlossen zu haben. Offensichtlich kannte er Boodiins Befehle nicht. Auf dem Weg zur Tür jedoch nahm er die Schüssel mit den Haferflocken mit.

„Hey!", schrie ich ihn an und meine laute Stimme versetzte die Somalis ringsherum in Aufregung.

„Was willst du?", fragte einer.

Ich war richtig wütend: „Der Kerl hat mein Essen gestohlen!"

Der Pirat sah mich verständnislos an, ganz so, als sei ich wieder einmal zu begriffsstutzig: „Haferflocken gehören in die Küche, das ist besser so."

„Warum?", fragte ich.

Ich bekam jedoch keine Antwort. Dabei war doch klar erkennbar, worum es hier ging. Ich hatte die beschissenen Haferflocken von den Piraten bekommen, warum also sollten sie mir mein Essen dann wieder stehlen? Es waren all diese Kleinigkeiten, die letztlich meinen Aufenthalt als Gefangener unter Piraten am Ende der Welt zu einer Qual machten. „Ein Pirat stiehlt meine Haferflocken", der Satz wurde eine Art Mantra, eine Obsession, wie ein ständiges Echo in meinem Kopf. „Ein Pirat stiehlt meine Haferflocken, ein Pirat stiehlt meine Haferflocken."

Am Abend besuchte mich Ahmed Dirie mit einem Moskitonetz in der Hand. Offenbar sorgte sich sein Chef um meine Gesundheit und wollte mich vor den Malariamücken schützen. Allerdings war

Ahmed Dirie mit dem Aufbau des Zeltes überfordert. Mit einem gewissen Vergnügen beobachtete ich ihn dabei, wie er die biegsamen Stützen des Zelts zusammenzustecken versuchte und wie er letztlich damit scheiterte, sie in die Schlaufen des Moskitonetzes einzufädeln. Um diese Zeit des Tages war Ahmed Dirie – genau wie seine Freunde – viel zu breit von all dem Khat, das er den ganzen Tag vor sich hinkaute, um eine derart komplexe Aufgabe erfolgreich zu bewältigen. Vielleicht war er auch so einfach zu blöd. Irgendwann jedenfalls warf er entnervt das Netz mit den inzwischen zerbrochenen Stützen beiseite und ging. Den kläglichen Haufen räumte in den nächsten Tagen ein anderer Pirat beiseite.

Du hast einen Fehler gemacht, das ist nun mal menschlich.

Ein Pirat stiehlt meine Haferflocken.

Drei oder vier Tage mochte ich so zugebracht haben, verängstigt, geschlagen und verunsichert. Eines Nachts, bereits Stunden nach Sonnenuntergang, tauchte plötzlich Boodiin wieder auf und brachte einen älteren, unbewaffneten Mann mit. Er hatte einen kleinen, mit einzelnen weißen Haaren gesprenkelten Bart und schien geduldig und intelligent zu sein.

„Er ist Arzt", stellte Boodiin ihn mir vor.

Unter dem flackernden Schein einer Taschenlampe wickelte ich den provisorischen Verband von meinem Handgelenk. Es war dick angeschwollen und man konnte immer noch unter der Haut die losen Knochensplitter spüren. Der Arzt sah zuerst Boodiin an, dann mich, danach blickte er zu Ahmed Dirie, der im Türrahmen wartete. Er war anders als die Piraten, sein gequälter Gesichtsausdruck verriet einen inneren Konflikt. Er wirkte unsicher, fast ängstlich.

Nach einem kurzen Blick auf mein Handgelenk sagte er: „Das Gelenk ist nicht gebrochen, nur angeknackst. Das heilt in den nächsten drei Wochen von selbst."

Er fischte ein paar Bambusstöckchen und ein verschlissenes lila Tuch aus seinem Arztkoffer. Mithilfe von Nadel und Faden schiente er damit mein Handgelenk. Als er fertig war, biss er den Faden durch. Sein handwerkliches Geschick war beeindruckend. Doch wozu die Mühe, wenn doch seine Behandlung letztlich völlig nutzlos war? Ich war hier nicht in der Position, einen Streit anzufangen, selbst wenn ich sicher war, dass mein Handgelenk tatsächlich gebrochen war.

Mit der geschienten Hand auf dem Bauch legte ich mich schlafen. Mitten in der Nacht weckte mich jedoch lautes Geklapper, als das Zufahrtstor zum Hof aufgeschoben wurde. Mit laufendem Motor wartete ein Auto vor meiner Tür. Noch kannte ich nicht die Gewohnheit der Piraten, plötzlich mitten in der Nacht das Quartier zu wechseln, ahnte aber bereits, dass das wartende Auto vor meiner Tür nichts Gutes verheißen würde. Mein Herz schlug mit einem Mal schneller und tatsächlich wurde ich bald darauf in den wartenden Land Cruiser verfrachtet. Auf der Rückbank saß bereits „Lorry" und beobachtete das Treiben der jungen Piraten mit der Verachtung eines erfahrenen, alten Mannes. Auf dem Beifahrersitz wartete grinsend Ahmed Dirie, während sich weitere Somalis mit ihren Waffen um uns herum panisch in das Auto quetschten. Noch vor Sonnenaufgang stoben wir davon und fuhren in den Busch, wie es schien, ohne bestimmtes Ziel.

Als es bereits taghell war, drehte sich Ahmed Dirie zu mir um und deutete in den wolkenlosen Himmel. Er sprach ein schnelles Somali und ich konnte nur vermuten, dass ihm dort oben irgendetwas Angst machte.

Unser Fahrer schaltete sich ein: „Bist du General bei den Marines?"

„Nein!"

„Oberstleutnant?"

„Nein!"

Irgendetwas war wohl vorgefallen und meine Entführer gaben offensichtlich mir dafür die Schuld. Sie glaubten, ich würde zu den US-Streitkräften gehören. Völlig aufgelöst redeten sie in Somali auf mich ein. Selbst die wenigen englischen Begriffe, die sie dabei einstreuten, ergaben für mich keinen Sinn.

„Helicopters!", sagte Ahmed Dirie endlich. „American!"

„Boom-Boom? Kampf?", fragte ich.

„Yes!"

Ich zuckte mit den Schultern, denn vermutlich waren meine Entführer nur einem unsinnigen Gerücht auf den Leim gegangen.

Die US-Streitkräfte blieben für gewöhnlich jenseits der somalischen Staatsgrenzen. Seit der Schlacht von Mogadischu hielten sich die Amerikaner mit Kampfeinsätzen im Land zurück. Die Aufregung der Piraten legte sich jedoch nur langsam, während wir den ganzen Morgen ziellos kreuz und quer, teils sogar im Kreis durch den Busch holperten.

Tatsächlich wurden vier Tage nach meiner Entführung die beiden Entwicklungshelfer Jessica Buchanan und Poul Thisted durch ein Spezialkommando der US-Streitkräfte befreit. Beide waren in einem Lager nördlich von Galkayo von somalischen Piraten gefangen gehalten worden. Sie schliefen noch, als die Navy-Spezialeinheit SEAL nahe ihrem Schlafplatz mit Fallschirmen aus Hubschraubern absprang. Neun der somalischen Wächter wurden von den Soldaten während der Operation getötet. Buchanan und Thisted jedoch wurden heil in einem Hubschrauber in die Freiheit geflogen.

Meine Mutter wollte sich an diesem Abend im Fernsehen eine Ansprache Obamas an die amerikanische Nation anhören. Obama trat mit einigen Mitarbeitern seines Stabs im Weißen Haus vor die Kameras. Unmittelbar vor der Ansprache gratulierte er seinem Verteidigungsminister Leon Panetta: „Glückwunsch, das war ein guter Einsatz heute Abend!" Niemand wusste zunächst, was das zu bedeuten hatte, bis am nächsten Morgen die Medien über die erfolgreiche Befreiung Buchanans berichteten.

Aus Hoffnung wurde für meine Mutter schnell die Enttäuschung, dass ich nicht zu den Befreiten gehörte. Unter den Tennis- und Golffreunden meiner Mutter begannen daraufhin wilde Spekulationen. Die sportlichen älteren Damen und rüstigen Rentner, allesamt streng konservative Republikaner mit staubtrockenem Humor, dachten laut darüber nach, ob und wann wohl die nächste SEAL-Truppe zu meiner Befreiung ausrücken würde. Viele riefen bei Mutter an, um ihr zu versichern, dass die alleinige Schuld bei Präsident Obama zu suchen wäre, falls mir in meiner somalischen Geiselhaft etwas zustieße.

Die Rettungsaktion hatte am 25. Januar 2012 in den frühen Morgenstunden stattgefunden. Die Beamten, die das FBI für meinen Fall abgestellt hatte, sprachen mit meiner Mutter nur ganz allgemein über die Aktion: „Sie haben mir das zwar nie direkt gesagt, aber ich glaube, dass sie für deine Befreiung immer auch eine militärische Option im Blick hatten", erzählte meine Mutter. „Natürlich musste die erst vom Weißen Haus abgesegnet werden – ohne die Unterschrift Obamas lief da gar nichts."

Thisted war Däne, Buchanan Amerikanerin. Beide hatten im verhältnismäßig ruhigen Norden Somalias für das Minenräumprogramm einer dänischen Hilfsorganisation gearbeitet. Ich hatte mich vor meiner Abreise nach Somalia kaum für den Fall interessiert und wusste entsprechend wenig über die Hintergründe der Entführung, genauso wenig wie über die Gruppe, die hinter der Geiselnahme steckte. Von der spektakulären Befreiungsaktion selbst bekam ich in meiner Geiselhaft zunächst nichts mit. Ich wusste nur, dass die amerikanischen Streitkräfte vor dem Horn von Afrika weniger Piraten bekämpften, sondern in erster Linie versuchten, die Milizionäre der islamistischen al-Shabaab aufzuspüren. Die Befreiung Jessica Buchanans war deshalb ein hoffnungsvolles Zeichen. Es zeigte, dass Obama und seine Regierung bereit waren, sich für das Leben einer einfachen Geisel in den Händen somalischer Piraten einzusetzen. Selbst dann, wenn sie dabei riskierten, die Pläne der europäischen Mission vor Somalia zu durchkreuzen. Der Einsatz zeugte von Verantwortungsbewusstsein und Stärke. „Die Vereinigten Staaten werden bei Entführungen ihrer Bürger im Ausland nicht tatenlos zusehen", hatte Präsident Obama in seiner Ansprache der Nation versprochen, „wir werden alles unternehmen, um die Sicherheit amerikanischer Bürger zu gewährleisten und die Entführer vor Gericht zu bringen."

Die Augen der Geisel neben mir im Auto waren schmal und die Haut eher kaffee- als dunkelbraun. Woher der Mann mit dem nun kurz geschnittenen Haarkranz stammte, war schwer zu sagen. Immerhin jedoch erfuhr ich jetzt seinen vollen Namen: Rolly Tambara. Der Frage nach seiner Heimat wich er jedes Mal aus, anstelle einer

Antwort legte er nur einen seiner krummen Finger auf die Lippen. Er und sein mittlerweile verschollener Kumpel waren Seeleute. Von seinem Schiff, der ARIDE, hatte ich jedoch zuvor nie etwas gehört.

Bei Sonnenuntergang stieß auf einem offenen Platz im Busch ein zweiter Wagen zu uns. Er brachte Khat und mehrere Plastiktüten voll gekochter Spaghetti. Die Piraten warfen eine Matte auf den Boden neben unserem Land Cruiser. Wir sollten uns entspannen, meinten sie. Mein Handgelenk pochte vor Schmerz und ich hatte keine Ahnung, was unser Ziel war. Aber ich wünschte nichts sehnlicher, als endlich dort anzukommen. Ich war noch nicht lange genug Geisel. Noch glaubte ich, dass selbst ein Piratenleben den Gesetzen von Zweckmäßigkeit und Sinnhaftigkeit folgen müsste. Ich ahnte ja nicht, wie viel Unsinn noch auf mich zukommen würde.

Wir waren nun mitten in der Savanne. So weit unsere Augen reichten, gab es nichts als Sand, Staub, Dornengestrüpp und vom Wind gebeugte Akazien. Während in majestätischer Stille die Sonne versank, wurde die Szenerie um uns in einen weichen roten Glanz getaucht.

„Wo ist dein Kumpel?", fragte ich Rolly leise.

Er zuckte nur mit den Achseln: „Weiß nicht. Sie haben ihn dagelassen."

„Wo? Im Haus?"

„Yah."

Sein Akzent hatte auf einmal etwas Französisches. Ich wollte noch etwas fragen, doch er hob nur seinen Finger. Ein anderes Mal!

Bei Einbruch der Dunkelheit wurden wir wieder in das Auto gepackt und fuhren hinauf in die Wälder des Hochlands. Mehrere Stunden lang schwankte unser Auto über holprige Pisten, während aus den Lautsprechern somalische Volksmusik dröhnte. Unter anderen Umständen hätte mir ihr spröder, melancholischer Klang durchaus gefallen. Zu diesem Zeitpunkt klang sie für mich nach verlorener Freiheit und Unterdrückung.

Wir fuhren durch eine bewaldete Hügellandschaft. Ab und an versperrte uns eine Schranke den Weg. Unser Fahrer hupte und irgendwo aus den Büschen tauchte jedes Mal wie aus dem Nichts eine Frau auf, schob den rostigen Balken aus dem Weg und fegte für uns mit einem Besen den Staub auf der Straße beiseite. Die Szene wirkte jedes Mal irreal, wie in einem Traum, schon allein, weil in der khatspuckenden Männerwelt der Piraten Frauen sonst keinen Platz zu haben schienen.

Wir erreichten einen Abhang, von dem aus wir in ein Tal hinabsehen konnten. In einiger Entfernung sahen wir Mündungsfeuer und hörten das Knattern von Gewehren. Unser Fahrer hielt an, damit ihn ein zweites Auto überholen konnte. Bald darauf erschien das Gesicht von Ali Duulaay vor einem der Seitenfenster. Er leuchtete mit einer Taschenlampe ins Wageninnere und gab ein paar knappe Anweisungen auf Somali. Rolly und ich mussten aussteigen und wurden mitten durch ein Dornengestrüpp getrieben. „Wo gehen wir hin?", fragte Rolly die offenbar völlig planlosen Piraten. Ahmed Dirie murmelte nur: „Go, go, go, go!" Ich bezeichnete diesen Ausflug später immer als unseren Besuch im „Garten der sinnlosen Folter".

An seinem Ausgang wartete bereits der Land Cruiser auf uns. Die Beine voller blutiger Kratzer stiegen wir wieder ein. Doch Ali Duulaay hatte noch nicht genug. Gemeinsam mit zwei bewaffneten Männern befahl er jetzt Dirie auszusteigen und verabreichte ihm zwischen den Autos eine Tracht Prügel. Seine beiden Gehilfen schossen etliche Salven in die Luft, während sich Dirie vor Schmerzen auf dem Boden krümmte.

Duulaay ließ uns wieder aussteigen und vor dem Wagen antreten. Mit der Taschenlampe leuchtete er uns ins Gesicht. Irgendetwas an meinem Gesicht schien ihn zu stören. Ohne ein weiteres Wort schlug er mir mit seiner Faust auf die Schläfe, sodass die Sterne um mich herum zu tanzen begannen.

„Arschloch", zischte ich.

Duulaay schien zufrieden. Er und seine Männer stiegen in unser Auto und verschwanden damit in der Nacht.

Die Piraten zwangen uns nun über einen schmalen Steig einen Abhang hinab. Unten im Tal schimmerten die Bäume im Mondlicht. Bei einem schmalen Felsunterstand in der Mitte des Hangs hielten wir an. Die Somalis warfen uns unsere Schaumstoffmatratzen hin. In meinem Ohr kreischte immer noch Duulaays Schlag und ich zitterte leicht, entweder wegen der feuchten Kälte oder aus Nervosität.

„Michael! No sleep?", fragte mich ein Somali mit sanfter Stimme.

„Keine Decke!", antwortete ich.

Der Somali zog seine Lederjacke aus und reichte sie mir durch die Dunkelheit herüber. Irgendwann musste ich nach all den Strapazen und der Gewalt eingeschlafen sein. Ich wachte erst auf, als die Sonne das Tal zu unseren Füßen allmählich zu erwärmen begann.

Rolly war bereits wach und lag mit dem Rücken auf seiner Matratze. Sobald ich mich aufgesetzt hatte, fragte er: „Was ist los?"

„Ich muss mal!"

„Pissen oder scheißen?"

„Nur pissen."

„Das heißt ‚kadi' auf Somali", meinte er und rief nach unseren Wächtern. „He", er deutete auf mich, „kadi, kadi."

Man begleitete mich auf einem schmalen Trampelpfad zu einem Müllhaufen. Mein Wärter wartete etwas abseits auf mich und blickte mit seiner Kalaschnikow im Anschlag ins Tal hinab. Über den abbröckelnden Hang sah man auf staubgraue Bäume und Sträucher am Grund einer Schlucht, die sich inmitten der trockenen Savanne auftat.

Wir stiegen hinab zur Talsohle. Zwei Piraten trugen unsere Matratzen vor uns her, während wir uns unseren Weg durch das immergrüne Gebüsch und die Dornen zu bahnen versuchten. Am Grund des Canyons angekommen, machten wir schließlich im Schatten einiger Bäume Rast. Sofort begann einer der Piraten, jeden freien Platz um uns herum mit dornigen Zweigen aufzufüllen. „Quorrax!", sagte er und zeigte Richtung Sonne, so als bemühe er sich für uns um kühlenden Schatten. Doch in unser Tal reichte die Sonne gar nicht hinein. Mir dämmerte, dass das Dornengestrüpp genau wie die ziellose Herumfahrerei nur den Zweck hatte, uns vor den neugierigen Kameraaugen der Drohnen abzuschirmen.

Bis jetzt hatte der hagere Pirat vom Vorabend seine Jacke noch nicht zurückverlangt. Ich staunte über ihre Qualität: Das Leder war hochwertig, die Nähte fest und intakt und selbst die Ärmelmanschetten saßen straff und stabil.

„Hat dir Angelo seine Jacke gegeben?", fragte Rolly.

„Wer?"

„Der Somali, An-gel-o", buchstabierte er den Namen für mich. „Ich hab gesehen, wie er dir gestern seine Jacke gegeben hat. Er hat dir am ersten Tag in der Wüste auch das Essen gebracht."

Ich musste etwas verwirrt ausgesehen haben, denn er fuhr fort: „Thunfisch und Brot. Das war von uns, Angelo hat es dir gebracht."

„Oh."

„Ist ein guter Kerl."

Rolly und sein Freund Marc Songoire waren bereits seit drei Monaten in der Gewalt der Piraten. Man hatte sie im November 2011 ungefähr 100 Kilometer vor Mahé auf den Seychellen gefangen genommen. Sie hatten damals gerade begonnen, auf Rollys Kahn den gefangenen Fisch auszunehmen und zu säubern, als ihnen die Piraten unter lauten Gewehrsalven mit ihrem Schnellboot entgegengekommen waren. Die Seychellen gehören noch zum afrikanischen Kontinent, sie liegen etwas nördlich von Madagaskar im Indischen Ozean. Von Mahé bis zur Küste Somalias sind es mindestens 1 200 Kilometer. Nach ihrer Gefangennahme waren sie eine ganze Woche lang unterwegs gewesen, bis sie Hobyo erreichten. Allerdings glaubten die Piraten Rolly nicht, als er ihnen sagte, er sei selbst Afrikaner. Seine vergleichsweise helle Haut machte sie misstrauisch. „Die Seychellen bestehen aus unzähligen Inseln, wir sind alle wild durcheinandergemischt. Ich zum Beispiel bin halb Chinese."

Immer noch staunte er über die Einfalt der Piraten: Am Heck seines Bootes hatten sie den Schriftzug „Aride – Port Victoria" entdeckt, jedoch beim Entziffern der Buchstaben ihre Probleme gehabt. Irgendwie brachten ihre kläglichen Lesekünste sie dazu, Rolly für einen Australier zu halten. Das war eine verlockende Aussicht für sie, schließlich war von einer australischen Geisel deutlich mehr Lösegeld zu erwarten. Einer der Piraten wollte deshalb auf Nummer sicher gehen und setzte Rollys Freund das Gewehr auf die Brust: Er sollte gestehen, dass Rolly ein australischer Staatsbürger sei. Doch leider sprach Marc nur das Kreol der Seychellen und blieb stumm. Der Pirat fühlte sich gekränkt und drückte kurzerhand ab. Zum Glück war keine Kugel im Lauf, doch das leere Klicken der Gewehrmechanik verfolgte Marc seit jenem Tag bis in seine Träume.

„Danach haben sie uns nach Somalia gebracht", erzählte Rolly weiter. „Dort haben sie ihn gefoltert."

„Was?"

„Yah! Sie sagten Marc, er solle seine Familie anrufen, doch er verstand nicht. Dann haben sie die Anlasserkabel von unserem Motor abmontiert und sie an seinen Armen befestigt." Rolly zeigte mir, wo genau die Piraten die Kabel befestigt hatten. „Mit dem Strom haben sie ihn schließlich gefoltert."

Ich stöhnte auf.

„Am Anfang konnte er gar nichts mehr essen." Seine Arme versagten nach den Elektroschocks den Dienst.

„Ich musste ihn füttern wie ein kleines Kind."

Allmählich wurde mir der Ernst meiner Lage bewusst. „Jesus!", stieß ich aus.

„Die sind völlig wahnsinnig", sagte Rolly noch. „Wir sind der Teufel, die sind Gott. Michael, die lassen sich nichts sagen."

Wir waren an einem außergewöhnlichen Ort. Das wuchernde Buschwerk und die vielen Bäume in dem Tal waren unter der sengenden Sonne Somalias eine Seltenheit. Im Schutz der Blätter gab es kühlenden Schatten. Doch nicht nur für uns. Und so kämpften wir mit allerhand Getier. Mit Ameisen, die Tag und Nacht über unsere Matratzen krabbelten, neugierigen Spinnen und seltsamen schwarz-roten Käfern. Wespenartige Insekten, groß wie eine Männerfaust, surrten zwischen den Bäumen umher. Und immer wieder wurde die Stille von einem merkwürdigen Schrei unterbrochen. Wie das Wiehern eines Pferdes erklang er mal hier und mal dort.

Nur fehlten nach dem Schrei all die anderen Geräusche, die ein Pferd sonst zu machen pflegte: das Schnauben, das Scharren.

„Ist das ein Vogel?", fragte ich Rolly.

Er lauschte.

„Geier", gab er knapp zur Antwort.

„Das klingt wie ein Pferd ohne Körper."

Ich versuchte mir diese wiehernden Geier vorzustellen, wie sie ohne hörbaren Flügelschlag geisterhaft von einem Ast zum anderen flatterten.

Ein paar Somalis kamen über einen schmalen Steig zu uns ins Tal herab. Sie brachten Kisten voll Wasserflaschen und Mangosaft neben etlichen Kartons mit Spaghetti, Thunfischdosen, Milchpulver, drei Sorten Kekse, einen Sack Reis, einen Sack Bohnen, Mehl und – ganz wichtig – etliche Rollen Klopapier.

„Da ist wohl der Lieferwagen gekommen", meinte Rolly.

„Irgendwo dort oben am Abhang", stimmte ich zu.

Mittags gab es Thunfisch mit Weißbrot, das hier „Roti" genannt wurde. Es waren kleine, kurze Laibe, ähnlich einem weichen Baguette. Mit den indischen Brotfladen, die ich als Roti kannte, hatte es jedoch wenig zu tun. Es schien mir merkwürdig, dass die Somalis ihrem Brot einen indischen Namen gegeben hatten. Auch den Namen für ihren Tee, „Shaah", entliehen sie dem Urdu oder dem Arabischen. Die Begriffe wiesen auf Verbindungen zu Gebieten jenseits des Indischen Ozeans hin. Während seiner Geschichte trieb Somalia seit alter Zeit über den Golf von Aden hinweg einen regen Handel mit seinen arabischen Nachbarn im Norden. Über den Landweg waren Güter von Somalia aus durch Ägypten in den Sudan im Westen und über das Meer in das Reich der Moguln jenseits des Indischen Ozeans verkauft worden. Nach Gerlachs Darstellung gehörte das seit Langem muslimische Somalia deshalb nicht zu Afrika, sondern zum Orient, selbst wenn beide Einflüsse – afrikanische und orientalische – das Land prägten. Auf unserer Reise nach Hobyo waren uns ein paar verfallene Pyramiden aufgefallen, deren Überreste der Tsunami dort mitten im Busch freigelegt hatte. Gerlach vermutete, dass sie aus einer Epoche ägyptischer Besatzung zur Zeit der Pharaonen stammten.

„Sahib." Etwas überschwänglich hatte mich so schon während meiner ersten Tage als Geisel ein junger somalischer Pirat genannt. Er hieß Abdinasser, hatte breite, hängende Schultern und lächelte mich dienstbeflissen an. „Aniga, adiga", sagte er und zeigte dabei abwechselnd auf sich selbst und auf mich: „Sahib!"

Auch dieser Begriff hatte wohl seinen Ursprung in Indien. Ich kannte ihn aus dem Süden Asiens, wo er stets auf die Beziehung zu einem Kolonialherrn gemünzt war. Hier in Somalia gebrauchte man ihn dagegen meist, um eine Gleichrangigkeit zu betonen. Diese Bedeutung entsprach eher dem Arabischen, wo sich bereits die Gefährten Mohammeds gegenseitig als Sahib bezeichneten. Auch die somalischen Piraten nannten sich untereinander „Sahib".

Die Stimme meines Sahib Abdinasser war weniger tief, als man es bei einem kräftigen und großen Mann wie ihm erwartet hätte. Sie klang eher schrill und gepresst. Im Gegensatz zu den anderen hörte man ihn jedoch nie fluchen oder schimpfen. Als wir am Nachmittag duschen durften, brachte er jedem von uns in einem Kanister anderthalb Liter sauberes Wasser. Außerdem hielt er für uns nach der Dusche Feuchtigkeitscreme und ein rosafarbenes Flakon mit Rasierwasser bereit. Für kernige Männer im Busch war das ein etwas tuntiges Angebot.

Ich nahm also den Flakon und hielt ihm das Etikett mit einer Frau darauf unter die Nase: „Das hier ist für Frauen, nicht für Männer!"

„Ja, Sahib", lachte er mit einem breiten Grinsen im Gesicht.

Man konnte Abdinasser schwer aus der Ruhe bringen. Waren seine Kollegen meist unglaublich eitel und dünnhäutig, fehlte ihm deren Missgunst und Voreingenommenheit völlig. Von nun an sollten Abdinasser und ich uns nur noch als „Sahib" anreden.

Er beendete auch den morgendlichen Kleinkrieg beim Frühstück um die grauenhafte Brühe aus Kaffeepulver und Tee. Selbst Rolly widerte das Zeug inzwischen an. „Shaah-Caffè no good!", protestierte ich, stolz auf meine Somali-Kenntnisse.

Noch hatte ich mir etwas von meiner Persönlichkeit aus der Zeit vor meiner Geiselhaft bewahrt und bat die Piraten, doch zukünftig den Kaffee für uns mit heißem Wasser aus der Flasche anzurühren. Immer noch erschien mir der Kaffee nach dem Aufstehen als eine Art universelles Menschenrecht. Bisher allerdings waren unsere Wärter meinen Forderungen nach anständigem Kaffee mit völligem Unverständnis begegnet. Spannung lag in der Luft und Rolly bat mich dringend, die Piraten nicht weiter unnötig zu verärgern. Schließlich stand Abdinasser auf: „Ah, yes", sagte er nur und setzte einen Kessel mit frischem Wasser auf die Feuerstelle.

Ungläubig sahen uns die Piraten zu, wie wir uns schließlich mit heißem Wasser und etwas Trockenmilchpulver einen Kaffee zubereiteten.

„Water-Caffè", so nannten sie das für sie neuartige Getränk.

„Haa, Water-Caffè", bestätigte ich.

Allmählich begannen wir uns zu verstehen.

Zwischen den kurzen Gesprächen mit Rolly herrschte meist Ruhe im Tal. Es war eine stille Zeit, in der ich begann, in meinen Erinnerungen zu stöbern; beinahe wie ein Sterbender, in dessen Kopf kurz vor dem Tod die Bilder seines Lebens vorüberziehen. Allerdings schien mein Sterben ein paar Tage zu dauern. Während der ersten Woche, als die Angst um mein Leben noch sehr konkret war, zogen die Erinnerungen an mein Leben daher wie in Zeitlupe vor meinem inneren Auge vorbei.

Es begann mit dem Blick zurück auf meine Berliner Zeit, als ich noch jeden Morgen beim Frühstück die mächtigen Bäume vor meiner Wohnung am Helmholtzplatz betrachtete. Die futuristische Uhr, die dort vor meinem Fenster neben der Straßenlaterne aus der Gründerzeit stand. Ich vermisste das hartgekochte Ei, den Kaffee und die Stimmen der Nachrichtensprecher der BBC. Ordentlicher Kaffee, Frühstückseier, Radionachrichten, all das war für mich zu unerreichbaren Luxusgütern geworden.

Ich musste an den Technical denken, mit dem wir entführt worden waren. „Kibir Jabiye", stand auf dem Heck: „Nieder mit dem Hochmut!" Mir schien, als hätte uns derselbe Technical auch nach Hobyo an die Küste begleitet. Ich war in Galkayo nicht hochmütig aufgetreten, nicht anmaßend. Und dennoch, für Somalis war ich ein Weißer, und als solcher stellvertretend verantwortlich für die Kriege und alles andere, was der Kolonialismus dem Land angetan hatte. Inzwischen schien mir schon mein Wunsch, unbehelligt durch Somalia reisen zu können, als Anmaßung.

„Du hast einen Fehler gemacht", hatte mir Boodiin verraten. „Doch Irren ist menschlich." So begann ich, mich allmählich immer weiter in meine Vergangenheit zurückzugegeben, erst ein paar Monate, dann Jahre. Wo und zu welchem Zeitpunkt hatte ich den entscheidenden Fehler in meinem Leben gemacht? Vielleicht war es in meiner Situation ja normal, die Zähne zusammenzubeißen und in seiner Vergangenheit zu wühlen, vernünftig schien es mir allerdings nicht. Unser improvisiertes Camp brachte mir Erinnerungen an einen Campingausflug mit meinen Eltern an der Pacific Coast zurück. Wir hielten unterwegs nahe Big Sur an einem Fluss zwischen alten Redwoods und Pinien und hatten bereits den salzigen Geruch des Pazifiks in der Nase. Der Ort Big Sur stand damals für amerikanische Alternativkultur. In meinen Erinnerungen fischte ich dort mit meinem Vater Forellen und röstete über einem offenen Feuer Marshmallows. Ich sehnte mich zurück nach diesem Ort, dem Salz des Pazifiks, dem Sand auf dem Campingplatz, dem schweren, vanilleartigen Duft der kalifornischen Wälder.

Zur Zeit dieses Campingtrips hatte mein Vater bereits mit dem Trinken angefangen. Meine Mutter warf ihn an manchen Abenden aus dem Zelt. Die unüberbrückbaren Spannungen zwischen ihnen fielen mir erst auf, als ich meinen Vater frühmorgens beim Gang aufs Klo nass vom Morgentau in seinem dunkelblauen Schlafsack neben dem Auto entdeckte. Ihren Streit hatten sie stets vor mir verborgen, nie war der Konflikt offen ausgebrochen. Den ganzen Urlaub schien meine Mutter bester Laune und voller Fürsorglichkeit, als bildete ich mir die dunklen Wolken nur ein, die sich über der Familie zusammenzogen.

Ich bin ohne Geschwister aufgewachsen. Entsprechend lasteten alle Hoffnungen meiner Familie allein auf meinen Schultern. Erwachsen zu werden hieß für mich immer auch, diese Erwartungen hinter mir zu lassen, genauso wie all die vielen anderen Vorstellungen und Überzeugungen aus Kinder- und Jugendtagen. Vergessen habe ich sie jedoch nie. Ich wollte Astronaut oder Arzt werden. Und ich hätte tatsächlich beides werden können, ich hätte alles werden können. Und doch entschloss ich mich, Schriftsteller zu werden.

„Michael", holte mich Abdinasser aus meinen Erinnerungen zurück und streckte mir ein Stück Khat entgegen: „Sahib."

„Danke, nein."

„Zigarette?", bot mir ein zweiter Pirat an.

Es war ein Spiel mit uns Geiseln. Die Piraten wollten wissen, wo wir zugriffen. Mir war langweilig und so nahm ich eine Zigarette. Der Pirat hielt mir sein Feuerzeug hin. Seltsamerweise war darauf ein zerkratztes Foto des Loreley-Felsens am Mittelrhein zu sehen. In Koblenz, nur wenige Kilometer weiter nördlich, hatten sich meine Eltern kennengelernt.

„Danke", sagte ich.

Es gab Fotos meines Vaters, die ihn bei Ausflügen in der Gegend um Koblenz zeigten. Er stand darauf in einem gut sitzenden Anzug mit polierten Schuhen neben einem weißen VW Käfer, eine Zigarette locker zwischen die Finger geklemmt. Ein eleganter Mann, der sein Leben offenbar gut im Griff hatte. Damals arbeitete er noch mit Denis Lyon zusammen, vermutlich reisten sie gemeinsam in die Niederlassung nach Koblenz. Ich stellte mir vor, wie sie in einem verqualmten Waggon der Deutschen Bahn den Rhein entlangfuhren. Irgendwann zeigte Denis vermutlich aus dem Fenster, um meinen Vater auf die dramatischen Felsen am Rheinufer aufmerksam zu machen. Sicher erzählte er ihm die Sage der wunderschönen Loreley, die mit ihrem Sirenengesang die Schiffsleute ins Verderben lockt.

Mein Vater war zwar klug, hatte allerdings nur eine oberflächliche Bildung genossen. Er studierte in den 50er-Jahren ein Semester am MIT und schloss dann seine Ausbildung bei der Marine ab. Ich stellte mir vor, wie er zu Denis sagte: „Ich dachte, Sirenen gäb's nur in Griechenland." Und wie Denis daraufhin trocken erwiderte: „Klar, die hier ist halt blond!"

Er und mein Vater gehörten in die Zeit der 60er-Jahre, als Alkoholexzesse Bestandteil der Unternehmenskultur in der amerikanischen Luftfahrtindustrie waren. Beide waren praktisch denkende Männer, die aber auch mal über die Stränge schlugen. Beide konnten sich noch gut an ihre Kindheit während des Zweiten Weltkriegs erinnern. Nun bauten sie Satelliten und Flugzeuge, um damit Amerika zu mehr Einfluss in der Welt zu verhelfen. Für sie war es die einzig logische Konsequenz aus den Erfahrungen des Krieges. Nach dem Sturz Hitlers sollte ein möglichst starkes Amerika dem Kommunismus im Osten die Stirn bieten. Die Hippiekultur der 60er-Jahre beäugten meine Eltern deshalb mit einigem Misstrauen. Sie selbst zogen sich modisch an und sahen immer wie aus dem Ei gepellt aus. Das Lächeln meiner Mutter auf den Bildern von damals wirkte gönnerhaft, vielleicht sogar etwas herablassend. Selbst wenn Drogen und Alkohol unsere Familie allmählich zu zerstören begannen – ihr Glaube an Amerikas Macht und Einfluss in der Welt blieb stets intakt.

Ich verbrachte ganze Tage damit, die Erinnerungen an einzelne Szenen aus meiner Kindheit und Jugend zu einer Familiengeschichte zusammenzufügen. Immer mehr solcher Erinnerungen tauchten während meiner Gefangenschaft auf. Beim Blick auf die Zahnlücke unseres Sicherheitschefs in Nuur hatte ich schon an Denis denken müssen. Ich erinnerte mich noch gut an das Umfeld, in dem wir und die Freunde unserer Familie lebten. Die Luftfahrtindustrie beherrschte damals das südliche Kalifornien, ihre Weltläufigkeit gab den Ton vor, aber auch Banalitäten bestimmten den Alltag. Ich sah vor mir, wie Denis und Sylvia in Northridge nach dem Abendessen auf unserer Terrasse saßen, rauchten und Deutsch miteinander sprachen. Sylvias Deutsch klang irgendwie elegant in meinen Ohren, während mich das Deutsch der Männer immer an den Drill auf einem Kasernenhof erinnerte, so wie ich es aus den amerikanischen Fernsehserien kannte. Stundenlang saßen sie in jenen heißen, trockenen Nächten in Los Angeles zusammen und unterhielten sich bei einer Flasche Wein im flackernden Schein von Anti-Mücken-Kerzen. Es hätte viel zu dieser Art Vorstadtglück zu sagen gegeben, zum Beispiel über die amerikanische Rüstungsindustrie und ihre stete Kriegstreiberei. Trotzdem wurde mir bei der Erinnerung an diese Szenen schmerzlich bewusst, welchen Fehler ich begangen hatte. Nicht nur, dass ich mich in der Wüste kidnappen ließ – das Versagen war schlimmer. Ich hatte versäumt, alle diese Menschen genug zu *lieben*.

Jetzt als Geisel – am Ende meines kurzen Lebens, wie ich glaubte – versuchte ich unbewusst und fieberhaft meine Erinnerung an mich selbst wachzuhalten, an das, was ich einmal war. Denn eine Geisel wollte ich nicht sein. Ich wusste zu diesem Zeitpunkt noch nicht einmal, was das genau bedeutete.

Als wir am nächsten Morgen aufwachten, kniete schon ein Pirat neben unserem Matratzenlager. Auf dem Kopf trug er einen Turban. Er war schmächtig, allerdings groß gewachsen. Aus dem Grau der Morgendämmerung heraus beobachtete er uns mit misstrauischem Blick. Niemand im Lager machte Frühstück, noch nicht einmal Tee. Rolly und ich teilten uns ein Päckchen Kekse.

„Wer ist das?", flüsterte ich Rolly zu und deutete in Richtung des Piraten. „Der ist neu hier."

„Angelo sagt, das ist Alis Bruder." Offenbar kannte Rolly unseren Gast bereits.

Alis Bruder musste wohl an Ahmed Diries Stelle getreten sein, der ja von seinem Boss übel zugerichtet worden war. Offenbar so übel, dass er als Gruppenführer für unser Lager ausfiel.

Früh am Nachmittag wurde wie jeden Tag das Khat ins Lager geliefert. Und wie jeden Tag machte sich Rolly darüber lustig: „Tschat!" Dabei nickte er mit gespieltem Wohlwollen den einzelnen Piraten im Lager zu: „Tschat, Angelo! Tschat, Hersi! Tschat, Abdinasser!" Alle lächelten und streckten ihren Daumen in die Höhe.

„Warum sagst du ‚Tschat', nicht ‚Khat'?", wollte ich wissen.

„So sprechen es die Somalis aus!"

Tatsächlich sprachen alle Piraten um uns herum den ersten Konsonanten weich aus, offenbar eine regionale Besonderheit. Rolly hatte es wohl nie anders gehört.

„Und auf den Seychellen, kaut ihr da auch ‚Tschat'?", zog ich ihn auf.

„Um Gottes willen, nein!"

Wir beobachteten die Piraten beim Auswickeln der Khatblätter.

„Kein Frühstück für uns, aber Hauptsache, ihr Scheiß-Khat ist da", schimpfte Rolly.

Nachmittags brachte Alis Bruder Rolly auf einen Hügel auf der gegenüberliegenden Seite des Tals. Als ich Abdinasser, meinen Sahib, fragte, wofür, hielt er sich nur ein imaginäres Handy ans Ohr.

Niedergeschlagen kam Rolly schließlich nach gut einer halben Stunde zurück ins Lager. Die Lösegeldforderungen der Piraten seien immer noch viel zu hoch, seine Familie habe bereits jede Hoffnung aufgegeben, erzählte er mit belegter Stimme: „Wenn sie nicht innerhalb der nächsten 24 Stunden zahlen, wollen sie mich verhungern lassen. Mein Schwiegersohn wusste nicht, was er sagen sollte. ‚Der liebe Gott wird dich zu sich in den Himmel holen', hat er gemeint."

Alis Bruder stand erneut vor uns.

„Jetzt du!", befahl er mir.

Wir stiegen den Abhang hinauf. Oben saßen im Steppengras ein paar bewaffnete Somalis an einer Feuerstelle neben einem Land Cruiser. Etwas abseits unter einem Akazienbaum saß Ali Duulaay mit einer Pistole auf dem Schoß. Er unterhielt sich mit einem wohlbeleibten Mann, der sich mir mit Fistelstimme und in gutem Englisch als Omar vorstellte.

„Du musst jetzt deine Familie anrufen", wies er mich an und reichte mir ein Handy.

„Welche Familie?", fragte ich.

„Du hast keine Frau?"

„Geschieden."

„Vater?"

„Der ist schon lange tot."

„Deine Mutter? Du musst irgendwen um 20 Millionen Lösegeld für dich bitten."

Mir rutschte das Herz in die Hose. 20 Millionen! Die Forderung war Irrsinn. Ich musste lachen.

„Hör auf!", schrie mich Omar an und Ali Duulaay hob die Pistole, bereit, sie mir erneut ins Gesicht zu schlagen. „Das hier ist kein Spaß. Wir wissen, dass du ein Spion bist!"

„Das bin ich nicht!"

„Leise! Die sollen nicht deine Stimme hören!" Omar zeigte in den Himmel, offenbar schien ihm das Erklärung genug für die etwas seltsame Forderung. „Die sollen uns nicht mit ihren Flugzeugen abhören! Und sag ihnen, wir brauchen 20 Millionen!"

„Die wird meine Mutter nicht bezahlen können", widersprach ich. „Wer hat schon so viel Geld?"

„Wenn sie in 24 Stunden nicht bezahlt hat, gibt's kein Essen und kein Wasser mehr für dich! Sag ihr das! Wir haben dich bis jetzt gut behandelt, wenn sie nicht bezahlt, verhungerst du!"

Ich hielt meinen Mund.

„Und sag ihr, dass wir auch eine Botschaft für Präsident Obama haben: Wir erschießen jeden, der versucht, dich hier rauszuholen! Sie soll das Obama sagen!"

„Wir kennen die Obamas noch nicht einmal."

„Deine Mutter soll ihm unsere Botschaft ausrichten. Das ist kein Spaß! Letzte Woche mussten viele Somalis bei einer Geiselbefreiung sterben. Er hier hat seinen Bruder verloren!"

Duulaay hielt mir voller Zorn die Pistole unter die Nase. Noch nie hatte ich in den Lauf einer Waffe geblickt. Mein Herz raste vor Angst. Ein Blitz, ich falle nach hinten um und das war's. Die Vorstellung ließ eine bleischwere Ruhe und Gelassenheit in mir aufsteigen. Ich wollte aufspringen, davonlaufen, doch was hätte das gebracht? So blieb ich sitzen, den Tod unmittelbar vor meiner Nase. Schließlich legte Omar seine Hand auf Duulaays ausgestreckten Arm, um ihn zu beruhigen. Ich wagte zu blinzeln. Überrascht, noch am Leben zu sein, spürte ich das Adrenalin durch meine Adern schießen.

„Was ist bei der Befreiung passiert?", brachte ich schließlich hervor.

„13 Leute sind tot."

„Die Geiseln auch?"

„Klar!"

Mir wurde mit einem Mal schwindlig, doch Omar reichte mir das Handy. Noch zögerte ich, die Nummer meiner Mutter zu wählen. Besser war es, das Pulitzer Center on Crisis Reporting anzurufen.

„Ich brauche meinen Rucksack", forderte ich, „die Piraten haben ihn. Braun, eine Kamera ist drin. Und die Telefonnummern."

„Wir haben keinen Rucksack!"

„Natürlich habt ihr ihn, wer sonst?"

„Ruf jetzt endlich an!"

Ich sah mich auf der Anhöhe um. Etwa ein halbes Dutzend bewaffneter Piraten mochte sich hier oben aufhalten. Selbst wenn die Motorhaube des Land Cruisers bereits in Richtung Straße zeigte, an Flucht war nicht zu denken.

Ich seufzte also und wählte die Nummer meiner Mutter.

Omar nahm mir das Telefon ab. Als am anderen Ende jemand ranging, sagte er nur: „Warten Sie kurz, ich geb Sie an die Geisel weiter."

„Hallo?", meldete ich mich.

Ich hörte die gefasste Stimme meiner Mutter, die mich nach dem Namen unserer Hauskatze in meiner Kindheit fragte.

Irgendjemand musste sie auf dieses Gespräch vorbereitet haben. Ich wiederholte die Botschaft, die Omar Präsident Obama ausrichten ließ: „Die Männer hier sagen, dass ich erschossen werde, sollte mich jemand befreien wollen. Sie haben etwas von einer Befreiungsaktion vor ein paar Tagen erzählt."

„Ja, genau, die Geiselbefreiung!" So wie meine Mutter das sagte, war ich mir sicher, dass die Geiseln am Leben waren. Sie musste im Fernsehen oder in der Zeitung etwas davon mitbekommen haben. Doch mit den Piraten um mich herum wagte ich nicht, weitere Fragen zu stellen.

„Mom, die wollen 20 Millionen Dollar Lösegeld."

Ihr stockte der Atem: „Wo sollen wir 20 Millionen Dollar hernehmen?"

Eine gute Frage, zumal ich mich nicht für den Fall einer Entführung versichert hatte. In der Woche bevor ich nach Somalia geflogen war, hatte mir die Versicherung mitgeteilt, dass sie nicht bereit wäre, ein solches Risiko zu tragen. Freiberufliche Journalisten wie ich wären für einen derartigen Schutz ohnehin nur in Ausnahmefällen infrage gekommen. Dafür, dass ich mich trotzdem ins Flugzeug gesetzt hatte, sollte ich nun offenbar mit der Hölle um mich herum bestraft werden.

Ich versuchte noch, meiner Mutter eine Botschaft an Suzy, meine Exfreundin in Berlin, mitzugeben: „Sag ihr: drei Bücher an Judith."

„Welche Bücher?", fragte meine Mutter.

„Suzy weiß Bescheid!"

Ich wollte, dass Suzy zwei fertige Manuskripte und ein Exposé an einen Buchagenten in London weiterleitete. Sobald ich die Bücher verkauft hätte, so hoffte ich, könnte ich wenigstens etwas Geld zu der Lösegeldsumme beisteuern. Wenn auch der Verkauf eines Buches, selbst dreier Bücher, sicher keine 20 Millionen einbringen mochte. Bei dem Gedanken jedoch, dass meine Familie nun Geschäfte mit diesen Verbrechern machen sollte, drehte sich mir der Magen um.

„Ich soll euch noch sagen, dass ich kein Essen mehr bekomme, wenn ihr nicht innerhalb von 24 Stunden bezahlt. Kein Essen und kein Wasser."

In ihrer Aufregung über das, was auf dem Spiel stand, verlor meine Mutter nun den Faden. Sie hatte auf einem Zettel neben dem Telefon all die Fragen zurechtgelegt, die sie mir stellen sollte. Doch als die Piraten tatsächlich bei ihr anriefen, erwies sich der Zettel als nutzlos. „Bei jedem Anruf drehten sich meine Gedanken nur im Kreis", erzählte sie mir später. Das FBI hatte sie gut vorbereitet und ich bewunderte die abgeklärte Sachlichkeit, mit der sie meine Anrufe annahm, trotzdem konnte sie während des Telefonats kaum einen klaren Gedanken fassen – genauso wenig wie ich selbst. Nach meinem ersten Anruf konnte sie sich noch nicht einmal mehr an die Drohung der Piraten erinnern, mich verdursten zu lassen.

Nach dem Telefonat stolperte ich neben Alis Bruder den Pfad hinunter ins Tal. Es war später Nachmittag, als ich bei schon tief stehender Sonne in unser Lager zurückkehrte. Dort herrschte eine unheilvolle Stille. Rolly lag auf seiner Matratze. Ohne etwas zu essen bekommen zu haben, trank er mit vorsichtigen Schlucken aus einer Wasserflasche.

„Wie viel wollen sie für dich?"

„20 Millionen."

„Genau wie bei mir."

„Echt?" Ich war fassungslos.

„20 Millionen: zehn für mich, zehn für Marc. Und, können deine Leute zahlen?"

„Vergiss es, Rolly!"

„Die wollen zu viel", sagte er mit ernster Miene. „20 Millionen, weißt du, wie viel das bei uns zu Hause ist?"

„Ich kann's mir vorstellen!"

Er legte die Stirn in Falten und überlegte: „Verdammt viel, davon kannst du dir ein Haus kaufen und ein Auto und ..."

„Ein richtig schickes Auto", lachte ich leise.

Wir fragten uns, ob uns die Piraten tatsächlich nichts mehr zu essen geben würden. Der Hunger begann uns zu quälen. Ich musste an das Telefongespräch mit meiner Mutter denken, an den Blick in den Lauf von Duulaays Pistole, an Omars wütende Tirade: „Wir wissen, dass du ein Spion bist!" Hatte Boodiin das gemeint, als er mir damals im Haus vorwarf, einen Fehler gemacht zu haben? Hielten er und die Piraten mich für einen Spion? Hatten sie Gerüchte gehört über meine Verbindungen zur NATO, zu Atalanta? Und falls ja, hatte ich diesen Gerüchten etwas entgegenzusetzen? Oder sollte ich einfach aufhören, mir einzureden, dass irgendetwas hier unten in unserem Schattenreich einen Sinn ergeben könnte?

Weit entfernt hörten wir einen Spaten auf Steine und Erde treffen. Ein leichter Wind strich durch die Äste der Bäume, vom Abhang her erklang das wiehernde Krächzen eines dieser Pferdegeier.

Rolly rieb sich das Kinn: „Warum bist du ausgerechnet hierher in dieses Loch gekommen?"

„Das weiß ich leider selbst nicht mehr."

ZIVILISIERT SIND WIR NUR IN DER ZIVILISATION

In der zweiten Nacht nach dem Anruf bei meiner Mutter lag ich halbwach im Mondschein. Es war unruhig im Lager, die Somalis sammelten Gewehre und Kleider ein. Ich versuchte zu schlafen, doch schon bald stand Alis Bruder vor uns und befahl uns aufzustehen: „Go! Go, go, go!"

Ich stand auf und legte meine verletzte Hand in die Schlinge. Die Piraten schulterten unsere Matratzen und machten sich auf den Weg Richtung Talausgang.

„Wohin gehen wir?", fragte ich, blieb aber noch stehen. Sofort schlug mir Alis Bruder ins Gesicht.

„Was soll das?", protestierte ich.

„Schhhh!", zischten die anderen Piraten und schoben mich weiter: „Go!"

Wir bahnten uns den Weg durchs Unterholz. Wer nicht vorsichtig war, dem schlugen die Äste und Dornen ins Gesicht, die der Vordermann aus dem Weg gebogen hatte. Unterhalb eines baumbewachsenen Erdwalls hielten wir schließlich an. Ein Pirat kletterte über Felsen auf den Wall hinauf und forderte uns auf, ihm zu folgen.

„Ich soll hier raufklettern?", fragte ich entrüstet.

„Haa, yes!"

„Ich habe ein gebrochenes Handgelenk!"

„Los jetzt! Go! Go, go, go!"

Der Wall war etwa drei Meter hoch. An Wurzeln und einzelne Felsen geklammert zog ich mich hoch und erreichte schließlich einen natürlichen Unterschlupf, einen Raum, den das wuchernde Unterholz an dieser Stelle frei gelassen hatte. Die Piraten zwängten die Matratzen durch das Gestrüpp und breiteten sie auf dem Boden aus.

„Okay, Michael?", fragte einer der Piraten, als er mir unser neues Zuhause unter Dornen zeigte.

„No."

Die Somalis errichteten ihr Lager außerhalb unseres Unterstandes. Es war fast wie bei einer Übernachtungsparty. Langsam wurde es still in und vor unserem Lager. Nur der tausendstimmige Chor der nachtaktiven Tiere – Vögel wie Insekten – brachte dem Wüstenhimmel sein Gutenachtlied dar.

Ich lag wach, mein Gesicht schmerzte immer noch. Ich konnte unsere Geiselnehmer beten hören: „Allahu akbar!", und stellte mir vor, wie sie sich in ihren gelben Sarongs in Richtung Mekka verneigten. Bis dahin hatte ich die Piraten noch nie beim Gebet beobachten können. Mich packte der Zorn über ihre Scheinheiligkeit, zumal selbst die meisten Moslems Piraterie als unislamisch und Piraten als Ungläubige betrachten.

Natürlich war mir klar, dass genauso wie ein Mafiakiller sonntags in die Kirche ging, vermutlich auch ein Pirat sein Handeln als gottgefällig betrachtete. Doch ist es ein Unterschied, ob man derartige Widersprüche nur theoretisch diskutiert oder ob man selbst Opfer solch widersprüchlichen Handelns wird. Dass jemand den höchsten Segen für ein so gottloses Tun erflehte, wie ich es hier erleiden und beobachten musste, ließ eine ohnmächtige Wut in mir aufsteigen.

„Piraten sind keine echten Moslems!", hatte Gerlach behauptet, als wir an der Moschee in Hobyo vorbeifuhren. Ein Offizier an Bord der Fregatte GEDIZ hatte mir zuvor bereits dasselbe gesagt. 2009 sah ich mich vier Tage lang zu Recherchezwecken auf dem türkischen Kriegsschiff um. Das Schiff griff damals im Auftrag der NATO am Golf von Aden Piraten auf. Ich ging Ende September an Bord, als die Sommerstürme des Monsuns bereits schwächer wurden. Bald schon würden sich die Piraten wieder auf die Jagd begeben. Noch allerdings hielten sie still. Sie fasteten, denn es war Ramadan.

Ein zweiter Journalist an Bord der Fregatte hatte dagegen gehört, dass viele Piraten gerade die Fastenzeit für die beste Zeit für ihre Beutezüge hielten. „Sie glauben, dass ihr heiliger Krieg ihnen doppelten Lohn im Himmel einbringt, wenn sie während des Ramadan im Kampf sterben", erzählte er Yaçar, unserem Kontaktoffizier an Bord der GEDIZ.

Yaçar war selbst bekennender Moslem und widersprach dem heftig: „Es sind nur Diebe." Er zitierte die Hadithe, die Überlieferungen aus dem Leben Mohammeds. Der hatte seinen Jüngern nach der Rückkehr aus einer Schlacht eingeschärft, dass der Kampf mit dem Schwert nur ein kleiner Kampf sei im Vergleich zum Kampf, den jeder Gläubige gegen die alltäglichen Versuchungen zu bestehen habe. „Diebstahl", so hatte uns der Offizier gesagt, „ist eine selbstsüchtige Versuchung. Dschihad, heiliger Krieg, ist er nicht! Und wenn sie es trotzdem behaupten, dann missbrauchen sie die heilige Schrift."

Ich mochte Yaçar sehr und stimmte ihm damals sofort zu. Die meisten Muslime, denen ich begegnet war, teilten seine Ansichten. Doch hieß all das nicht, dass Piraten nicht trotzdem die Vorschriften im Ramadan befolgten. Es war eine wichtige Erkenntnis, die mir erst auf meiner Matratze unter den Dornbüschen kam. Piraten mochten auf ihren Schnellbooten riesige Frachter angreifen, ihr weltweiter Ruf als gottlose Räuber und Diebe mochte ihnen egal sein, trotzdem beugten sie sich den Gesetzen des Fastenmonats Ramadan und damit den Regeln des Islams.

Gerlach und Yaçar lagen falsch, wenn sie die Piraten aus der Gemeinschaft der Moslems ausschlossen. Sie hatten gar nicht die Macht dazu. Niemand hat sie, denn der Islam kennt keine höchste religiöse Autorität, so wie etwa der Papst in der katholischen Kirche. Zwar gab es Kalifen, die im Islam eine gewisse religiöse Autorität innehatten. Doch blieb diese meist regional beschränkt. Keiner hatte die Autorität eines Papstes, allein schon, weil es viel zu viele Kalifen gab. Gerlach und Yaçar begingen, was Moslems „takfir" nennen. Selbst Moslems, bezichtigten sie andere Moslems des Unglaubens.

So wie die meisten Somalis waren auch meine Entführer Sufis – eine religiöse Bewegung innerhalb des Islams, die in beiden großen Glaubensrichtungen der Religion, bei Schiiten genauso wie bei Sunniten, ihre Anhänger hatte. Meine Entführer gehörten zu den Sunniten und hassten Schiiten fast so wie die Juden, selbst wenn sie niemals einem Mitglied dieser beiden Gruppen begegnet waren.

Der orthodoxe Islam beäugte den Sufismus mit seinen altertümlichen, eigenartigen und höchst wandelbaren Riten mit großem Misstrauen. Dennoch hatte der Sufismus überall auf der Welt seine Anhänger. Selbst hier in Somalia, wo die Menschen den Begriff Sufismus noch nicht einmal kannten. Seine weltweite Expansion hatte der Islam jedoch nicht selten gerade den Sufis zu verdanken, die es meist problemlos verstanden, lokale Gebräuche und Riten mit dem islamischen Glauben übereinzubringen. Wenn wir den Islam so wie Ryszard Kapuściński in einen Islam der Wüste und einen Islam des Meeres aufteilten, dann gehörte der Sufismus zum Islam der See- und Kaufleute, der bei den Somalis auf ein Volk der Märkte und Straßen traf. Ihren Ahnenglauben, ihre Heiligen genauso wie ihre Klanstrukturen überführten die Somalis mithilfe des Sufismus in den Islam. Dabei ließen sie es sich nicht nehmen, weiterhin Musik zu hören, Zigaretten zu rauchen und Khat zu kauen.

Für sunnitische Fundamentalisten waren freilich Zigaretten und Musik Sünde, so wie der Heiligenglaube und die Ahnenverehrung glatte Häresien waren. Die Kluft zwischen fundamentalistischem Islam auf der einen und dem Sufismus als moderater Kraft auf der anderen Seite erklärte bis zu einem gewissen Grad auch die zahllosen bewaffneten Konflikte in Somalia. Für die Wahhabiten der islamistischen Al-Shabaab-Miliz waren Piraten, so wie diejenigen, die mich entführt hatten, schlicht unrein. Unsere Wächter prahlten gern mit ihren heldenhaften Kämpfen gegen die Islamisten in der Region Galmudug. Als ausländischer Journalist und unter anderen Umständen hätte ich wohl die Gesellschaft der Sufi-Piraten den Islamkriegern vorgezogen.

Dennoch schaffte ich es nicht, mir die Piraten als im eigentlichen Sinne religiös vorzustellen. Bis zu jener Nacht unter dem Busch waren sie für mich Sufis, die von ihrem Glauben abgefallen waren, gottlos und ohne Moral, keinesfalls aber Männer, die nachts in der Wüste zu ihrem Gott beteten.

Jeder kannte die tanzenden Sufi-Derwische – etwa aus dem Türkeiurlaub. Ich kannte Hippies, die sich zum Sufismus bekannten.

Auch war ich sogar mit Robert von Ranke-Graves' kaum haltbarer These vertraut, der zufolge der Sufismus bereits vor dem Islam existiert hat. Für ihn war Sufismus eine Art altertümliches, spirituelles Freimaurertum, dessen Ursprungszeit und -ort noch völlig im Dunkeln liegen. Die Sufis nannten seiner Auffassung nach ihre Religion nur deshalb die „Hülle" des Islams, weil sie überzeugt waren, dass ihr Kern, der Sufismus, als mystische, verborgene Lehre in allen Religionen enthalten war. All das erschien mir fremd, nur für Eingeweihte verständlich. Der Sufi-Dichter Rumi schrieb in seinem bekannten Versepos *Masnavi* von den „eintausend Königen im Verborgenen, von Gottes Liebe erhöht". Mit diesen Königen meinte er nicht nur unbekannte Herrscher aus der Geschichte, sondern auch König David, Jesus und Mohammed.

Mein Wort gilt denen, die als Licht aus IHM hervorgegangen
Wie Fische, die ins Lichtermeer seines Strahlens vordrangen.

Im Dunkel unseres vertrockneten Tals fehlte jeder Lichtschein, von Rumis Weisheit ganz zu schweigen. Es sollten noch Monate vergehen, bis ich begriff, womit ich es hier zu tun hatte.

Es war frühmorgens, im Camp herrschte noch Stille. Ich musste aufs Klo. Wir hatten die Nacht unter den dornigen Ästen eines Baumes geschlafen, der von einem Sandsteinfelsen herabwuchs, unter dem wir wie in einer Höhle unsere Beine ausstreckten. Steif in den Gelenken richtete ich mich auf, legte vorsichtig mein gebrochenes Handgelenk in die Schlinge und zwängte mich durch einen schmalen Spalt im Gestrüpp ins Freie. Die Piraten – es mochten sechs oder sieben gewesen sein – schliefen noch rings um unser Dornengefängnis auf ihren schmutzigen Matratzen, eingewickelt in ihre Sarongs. Sie selbst nannten ihr traditionsreiches Gewand „Ma'awiis". Die langen dünnen Baumwollschläuche ergaben tagsüber ein rockartiges Kleid, nachts eigneten sie sich hervorragend als Schlafsack. Ihr dünner Stoff – meistens billige Importware aus Indonesien – schützte gegen die feuchte, kühle Luft der Wüstennächte.

In einem dieser Schläuche regte sich mit einem Mal etwas. Abdul – ein schmächtiger, androgyn wirkender Somali – streckte seinen Kopf hervor.

„Kadi!", gab ich ihm zu verstehen.

Er deutete kurz Richtung Erdwall, in die Richtung, aus der wir am Tag zuvor gekommen waren. Wir hatten uns ganz ans Ende des bewaldeten Tals zurückgezogen, von dem an vielen Stellen kleinere Schluchten – ausgetrocknete Flussläufe, Wadis – abgingen. Wo wir uns aufhielten, fiel das Kiesbett unter einigen Felsüberhängen langsam ab. Vermutlich füllte sich das Talsystem bei stärkeren Regenfällen schnell mit Wasser.

Hinter einem Felsen fand ich schließlich einen Platz, wo ich in Ruhe meine Notdurft verrichten konnte, vermutlich zu Alis Ärger außerhalb seines Blickfelds. Ich blinzelte und erkannte verschwommen den Pfad, auf dem wir am Vortag hierhergekommen waren. Ein großer Baumstamm war quer über den Weg gefallen. Ich hätte loslaufen können, immer weiter den Pfad entlang. Meine Schuhe hatte ich nicht ausgezogen. Nur wo sollte ich hinlaufen? Wahrscheinlich hätte man meine Schritte auf dem Kies im Lager hören können. Wenn nicht, hätten sie mich spätestens beim Versuch, über den Baumstamm zu klettern, gesehen. Außerdem hieß es, dass Somalis meist gute Spurenleser waren. Ein junger Somali hatte mir in Galkayo die Geschichte eines Mädchens erzählt, das vor ihrer Genitalverstümmelung fliehen wollte. „Ritual der Weiblichkeit" hieß es hier, bedeutete aber für die Frauen, dass ihnen mithilfe einer Glasscherbe die Klitoris entfernt wurde. „Ihre Familie waren Nomaden", hatte mir der Somali wie beiläufig erzählt, „die folgen Tierspuren oft tagelang. Klar haben sie das Mädchen wiedergefunden!"

Also ging ich zurück ins Lager. Angelo war inzwischen unter unser Dornendach gekrochen. Höflich wartete er auf dem Boden hockend, sein Gewehr in der Hand. Eine Weile saß er so da, bis ihn Rolly schließlich fragte: „Angelo, warum sind wir gestern umgezogen?"

Angelo deutete in den Himmel. Mit seinen Armen ahmte er die Flügel eines Flugzeugs nach, während er mit der kleinen Taschenlampe an seinem Feuerzeug auf den Boden leuchtete.

„Flugzeug oder Hubschrauber?", fragte ich.

Er nickte nur unbestimmt.

„Hubschrauber bei uns oder weit weg?", wollte ich wissen und deutete Richtung Horizont.

Er machte meine Bewegung nach.

„Aha!", wunderte ich mich.

Seine Beine hatte Angelo wie eine hölzerne Marionette vor sich verschränkt. Mit seinen Händen bedeckte er zur Hälfte seine Augen. Es war schwer zu sagen, ob er einfach nur schüchtern war oder ob ihn etwas bedrückte. Hatte irgendjemand dort draußen versucht, uns zu retten, oder hatte uns ein Überwachungsflugzeug entdeckt? Ich spürte mit einem Mal so etwas wie Hoffnung in mir, auch wenn sie unbegründet war.

Die ersten Tage in unserem neuen Versteck verliefen ruhig. Immer wieder jedoch schärften uns unsere Entführer ein, dass sich in der näheren Umgebung unseres Camps auch einzelne Gruppen der Al-Shabaab-Milizen aufhielten. Eines Tages kam Ahmed Dirie zu uns herab ins Lager, schwitzend und noch immer nervös nach einer aufreibenden Fahrt durch den Busch. Er erzählte, wie man uns übersetzte, von einer Straßensperre der Islamisten, an der er hatte anhalten müssen. Sie hatten ihn und den Fahrer gezwungen auszusteigen und beide an den Händen gefesselt. Muse, den Fahrer, hatten die Kämpfer mit einem Schuss in den Kopf hingerichtet. Ahmed Dirie war irgendwie davongekommen.

„Warum?", fragte ich.

„Al-Shabaab", war die einzige Antwort.

Den Piraten schien sie zu genügen. Mir war etwas mulmig zumute bei dem Gedanken an den gewaltsamen Tod des Piraten, den wir aus dem Lager kannten. Andererseits wurde ich den Verdacht nicht los, dass man uns mit der Geschichte einfach nur einschüchtern wollte.

Abdinasser, mein Sahib, brachte fertig gekochte Nudeln in Plastiktüten zu uns herab. „Baasto Sahib", rief er mir zu und ließ eine der Tüten direkt vor uns in den Staub fallen. Die Nudeln darin waren mit Ziegenfleisch und Zwiebeln angerichtet und trotz ihrer langen Anreise noch leidlich warm. Da es im Lager keine Schüsseln gab, aßen Rolly und ich abwechselnd mit unseren Gabeln direkt aus der staubigen Tüte.

Abdinasser hatte uns auch die dringend benötigte Nagelschere mitgebracht. Leider nur war sie unscharf und quetschte die Zehen und Fingernägel eher ab, als dass sie diese schnitt. Ich setzte mich an den Rand des Überhangs und knipste die abgeschnittenen Nagelstückchen in eine Gruppe Büsche. Weil ich mit der stumpfen Schere nur sehr langsam vorankam, saß ich dort eine ganze Weile ungeschützt unter offenem Himmel.

„Michael!" Alis Bruder richtete sich vor unserem Unterschlupf auf.

Ich tat so, als hätte ich nichts gehört.

„Michael!", rief er ein zweites Mal, was mich ärgerte. Warum sollte ich hier weggehen? Ich saß gern auf dem Felsen.

Ich setzte meine Maniküre fort und hörte plötzlich dort oben am Himmel leise ein unregelmäßiges Surren. Alis Bruder krabbelte zurück in unseren Unterstand, brütete stumpf vor sich hin und versuchte mir auf Somali Befehle zu erteilen. Mir war völlig klar, worum es ging, doch noch war das Surren leise genug, um es überhören zu können.

Er brach einen Zweig aus dem Dornengestrüpp und schlug mir damit auf den Arm, wie ein Nomade, der seine Herde in den Stall treibt.

„Hör auf damit!", schrie ich ihn an. Doch er ließ nicht von mir ab und so rief ich nochmals: „Lass das, verdammt noch mal! Was soll das?"

Die anderen Somalis beschimpften ihn aus dem Dickicht heraus und er schob mich daraufhin unter meinem lautstarken Protest in Richtung meiner Matratze. Inzwischen war das Surren unüberhörbar geworden. Unruhig und aufgekratzt wartete ich, was passieren würde.

„Schhhh!", versuchten die Piraten mich zu beruhigen. Ich hörte die Propeller und stellte mir vor, wie ein Orion-Aufklärer seine Kreise über unserem Tal zog und aus einer Höhe von zehn Kilometern unser Lager filmte. Ganz so, wie man damals auch die Piraten auf der TAIPAN gefilmt hatte. Nachdem ich in der ganzen Woche, die wir im Tal verbracht hatten, zuvor kein einziges Flugzeug gehört hatte, war dort oben mit Sicherheit keine Linienmaschine zu hören.

Ich begann mich lautstark mit Rolly zu unterhalten, doch sofort zischten die Piraten und auch Rolly legte einen seiner knotigen Finger an die Lippen: „Übertreib's nicht, Michael!"

Hatte man uns entdeckt und deshalb den Aufklärer geschickt? Die Aussicht machte mir Mut und Angst zugleich. Die Gerüchte über ein Flugzeug, genauso wie das Gerede von der Rettungsaktion konnten bedeuten, dass schon der nächste Angriff uns galt.

Die Kreise, die das Flugzeug über uns zog, wurden allmählich wieder weiter. Niemand konnte sagen, ob wir entdeckt worden waren, schließlich war es nicht direkt über unsere Köpfe hinweggeflogen. Um uns auszuspionieren, brauchten sie jedoch nicht besonders nahe heranzukommen. Es hätte genügt, uns aus großer Höhe zu beobachten, ohne dabei gehört, geschweige denn gesehen zu werden. Vielleicht wollte man also dort oben gehört werden. Oder man war rein zufällig hier vorbeigekommen.

Das Motorengeräusch wurde leiser und verschwand schließlich ganz. Die Mienen unserer Wächter verrieten die nackte Angst.

„Die haben echt einen Schreck gekriegt, was?", meinte Rolly. „Die glauben sicher, man sucht nach dir!"

Zum ersten Mal seit Tagen konnte ich wieder lächeln: „Das kann gut sein!"

In der folgenden Nacht konnten Rolly und ich kaum schlafen. Wir wurden Zeugen eines lauten Streits unter den Piraten. Immer wieder fielen die Worte „Helikopter" und „Telefon". Hing womöglich die Rettungsaktion, von der mir meine Mutter erzählt hatte, mit meiner Gefangennahme zusammen? Die Piraten hatten mir mit meinem Rucksack auch mein Handy abgenommen. Ashwin hatte sicher bereits die Telefonnummer meines Handys an die Behörden in Washington und Berlin weitergegeben. Konnte es sein, dass die Spezialeinheit nicht nur die beiden Entwicklungshelfer befreien wollte, sondern auch mich in dem Lager zu finden hoffte? Weil mein Rucksack irgendwie dorthin gelangt war, weil vielleicht einer der Piraten zufällig mein Handy ausprobieren wollte?

Mir wurde bang ums Herz: Sollten die beiden Geiseln tatsächlich bei dem Befreiungsversuch gestorben sein, trug ich dann nicht mit Schuld an deren Tod?

Zwei Tage später bekamen wir erneut Besuch. Ein Gruppe Somalis stieg von der Straße zu uns ins Lager herab. Sie brachten eine Wassermelone, jede Menge Vanillekekse und eine lebendige Ziege mit. Die allerdings wurde noch oben auf der Klippe von Angelo geschlachtet. Mit dabei war auch ein neuer Chef für unser Camp. Während Alis Bruder sich auf den Heimweg machen durfte, war für uns jetzt ein ruhiger, etwas eigenartiger Somali zuständig, Mohammed Tahliil. Er trug eine struppige Frisur, wie ich sie oft in Äthiopien gesehen hatte, und hatte schiefe Zähne. Er zeigte sich eher zurückhaltend, sodass man ihn beinahe für einen der Handlanger im Camp hätte halten können, am ehesten für den Koch, denn er hatte Freude daran, das Feuer zu schüren und Reis und Tee für uns zu kochen. Anders als der Rest der Gruppe hatte er offensichtlich Spaß an der Arbeit.

Rolly nannte ihn nur „Cat". So nannte man auf den Seychellen Männer, die gern in der Küche arbeiteten, erklärte er mir.

Am nächsten Morgen landete wie aus dem Nichts ein kleines Päckchen in meinem Schoß. „Okay, Boss", sagte einer der Piraten und warf zwei Päckchen Batterien hinterher. Er bedeutete mir, dass die anderen Somalis besser nichts davon erfahren sollten. Rolly allerdings hatte die Szene beobachtet. „So was, die geben dir ein Radio", staunte er.

„Nicht so laut", bat ich ihn, „wenigstens können wir jetzt Nachrichten hören."

Doch der Empfang in der Wüste war erbärmlich. Es gab einen chinesischen Englischkurs, Nachrichten auf Somali, irgendetwas auf Arabisch und den wehklagenden, einsamen Ruf zum Gebet. Ganz schwach nur hörte ich schließlich die nüchterne Stimme eines Briten.

„Du meine Güte!"

„Was hörst du?", fragte Rolly.

„Ich krieg den BBC World Service rein."

Nach den beiden Wochen in der Wildnis war die Stimme wie ein Wunder. Sofort sprang ich auf und bat Tahliil nach einem „Water-Caffè". Als die Nachrichten zur halben Stunde begannen, saß ich bereits auf einem Fels in der Morgensonne mit einem Becher löslichen Kaffees in der Hand. Das Rauschen des Radios, die Stimme des Ansagers gaben mir etwas von dem Gefühl zurück, ein Mensch zu sein. Was mir allerdings noch fehlte, war ein Frühstücksei.

Wir warteten auf Nachrichten aus Somalia, erfuhren allerdings nur etwas von einem Hurrikan auf Madagaskar, einem Schiffsunglück vor einer italienischen Insel und der Eskalation des syrischen Bürgerkriegs.

„Ich hab schon auf so einem Schiff gearbeitet", sagte Rolly schließlich.

„Wo?", fragte ich.

Rolly, der zuvor immer schweigend dagesessen hatte, begann auf einmal zu erzählen und hörte nicht mehr auf damit. Unterbrochen nur von den Nachrichten im Radio, erzählte er mir sein ganzes Leben. Noch in den 80er-Jahren hatte er als Steward auf einem griechischen Kreuzfahrtschiff angeheuert und war zwischen Israel und Italien durch das Mittelmeer gekreuzt. Er erinnerte sich an die Passagiere, die ihm reichlich Trinkgeld gaben, und die, von denen er nichts bekam. Noch zwei Jahrzehnte später erinnerte er sich an jeden einzelnen von ihnen.

Er erzählte mir die Geschichte mit einem Heizlüfter, die ihm in einem Hotel in Athen zugestoßen war: „Ich wollte mir auf dem Gasofen einen Tee kochen. Doch die Gasleitung hatte ein Leck und ich hab nichts davon gemerkt. Dann hab ich den Lüfter angemacht." Eine Schiebetür aus Glas führte aus seinem Zimmer hinaus auf eine Straße. In dem Augenblick, als Rolly den Lüfter anschaltete, explodierte das Gas im Zimmer und eine Stichflamme schoss durch die zerberstende Glastür auf die Straße. „Überall die Glassplitter!" Rolly kniff bei der Erinnerung an die Szene die Augen fest zusammen. „Gottlob war die Straße leer. Der Hotelbesitzer sagte, die Reparatur koste ihn 3 000 Drachmen. Ich hab ihm 4 000 gegeben, es war nicht besonders teuer. Er meinte nur, die Geschichte sollte ich besser nicht meiner Frau erzählen."

Voller Stolz erzählte er mir von seiner Jugend als Fischer in den 60er-Jahren, als er ohne Ausrüstung nach Seegurken und Schildkröten getaucht hatte. Seine Zeit als Steward war eine Lebensphase, während der er viel herumreiste und im Ausland gutes Geld verdiente. Seine Frau war zur gleichen Zeit im Mittleren Osten als Hausangestellte beschäftigt. Beide pendelten zwischen den Seychellen und ihren jeweiligen Arbeitsorten, eine Saison lang blieben sie daheim, in der nächsten brachen sie wieder auf ins Ausland. Nach Jahren schließlich hatten sie sich in Mahé niedergelassen und Rolly hatte auf dem Fischkutter ARIDE seines Schwiegersohns Dyan angeheuert. Das gelbe Boot hatte vier feste Fangleinen und eine Kabine, in der Rolly übernachten konnte. Zum ersten Mal in seinem Leben hatte er sein Schicksal selbst in der Hand. Alles, was sein Leben zwischen den Riffs und Untiefen vor den Seychellen ihn gelehrt hatte, machte sich jetzt bezahlt. Erfolgreich steuerte Rolly in den folgenden Jahren meist über mehrere Wochen das Fischerboot durch die Fischgründe auf hoher See. „Wo ich hinfuhr, wollten alle hin", erzählte er stolz. „Wenn ich damals in den Hafen einlief, konnte jeder sehen, wie gut ich war."

„Was habt ihr gefangen?"

„Red Snapper, Island Snapper, so was", sagte er.

Dass er die ARIDE verloren hatte, quälte ihn jeden Tag. Er war arm, eine Versicherung gegen Piraterie konnten er und seine Familie sich nicht leisten.

„Michael", schloss er seine Erzählung, „wenn du arm bist, schauen sie dich nur so an." Rolly blickte finster um sich. „Bist du reich, sagt jeder: Schaut her, was für ein reicher Mann!"

Bisweilen konnte Rolly recht geschwätzig sein. Sobald er in Fahrt war, redete er über alles, was ihm gerade durch den Kopf ging. Langweilig war er dabei nie. Sein Englisch klang wie in den Stücken des Nobelpreisträgers Derek Walcott, wie in *The Sea at Dauphin* oder *Ti-Jean and his Brothers*. Ein französisch gefärbter Dialekt aus der Karibik, die Stimme tief, rau, voller Witz und Schwermut. Einmal erzählte er mir eine alte Legende der Seychellen über einen verrückten Mann, der in die Wälder ging. „Dodosya‘, so heißt auf den Seychellen ein Verrückter", begann er. „Einer ist einmal in den Wald geflohen, weil er seine Frau nicht mehr aushielt. Dort saß er dann unter einem Fels und lachte und lachte und lachte. Wir sind auch solche Dodosya, die Männer haben uns in den Wald hier gebracht und jetzt sitzen wir unter unserem Fels."

Ein Fels in der Wüste, und mochte er auch aus Sandstein sein, ist noch lange kein geeigneter Schutz gegen das Wetter in der somalischen Wüste. Selbst während der Trockenzeit schüttete es in der Savanne an manchen Tagen wie aus Eimern. Eines Nachts wachten wir vom Geplätscher des Regens unter dem dürftigen Schutz unseres Dornendaches auf. Die Piraten befahlen uns, unsere wenigen Habseligkeiten in Plastiktüten zu verstauen. Danach trieben sie uns wie eine Herde Vieh über schmale Pfade hinunter ins Tal und über einen schmalen Pfad hinauf auf die Anhöhe voller Dornbüsche. Gerade als sintflutartige Regenfälle über das Tal hereinbrachen, erreichten wir ein wartendes Auto, in das wir uns alle schließlich nass und erschöpft hineinzwängten.

In hoher Geschwindigkeit fuhren wir etliche Stunden durch Wald und Busch, bis wir auf einer mondbeschienenen Ebene anhielten und warteten. Wir waren dem Wolkenguss zunächst entronnen. Aus dem Autoradio dröhnte und krächzte somalische Volksmusik mit einer durchdringenden Frauenstimme, begleitet vom melancholischen Klang der Oud, der für den vorderen Orient und das muslimische Afrika typischen Laute. Das Lied war fremdartig und ließ sich kaum ignorieren. In den Händen der somalischen Musiker klang die Oud oft spröde und spitz, ganz so wie das Dornengestrüpp hier draußen in der Savanne. Während sie sang, nutzte die Sängerin einen kehligen Verschlusslaut, um dem Lied seinen Rhythmus vorzugeben, ein Laut, wie er typisch ist für das gesprochene Somali. In den Umschriften taucht der Laut als Apostroph auf, so wie im zweisilbigen Wort „Sa'ad". Manchmal erscheint er allerdings auch als der Buchstabe „c". Der Name der Stadt Galkayo wird deshalb bisweilen auch „Galkacyo" geschrieben.

Die Frau aus dem Autoradio konnte ganze Triller von Verschlusslauten singen, immer rhythmisch im Takt des Lieds. Ich konnte mich der spröden Schönheit dieses Lieds nicht lange entziehen. Die wilde Sprunghaftigkeit der Oud erinnerte mich stark an den amerikanischen Blues. Ich hatte schon fast vergessen, wo ich mich befand, als einer unserer Wächter sein Smartphone aus der Hosentasche zog und mir darauf ein Bild zeigte. In der Dunkelheit des Autos erkannte ich mein Gesicht. Ich erschrak und die Piraten begannen zu lachen. Sie hatten im Internet mein Autorenfoto in der *New York Times* gefunden. Offenbar hatten ihre Bosse es ihnen als Anhang zugesandt.

Wir fuhren weiter und erreichten bald danach die Mauern einer heruntergekommenen Ruine. In einigen Fenstern war hinter Stofffetzen schwach der Schein einer Laterne zu erkennen. Mir wurden die Augen verbunden und ich stolperte über eine verfallene Treppe nach oben. Als man mir die Augenbinde wieder abnahm, sah ich eine Reihe wabenartig angeordneter schmutziger Räume. In einigen von ihnen saßen Piraten, hörten lautstark Volksmusik. Vor ihnen lagen haufenweise Khatblätter. Unablässig kauend starrten sie uns mit leerem Blick an. Offenbar hatten wir sie gestört. Einige der Fenster und Türen waren mit Dornengestrüpp verstopft. Wir gelangten durch den Flur zu einem weiteren Zimmer, das hinter einem verschlissenen Tuch verborgen war. Dort lagen Matratzen für uns bereit. Auf einer schlief bereits ein groß gewachsener Mann.

„Marc!", flüsterte Rolly.

Während wir unsere Taschen auf den Boden stellten, begann Marc sich zu rühren. Leise unterhielt er sich mit Rolly auf Kreol. Es war ein alter Mann, der dort beim Schein einer Neonröhre mit steifen Gliedern auf seiner Matratze lag. Mit seiner wettergegerbten Hand winkte er mir zu.

„Es geht ihm schon besser", sagte Rolly, „er kann wieder selbst essen."

„Erholt er sich von den Elektroschocks?", fragte ich.

„Yah!"

Jemand kam zur Tür herein. Selbst im flackernden Licht erkannte ich sofort unseren Übersetzer Boodiin. Er trug ein weißes Hemd und eine Anzughose.

„Hier seid ihr in Sicherheit", sagte er, „ihr könnt hier ruhig schlafen."

Trotzdem fühlte ich mich in dem Haus nicht wohl.

„Wir sind in Hobyo, nicht wahr?", sagte ich.

„Yes."

Im Nebenraum begannen einige der Männer mit dem Gebet. Ihr Gemurmel mischte sich mit dem Gequäke der Volksmusik aus ihren Smartphones.

„Kannst du die Männer bitten, ihre Musik leiser zu stellen? Mir ist das zu laut", bat ich Boodiin.

„Ich kann es versuchen", sagte er, „aber die Männer sind Soldaten."

„Na und? Sie können ja auch leise Soldaten sein."

Boodiin ging nach nebenan. Und tatsächlich wurde daraufhin eines der Smartphones leiser gestellt. Boodiin kam zurück, und weil ich nicht unhöflich sein wollte, dankte ich ihm. Selbst wenn er uns immer wieder zum Schlafen aufforderte, war er ganz offensichtlich zu Gesprächen aufgelegt: „Hoffentlich hört es bald auf zu regnen", meinte er, „ich will morgen angeln gehen!"

„Angeln?", sagte ich. „Was fängt man denn hier?"

Mit seinem geschäftsmäßigen Auftreten glich Boodiin eher einem Kleinstadtzuhälter. Es fiel schwer, ihn mir als Fischer vorzustellen.

„Hummer!", sagte er. „Wir gehen auf Hummer! Fünf Kilo mindestens!"

Er lächelte und zog seine Augenbrauen hoch. Fünf Kilo waren wohl viel für einen wie ihn. Allerdings war es nicht das erste Mal, dass ich ihn beim Lügen ertappte, und so ärgerte ich mich über seinen erneuten Versuch, uns mit falschen Informationen zu füttern. Wollte er uns hier im innersten Kreis der Hölle immer noch weismachen, die Piraten um uns herum seien nichts als Fischer, denen die Armut keinen anderen Ausweg gelassen hatte? Immer noch klangen mir Boodiins warnende Worte im Ohr: *Du hast einen Fehler gemacht!*

Ob er sie jetzt nochmals wiederholen würde? Der einzige Fehler, den ich begangen hatte, war, überhaupt nach Somalia gekommen zu sein. Was hatte ich hier zu finden gehofft? Piraten, die sich einem Journalisten anvertrauen? Ihm die Wahrheit sagen? Ich wäre nicht der erste Kriegsreporter, der von der Front zurückkehrte, ohne der Wahrheit näher gekommen zu sein, unsicher, was wahr und was Lüge ist. In diesem Augenblick wollte ich von alldem nichts mehr wissen, nichts mehr von den Lügen, wie sie mir Boodiin als PR-Agent der Piraten anbot. Unser Unterschlupf stand wie ein Geisterschloss an einem der unwirtlichsten Orte auf diesem Planeten. An Flucht war nicht zu denken. Schon der bloße Gedanke an Freiheit war angesichts unserer Umgebung sinnlos. Dass Boodiin nicht aufhörte, uns seine Lügen aufzutischen, gab mir jedoch den Rest.

„Der wird doch bloß seekrank", sagte Rolly, „das ist kein Fischer!"

„Woher willst du das wissen?"

„Er ist damals mit seinen Bossen zu uns auf die ARIDE gekommen, als wir in Hobyo einliefen", erzählte mir Rolly. „Keine fünf Minuten war er an Bord, schon hing er kotzend über der Reling."

Mit der Morgendämmerung konnten wir unser neues Quartier erkunden. Wir lagen in einem verschmutzten Zimmer. Von den Wänden blätterte blaue, gelbe und grüne Pastellfarbe. Der Raum mochte knapp vier Meter hoch sein, an der Decke lagen einige Dachsparren frei, zwischen denen die Vögel hin und her flatterten. Das abgeschrägte Wellblechdach darüber hatte bereits einige Rostlöcher, durch die uns die Morgensonne blendete.

Beim Aufwachen war mir wie jeden Morgen der Puls in die Höhe geschossen, als mir nach einer Nacht voller Träume klar wurde, dass ich mich noch immer in Somalia befand. Im Türrahmen hockte Angelo, ein Gewehr in Reichweite neben sich. Er schien in Gedanken versunken, müde stützte er seine Stirn mit der Hand. Er hatte bereits bemerkt, dass ich wach war.

Ich räusperte mich und bat: „Kadi?"

Er beugte sich vor und gab durch den Vorhang in der Tür ein paar Befehle. Draußen hörte man das Scharren von Füßen und das Klappern der Kalaschnikows. Der Raum hinter dem Vorhang war nicht viel anders als unser Schlaflager. Auch dort blätterte die Farbe von den Wänden, nur an der Decke waren noch vereinzelt Reste der Verkleidung zu sehen, wie sie sich vermutlich früher einmal in jedem Raum befunden hatte. An den meisten Stellen jedoch waren nur noch die stählernen Drähte übrig, an denen die Verkleidung einmal gehangen hatte. In seinen besseren Tagen war das Haus einmal eine prachtvolle Villa in europäischem Stil gewesen.

Niemand schien sich hier um mich zu kümmern, also fragte ich: „Toilet?"

Jemand wies auf eine Tür am Ende des Saals. Dahinter befand sich tatsächlich eine Toilette, allerdings musste ihr irgendwer zuvor mit einem Vorschlaghammer zu Leibe gerückt sein. Überall lagen Splitter von Kacheln und Keramik herum, dazwischen klebten vereinzelt getrocknete Reste menschlicher Exkremente. Dort, wo das Klo einmal gestanden hatte, war nur ein Keramikstumpf übrig geblieben, durch dessen Loch dunkler, stinkender Schlamm sichtbar wurde.

Ich pinkelte dort hinein.

„Scheiß-Somalia", flüsterte ich, während ich durch den Saal zurück zu unserem Schlaflager ging. Vor der Tür zog ich meine Schuhe aus und ließ sie bei den Piraten im Saal. Rolly war inzwischen wach. „Wo sind wir hier?", fragte ich ihn.

„Keine Ahnung, aber ich war hier schon einmal", antwortete er und blickte sich um. „Angelo behauptet, das Haus hier wäre 70 Jahre alt."

„Echt?"

„Glaube schon, die Wände hier sind ziemlich dick und das Dach ist noch immer recht stabil. Gutes Eisen!"

Die hohen Fenster mit breiten Simsen aus Beton waren von fast einen Meter dicken Wänden eingefasst. Mit seinen hohen Decken hatte das Gebäude ein wenig die monumentale Anmutung faschistischer Bauwerke, wie ein Bauernhof aus der Hand Mussolinis.

„Vor 70 Jahren waren hier die Faschisten an der Macht", überlegte ich. „Wahrscheinlich gehörte das Haus einem Italiener."

„Yah?"

1960 hatte sich das britische Somaliland mit den italienischen Kolonien zum heutigen Somalia vereinigt. Während des Zweiten Weltkriegs jedoch hatten die Somalis jeweils in der Uniform ihres Kolonialherrn gegeneinander gekämpft. Gerlach hatte mir einmal von seinen frühesten Kindheitserinnerungen erzählt, von Somalis, die in italienischen Uniformen durch Galkayo patrouillierten. Gerald Hanley hat die Geschichte Somalias seit Beginn des Zweiten Weltkriegs äußerst lesenswert in seinem Buch *Warriors* beschrieben. Er war irischstämmig, aber in England geboren und später für die britische Armee nach Ostafrika entsandt worden. Für seinen britischen Dienstherrn empfand er keine besondere Loyalität und so findet sich in seinem Buch ein weitgehend unverstellter Blick auf eine hochdramatische Periode der somalischen Geschichte, als die Kolonialmächte ihre Kräfte allmählich auf den Schlachtfeldern Europas verbraucht hatten und die afrikanischen Kolonien mit der aufkeimenden Hoffnung auf Unabhängigkeit allein lassen mussten. „Da hockte ich neben einem Wasserloch", schrieb er, „in verschlissenen Kleidern in einer Gegend, unwirtlich wie der Mond, und fragte mich, wie ich hierhergekommen war. Ich hatte kämpfen wollen gegen den Faschismus, doch der Faschismus war hier verschwunden wie ein flüchtiger Nebelschleier. Das Donnern des Krieges war hier nur mehr ein Schweigen und weit entfernt."

Marc machte sich vorsichtig auf den Weg zur Toilette. Er war zurückhaltend, fast fügsam. Mit seinen weißen Haaren sah er weit älter aus als Rolly, obwohl er sieben Jahre jünger war. In seinem Blick lag stets etwas Flehendes, seine Arme und Schultern ließ er hängen wie zwei gebrochene Flügel.

Als er zurückkam, konnte ich sehen, wie sehr die Elektroschocks seinen Armen zugesetzt hatten. Trotzdem schien er gegen seine Peiniger keinen Groll zu hegen, stets begegnete er ihnen ruhig und gefasst. Jedes Mal, wenn Rolly ihn in seinem Dialekt, einem verstümmelten Gossenfranzösisch, ansprach, hellte sich seine Miene auf.

Nachmittags ließen sich die Piraten von einem Restaurant eine Platte voll gelblichem Reis garniert mit Limettenspalten liefern. Für mich hatten sie eigens eine Schüssel mitgebracht.

„Extrabehandlung!", stellte Rolly fest.

„Ich will keine Extrabehandlung", insistierte ich und ließ die Schüssel reihum gehen. Noch während wir aßen, traf auch die tägliche Khatlieferung ein. Wir hörten einige neue Stimmen, die unmittelbar vor unserem Haus einen Streit begannen. Unsere Wächter kamen an die Fenster, um zu sehen, was dort draußen vor sich ging. Selbst Angelo steckte seinen Kopf hinaus.

„Was ist da los?", fragte ich ihn.

Er machte eine beschwichtigende Geste in meine Richtung, fast so, als wolle er einem Hund den Kopf tätscheln. Das Geschrei vor dem Fenster wurde lauter. Angelo griff zum Gewehr und ich bekam langsam Angst.

„Angelo", flüsterte Rolly, „Problem?"

Angelo schüttelte nur den Kopf: „Problem Khat!"

Draußen schien inzwischen eine regelrechte Straßenschlacht zu toben. Das Wort „Khat" hatte ich dabei noch gar nicht gehört, nur immer wieder „bariis", „bariis". Und das war das Wort für Reis. Ich sah zu Rolly hinüber und deutete auf unsere Reisplatte.

„Irgendjemand muss gesehen haben, wie sie damit hier reingegangen sind", erklärte ich ihm.

Vielleicht ging der Streit um das Essen, vielleicht hatte aber auch die Lieferung einer solchen Reisplatte eine konkurrierende Piratengruppe auf uns aufmerksam gemacht. Vielleicht waren es ja Leute aus Gerlachs Klan, die uns befreien wollten. Eine Rettung durch eine amerikanische Spezialeinheit war schon gefährlich genug, über die Möglichkeit eines Klankriegs wegen uns Geiseln hatte ich noch nicht nachgedacht.

Draußen wurde es immer lauter. Ahmed Dirie kam herein, kramte aus einem großen Haufen von Ausrüstung eine Schutzweste mit reichlich Taschen für die Gewehrmunition hervor und zog sie sich an.

„No problem!", sagte er und ging davon.

Rolly stöhnte auf. Das Schlimmste am Geiselalltag ist die Unsicherheit. Nicht zu wissen, was als Nächstes geschieht. Der Aufstand vor unserem Fenster machte alles noch schlimmer. Die Aggressivität der Stimmen, das Hin und Her vor den Fenstern war mal ruhiger, mal lauter, verschwand aber nie ganz. Das Khat, wie Angelo behauptet hatte, war sicher nicht der Anlass für den Streit. Was war wichtiger für einen Piraten als seine tägliche Khatration, fragte ich mich. Außer uns Geiseln fiel mir darauf keine Antwort ein. Draußen wurde inzwischen geschossen, jenes knatternde Schießen, das zur Warnung in den Himmel gerichtet ist. Den ganzen Nachmittag lang ließ sich der Streit offenbar nicht beilegen. Wir waren gefangen wie Tiere. „Ich will nicht sterben", dachte ich nur, „ich will nicht sterben."

Der Aufruhr schien mir wie eine höhnische Antwort auf mein inniges Flehen nach einer Rettungsaktion durch das Militär. In dünnen Baumwollshorts und einem T-Shirt saß ich auf meiner Matratze und fühlte mich hilflos wie ein kleiner Junge. Die schweren Mauern im Rücken, fragte ich mich, was mich hier schützen könnte, sobald nicht mehr nur dort draußen, sondern auch hier bei uns geschossen würde. Was stünde dann zwischen mir und dem Tod?

„No problem", sagte Angelo und setzte sich neben uns.

Rolly stieß mich an: „No problem, das sagen sie immer! Wenn die sagen ‚Problem', dann heißt das, wir sterben!"

„Wer weiß, vielleicht ist es schon so weit", sagte ich.

„Sag das besser nicht!"

Allmählich wurde es schließlich ruhiger vor dem Haus. Rolly wandte sich an Angelo: „Why, Angelo, why?"

„Problem Bariis?", ergänzte ich.

„Problem Khat!", sagte Angelo nur.

Nachdem wir uns über den Zustand unserer Toilette beklagt hatten, wurden wir jetzt bei jedem Geschäft von einem Piraten auf einen felsigen Platz voll Ziegen- und Menschenscheiße nach draußen begleitet. Neben unserer neuen Toilette stand ein weiteres, noch älteres Haus aus Felsbrocken und Mörtel, in dem wir uns duschten. An einigen Stellen unter dem Dach durchbrachen morsche Holzbalken das grobe Mauerwerk. Auch dieses Haus erinnerte mich an Europa – an die Szenerie eines Spaghetti-Westerns. Bereits 1909 wurde hier in Hobyo das Bezirksamt der italienischen Kolonialverwaltung eröffnet. Etwas unterhalb des Platzes waren die ersten schmutzigen Hütten des heutigen Hobyo zu sehen, dahinter öffnete sich weit das blaue Meer.

Ich fragte mich, ob bereits Gerald Hanley nach dem Krieg unsere Unterkunft gesehen hatte. Sicherlich hatte er erlebt, wie sich das Leben hier anfühlte. Die Hitze und Abgeschiedenheit, die dürre Einsamkeit des Landes trieben seinerzeit viele britische Soldaten in den Selbstmord. Hanley hatte für all jene Verständnis, die sich die Pistole an die Schläfe setzten: „Nur weil diejenigen, die sich während meiner Zeit umbrachten, ernste Männer mit wenig Sinn für Humor waren, heißt das noch lange nicht, dass sich so ein junger Mann im Vollbesitz seiner Kräfte eher umbringt als jemand, der auch Spaß versteht", schrieb er. „Niemand kennt wirklich seinen inneren Dämon, bevor er nicht mit ihm Bekanntschaft gemacht hat. Bevor er nicht allein auf sich gestellt mit der ganzen Ödnis seines Inneren, seinen Ängsten, Sorgen und der sonnenverbrannten Leere seines Seins Bekanntschaft gemacht hat."

Noch hatte mich dieser Dämon nicht im Griff, noch war mein Inneres nicht zur Gänze sonnenverbrannt, noch hatte ich meine Ängste im Griff, dennoch beschäftigte ich mich mit dem Thema Selbstmord, und nicht nur aus literarischem Interesse. Mein Vater hatte sich selbst umgebracht. Mutter erzählte mir ja damals, er sei an einem Herzinfarkt gestorben. Offenbar wollte sie mein mit zwölf Jahren noch kindliches Gemüt vor der bitteren Erkenntnis bewahren, dass mein Vater keine Lust mehr auf das Leben hatte. Doch erzählte sie mir ihr unschuldiges Märchen 30 Jahre lang, und damit weit länger als nötig. Erst im Erwachsenenalter und nach einigen Nachforschungen kam ich schließlich der ganzen Wahrheit auf die Spur.

Natürlich wusste ich von Vaters Trinkgewohnheiten. Ich hatte ihn gehört, wie er im Suff herumgrölte und dabei oft nicht einmal wusste, was er da rief. Genauso schluckte er Paracetamol und

Codein. Er litt unter Arthritis im Rücken und ich erinnerte mich noch gut daran, wie Vater nach dem Mittagsschlaf aufstand: „Fünf Stunden ohne Schmerzen", rief er meiner Mutter zu, die im Garten die Blumen goss. In meinem Gedächtnis klang seine Stimme so, als wollte er sie von etwas überzeugen. Vermutlich ging es um Codein, das damals schon einen zweifelhaften Ruf genoss.

„Das Medikament hilft echt gut!", hatte er ihr zugerufen.

„Mmhmm", war ihre Antwort.

Statt seinen Selbstbetrug aufzudecken, verdrehte sie nur kurz die Augen und bewässerte weiter ihre Beete. Meine Mutter war für ihre Zeit eine selbstbewusste und selbstbestimmte Frau. Sie spielte Tennis, rauchte und hatte einen sarkastischen Humor. Doch auch sie war in einem engen moralischen Korsett gefangen, das sie aus ihrer konservativen Erziehung mitbrachte. Den ersten vollständigen Satz soll sie als Zweijährige in den 40er-Jahren im Frankfurter Zoo von sich gegeben haben. Ein Elefant hatte ihr gerade durch das Gitter mit seinem Rüssel einen Holzstock aus der Hand gerissen: „Der Elefant hat meinen Stock!", soll sie protestiert haben. „Das darf der nicht!" Noch 70 Jahre später sorgte die Geschichte bei Familientreffen in Köln oder Los Angeles für lautes Gelächter am Tisch.

Ihr Umzug aus einer deutschen Kleinstadt in die Metropole Los Angeles war damals in den 60er-Jahren eine glanzvolle Pionierleistung, hatte aber auch seine bedrohlichen Seiten. Ihr Vater weigerte sich zunächst kategorisch, ein Flugzeug zu besteigen, um seine Tochter am anderen Ende der Welt zu besuchen. Ihre Verwandtschaft lebte entweder im katholischen Rheinland oder jenseits der Grenze in den südlichen Niederlanden. Doch meiner Mutter gefiel die Neue Welt. Die Deutschen schienen ihr schon bald viel zu steif und unterkühlt. So konservativ sie auf der einen Seite war, so sehr liebte sie auch ihre Freiheit. Das kalifornische Wetter, der Wein und die Tennisrunden im Dezember taten schließlich das ihre.

Anfang des Jahres 1981 hat sie dann meinen Vater aus dem Haus geworfen. Der zog daraufhin in eine Junggesellenbude und meldete sich bei Raleigh Hills, einer Entzugsklinik, an. Ich erinnerte mich an die Besuche dort. Das Haus war für kurze Aufenthalte gedacht.

Die Ärzte und Psychologen – allesamt verständige, besonnene Menschen – betonten immer wieder, dass Alkoholismus eine unheilbare Krankheit sei. Eine Krankheit, die das Gehirn veränderte und selbst den stärksten Mann in einen willenlosen Wahnsinnigen verwandelte. Selbst ein Zwölfjähriger wie ich konnte das verstehen. Was ich jedoch nicht verstand, war Vaters Tablettensucht. Nach dem halben Jahr Exil in der Entzugsklinik schien mein Vater seinen Drang nach Alkohol unter Kontrolle zu haben. Ich dachte, jetzt würde alles gut, doch als er meine Mutter bat, wieder zu uns ziehen zu dürfen, sagte sie Nein.

„Er ist noch nicht so weit", behauptete sie. „Vielleicht hat er aufgehört zu trinken, mit den Tabletten hat er sicher nicht aufgehört."

Am Ende des Sommers erfuhren wir von seinem Tod. Als er nicht bei der Arbeit erschienen war, sah die Polizei schließlich in der Wohnung nach. Ich erfuhr es von meiner Mutter. Ihre Geschichte von einem Herzinfarkt stellte ich lange Zeit nie infrage. Schließlich war alles, was mein Vater mochte, schlecht für sein Herz, die Zigaretten, der Alkohol, der Fettrand an seinem Steak. Doch selbst damals schon irritierte mich, dass niemand den Toten untersucht hatte. Woher wusste man, dass er an einem Herzinfarkt gestorben war?

Diese Frage nahm ich neben vielen anderen mit in mein Erwachsenenleben. Doch erst 2010 entschloss ich mich, eine Kopie seines Totenscheins anzufordern. Gerade hatte ich den Roman *Im Schatten des Vaters* von David Vann beiseitegelegt, der von einer durch den Selbstmord des Vaters belasteten Jugend handelte. Ein düsteres Schicksal für einen Jugendlichen, fand ich. „Wie gut, dass ich das nie durchmachen musste", dachte ich noch. Das war eine Woche, bevor der Totenschein meines Vaters bei mir im Briefkasten lag.

Ich öffnete den Brief am Frühstückstisch in Berlin, von wo aus ich wie gewohnt auf gepflasterte Straßen und das üppige Grün der Bäume im Park blickte. Ich zog das bunte Papier aus dem Umschlag und las in der amtlichen Rubrik „Todesursache" die seltsamen Worte: „Schusswunde im linken Brustbereich".

Dann musste ich mich erst mal setzen.

Ich fühlte mich damals in Europa gerade sehr wohl. Ich war froh, den Einkaufszentren und Schnapsläden im Süden Kaliforniens entkommen zu sein. Doch die Bilder vom Tod meines Vaters, wie er sich in seinem kleinen Apartment die Pistole an die Brust setzt und abdrückt, brachten schlagartig all die brennenden, erstickenden Gefühle zurück, die ich mit Los Angeles verband, fremdartig, bizarr, erschütternd, aber auch erhellend.

Meine Mutter und ich sahen uns in der Regel einmal im Jahr, sei es in Deutschland oder in Los Angeles. Wir hatten vieles gemeinsam erlebt, doch sprachen wir kaum über unsere Vergangenheit. Lieber freuten wir uns über das ungetrübte und warmherzige Verhältnis zueinander. Uns schien, wer allzu sehr das Leid der Vergangenheit beklagt, läuft Gefahr, in Selbstmitleid zu versinken. Mir waren die Nachteile dieses typisch deutschen Arrangements durchaus bewusst, aber ich war nicht kalifornisch genug, um meine Mutter zu nötigen, endlich „die ganze Wahrheit auf den Tisch zu packen". So blieb diese jahrelang verborgen wie eine Leiche im Keller. Dabei war mir schon in der Highschool der Verdacht gekommen, dass Mutters kalifornische Fröhlichkeit nur aufgesetzt war, dass sich hinter dieser Maske ein Geheimnis verbarg. Doch nach einer Weile war ich mir sicher gewesen, dass all die Gläser Weißwein und die unzähligen Tennispartien nur eine von ihr bewusst gewählte Methode waren, mit der Vergangenheit abzuschließen und weiterzumachen.

Einen Monat nachdem ich den Totenschein erhalten hatte, kam meine Mutter zu Besuch nach Berlin. Beim Abendessen in einem kleinen Restaurant brachte ich schließlich die Rede auf Vaters Selbstmord.

„Oh, ja!", sagte sie nur, als ob sie immer schon mit mir darüber hatte sprechen wollen.

„Hat er einen Abschiedsbrief hinterlassen?", fragte ich sie.

„Nein."

Vermutlich war das auch unnötig. Was passiert war, war ohne jede Erklärung eindeutig zu verstehen. Es war so tragisch wie trostlos und ich hatte es immer schon gewusst – all die Jahrzehnte.

Eines Nachts kam Ahmed Dirie in unser Zimmer und zeigte auf mich.

„Come on!", befahl er. „Steh auf!"

Offenbar erwartete er, dass ich sofort gehorchte. Doch ich richtete erst umständlich meine Armschlinge, zog mir langsam die Socken und Schuhe an und sammelte gemächlich meine Habseligkeiten ein.

Ronny stöhnte bei meiner offensichtlichen Widerspenstigkeit auf: „Fang dir keinen Ärger ein, Michael", flüsterte er.

Gemeinsam mit Mohammed Tahliil, dem dürren Gruppenboss aus dem Wüstencamp, führte mich Ahmed Dirie über eine sandige Halde voller Ziegenmist und Unkraut weg von Mussolinis Bauernhof in einen anderen, dichter besiedelten Teil von Hobyo. Dort standen flache Plattenbauten in Reih und Glied nebeneinander. Es war die Gegend, in der ich mit Gerlach und Ashwin bei unserem Besuch in Hobyo zu Mittag gegessen hatte. Über uns stand der Mond, in der Luft lag ein salziger Dunst und links von uns ragte blinkend ein Mobilfunkmast in den Himmel.

Wir kamen an einem Somali vorbei, der ein Hemd mit Kragen trug und etwas oberhalb auf einer sandigen Böschung saß. Als ich Ali Duulaay erkannte, ging ich auf ihn zu, doch die anderen führten mich weiter entlang einer Grundstücksmauer bis zu einem Metalltor, das sie nun aufsperrten. Das Haus hinter der Mauer war in hellem Blau gestrichen, die Böden waren aus Beton. Es stand komplett leer. Nur in einem der Zimmer warteten, verpackt in einer Plastikhülle, eine Matratze und ein Kissen auf uns. Wir waren in einem sicheren Unterschlupf, ein Neubau, wenn auch noch nicht fertiggestellt. Vielleicht fehlte noch der eine oder andere Dollar aus einem Lösegeldgeschäft, um den Bau abschließen zu können. Im Licht einer Neonlaterne packte ich mein Bettzeug aus und versuchte es mir bequem zu machen. Weit draußen im Dunkeln brummte ein Generator.

Hatte unser Ausflug hierher etwas mit den Unruhen vor ein paar Tagen zu tun? Hatte ein neuer Abschnitt meines Geisellebens begonnen? Oder wollte man mir, dem Amerikaner, nur mehr Komfort bieten? Keiner dieser Gründe gefiel mir wirklich. Mit einer Decke über den Schultern schlief ich schließlich ein. Das Brummen des

Generators brachte mir Träume von Hubschraubern und knattern-den Maschinengewehren.

Schon bald nannte ich das Haus „Mohammeds Haus", schließ-lich schien Mohammed Tahliil das Regiment zu führen. Die Wächter hier waren entspannt und neigten weniger zu willkür-licher Gewalt. Nachmittags durfte ich sogar vor das Haus, Mat-ratzen wurden ausgerollt und man bot mir Khat und Zigaretten an. Nette Menschen hier. Vom Khat hielt ich mich fern, selbst dann, wenn ich mich niedergeschlagen und depressiv fühlte. Ab und zu jedoch gönnte ich mir beim Freigang in meinem kleinen Gefängnishof zu einem Glas Mangosaft oder pappsüßem Tee eine Zigarette.

Eines Morgens entdeckte ich verstreut auf einer der Matratzen auf der Terrasse ein paar nützliche Dinge, die die Piraten hatten liegen lassen – nicht nur Kalaschnikows und Khat, sondern auch Feuerzeuge, Stifte und linierte Schulhefte, in denen die Wächter ihre Arbeitszeiten eintrugen.

Hersi, ein junger Pirat, bot mir eine Zigarette an. Als ich sie mir anstecken wollte, entdeckte ich die LED-Taschenlampe im Feuer-zeug.

„Kann ich das haben?", bat ich.

„Haa, yes!"

Hersi ließ ein paar Songs in seinem Smartphone laufen. Die Pi-raten hörten auf ihren Handys nicht nur Musik, manche lenkten sich mit Videoclips ab und wieder andere hörten auf ihnen Sufi-Predigten.

„K'naan!", rief er, und wir hörten „Until the Lion Learns to Speak" – einen Song des somalischen Rappers aus Kanada. Das Lied klang ähnlich wie das Volkslied, das die Piraten neulich in ihrem Geländewagen gehört hatten. Derselbe Wechselgesang, dieselben rhythmischen Kaskaden, aber weniger altertümlich als die somali-sche Version.

Hersi tauschte sich angeregt mit einem anderen Wächter über K'naan aus. Einer unserer Übersetzer, Yoonis, saß mit uns auf der Terrasse und behauptete, K'naan sei ihr Cousin.

„Von beiden?", fragte ich und überlegte, ob das möglich war. „Beide gehören zu den Hawiye?"

„Ja."

„Also seid ihr alle Sa'ad?", fragte ich. Ich wusste, dass die Sa'ads eine Untergruppe der Hawiye waren.

„Genau", bestätigte Yoonis.

Mir war diese Tatsache letztlich gleichgütig.

„Wir hier sind die Guten", fuhr er fort. „In der großen Gruppe drüben sind auch Hawiye und Darod."

„Alle Klans gemischt also", meinte ich.

„Ja."

„Darf ich mir das Notizbuch hier leihen?", bat ich.

„Klar!"

Ich schnorrte mir auch noch einen Stift, bevor ich mich in mein Zimmer zurückzog, wo ich mir ein Tagebuch anzulegen begann. Aus dem Radio erfuhr ich das Datum und schrieb von nun an zu jedem Tag ein paar Notizen ins Heft. Allerdings fing nach einer Stunde Schreiben mein Handgelenk derart zu schmerzen an, dass ich mir die Zeit für die Notizen gut einteilen musste.

Die BBC brachte eines Nachmittags eine spannende Reportage über die Aufklärungsflüge über Somalia. Der Reporter war an Bord eines Aufklärers der Australian Royal Air Force über die „piraten-verseuchten Gewässer vor dem Horn von Afrika" mitgeflogen. Die Flugzeuge, wie die P-3 Orion, glichen einer fliegenden Spionage-station, voll mit Hightech und Überwachungsspezialisten. In immer gleichen Flugkorridoren zogen diese riesigen Maschinen von Bahrain aus Tag für Tag ihre Bahnen über dem Persischen Golf. Mit ihrer Hilfe meinen Aufenthaltsort zu bestimmen erforderte für die Militärbürokratie jede Menge Zeit und Aufwand, dessen war ich mir sicher.

Trotzdem hatte mich die Reportage auf eine Idee gebracht. Denn neben den schwerfälligen Aufklärern waren über Somalia sicher auch unbemannte Aufklärungsdrohnen unterwegs, selbst wenn sie von hier unten nicht zu erkennen waren. Also nahm ich nun bei jedem Toilettenbesuch Hersis Feuerzeug mit. Spätabends oder früh am Morgen war der Himmel dunkel genug, sodass selbst die winzige LED-Lampe in meinem Feuerzeug von oben wie ein kleiner Stern aussehen musste – zumindest hoffte ich das. Versteckt unter einer Papprolle unseres Klopapiers, damit keiner der Wächter den Schein meiner LED-Lampe sehen konnte, morste ich von nun an Abend für Abend das SOS-Zeichen in den Himmel über dem dachlosen Bretterverschlag des Plumpsklos.

Zu meiner Überraschung schien ich damit Erfolg zu haben. Immer wieder tauchten nun Aufklärer am Himmel über Hobyo auf und zogen dort ihre Bahnen. Eines Nachmittags, ich saß gerade auf der Terrasse, hörte ich entfernt das Surren eines Flugzeugmotors, das über Hobyo hinweg beständig näher kam. Genau wie an dem Tag, als uns in unserem Versteck in der Wüste ein Flugzeug überrascht hatte. Hersi sprang plötzlich auf.

„Michael, AC!"

Sie schoben mich schnell in mein Zimmer und schlossen die verbeulten Fensterläden. Die Piraten nannten die AC-130-Maschinen nur kurz „AC". Die C-130 Herkules ist genauso groß wie eine Orion und wird wie sie als Transportflugzeug genutzt. Sie kann jedoch auch für andere Aufgaben umgerüstet werden. Als Sondermodell AC-130 machte sie 2007 in der Schlacht um Ras Kamboni bei Kenia mit ihren Bordgeschützen Jagd auf somalische Dschihadisten. Das Gemetzel hatte sich bei den Piraten derart eingeprägt, dass sie die Maschinen nur unter dem Namen des Sondermodells kannten.

Jedes Zimmer in Mohammeds Haus war im Prinzip ein Betonwürfel. Die Vorstellung, dass ein Einsatzkommando nachts in diesen Würfeln das Feuer eröffnen könnte, machte mir Angst. Je weniger Durcheinander, umso besser, dachte ich mir. Eines Morgens zeichnete ich einen kleinen Plan unseres Anwesens in mein Notizbuch. Mit Blockschrift schrieb ich dazu, in welchen Zimmern die Wächter schliefen und wo ich untergebracht war. „Insgesamt sieben Wärter", setzte ich dazu und verstaute den Zettel in meiner Hosentasche.

„Kadi", sagte ich zu einem der Wärter.

Der Mann wartete, das Gewehr im Anschlag, während ich den Hinterhof überquerte. Ich versperrte die Toilettentür, zog meine

Karte aus der Tasche und entfaltete sie. Am Himmel war alles ruhig, weder Flugzeuge noch Drohnen waren zu sehen. Ich hatte jedoch Gerüchte gehört, dass einige Satelliten in der Lage waren, aus dem Weltraum die Nummernschilder von Autos auf der Erde zu entziffern. Es war bereits ein recht altes Gerücht und wahrscheinlich nicht viel mehr als eine Legende. Trotzdem: Mein Notizzettel war fast so groß wie ein amerikanisches Nummernschild und außerdem hatte ich gerade nichts Besseres zu tun.

In der Woche darauf wiederholte ich den Vorgang bei jedem Besuch der Toilette. Ich versuchte jeden Morgen zur gleichen Zeit aufs Klo zu gehen, denn schon allein die Regelmäßigkeit meines Tuns gab mir Tag für Tag etwas Hoffnung zurück. Mir war bewusst, dass kaum ein Drohnenpilot meine merkwürdigen Botschaften aus dem Klo bemerken werden würde, aber wenn sie dank meiner LED-Signale auf das Haus aufmerksam geworden waren, wenn sie nun den Rhythmus meiner Klobesuche erkannten, ging es vielleicht ja weiter – irgendwie.

Meine Wächter hatten zwar eine Heidenangst vor jedem Flugzeug, zeigten davon jedoch kaum etwas. Eher gaben sie sich betont draufgängerisch. Was vielleicht sogar verständlich war, schließlich wussten sie nur zu gut, was eine Navy-Spezialeinheit mit einem Geisellager anrichten kann. Ich fragte mich täglich, was wohl in den Köpfen meiner Entführer vorging. Die Erfahrungen, die Somalia mit Luftstreitkräften machen musste, reichten lange zurück, länger als die Luftangriffe während der Kämpfe um Ras Kamboni oder Mogadischu. Bereits im Jahr 1920 landeten Maschinen der Royal Air Force im damaligen Britisch-Somaliland. Damals hatte keiner der Einheimischen je ein Flugzeug gesehen. Doch blieben die Somalis bemerkenswert ruhig bei der Ankunft der fremdartigen Flugmaschinen der Z-Schwadron in Berbera. Douglas James Jardine, ein Chronist der britischen Kolonialarmee, berichtete, dass „der einfache, ungebildete Somali sich nur wenig von den Maschinen und dem bemerkenswerten Fortschritt moderner Wissenschaft beeindrucken ließ. Die Leute sahen die Flugzeuge nur kurz an und stellten lapidar fest, dass man durchaus selbst in der Lage wäre, solche Flugzeuge zu bauen, wüsste man nur, wie das ginge."

Dieses Zitat hatte ich in Jardines Buch *Der wahnsinnige Mullah aus Somaliland* gefunden, einem recht bunten Stück Kolonialliteratur aus dem Jahr 1923. Jardine beschreibt darin den Kampf der Briten gegen ihren somalischen Widersacher Sayyid Mohammed Abdullah Hassan, der um 1900 für die Briten ungefähr das war, was Osama bin Laden für den Westen unserer Tage bedeutete. „Sayyid Mohammed befeuerte Gier und Aberglauben in seinem Volk und machte so aus ihm einen Haufen Räuber und Halsabschneider", schrieb Jardine. Der eine oder andere Somali verehrt Sayyid Mohammed noch immer als Nationalheiligen.

Er stammte aus Ogaden, einem Landstrich nordöstlich der Stadt Galkayo. Er rekrutierte seine Kämpfer unter den Viehhirten, die damals ihre Klans verließen, um zu Derwischen oder Sufi-Anhängern zu werden.

Man sollte diese Art Sufismus jedoch nicht mit den traditionellen Derwischen verwechseln, wie es sie heute noch in Somalia gibt. Solche Derwische sind Wanderprediger, die in ihren typischen Roben von Haus zu Haus ziehen und gegen eine kleine Spende Gebete, Gesänge und Segenssprüche darbieten. Die meisten Somalis – zumal dann, wenn sie sich selbst zum Sufismus bekennen – beziehen den Begriff „Derwisch" ausschließlich auf diese Wanderprediger.

Mohammed Sayyid impfte seinen „Derwischen" mit feurigen Predigten weniger spirituelle als die eigenen politischen Ziele ein. „Mit all der Macht eines begabten Demagogen und dem Eifer eines politischen Reformers predigte er gegen die Verschwendungssucht seiner Zeit. Er warf den Somalis vor, ihre Seele an ein Leben voller Ausschweifungen zu verlieren. Ganz besonders störte ihn das ausschweifende Laster des Teegenusses. Er prangerte die Khat-Sucht seiner Landsleute genauso an wie deren Gewohnheit, das heiße Fett aus den Knochen eines gekochten Lammschwanzes zu saugen", schrieb Jardine.

Sayyid Mohammeds unorthodoxes Verständnis des Sufismus verweist laut I. M. Lewis in seinem Buch *Saints and Somalis* auf geschichtlich gewachsene Beziehungen zum Wahhabismus. Sein eigenwilliger Sufismus bereitete den Boden, auf dem später viele.Lehren des radikalen Salafismus aufgehen konnten. Dabei war Somalia ein Puffer, an dem sich seit mindestens 200 Jahren Welle für Welle der fundamentalistischen Lehren aus der arabischen Welt brach. Die letzte Welle kam in den 80er-Jahren mit all den Somalis nach Hause, die im Ausland als Arbeitskräfte im saudischen Dienstleistungsgewerbe radikalisiert wurden.

Je mehr ich mich mit den verschiedenen Glaubensrichtungen im Land beschäftigte, umso weniger konnte ich die klaren Trennlinien, wie sie noch Kapuściński für Nordafrika gesehen hatte, erkennen. Es gab ein breites Spektrum innerhalb des muslimischen Glaubens. Die wenigen radikalen Züge des somalischen Sufismus reichten Sayyid Mohammed, um mithilfe seiner Derwische einen heiligen Krieg im Geist des Wahhabismus anzuzetteln.

Den britischen Kolonialherren gegenüber zeigte er sich auf jeden Fall unnachgiebig. 1903 schrieb Sayyid Mohammed:

„Gold, Silber und wohlbestellte Felder kann ich euch nicht geben. Auch wenn ihr all meine Männer tötet, werdet ihr nichts gewinnen. Es gibt nichts, was euch mein Land geben könnte. Wenn ihr Steine wollt, dann nehmt, davon gibt es hier genug, genauso wie dürres Holz und Ameisenhaufen. Unsere Sonne brennt heiß und alles was ich euch geben kann, ist Krieg. Wenn ihr Frieden wollt, dann geht nach Hause und verlasst mein Land."

Sayyid Mohammed wollte sein Volk von allen europäischen Einflüssen befreien und unter dem Islam zu einer Einheit zusammenführen. Mit den britischen Kolonialherren lieferten er und seine Derwische sich 17 Jahre lang zahllose Scharmützel. So lange, bis man in London beschloss, seiner Derwischarmee mit Flugzeugen beizukommen. Die Bombenangriffe der Z-Schwadron im Frühjahr des Jahres 1920 waren ein taktisches Experiment der britischen Besatzungskräfte. Es waren die ersten Luftschläge westlicher Mächte gegen ein afrikanisches Land. Sie trafen Sayyid Mohammed und seine Kämpfer völlig unvorbereitet. Einer von ihnen beschrieb die Bomber als Feuerwagen, mit denen Allah durch die Wolken fuhr, um den Mullah zu sich in den Himmel zu holen. Ein anderer hielt die Flieger für Boten aus Istanbul, eine türkische Erfindung aus dem Ersten Weltkrieg, die Sayyid Mohammed und seinen Kriegern zu einem triumphalen Sieg verhelfen würde. Sayyid Mohammed glaubte dem Mann, zog sein bestes Gewand an und wartete vor seinem Haus darauf, die Boten seines Triumphes zu empfangen.

„Die erste Bombe zerfetzte seinen Berater und versengte den Kaftan des Mullah. Mit dieser ersten Bombe war die Schlacht für die Briten bereits gewonnen", berichtete Jardin.

Mohammed Sayyids Traum von einem vereinten und unabhängigen Somalia war an diesem Nachmittag geplatzt. Er überlebte den Angriff, aber starb gegen Ende des Jahres 1920 an einer Grippe.

Ich saß mit Yoonis und Hersi vor dem Haus in der Sonne. Wir tranken Mangosaft, als Hersi mir einen Stängel Khat herüberreichte. „Er fragt, ob er dein Freund ist", übersetzte Yoonis. „Er bringt dir jeden Morgen deinen Mangosaft und den Thunfisch. Er meint, er ist dein Sahib."

„Mmhmm", machte ich nur.

„Er sagt, dass wir nicht viel Geld bekommen, dafür, dass wir dich hier beschützen. Nicht so viel, wie wir geglaubt haben. Er fragt, ob du ihm 10 000 Dollar schicken kannst, wenn du hier rauskommst."

Ich räusperte mich und versuchte nachzudenken.

„Klar!", sagte ich schließlich.

Hersi hatte damit offenbar nicht gerechnet. „Echt?", fragte er ungläubig.

„Wenn ich morgen früh hier raus bin, kann er alles von mir haben, sogar meine Kinder, wenn ich mal welche hab!"

Yoonis und Hersi berieten sich kurz.

„Er hätte lieber das Geld, sagt er", antwortete Yoonis schließlich.

Ich zuckte nur mit den Schultern und trank weiter meinen Mangosaft. Eine leichte Brise vom Meer bewegte sacht die trockenen Äste, die über unsere Grundstücksmauer hingen. Hinter der Mauer konnte man ein paar Rinder auf der Weide hören.

„Hersi will wissen, ob du schon einmal mit einer Frau mit Klitoris geschlafen hast", fragte Yoonis weiter.

Beinahe hätte ich den Mangosaft in meinem Mund wieder ausgespuckt.

„Er fragt, ob du ihm so eine Frau besorgen kannst", fügte er noch hinzu.

„Eine Frau mit Klitoris?"

„Genau!"

Yoonis tat sich schwer mit den medizinischen Begriffen. Ich blinzelte ihn an: „Warum, weil die Frauen in Somalia alle beschnitten sind?", fragte ich. „Ich dachte, das wollen somalische Männer so?"

„Ja, aber es macht keinen Spaß!"

„Warum macht ihr es dann?"

„Das steht im Koran!"

Ich schüttelte nur den Kopf. „Das stimmt nicht!"

„Aber es ist Gesetz in allen muslimischen Ländern."

„Das ist auch nicht wahr. In Indonesien ist es zum Beispiel nicht vorgeschrieben. Ein paar Leute machen es dort, aber Gesetz ist es nicht."

„Woher weißt du das?", fragte Yoonis. „Hast du es selbst gesehen oder nur gelesen?"

Ich musste lachen. „Gelesen, aber ich war in Indonesien. Die Indonesier sind auch Sufis, genau wie hier. Niemand beschneidet dort Frauen."

„Das ist nicht wahr!" Yoonis schüttelte den Kopf.

„Hast du einen Koran hier?"

„Nein."

„Zeig mir die Stelle, an der eure Religion Muslimen vorschreibt, das zu machen!" Im Koran ist über die Beschneidung der Frauen tatsächlich nichts zu finden, bestenfalls in einigen Hadithen. „Es ist eine uralte Tradition, Yoonis, Tausende Jahre alt. Sie stammt aus Ägypten, noch vor dem Islam." Ich redete jetzt voller Eifer: „Wenn ihr in Somalia endlich damit aufhört, geht es allen hier besser."

Meine Wächter winkten ab, sie wollten mir nicht glauben und schon gar nicht ließen sie sich überzeugen.

In meinem früheren Leben hatte ich einmal ein Paket mit einem Paar Sandalen erhalten. Der Absender war ein kalifornischer Aktivist, der sich auf diesem Weg für eine meiner Kolumnen bedanken wollte, in der ich gegen die Praxis der Genitalverstümmelung bei Frauen argumentiert hatte. Doch all meine klugen Argumente waren hier, wo sie tatsächlich gebraucht würden, offenbar völlig nutzlos.

Ich zog mich zurück in mein Zimmer. Überall im Haus und im Garten plagten einen die Insekten. Über meinem Bett hatte ich provisorisch ein Moskitonetz aufhängen können. Darunter war ich tagsüber vor den fleischfressenden Fliegen sicher, genauso wie es mich nachts vor den allgegenwärtigen Moskitos schützte. Nach dem Gespräch über die Kinder, die ich Hersi für meine Freiheit versprochen hatte, begann ich über mein Junggesellenleben in Berlin nachzudenken, über Kinder und über meinen Vater. Ich nahm einen Stift und begann zu schreiben.

30 Jahre lang hatte ich geglaubt, mein Vater sei an einem Herzinfarkt gestorben. Die Zweifel an unserem Familienglück in Northridge, an meiner vermeintlichen Musterfamilie hatten mich all die Jahre allerdings nie losgelassen. Warum sonst hätte mein Vater sein Glück in Alkohol und Pillen suchen sollen? Vor seinem Selbstmord hatte mein Vater an seinem Leben als Ingenieur bei Lockheed, an seinem Leben im San Fernando Valley zu zweifeln begonnen. Tief in seinem Inneren gehörte er in die 50er-Jahre, als Väter noch mit ihren Söhnen an den Wochenenden draußen in der Wildnis campten und fischten. Ein typisch amerikanisches Ideal. Ich erinnerte mich, wie wir einmal an einem heißen Nachmittag in unserem klapprigen Volkswagen an einer roten Ampel standen. Halb erstaunt, halb angewidert blickte mein Vater durch seine Sonnenbrille auf die Welt draußen vor der Windschutzscheibe: die breite Straße, den Verkehr, den Smog über der Stadt. Dann sah er mich an und fragte: „Wie viel Lebenszeit man wohl beim Warten an der Ampel verschwendet?"

Diese Szene ließ mich während meiner Gefangenschaft nicht mehr los. Wie groß muss seine Verzweiflung gewesen sein, bevor er schließlich zur Waffe griff! Sein ganzer Lebensentwurf erschien mir damals als gescheitert, der Grund, warum ich mich schließlich entschloss, alles anders zu machen als mein Vater. Ich lebte lieber in Großstädten als in Vororten, liebte exotische Reisen, mied die meisten Drogen und ernährte mich cholesterinarm. Ich dachte, diese Lebensweise würde mich vor den Frustrationen und Desillusionierungen bewahren, die zu seinem Herzinfarkt geführt hatten. Nachdem ich die Wahrheit über seinen Tod erfahren hatte, glaubte ich umso fester, dass meine Lebensplanung mich nicht in den Selbstmord führen würde.

Angesichts der Lage, in der ich nun steckte, erschien mir das voller bitterer Ironie. Ich schrieb immer weiter in mein Notizheft. Ich schrieb, dass mein Vater sicher gegen meine Berufswahl protestiert hätte. Getobt und herumgeschrien hätte er. Und er hätte recht damit gehabt. All meine sorgfältigen Recherchen zur Beschneidung von Frauen zum Beispiel, meine wohlgesetzten Argumente dagegen – welche Bedeutung hatten sie hier? Wofür war all das gut, wenn es an dem Ort, wo es darauf ankam, nichts bewirken konnte? In mir wechselten während meiner Gefangenschaft ständig Gefühle von Frustration, Selbsthass und einer ungeahnten Bereitschaft zu Gewalt. Am Ende konnte ich nur durch die Disziplin des Schreibens Ordnung in dieses Gefühlsdurcheinander bringen. Das Schreiben erlaubte mir eine Antwort auf die kritische Stimme meines Vaters, die unablässig unter meinem Moskitonetz zu mir sprach, eine Antwort auf seine Verwünschungen, die er mir noch aus dem Grab hinterherrief, wie: *Die Schriftstellerei ist unnütz, selbstsüchtig und zeugt von gehörigem Narzissmus.* Das mag sein, doch half sie mir schon als jungem Mann, das Durcheinander in meinem Kopf zu ordnen. Dem guten Schriftsteller hilft seine Arbeit aus seinem Narzissmus heraus. Sie ist eine Unabhängigkeitserklärung, ein Weg, um dem Gefängnis des eigenen Selbst zu entkommen.

Aber du bist doch hier alles andere als frei und unabhängig!

Nein, Dad, das bin ich nicht. Trotzdem schön, dass es dich interessiert.

In einer milden, warmen Februarnacht wurde ich plötzlich von den Piraten in Mohammeds Haus geweckt und im fluoreszierenden Schein einer Lampe in einen Land Rover verfrachtet. Sie waren bis an die Zähne bewaffnet und schleppten haufenweise Munition mit. Eine Stunde lang chauffierte uns Tahliil aus Hobyo heraus und fuhr scheinbar ziellos durch den mondhellen Busch. Schließlich sahen wir irgendwo in der Savanne einen Lichtstrahl, auf den wir zufuhren. Wir hielten neben zwei Autos, die ich zuvor nicht gesehen hatte. Yoonis und Tahliil packten mich von beiden Seiten an den Armen und schoben mich zu einer Gruppe aus acht, vielleicht zehn Somalis, die dort im Dunkeln am Boden saßen.

„Hello, Michael!", begrüßte mich ein beleibter Mann. „Ich bin Mohamed." Ich hatte nur meine dünnen Baumwollshorts und ein T-Shirt an. Ich fühlte mich schutzlos und hatte Angst. Der Boss saß im Schneidersitz mitten unter seinen Männern und sah mich auf eine träge und eigenartig gelangweilte Art an. Er schien wie gelähmt, als hätte er bereits einen Tag zu viel ohne Khat verbracht. Zugleich wirkte er bedrohlich, selbst die bewaffneten Männer um ihn herum schienen sich vor ihm zu fürchten. Seine Stimme war ungewöhnlich hoch und schrill, fast wie die eines Kindes.

„Wir müssen jemanden anrufen", teilte er mir mit, „jemanden, der uns mit deinem Fall weiterhelfen kann. Du musst ihm sagen, dass ich eine schriftliche Bestätigung von Präsident Obama brauche. Er soll mich als Bevollmächtigten in deinem Fall einsetzen und er soll meine Unschuld an deiner Entführung bescheinigen. Ich brauche ein Papier mit dem offiziellen Siegel des Weißen Hauses."

„Dann brauche ich Ihren vollen Namen!", warf ich ein.

„Sag ihnen, ich bin Mohamed, das muss reichen!", befand er. „Aber sag ihnen auch, dass die Piraten noch immer auf ihr Geld warten. Das ist wichtig!"

„Wie viel verlangen sie denn?", fragte ich.

„20 Millionen Dollar!"

Wieder wurde mir bei der Summe flau im Magen. Offenbar war man noch immer nicht davon abgekommen. Ein Monat Geiselhaft und nichts hatte sich geändert.

Der Piratenboss wählte die Nummer eines amerikanischen Unterhändlers auf seinem orangefarben glimmenden Samsung-Handy.

Der Nummer nach saß der Unterhändler irgendwo in Washington D.C. Seine Stimme klang vernünftig und voller guter Laune. Die Ruhe und Klarheit einer Stimme in meiner Muttersprache beruhigte mich nach all den Wochen voller Unsicherheit.

„Der Gentleman, der Ihnen das Telefon gegeben hat, haben Sie den schon einmal gesehen oder ist es das erste Mal, dass Sie ihm begegnen?", fragte mich der Unterhändler.

„Das erste Mal!"

„Nur dass Sie Bescheid wissen, das ist Mohamed Garfanji, er ist für alles verantwortlich."

Um mich begann sich alles zu drehen und mein Blut gefror zu Eis. Garfanji war bis zu diesem Zeitpunkt ein Phantom gewesen, ein kleiner Teil eines Gerüchts. Dass ich ihm nun mit Haut und Haaren ausgeliefert war, machte mir Angst.

„Was sind seine Forderungen?", fragte der Unterhändler.

„Er will 20 Millionen und eine Bescheinigung aus dem Weißen Haus."

„Obama muss unterschreiben", rief Garfanji dazwischen, „er muss meine Unschuld bescheinigen!"

„20 Millionen Dollar!" Die Stimme meines Unterhändlers hatte für einen kurzen Augenblick etwas weniger professionell geklungen, eher erstaunt.

„Das und eben eine Bescheinigung aus dem Weißen Haus", sagte ich.

„Die sollen schreiben, dass ich unschuldig bin!", rief Garfanji erneut.

Auf den letzten Einwurf hin lachte der Unterhändler am Telefon kurz und trocken auf.

Er sei durch das Pulitzer Center on Crisis Reporting mit meinem Fall beauftragt worden, erklärte er mir. Er versicherte, dass man sich dort um meinen Fall kümmere. Dann stellte er mich zu meiner Mutter durch: „Bleiben Sie bitte in der Leitung!"

Ich hörte, wie das Telefon klingelte und meine Mutter den Hörer abnahm: „Hallo?" Ihrer Stimme nach hatte sie nicht mit einem Anruf aus Somalia gerechnet. Wir hatten sie völlig unvorbereitet erwischt. Doch sie hatte für die Zeit meiner Gefangenschaft ihr Kommandozentrum auf dem Küchentisch eingerichtet. Dort lagen neben Notizbüchern und Kaffeetassen die Listen mit Fragen bereit, die sie mir stellen sollte. Auf dem Telefon konnte sie die Nummer sehen, von der sie gerade angerufen wurde.

„Hi Mom, ich bin's, Mike!"

„Michael! Wie schön, deine Stimme zu hören!"

„Ich wollte nur kurz Hallo sagen." Ich stockte. „Und ich vermisse dich!"

Die Anrufe zu Hause mit dem Rauschen der schlechten Verbindung und dem immensen Druck, der auf ihnen lag, verlangten jedes Mal ein Höchstmaß an Konzentration. Ihre Stimme zu hören war besser als jede Musik. Ich musste sowieso immer an meine Familie und meine Freunde denken, doch jetzt ließ mich Mutters Stimme auf einmal wieder die trockene Hitze von Los Angeles und auch das Flair anderer Schauplätze spüren, die für mich „zu Hause" ausmachten. Zu Hause, das war für mich Northridge, das war der Strand, das war das Stimmengewirr auf den Straßen von Berlin. Mein Inneres spulte diese Szenen wie einen Film ab.

„Geht's dir gut?", wollte meine Mutter wissen.

„Eigentlich schon, ich habe nur etwas Angst", sagte ich. „Aber eigentlich geht's mir gut. Sie geben mir regelmäßig Wasser und etwas zu essen."

„Wir wollten dich auf der Telefonnummer zurückrufen, von der du uns das letzte Mal angerufen hast", sagte meine Mutter, „aber niemand hat abgehoben."

Ob wohl Garfanji und jener Omar auf der Klippe ein und dieselbe Person waren? Wohl kaum, aber im Dunkeln war das auch schwer zu unterscheiden. Beide hatten sie zumindest dieselbe Fistelstimme. Nach einer Weile wechselte ich während des Telefonats auf einmal ins Deutsche, nur um zu testen, ob Garfanji den Unterschied erkennen würde. Ich erzählte meiner Mutter etwas von meinem Reisegepäck in Nairobi, in dem noch immer mein US-Pass und mein Laptop verstaut waren. „Jemand hat es sichergestellt", sagte meine Mutter auf Deutsch, „es ist jetzt in der US-Botschaft."

„Das ist gut!", freute ich mich.

Einige Regierungsbeamte hatten sich also inzwischen meiner Mutter angenommen, eine Tatsache, die mich sehr beruhigte. Garfanji starrte während des Gesprächs ausdruckslos vor sich hin. Offenbar konnte er unserem Gespräch nicht mehr folgen. Ich sagte meiner Mutter noch auf Deutsch, dass ich, egal was die Piraten behaupteten, eine militärische Befreiungsaktion ausdrücklich befürwortete.

„Verstanden", antwortete sie, „sehr gut!"

In der Regel klang die Stimme meiner Mutter ernst und nüchtern. Sie musste sich anstrengen, mich und auch die Absurdität meiner Situation zu verstehen. Manchmal jedoch klang sie, als ob sie ihre Angst und Sorgen vor mir verbergen wollte. In jener Nacht klang sie gefasst, beinahe gleichgültig. Selbst ihr schienen die Risiken einer Rettungsaktion vertretbar. Das irrsinnige, völlig unberechenbare Verhalten der Piraten hatte uns beiden die Angst davor genommen.

„Schluss jetzt", befahl Garfanji. „Los jetzt!"

Ich legte auf und gab ihm sein Handy zurück. Mit dem Anruf hatte er nichts erreicht. 20 Millionen Dollar waren eine lächerlich hohe Summe, Garfanji wusste das genauso wie alle anderen. Er begann auf seinem Smartphone nach einer Datei zu suchen.

„Deine Leute haben neun Leute von uns umgebracht. Wenn sie dasselbe mit dir versuchen, knallen wir dich ab!"

„Was ist passiert?", fragte ich.

„Eine Rettungsaktion", antwortete er vage.

Ich wollte wissen, was mit den Geiseln passiert war, und wiederholte die Frage, die ich auch auf der Klippe gestellt hatte: „Was ist mit den Geiseln?"

„Beide tot!"

Die Luft wich aus meinen Lungen, meine Brust presste sich zusammen und war mit einem Mal blutleer. Garfanji öffnete einen Sound-File auf seinem Handy und warf das Telefon vor mir in den Staub. Ich wollte nichts wissen von toten Geiseln und tatsächlich beschrieb der kurze Nachrichtenbeitrag in bestem Englisch eine erfolgreiche Rettungsaktion. Zwei Entwicklungshelfer waren seit

2011 in der Hand von Piraten gewesen, jetzt aber an Bord eines US-Helikopters nach Camp Lemonnier in Dschibuti in Sicherheit gebracht worden.

Ich konnte mein Glück kaum fassen. Es gab also Hoffnung.

„Das tut mir sehr leid", sagte ich zu Garfanji. Anscheinend begriff keiner der Piraten in unserer Runde, dass sich ihr Boss gerade selbst zum Narren gemacht hatte, weil dank seines Smartphones nun seine mangelhaften Englischkenntnisse offen zutage lagen.

Garfanjis Forderung nach einem offiziellen Begnadigungsschreiben der amerikanischen Regierung wurde weder von meiner Mutter noch von den Beamten des FBI ernst genommen. Mir zeigten seine Forderung und vor allem die Art, wie er immer wieder auf einen solchen offiziellen Bescheid mit Brief und Siegel bestand, dass Garfanji nicht ganz richtig im Kopf war. „Auch wir haben uns gefragt, ob Omar und Garfanji am Ende ein und dieselbe Person waren", erzählte mir meine Mutter später. Für mich blieb er eine schemenhafte Gestalt. Omar traf ich mitten am Tag am Rand eines Abhangs, Garfanji bei Mondschein in der Steppe. Ich hatte beide Male Angst und stand unter Stress. War es eine Person, die ich für zwei verschiedene hielt? Oder waren es zwei Personen, von denen ich mir im Nachhinein einredete, sie wären ein und dieselbe Person? Ich konnte es nicht mit Sicherheit sagen.

„Mohamed Garfanji" – oder auch Mohamed Osman Mohamed – kam mit Immobiliengeschäften in der Galmudugregion und außerhalb Somalias zu Geld. „Er trinkt, mag Frauen und verprügelt gern Leute", beschrieb ihn mir später einer der Sicherheitsdienstleister im Land. „Er agiert im Umfeld der somalischen Regierung, doch will diese eigentlich ersetzen. Er und seine Männer treten bisweilen heute schon auf, als wären sie die Regierung." Daneben hatte er eine Art Küstenwache in den somalischen Gewässern aufgebaut und bot kleineren somalischen Kommunen den Schutz seiner Milizen an. Er gehörte nicht zum Klan der Sa'ad, sondern zu den Suleiman. Was jedoch kaum ins Gewicht fiel, denn beide Klans gehörten zur Gruppe der Habar Gidir und kamen gut miteinander aus. Zwar beschäftigte Garfanji auch in Hobyo ein paar Söldner, doch eigentlich erledigten seine Banden ihr Geschäft hauptsächlich im Landesinneren. Anders als die Fischer lauerten seine Männer ihren Opfern auf den Highways in der Wüste auf – ähnlich wie die äußerst gewalttätigen Shifta-Banden im Land.

Das Wort „Shifta" wurde eigentlich dem Namen eines weiteren somalischen Klans, der Mshifta, entlehnt. Meist jedoch stand der Name ganz allgemein für jede kriminelle Gruppe, die in den endlosen Steppen von Somalia bis in den Sudan und teilweise bis ins nördliche Kenia hinein operierte. So hat es zumindest Paul Theroux beschrieben, der sich mit einigen Vertretern dieser Gruppen im Süden Äthiopiens unterhalten hat. Garfanji rekrutierte seine Männer in diesem Milieu. Höchstens ein paar seiner Leute waren vielleicht einmal Fischer gewesen und aus Not unter den Piraten gelandet. Das Gros meiner Entführer stammte aus Galkayo oder einer der Nomaden-Niederlassungen in der weiteren Umgebung der Stadt. Sie waren allesamt Söhne der Wüste und der Savanne.

Einer der Gründe für den Anstieg der Piraterie zu Beginn des neuen Jahrtausends waren die Gehälter der somalischen Sicherheitskräfte in Puntland. Man hatte vergessen, sie zu bezahlen. Viele der Männer suchten sich daraufhin mitsamt ihren Waffen einen neuen Job.

Auch trat Garfanji immer wieder als Wohltäter und Menschenfreund auf. Er zahlte Arztrechnungen für die Menschen in Hobyo, bot günstige Kredite an und gab den Leuten einen Job. Er sorgte dafür, dass niemand verhungern musste. „In Hobyo gibt es keine Bettler", hatte mir Gerlach gesagt, „das macht Garfanji hier so beliebt." Die Maske des modernen Robin Hoods schützte ihn vor der Verfolgung wegen seiner Verbrechen.

Für die einen mochte er ein unberechenbares Monster sein, die meisten Menschen in Somalia jedoch sahen in ihm nichts als einen Kapitalisten mit sozialer Ader, der in einem äußerst schwierigen Umfeld agieren musste.

Wie auch immer, keiner der beiden Garfanjis war in meinen Augen ein geeigneter Gesprächspartner für meine Mutter – obwohl sie mich und die Beamten des FBI bei jedem Gespräch mit ihrer Gefasstheit und Abgebrühtheit überraschte. Selbst dann, wenn sie mein Anruf völlig überraschte, war sie von einer Sekunde auf die andere hellwach. „Wir haben alle gestaunt", gestand mir später ein Agent. „Ganz egal wie gestresst oder ängstlich sie war, sobald sie den Hörer in die Hand nahm, war sie voll konzentriert."

Garfanji war ihr dabei nie als einer der Bosse aufgefallen. Am häufigsten hörte sie wohl den Namen „Abdi Yare". Doch nutzen viele der Piratenanführer diesen Namen und so konnte sie nie sicher sein, mit wem sie wirklich sprach. Einmal hatte sie eine ganze Gruppe aus drei Piratenführern in der Leitung. Sie versuchte während des Gesprächs die einzelnen Stimmen auseinanderzuhalten – jedoch ohne Erfolg. „Die wollten nie direkt mit mir verhandeln", erzählte sie, nur über die Übersetzer. „Ich war verzweifelt, doch wenn ich zu heulen angefangen hätte, was hätte das genutzt? Die hatten kein Mitgefühl, also blieb ich immer beim Thema und wiederholte immer wieder, was ich zu sagen hatte, wie eine gesprungene Schallplatte."

Den Stress wurde sie auf dem Tennisplatz wieder los. Zwar hatte sie als Rentnerin auch mit dem Golfen angefangen, doch schien ihr während meiner Zeit in Somalia Tennis als der bessere, forderndere Sport. „Ich brauchte etwas, auf das ich mit einem Schläger eindreschen konnte", sagte sie. „Der Ball war für mich dann Abdi Yares Kopf."

Immer häufiger kreisten in den zwei Wochen nach meinem Telefonanruf Flugzeuge über Hobyo und Mohammeds Haus. Regelmäßig entfaltete ich im Klohäuschen meinen selbstgezeichneten Plan unseres Verstecks und morste mit der kleinen LED-Lampe in meinem Feuerzeug SOS in die Abend- und Morgendämmerung. Der Klang der Flugzeugmotoren hob meine Stimmung, selbst wenn er schon seit Stunden verklungen war. Mein neues Gefängnis war schmutzig, öde und einsam. Obwohl hier relative Ruhe herrschte, sehnte ich mich nach der Faschistenruine und vor allem nach Marcs und Rollys Gesellschaft. Ich hätte mich gern wieder mit ihnen unterhalten und Rollys Akzent gehört: „We are prizhonerr." Ich vermisste die ruhigen Gesten, mit denen er mir wie ein typischer Franzose mit vorgestreckter offener Handfläche etwas zu erklären versuchte.

Eines Nachmittags wurde es laut vor meiner Tür. Ich sah einen dunklen Arm mit goldener Armbanduhr in mein Zimmer weisen. Ali Duulaay. Ich saß mit Stift und Notizbuch unter meinem Moskitonetz auf der Matratze. Warum ich noch nicht gepackt hätte, wollte er von meinen Bewachern wissen. Mit einer gewissen Vorahnung stopfte ich mein Radio und die Notizhefte in eine Plastiktüte. Ali stürmte ins Zimmer, rüttelte an meinem Moskitonetz und hielt mir sein Gewehr unter die Nase. Ich hatte keine Zeit mehr, eine Tasche mit Kleidung und weitere, im Raum verteilte Dinge wie Handtuch, Zahnbürste und vor allem die Lederjacke mit dem LED-Feuerzeug zu schnappen. Als ich innehielt, um mir die Schuhe anzuziehen, kniff mir Duulaay schmerzhaft in die Seite.

„Go, go, go, go!", rief er.

Vor der Tür wartete bereits ein Auto. Ich stieg auf den Beifahrersitz und Duulaay quetschte sich auf die Rückbank, wo bereits ein paar andere Piraten saßen. Während wir uns mit hoher Geschwindigkeit davonmachten, starrten sie mich feindselig von hinten an, als hätte ich etwas falsch gemacht. Duulaay murmelte etwas und schlug mir dann auf den Kopf. Ein anderes Auto holte uns ein und fuhr neben uns her. Dabei wirbelte es gehörig Staub auf. Abseits der Straße rumpelten wir über zahllose Steine und Risse im Boden durch den Busch. In meinem Kopf pochte das Adrenalin. Wir erreichten ein Wadi etwas südlich von Hobyo, eine trockene Rinne, die ein Fluss in den Sand gegraben hatte. Auch das zweite Auto hatte inzwischen gehalten und ein Pirat nach dem anderen stieg aus. Während sie Matratzen, Töpfe, Waffen und weitere Ausrüstung ausluden, erkannte ich, dass im anderen Auto zwei weitere Geiseln gesessen hatten und jetzt in das Flussbett hinabstiegen. Trotz einiger Entfernung und trotz fehlender Brille erkannte ich Marc und Rolly.

Unsere Matratzen landeten am Fuß der etwa zwei Meter hohen Uferböschung. Ein Baum breitete über uns seine Blätter aus, seine Wurzeln ragten an manchen Stellen aus der Böschung heraus. Wir machten es uns neben ihnen bequem. Über uns stoben nervös zwitschernd einige kleine Vögel auf.

„Ali hat dich geholt?", fragte Rolly.

„Ich konnte noch nicht mal meine Kleider einpacken!"

„Was ist da drin?" Rolly deutete auf meine Plastiktasche.

„Notizhefte und Unterhosen zum Wechseln."

„Bei Marc war's das Gleiche. Ali kommt rein, schreit ‚Go, go, go'. Ich hab mich taub gestellt und mich weggeduckt. So konnte ich meine Sachen zusammenpacken. Marc hat auch nichts mitnehmen können."

„Warum musste das so schnell gehen?", fragte ich.

„Keine Ahnung."

Mir schien die weite Buschlandschaft sogar besser geeignet für eine Befreiungsaktion, besser zumindest als zwischen den Betonwänden in unserem alten Versteck. Mir gefiel der Gedanke, dass hier draußen auch meine Freunde gerettet werden könnten. Nur Rolly schien nervös zu sein und sich die üblichen Gedanken zu machen. Man sah, wie es in seinem sorgenvollen Gesicht arbeitete.

„Jetzt sind wir mitten in der Wüste", sagte er schließlich.

Ein Pirat stieg zu uns herab und versuchte, in den dornigen Ästen über unseren Köpfen eine Decke zu befestigen. „Keine Decke!", protestierte ich. Ich wollte keinen Schatten, doch er bestand auf der Decke: „No Quorrax", sagte er, als wolle er uns vor der Sonne schützen. Ich wusste nur zu gut, dass es ihm um etwas anderes ging.

Bereits 20 Minuten später blitzte weit im Süden ein Flugzeug auf.

„Da, ein Flugzeug", bemerkte Rolly.

Da uns in Richtung des Fliegers keine Decken abschirmten, sagte ich: „Die können uns drei jetzt gut sehen."

„Die sind viel zu weit weg, Michael."

„Nicht unbedingt!"

Neben mir steckte sich ein Pirat eine Zigarette an. Auch er benutzte dafür ein LED-Feuerzeug, also schnorrte ich mir eine Zigarette von ihm. Als er mir sein Feuerzeug überließ, steckte ich es einfach ein. Anderswo wäre das unhöflich gewesen, hier schien es niemanden zu stören. Der Wächter nickte mir zu und lächelte.

Offenbar gab es genug Feuerzeuge im Lager und ich hatte wieder eine kleine LED-Lampe.

Etwas später brachten die Piraten jedem von uns ein Paar robuste, in Plastik eingeschweißte Gummisandalen. „Made in Thailand", stand darauf. Sie ersetzten meine Schuhe. Vorher mussten wir uns noch einigen, wer welche Farbe bekam. Am Ende trug Rolly die gelben, Marc die orangen und ich die hellblauen Sandalen.

Wir benötigten aber noch weitere Dinge, gab ich den Piraten zu verstehen, schließlich hatten wir wegen Ali Duulaay unsere Decken und Jacken im Haus zurücklassen müssen.

„Die Nacht wird kalt", sagte ich, „in der Wüste ist es nachts kalt."

„Haa, yes!"

„Wo ist meine Jacke?"

„No problem!"

Nach einer Stunde stand ich auf und nahm mir die Decke aus den dornigen Ästen über uns. Die Somalis starrten mich an. Ich gab die Decke an Marc weiter in der Hoffnung, die Piraten würden einem alten Mann in der Kälte nicht seine Decke wegreißen. Und tatsächlich, nach einer Weile knüpfte einer der Piraten eine andere Decke mit rosa Blumenmustern über uns in den Baum – zum Schutz vor der Sonne.

„Keine Decke!", protestierte ich.

„Haa, Decke!"

„Wo ist meine Jacke?

„No problem!"

Als bis zum Abend keine Jacke für mich auftauchte und es allmählich kalt zu werden begann, beklagte ich mich wieder.

„Immer noch keine Jacke! Problem!" Ich stand auf und nahm mir die rosa geblümte Decke. „Kalt heute!"

Wir hatten nun eine Taschenlampe, zwei Decken und nichts mehr, was den Kameras der Aufklärungsflieger den Blick auf uns versperrte. Rolly hatte Spaß an dem Spiel, fuhr sich jedoch mit der Hand über sein sorgenvolles Gesicht und sagte wie immer: „Mach sie nicht wütend, Michael." Diesmal jedoch voller Ironie.

„Klar, Rolly", lächelte ich, „ich geb mir Mühe!"

Den März verbrachten wir in der Wüste. Eine Woche lang schliefen wir unter einem Baum voller Vögel, danach etwas länger unter einem weißen Dornengestrüpp. Es war so hoch, dass Rolly darunter aufrecht stehen konnte. Mit den Jeeps wurden uns regelmäßig gekochte Nudeln in Plastiktüten geliefert und wir vertrieben uns die Langeweile am Radio. Die weißen Dornen schirmten uns zwar vor den neugierigen Blicken aus den Überwachungsfliegern ab, doch immer noch morste ich morgens und abends bei jedem Gang zur Toilette mit meinem LED-Feuerzeug mein SOS in den Himmel. Zweimal die Woche kreisten nun große Maschinen über unseren Köpfen.

Dazwischen schrieb ich in mein Notizheft. Sobald ich gefragt wurde, behauptete ich, das Schreiben wäre gut für mein gebrochenes Handgelenk. Die meisten Piraten jedoch kümmerten sich nicht darum, allerdings verbarg ich das Heft sorgfältig vor Ahmed Dirie.

Eines späten Nachmittags entdeckte ich im Licht der tiefer stehenden Sonne an einem der Äste unseres Dornbusches einen dunkelroten Tropfen. Weil ich noch nie eine solche granatrote Flüssigkeit an einem Busch gesehen hatte, griff ich nach oben und schaute mir das genauer an. Aus diesen weißen Dornbüschen, die im Jemen, in Somalia und in Teilen Äthiopiens wachsen, wird Myrrhenharz gewonnen. Die Symbolik war überdeutlich. „Weißt du, Michael", sagte Rolly, „bei uns zu Hause sagen wir immer, wer Dornen sieht, kommt in den Himmel. Wer Blumen sieht, dagegen in die Hölle."

Mir schnürte es die Kehle zusammen.

„Eine Blume habe ich seit Monaten nicht gesehen", sagte ich. „Wenn das mal kein gutes Zeichen ist!"

„Vielleicht", antwortete Rolly und sah sehr besorgt aus. Er hatte gerade erst seinen Rosenkranz verloren, einen Glücksbringer, den er aus seinem Kutter retten konnte. „Ich weiß nicht, ob ich das glauben kann."

Eines Morgens stiegen wir in zwei Autos ein und fuhren einen Tag lang in Richtung Norden. Erst bei Sonnenuntergang erreichten wir ein eigenartiges Dorf an der Küste, das aus zahlreichen, weit verstreut liegenden gemauerten Häusern bestand. Wir hielten am Ortsrand, scheinbar ohne tieferen Sinn. Dann stieg Ahmed Dirie aus und streckte neben dem Auto sein Handy hoch in die Luft, als suche er ein Funksignal. Er lächelte mich mit seinen verfaulten Zähnen an.

„Was machst du da?", fragte ich ihn.

„No problem!", gab er zurück.

Im Licht der untergehenden Sonne glänzte die Landschaft schwefelgelb. Die Piraten holten Rolly aus dem Wagen und führten ihn auf eine kleine Anhöhe, von wo aus er auf das Meer hinausblicken konnte. Er sollte seine Familie auf den Seychellen anrufen, doch aus irgendeinem Grund kam die Verbindung nicht zustande. Einen Tag lang waren wir unterwegs, um die Luftüberwachung abzuhängen, um den internationalen Einsatzkräften zu entkommen, um ungestört von deren Funksignalen in Mahé anrufen zu können – und um schließlich festzustellen, dass die Leitung besetzt war.

Wir fuhren jedoch weiter nordwärts, selbst nachdem die Sonne untergegangen war. Auf einer staubigen, schnurgeraden Straße durchquerten wir im Dunkeln eine Wüstenebene. Vor den Autofenstern war nichts zu sehen als die Nacht, während wir ungefähr eine Stunde lang nur geradeaus fuhren. Nur einmal schossen wir mit einem Mal auf das silberne Wrack eines Land Rovers zu, das plötzlich vor uns wie aus dem Nichts auftauchte. Im letzten Augenblick riss unser Fahrer das Steuer herum.

Ein Wrack. Irgendjemand musste wie wir versucht haben, die Wüste zu durchqueren. Er war gescheitert.

Erst spät in der Nacht erreichten wir ein paar Hütten inmitten einer hügeligen Landschaft. Eine Hirtenfamilie mit neugierigen Kindern ließ uns bei sich übernachten. Ohne ein Wort zu sagen, beobachteten sie voller Interesse ihre Gäste – die seltsam zerlumpten Ausländer genauso wie die stolzen Piraten mit ihren Maschinengewehren. Ein kleines Mädchen trat vor einen kleinen, niedrigen Schuppen, nicht viel größer als eine Hundehütte. Darin sollten wir schlafen. Das Mädchen sah uns ohne jede Scheu voller Neugier an. Die unschuldige Offenheit, mit der sie uns aus wachen Augen beobachtete, stand in Gegensatz zu all dem Misstrauen, dem ich in den vergangenen Monaten ausgesetzt war. Die Nacht war kalt geworden und die Stille um uns dicht und undurchdringlich wie nirgendwo anders auf der Welt.

„Wir waren hier schon einmal", murmelte Rolly, nachdem wir uns in der Hütte niedergelassen hatten.

„Echt?", fragte ich.

„Yah, als du in dem Haus warst, sind wir hierhergefahren."

„Für wie lange?"

„Fünf, vielleicht sechs Tage. Wir mussten in der Hütte bleiben. Marc musste in eine Flasche pinkeln."

„Warum?"

„Sie wollten ihn nicht rauslassen."

Auch jetzt durften wir die Hütte nur verlassen, um unser Geschäft zu verrichten. Die Landschaft um uns war dabei beängstigend leer. Rings um unser Haus wuchs nichts als niedrige, hüfthohe Dornbüsche. Statt weiß waren sie braun. Nirgendwo ein Akazienbaum, in alle Richtungen erstreckte sich nur die monotone Vegetation aus gleichmäßig verteilten Dornbüschen. Nichts hielt den Blick fest, an nichts konnte er sich hier draußen orientieren. Es gab hier keine Himmelsrichtung mehr, die mir Freiheit verhieß. Die lange Irrfahrt am Vortag trug das Ihre zu meinem Gefühl der Verlorenheit bei. Wer hier starb, konnte genauso gut auf dem Meer ertrinken. Niemand würde es bemerken. Schritt für Schritt begann ich in meiner Erinnerung den Weg zurückzugehen, der mich hierhergebracht hatte, an dieses Ende der Welt, neben diesen Dornbusch, eine lächerliche LED-Lampe in der Hand, mit der ich Signale in einen unendlich leeren Himmel sandte, versteckt in einer Rolle Klopapier.

An unserem ersten Abend war mir bereits ein kleiner Junge aufgefallen, der mich bei einiger Distanz neben dem Dornbusch beobachtet hatte. Er war mir dorthin gefolgt und ich fragte mich, ob er meine Lichtsignale gesehen haben konnte. Ich steckte das Feuerzeug schnell wieder ein und pinkelte in die Büsche. Währenddessen dachte ich darüber nach, ob mir angesichts der grenzenlosen Ausdruckslosigkeit der Landschaft um mich je ein lesenswertes Buch über meinen Aufenthalt in Somalia gelingen könnte.

Ich hätte einen Fehler gemacht, hatte Boodiin gesagt, Fehler seien jedoch nur allzu menschlich. An unserem zweiten Abend musste ich austreten und dabei sah ich, wie Ahmed Dirie mit einem anderen Piraten den Himmel absuchte. Ich hörte noch, wie der Pirat „Flugzeug" sagte. War der Plan hinter unserer Reise gewesen, den Aufklärungsflugzeugen zu entkommen, so war er gescheitert. Irgendetwas dort oben wusste noch immer, wo wir waren. Die Piraten packten unsere Matratzen und Vorräte in die Autos. Bevor wir losfuhren, durchwühlten sie unsere Taschen. Ich hatte das LED-Feuerzeug noch in meiner Hosentasche, die sie zum Glück nicht durchsuchten. Allerdings hatte Ahmed Dirie mein Notizheft entdeckt.

„Was ist das?", wollte er wissen, nachdem er sich die dicht beschriebenen Seiten durchgesehen hatte.

„Es ist nur eine Übung für mein Handgelenk", versicherte ich ihm.

Mein Sahib Abdinasser hielt zu mir und versuchte auf Somali, Dirie von der Wahrheit meiner Angaben zu überzeugen. Der jedoch sah mich nur finster an, rollte das Notizheft zusammen und behielt es. Die Aufzeichnungen der wochenlangen Therapiesitzungen mit mir selbst verschwanden in seiner schmutzigen Tasche.

„Du wirst mich ernst nehmen!", befahl er und griff zu seiner Waffe.

„Klar, Chef!", antwortete ich.

„Hast du eine Taschenlampe?", fragte er auf Somali.

Jemand übersetzte und ich stritt es ab, in der Hoffnung, dass auch jetzt niemand meine Hosentaschen durchsuchen würde.

„Machst du Lichtsignale für die Satelliten?", wollte er weiter wissen.

Auch das stritt ich ab.

„Wenn du das machst, knall ich dich ab", ließ er mich wissen, entriegelte sein Maschinengewehr und drückte mir dessen Lauf auf die Brust.

„Du wie Michael Jackson", drohte er. „Boom! Dead!"

„Klar, verstanden."

„Du mich ernst nehmen!", schrie er.

„Klar, Chef, wen sonst."

„Sonst BOOM! Dead!"

„Alles klar!"

Zu meiner Überraschung gab er mir daraufhin nach einem kurzen Zögern mein Notizheft zurück. Kurz nach Sonnenuntergang brachen wir schließlich im Vollmondschein auf. Hier und da glaubte ich die silbern glänzende Landschaft und die sanften Windungen der Straße dort draußen wiederzuerkennen. Erneut schossen wir über die lange, gerade Piste in der Wüste dahin, während die Reifen über Steine und Schlaglöcher donnerten. Wieder tauchte mit einem Mal der geisterhafte Land Rover vor uns auf.

„Jesus", rief Rolly aus und ich verzog nur das Gesicht. Ich fürchtete fast, unser Auto würde sich beim Ausweichmanöver überschlagen, doch am Ende krachten wir nur mit voller Geschwindigkeit in ein Schlagloch. Unsere Vorderachse begann nun während der Fahrt laut zu hämmern.

Ahmed Dirie ließ den Fahrer anhalten.

„Das war's", flüsterte ich Rolly zu.

„Warum sagst du das?"

Mit einem Wagenheber bockten die Piraten unseren Wagen auf und begannen die Achse mit Hämmern und Hebeln zu traktieren. Nach einer Weile hatten sie genug und erklärten unser Auto für repariert. Vorsichtig fuhren wir wieder los. Langsam zuerst, doch irgendwann packte unseren Fahrer offenbar erneut die Angst vor den Flugzeugen und er drückte das Gaspedal durch.

Wieder schossen wir durch das Nichts auf der endlosen, schnurgeraden Straße. Schwerkraft oder Fliehkraft, beide schienen für uns keine Rolle mehr zu spielen, so lange zumindest, bis unser linkes Vorderrad erneut in ein Schlagloch krachte. Wir schlitterten eine Weile über die staubige Piste. Als wir zum Stehen kamen, sahen wir vor uns unsere Vorderachse auf der Straße liegen.

„Jesus", sagte Rolly zum zweiten Mal.

„Das war's! Ich hab's dir gesagt!", flüsterte ich.

„Was ist los?"

„Uns fehlt ein Rad!"

„Jesus!"

Ich war wütend über die unglaubliche Einfalt der Piraten. Wir hatten mitten in der Wüste unsere Vorderachse verloren, nur weil unsere Entführer glaubten, vor einer Drohne oder einem Flugzeug fliehen zu müssen, das niemand wirklich gesehen hatte. Wie viel von diesem planlosen Unsinn sollten wir noch ertragen? Wir steckten mitten in einem Albtraum und nichts deutete darauf hin, dass er bald enden könnte. Wir waren als Komparsen in einem Film gefangen, nur dass es nirgendwo einen Regisseur gab, der die groteske Szene beenden würde. Und leider erkannte auch kein Geheimdienstmitarbeiter die einzigartige Chance, mitten in der Wüste drei Geiseln zu befreien, während ihre Entführer sich um einen Autounfall zu kümmern hatten.

„Erst die Erfahrung, in einer äußerst gewalttätigen Umgebung allein gelassen zu werden, lässt uns erkennen, welch dünner Firn an Zivilisation über den letzten 2 000 Jahren der Menschheitsgeschichte liegt", schrieb Gerald Hanley in *Warriors*. „Nur wer in der Zivilisation lebt, bleibt zivilisiert. Es ist erschreckend, wie schnell alles Zivilisierte verschwindet, sobald ein anderer einen bedroht, der zum Äußersten bereit ist."

Der Rest der Nacht verlief ähnlich planlos und chaotisch. Ich war gefangen unter Wahnsinnigen und bemerkte allmählich, dass deren Wahnsinn an mir zu nagen begann. Ich fühlte mich ausgelaugt und konnte selbst kaum einen klaren Gedanken fassen. Wahrscheinlich hatte Hanley recht und das Chaos um mich war tatsächlich ansteckend. Piraten waren Piraten, weil sie Verbrecher waren, die sich mit anderen Verbrechern zusammengeschlossen hatten. Wir warteten die ganze Nacht über im Auto darauf, dass uns diese Verbrecher eine Lösung für ihr Problem präsentierten. Ich hätte unsere Probleme gern selbst gelöst und blickte dazu immer wieder sehnsüchtig auf eine der Kalaschnikows. Ich wusste zwar, wie man ein solches Gewehr bedient, doch war ich kein guter Schütze, zumal ich ohne meine Brille kaum etwas sah. Es musste bessere Möglichkeiten geben. Doch genau wie das Maß an Unordnung in der Welt zunahm, schien das Gleiche für die Boshaftigkeit, den Wahnsinn und das Unvermögen meiner Entführer zu gelten.

Wie ein Hurrikan über dem aufgeheizten Meer wurde es Tag für Tag schlimmer.

Am nächsten Tag wurden wir in einem anderen Auto zu Mussolinis Bauernhof zurückgebracht und blieben dort gut eine Woche lang. Eines Abends, als ich gerade auf den weißen Felsen mein Geschäft verrichtete, entdeckte ich durch den Dunst über dem Meer eine Reihe Lichter auf dem Wasser. Ich erzählte Rolly nichts davon, weil ich noch nicht genau sagen konnte, was ich gerade gesehen hatte. Am nächsten Morgen jedoch, als er und Marc von draußen zurückgekommen waren, sagte Rolly auf seiner Matratze sitzend: „Ein Riesenkahn, was?"

„Was meinst du?"

„Draußen im Meer, ein großes Schiff! Vielleicht 50 Meter, wenn nicht mehr!"

Ich wurde unruhig: „Hast du eine Flagge gesehen?"

„Nein, leider nicht."

Ich ging nun selbst nach draußen und sah mir das Schiff bei Tageslicht an. Es war ein rostiger Lastkahn mit einem weißen Brückenaufbau, allerdings kein Frachter.

„Angelo meint, es gehört den Piraten hier", erzählte mir Rolly, als ich wieder zurückkam.

„Woher kommt es?"

„Sie sagen, aus China."

Wir sollten das Schiff schneller kennenlernen, als uns lieb war. Zunächst jedoch ging uns das Klopapier aus. Als wir uns darüber bei Ahmed Dirie beschwerten, brachte er uns eine Packung rauer, gefalteter Papierhandtücher mit chinesischen Schriftzeichen.

Ein paar Tage später stand ich unter der Dusche zwischen ein paar weißen Mauerresten. Issa, ein groß gewachsener Somali, bewachte mich und drängte mich, möglichst schnell fertig zu werden. Ich wollte gerade den gelben Plastikkanister voll Wasser über meinem Kopf leeren, als wir den Rotor eines Hubschraubers hörten. Ich duckte mich hinter eine der Fensternischen in der verfallenen Mauer und beobachtete den Himmel. Wie eine Wespe schoss der Helikopter vom Meer heran und kreiste eine

Weile über dem Schiff. Issa, sein Gewehr im Anschlag, holte mich zu sich herüber und befahl mir, mich hinter einer Mauer zu verstecken.

„Runter mit dir!"

„Was ist los?", fragte ich.

„NATO!", antwortete er kurz.

NATO konnte bei Issa alles bedeuten, denn eigentlich operierten die NATO-Kräfte nur im Golf von Aden. Hier vor Somalia kreuzten die Schiffe der EU und einige Flottenverbände unter US-Kommando. Nichtsdestotrotz schien mir dieser Besuch als eine interessante Entwicklung. Ich hatte es nicht eilig, aus meinem Versteck zurück ins Haus zu kommen.

In der folgenden Nacht weckten die Piraten Rolly und mich und brachten uns mit dem Auto hinaus in den Busch. Unter den wachsamen Blicken von Ahmed Dirie und einer Gruppe Piraten verbrachten wir dort die nächste Woche. Und auch wenn unsere Wächter uns zu verstecken versuchten, begleiteten uns die Drohnen und Flugzeuge die ganze Zeit. Es war inzwischen Mitte April. Tagelang waren wir in vergangenen Monaten durch den Busch gezogen und hatten aus Angst vor den Aufklärern kaum einmal zwei Nächte im selben Lager geschlafen. Eines Nachts sollten wir wieder einmal packen. Dieses Mal nahm man mir jedoch mein Notizbuch und mein Radio ab. Eine Stunde lang wurden wir kreuz und quer durch den Busch chauffiert und wechselten dazwischen einmal den Wagen. Das Gespräch kam immer wieder auf unsere Freilassung. „Streng dich am Telefon an!", hatte mir ein Wächter ohne weitere Erklärung geraten. „Adiga, free!" Doch der Anruf blieb aus, stattdessen fuhren wir weiter die Küste entlang. Und während ich mich darauf freute, Familie und Freunde wiederzusehen, fuhr der Fahrer durch das nachtschlafende Hobyo. Nur wenige Geschäfte und Restaurants, in denen ein paar Menschen über ihrem Essen saßen, waren noch erleuchtet. Mit hoher Geschwindigkeit fuhren wir den Strand entlang und hielten schließlich nicht weit vom Wasser entfernt an.

„Wohin gehen wir?", fragte ich.

„Go, go, go, go!"

Im Licht des Mondes kam ein Boot zu uns herübergefahren. Die Plastiksandalen aus Thailand in der Hand wateten wir durch die warme Brandung. Die Piraten sprangen ins Boot und befahlen mir, die rosa geblümte Decke über den Kopf zu ziehen. Der Steuermann lotste das Boot weiter hinaus, über die sanfte Dünung, um die felsige Buhne herum, die uns vor unendlich langer Zeit einmal Hamid als idealen natürlichen Ladekai angepriesen hatte.

Als wir diese hinter uns gelassen hatten, gab der Steuermann Vollgas. Immer schneller schossen wir dahin. Unser Rumpf schlug auf den Wellen auf. Die Decke rutschte mir vom Kopf und immer öfter verließ nun das Boot das Wasser und segelte streckenweise durch die Luft.

„Langsamer!", schrie ich gegen den Fahrtwind.

Einer der Piraten bedeutete mir, meine Decke wieder über den Kopf zu ziehen. Doch dafür hätte ich die Hände von der Reling nehmen müssen.

„Verdammt noch mal, macht langsamer!", schrie ich wieder.

Die Piraten saßen alle auf einem recht kräftigen Spant am Heck des Bootes. Wir Geiseln saßen am Bug und wurden mit jeder Wellenbewegung in die Luft gehoben. Rolly hatte sich in den Bootsrumpf zurückgezogen, hielt die Reling fest umklammert und versuchte mit seinen Knien die Schläge der Wellen abzufedern. Ich versuchte es ihm nachzumachen, doch bereits bei der nächsten Welle sackte das Boot unter meinem Hintern weg und ich hing in der Luft. Als das Boot bei der nächsten Welle wieder nach oben geschleudert wurde, schlug ich mit voller Wucht mit dem Rücken auf dem Spant auf. Ein Schmerz schoss mir vom Steißbein die Wirbel hoch bis in die Schädelbasis und ich sackte bewusstlos zusammen. „Du warst einfach weg, bist zu Boden gegangen wie ein trockenes Blatt", erzählte mir Rolly später.

Als ich wieder zur Besinnung kam, versuchte der Steuermann gerade die Geschwindigkeit zu drosseln. Ich konnte mich aufsetzen, doch mein Rücken pochte vor Schmerz. Wir kamen nun längs des großen Schiffes und von oben warf uns jemand ein Tau zu. Unser Boot senkte und hob sich an der Bordwand des riesigen Kahns wie ein Lastenaufzug. Ein Pirat machte uns vor, wie wir an Bord klettern sollten. Rolly versuchte es zuerst. Er balancierte auf dem Vorschiff und wartete, bis ihn eine Welle bis zu einer Aussparung in der Reling des Kutters emporhob. Ein Pirat schob von unten nach, er griff nach der Reling und von oben fassten ihn ein paar Somalis unter den Schultern und zogen ihn schließlich an Bord.

Ich schaffte es auf die gleiche Art an Deck. Mein Rückten schmerzte. Jedoch kümmerte mich das in dem Augenblick, als mich die hilfsbereiten Piraten an Deck zerrten, wenig. Wir fanden uns schließlich auf einer quadratischen Deckfläche wieder, die von Scheinwerfern hell angestrahlt wurde. Rings um uns lagen aufgereiht wie Dominosteine Dutzende chinesischer Geiseln auf ihren Matratzen. Unsere Ankunft hatte sie aufgeweckt. Wir stiegen hinter den Piraten über eine Metalltreppe hinauf auf das Oberdeck im vorderen Teil des Schiffes, wo bereits unsere Matratzen auf uns warteten.

„Sleeping, sleeping!", befahl man uns.

Ich hätte nichts dagegen gehabt, auf der Stelle bewusstlos umzufallen. Doch hielt mich der Schmerz in meinem Rücken wach und so fühlte ich den steten Wellengang und beobachtete das unheimliche Treiben der unbekannten Aufpasser an Bord. Mein Notizbuch und das Radio waren verschwunden. Vermutlich versuchten die Somalis uns hier an Bord vor den Drohnen und Aufklärungsflugzeugen zu verstecken. Ich musste also wieder von vorne anfangen, musste wieder versuchen, die Kameras dort oben auf uns aufmerksam zu machen. Falls das Militär meine Befreiung geplant hatte, musste auch es von Neuem planen. Die Arbeit der vergangenen drei Monate war umsonst. Drei Monate in heruntergekommenen Gefängnissen und draußen im Busch waren ohne Ergebnis verstrichen. Mich ergriff eine Panik. Ich wollte, dass etwas passierte, ich wollte etwas Greifbares, etwas Sinnvolles, stattdessen drohte mich jetzt die Angst vor dem Ungewissen hinwegzufegen. Hatte ich vor ein paar Stunden noch an meine Freiheit geglaubt, so saß ich nun verletzt auf einem Schiff fest. Das erste Mal während meiner Reise nach Somalia dachte ich ernsthaft über Selbstmord nach. Es sollte nicht das letzte Mal bleiben.

Es heißt, dass ein Mensch von einer Gewehrsalve zunächst nicht viel mehr spürt als von den Tropfen eines Regenschauers. Der Schock verhindert, dass einem die fatalen Folgen eines Treffers bewusst werden. Erst viel später spürt man schließlich die richtigen Schmerzen und die Panik. Auf dem zugigen Vordeck wurde mir das erste Mal die Hoffnungslosigkeit meiner Situation bewusst. Ich konnte im Dunkel kaum etwas sehen, mein Rücken schmerzte unaufhörlich und ohne mein Notizbuch hatte ich wenig Hoffnung, die verwirrenden Eindrücke und meine Gedanken zu ordnen. Da ich meine Notizen auch als Arbeit begriffen hatte, schienen mir meine drei Monate als Gefangener an Land nun in dreifacher Hinsicht als vergeudete Zeit.

Zu meiner weiteren Verwirrung kannte ich mich mit dem Leben auf See kaum aus. Die ersten Tage dachte ich, unser Schiff habe Fahrt aufgenommen. Ich beobachtete die Möwen, die im Licht der Scheinwerfer an Deck gegen den Wind ankämpften. Es schien, als flögen sie neben uns her, dabei suchten sie nur im Schein unserer Decklampen nach Fisch. Erst allmählich begriff ich, dass ein Anker uns in einer starken Meeresströmung festhielt, die stetig unseren Bootsrumpf umspülte. Wir schwojten um ihn, sodass der Mond aus immer neuen Richtungen zu uns an Deck herabzuscheinen schien. Die Möwen und der Mond hatten mich anfangs vermuten lassen, wir seien auf einer Reise Richtung Norden. Das erfüllte mich mit wilder Verzweiflung, denn ich war mir sicher, dass die Piraten sie nur deshalb unternahmen, um dieses Schiff der Verdammten irgendwo an einem gottverlassenen Strand gemeinsam mit einer Hundertschaft bewaffneter Männer gegen jeden Angriff verteidigen zu können. Höchste Zeit für mich, den Abgang zu machen.

EIN ZWEIFELHAFTER FISCHKUTTER

Die ganze Nacht über dachte ich, dass unser Schiff Richtung Norden unterwegs sei. Irgendwann fiel ich in einen tiefen Schlaf und die Piraten hatten am nächsten Morgen Mühe, mich wach zu bekommen. Ein amerikanisches Kriegsschiff habe sich uns bis auf drei Seemeilen genähert, erzählten sie. „Aeroplane", wiederholten sie immer wieder und schickten uns ein Deck tiefer.

Unser Schiff hob und senkte sich bei jeder Welle. Auf wackeligen Beinen machte ich mich auf den Weg zum Niedergang. Abdinuur schien mein vorsichtiger Gang zu langsam und so stieß er mich an der Schulter vor sich her. Sofort schmerzte wieder mein Rücken. Er trug sein Maschinengewehr und einen schweren Munitionsgürtel über der Schulter. Ein typisches Bild für die Piraten Somalias, die gern mit der Kalaschnikow PKM und einem ausladenden Munitionsgürtel mit 7,62-Millimeter-Patronen für Fotos posierten. In etwa entsprechen die Patronen dem .30-Kaliber, der in den USA meistgebrauchten Jagdpatrone.

Ich ließ mich davon nicht beeindrucken. Wir standen direkt vor der Reling. „Wenn du mich noch einmal schubst", drohte ich Abdinuur, „dann schubse ich dich von diesem Scheißschiff!" Mir war meine Drohung ernst und ich meinte jedes Wort genau so, wie ich es sagte. Trotzdem war ich froh, dass Abdinuur kein Wort Englisch verstand.

Unten angekommen schoben die Piraten unsere Matratzen unter ein Förderband am Bug des Schiffes. Das Metall und die Gummimatten des Bandes sollten uns vor den Kameras der Drohnen verbergen. Um uns herum saß die asiatische, meist junge Crew des Kutters und beobachtete uns neugierig. Einige von ihnen schienen eher aus dem südöstlichen Asien zu stammen als aus China. Sie schienen freundlich und hilfsbereit, doch plagten mich meine Rückenschmerzen derart, dass mir das für den Moment völlig gleichgültig war. Ich wollte hier nicht sein und suchte das Deck nach der besten Stelle ab, um ins Wasser zu springen.

Überall an Deck blätterte die weiße und blaue Schutzfarbe von den Wänden. Auf dem ganzen Schiff war das Dröhnen der Generatoren zu hören. Ohne Brille erkannte ich weder die Gesichter der Seeleute um mich herum, noch konnte ich im grellen Sonnenlicht ausmachen, wo ich am besten über Bord gehen könnte. Am ehesten schien mir dafür eine Aussparung am oberen Abschluss der Bordwand geeignet, doch verschob ich meinen Plan. Nicht vor all den Leuten, nicht mit diesen Rückenschmerzen. Mir war inzwischen klar geworden, wie mein Vater wegen seiner Rückenschmerzen von Tabletten abhängig werden konnte.

„Kaffee?", fragte mich ein Filipino.

„Was? Oh, danke, gern!", antwortete ich.

Er gab jedem von uns eine Tasse Nescafé mit Milch, dazu etwas Hefegebäck, das man in heißem Öl in einem elektrischen Wok herausgebacken hatte.

„Kaffee und Doughnuts", murmelte ich dankbar.

„Lecker!", stimmte Rolly zu.

Das Schiff hatte durchaus seine guten Seiten. Es gab zum Beispiel keine Fliegen. Die Strom- und Wasserversorgung funktionierte. Unter unserem Förderband sah man die metallicgrüne Verkleidung eines klobigen alten Honda-Außenborders schimmern. Unterhalb des Vorbaus waren weitere Geiseln untergebracht. An der Stahldecke brannten einige vergitterte Lampen. Dazwischen waren Wäscheleinen gespannt, an denen T-Shirts neben geblümten Surfshorts und Strohhüten in der Meeresbrise schaukelten. All das erinnerte mich irgendwie an den Pazifik und Kalifornien und ich begann mich an Bord beinahe ein wenig heimisch zu fühlen.

Unser Schiff, die NAHAM 3, war ein Thunfischkutter. Sie hatte vor Mauritius und den Seychellen gefischt, bevor sie gekapert wurde. Ihre Besitzer stammten aus Taiwan, die Crew war ein bunter Haufen aus Kambodschanern, Chinesen, Taiwanesen, Vietnamesen, Indonesiern und Filipinos. Der Kapitän, ein Taiwanese, lebte nicht mehr. Die Piraten hatten ihn erschossen.

Einer der Filipinos hieß Ferdinand. Er hatte ein freundliches Gesicht mit tiefbraunen Augen und wirkte ruhig und umsichtig. Sein Freund Arnel war hager und groß gewachsen und zeigte meist ein offenes, freundliches Lächeln. Als er sich vorstellte, rollte er überdeutlich das „r" – Arrrnel. Offenbar war er es gewohnt, dass man seinen Namen in anderen Teilen der Welt missverstand. Beide stellten uns schließlich einem Chinesen vor, Li Bo Hai, der unter ihnen das Kommando führte. Er war ein ernster Mann, schlank und mit ersten grauen Strähnen im Haar. Ferdinand übersetzte für uns, als Li Bo Hai uns eine erste Einführung ins Bordleben gab. Wir ankerten vor Hobyo, erklärte er uns, das Wasser war knapp 20 Meter tief, bis ans Land war es gut eine Seemeile –

„Oh", wunderte ich mich, „ich dachte, wir seien die ganze Nacht lang gefahren!"

„Wieso gefahren?", fragte mich Ferdinand.

„Wo sind wir denn jetzt?"

„Sag ich doch, vor Hobyo! Wir ankern hier schon seit März." Ferdinand zeigte an Land und ich konnte schemenhaft mitten in der Wüste ein paar schmutzige Häuser erkennen. Die Zinkdächer glitzerten in der Sonne. Allmählich erkannte ich auch den schmalen Umriss des Mobilfunkmasts und das graue Wrack der Shiuh Fu 1 am Strand, das Hamid seinerzeit gefilmt hatte. Dort hatte sich eine chinesische Geisel umgebracht.

„Interessant", sagte ich nur.

„Das Schiff dort war genau wie unseres", berichtete Ferdinand.

„Echt? Fuhr es auch für die gleiche Firma?"

„Das nicht, aber es kam auch aus Taiwan."

„Ich verstehe."

Unter dem Vorbau wurde es unruhig. „Suban, suban", hörte ich die Männer rufen (eigentlich „Chi-fan, chi-fan", chinesisch für „essen"). Alle sprangen auf und griffen nach ihren Schüsseln und Essstäbchen. Zwei der Seeleute kamen zu uns herab und schleppten Töpfe mit frisch gekochtem Reis heran. Ein Chinese reichte jedem von uns eine Schüssel und ein Paar Stäbchen. Ein anderer nahm uns die Schüsseln gleich wieder aus der Hand, kam aber bald damit zurück mit unserem Frühstück darin. Es gab Ziege nach Szechuan-Art, Gemüse in Sojasoße, grüne Spinatnudeln und dazu Reis.

Das Menü riss mich aus meiner Lethargie. Zwar schmerzte mir immer noch der Rücken, doch hatte ich bald drei Monate kein Essen in dieser Menge mehr vor mir gehabt. Ich machte mich also mit meinen Stäbchen ans Werk.

„Wie machst du das, Michael?", fragte Rolly.

„Hast du noch nie mit Stäbchen gegessen? Ich dachte, du wärst zur Hälfte Chinese?"

„Meine Mutter, nicht ich. Ich bin nur zu einem Viertel Chinese!"

Da es an Bord kein anderes Besteck gab, brachte ich Rolly das Essen mit Stäbchen bei.

„Das schmeckt gut!", sagte ich.

Wir hockten wie ein paar Reisbauern an Deck und schaufelten das Essen aus unseren Schüsseln. Zu den Spinatnudeln gab es bissfeste Pilze. Oder war es Fleisch? In jedem Fall schmeckte es hervorragend im Vergleich zu dem Fraß, den man uns an Land vorgesetzt hatte. Als Rolly den Dreh mit den Stäbchen allmählich heraushatte, aß auch er mit Appetit.

„Das kenn ich, das heißt bei uns ‚Pans ton'", freute er sich.

„Was heißt das?", wollte ich wissen.

„Kannst du kein Französisch?"

„Ein paar Wörter."

„Thunfischmagen!"

„Was?" Ich setzte entgeistert meine Schüssel ab.

„Das schmeckt gut!", meinte Rolly.

Nach dem Frühstück kam ein junger, hübscher Filipino zu uns heraus. Er hieß Tony Libres, sprach gutes Englisch und war für die Küche verantwortlich. Die nächste Stunde verbrachten wir damit, Missverständnisse aus dem Weg zu räumen.

„Als du letzte Nacht an Bord gekommen bist, dachten wir erst, du wärst der Piratenboss", sagte Tony.

„Wie kommt ihr darauf?"

Er wurde rot: „Na ja, du bist ein Weißer." Er hatte bis dahin geglaubt, die somalischen Piraten stünden unter dem Befehl weißer Chefs. Auch die chinesischen Crewmitglieder löcherten uns mit Fragen. Ob Rolly und ich verwandt seien? Sie wussten, dass es schwarze und weiße Amerikaner gab. Sie hatten unsere Namen nicht richtig verstanden, sodass Tony eine Zeitschrift hervorkramte, ein Poster von Michael Jackson darin aufblätterte und für alle sichtbar in die Höhe hielt.

„Bist du Michael?", rief er mir zu und zeigte dabei auf das Poster.

„Selbstverständlich!", antwortete ich.

„Ahhh", machte die Crew.

Wir drehten uns um und beobachteten den weißen Brückenturm, der hinter unseren Rücken aufragte. Ein paar Somalis saßen oben vor der Brücke und blickten mit den Kalaschnikows in der Hand auf unser Deck herunter. Von den rautenförmigen Sichtscheiben über ihren Köpfen waren zwei zersplittert, offensichtlich während eines Feuergefechts. Rolly machte mich darauf aufmerksam: „Da sind wohl die Kugeln eingeschlagen!"

Im weiteren Verlauf des Morgens erfuhren wir nach und nach die bemerkenswerte Geschichte des Schiffes und seiner Crew. Im Herbst 2011 hatte die NAHAM 3 Mauritius verlassen, um vor der afrikanischen Küste ihre Netze auszuwerfen und Thunfisch zu fangen. Anfang März musste sie dabei der somalischen Küste zu nahe gekommen sein. Eines Nachts, kurz nach Mitternacht, nahmen einige Piraten von zwei Schnellbooten aus die Brücke unter Beschuss. Drei chinesische Matrosen stürmten daraufhin aus ihren Kabinen, um Leuchtmunition abzufeuern. Eine Zeit lang lieferten sie sich einen Schusswechsel mit den Piraten, bis den Chinesen die Munition ausging und die Piraten über ihre Leitern das Boot enterten. Die Chinesen zogen sich daraufhin zurück. Doch der 63-jährige Kapitän Chen Lui Te verteidigte die Brücke bis zuletzt, nur mit einem einfachen Stuhl bewaffnet. Die Piraten schossen wie wild um sich und erwischten den Kapitän an Brust und Hals. Während er schwer verletzt und blutend auf der Brücke zurückblieb, rannten die Piraten in Panik davon.

„Die Schüsse schienen ihm nichts anhaben zu können", erzählte einer der Chinesen, die die Leuchtmunition abgefeuert hatten. „Er stellte sorgfältig den Stuhl ab und ging zum Heck des Schiffes."

Erst als er den Maschinenraum erreicht hatte, setzte er sich und starb.

Arnel und andere, die in den Kabinen hinter der Brücke geschlafen hatten, versuchten ihre Türen zu verbarrikadieren. Doch als die Piraten durch den Korridor kamen, schossen diese einfach die Schlösser aus den Türen. Am Ende zwangen die Somalier die 28 Crewmitglieder, mit verbundenen Augen auf dem Boden der Brücke niederzuknien, die Hände am Rücken gefesselt. Drei Tage wurden sie hier wie Kriegsgefangene gehalten. Zwei Mal am Tag löste man ihre Fesseln und erlaubte ihnen eine Mahlzeit mit etwas Reis in der kleinen Kapitänsmesse.

Nur Li Bo Hai und ein zweiter Chinese waren von der harten Behandlung ausgenommen. Sie mussten das Schiff auf einem Kurs halten, den ihnen die Somalis mittels GPS-Koordinaten mitgeteilt hatten. Bei etwa zehn Knoten pflügte das Schiff so 72 Stunden lang durch das Meer, bis es zuletzt vor Hobyo ankam.

Während wir die Berichte der Crew hörten, wusch sich eines der Crewmitglieder unter einer provisorischen Dusche in der Nähe des Förderbands. Das Wasser sprudelte aus einem Schlauch, der etwa in der Höhe der Schultern festgebunden war. Ohne auf seinen Kollegen Rücksicht zu nehmen, öffnete ein anderes Crewmitglied unmittelbar neben ihm die Tür zu einem der Tiefkühlräume an Bord des Kutters. Eiskalter Nebel strömte augenblicklich aus dem Kühlraum um die Füße des Mannes unter der Dusche.

„Da ist der Kapitän drin", sagte Arnel.

„Im Kühlraum?"

„Ja, ganz hinten", ergänzte Arnel. „Da sind mehrere Kammern."

„Okay."

„Eigentlich ist fast das ganze Schiff eine einzige Tiefkühlkammer."

Später am Morgen setzte sich der Piratenboss Ali Tuure zu uns unter das Förderband. Nicht umsonst ist „Tuure" ein somalischer Spottname für einen Krüppel. Hager und bucklig grinste er uns wie ein fröhliches Skelett mit seinen kaputten Zähnen an und redete heiser keuchend auf Somali auf uns ein, während er zwischen Zeigefinger und Daumen eine Zigarette hielt. Am schlimmsten war, dass er sich aufführte, als freue er sich, mich zu sehen. Er legte die flache Hand auf meinen Oberschenkel, ganz so wie ein Viehbauer ein wertvolles Rind tätschelt. Ich berichtete ihm von meinem Unfall auf dem Schnellboot und er rief nach Li Bo Hai, der bald darauf mit einer Flasche Ingweröl zur Stelle war. Es war mein erster Kontakt mit chinesischer Medizin. Auch wenn die Behandlung mich weder über den Verlust meines Notizbuchs hinwegtrösten noch meine verzweifelte Stimmung heben konnte, linderte sie doch erheblich meine Schmerzen im Rücken. Die ganze Crew sah Li Bo Hai dabei zu, während ich auf dem Bauch lag und er meinen Rücken mit dem handwarmen Öl einrieb.

Wie in einer bösen Parodie gab Tuure den Gentleman: Er wolle doch, dass seine Gäste sich bei ihm wohlfühlten. Er ließ uns die Dusche und Toilette in der Kapitänskajüte benutzen, die er eigentlich für sich reserviert hatte. Nachdem wir die Crewtoiletten gesehen hatten, wussten wir unser Privileg durchaus zu schätzen. Die Seeleute erledigten ihr Geschäft stehend oder hockend über zwei quadratischen Metallgittern in den Ecken des Arbeitsdecks. Unter den Gittern spülte Salzwasser aus einem Wasserschlauch, ähnlich dem der Dusche, alles ins Meer. Ein einfaches System, kaum verborgen hinter einem dürftigen Vorhang.

„Whiskey?", fragte mich Tuure auf dem Weg nach oben.

„Was?"

Hatte er mich tatsächlich gefragt, ob ich Whiskey wolle? Eine seltsame Frage!

„Klar", antwortete ich, hatte bis dahin jedoch noch nicht begriffen, dass Tuure ein zynisches Spiel mit mir spielte. Er stand auf und verschwand.

Die Crew der NAHAM 3 teilte sich jeden Tag ihre Zeit ein für die Mahlzeiten, für Kaffee, das Fernsehen und fürs Duschen. Meist warteten sie abends geduldig bis zu einer halben Stunde lang in einer Schlange vor den Abwassergittern, bis sie an der Reihe waren, um sich mit dem salzigen Wasser zu duschen. 28 Matrosen zogen sich vor Rolly und mir aus, um sich zu waschen. Sie alberten auf Chinesisch oder Khmer herum und versuchten einander lachend mit nassen Handtüchern auszupeitschen. Ein junger Mann aus Kambodscha mit Topfhaarschnitt trug auf seinem kräftigen Rücken zahllose buddhistische Tätowierungen. Arnel zeigte auf ihn: „Wenn ich hier rauskomme, heirate ich seine Schwester!"

Der Kambodschaner hatte einen muskulösen Hintern und ein breites Grinsen im Gesicht. Ich musst laut lachen.

„Kennst du seine Schwester?"

„Ich weiß noch nicht einmal, ob er überhaupt eine Schwester hat", antwortete Arnel mit trällernder Stimme. „Trotzdem will ich sie heiraten!"

Nach der Dusche rauchten die Männer ihre Zigaretten. Die Deckbeleuchtung ging an und tauchte alles in ein bläulich-weißes Licht, während über Hobyo die Sonne unterging. Schnell wurden überall an Deck, auf dem Förderband und auf jeder ebenen Fläche die Schlafmatten ausgebreitet. Vor mir stand mit einem Mal Captain Tuure mit einer Flasche taiwanesischen Whiskeys in der Hand.

„Whiskey, okay!", sagte er nur mit raspelnder Stimme, drückte mir den Whiskey in die Hand und verschwand wieder nach oben.

Ich betrachtete die Flasche.

„Die hat dem Kapitän gehört", sagte Tony.

Ich hätte niemals aus der Whiskeyflasche eines Toten getrunken, schon gar nicht, wenn seine Crew als Gefangene daneben saß. Aufheben wollte ich sie auch nicht. Also schraubte ich den Verschluss auf und reichte den Whiskey herum. Die praktisch denkenden Chinesen nahmen leere Wasserflaschen und füllten sich ihre Anteile der wertvollen Flüssigkeit ab. Whiskeys im Westen sind klar und scharf, dieser hier schmeckte süßlich und rauchig und nach dunklem Bier. Für einen Rausch reichte die Menge bei keinem von uns. Der Durst nach mehr jedoch, das Maß an unerfülltem Verlangen um mich herum blieb mir als ein erster unauslöschlicher Eindruck von der Crew erhalten.

Die NAHAM 3 war Teil einer Flotte rostiger Kutter, die für die reichen Länder der Welt den Thunfisch aus den Meeren holen. Das Boot wurde 1982 in Dienst genommen und fuhr unter der Flagge Omans. Die Eigentümerfamilie saß in Taiwan. Asiatische Fangflotten mit Schiffen wie der NAHAM 3, aber auch der SHIUH FU 1 kreuzen häufig durch somalische Gewässer. Vor den afrikanischen Küsten werfen sie ihre Netze nach Großaugen- und Gelbflossenthun aus. Tonnenweise Fische werden so tiefgekühlt auf die Seychellen oder nach Mauritius verschifft und landen von dort per Frachter auf den Fischmärkten in aller Welt. Ihr Fleisch gibt es in Dosen in amerikanischen Supermärkten genauso zu kaufen wie in exklusiven Fischgeschäften in Europa. Die NAHAM 3 fischte ursprünglich für den Bedarf der Sushibars in Japan und Taiwan.

Langleinenfischerei bedeutet industrielle Ausbeutung der weltweiten Fischgründe, auch wenn sie mit den Trawlern, die bisweilen mit ihren Schleppnetzen die Korallenriffe zerstören, nichts gemein hat. Langleinenfischer fangen ihren Fisch wie ein Angler auch mit Ködern an Haken – allerdings in riesigen Dimensionen. Tony und seine Crew erklärten mir, wie auf der NAHAM 3 gearbeitet wurde. Die Leine war etwa einen Kilometer lang und wurde mithilfe des Motors unter unserem Förderband eingeholt. Über drei Rollen, die nicht viel anders aussahen als die Metallfelgen eines Autos, wurde die Leine am Heck ausgeworfen. Bevor sie ins Wasser gelassen wurde, befestigten die Männer Senkblei an ihr und an jedem Haken etwa alle drei Meter ein gut 15 Zentimeter großes Stück Makrele als Köder.

Im Wasser wurde die Leine von gelben Bojen getragen und so setzte die NAHAM 3 einen kilometerlangen Vorhang aus Haken und Ködern ins Wasser. Dieser Vorgang wurde an verschiedenen Stellen im Jagdgebiet wiederholt und erst am Ende des Tages drehte das Schiff seine Runde, um die Leinen mit der Beute daran einzuholen.

Erst danach begann die wirkliche Arbeit an Bord. Der Hondamotor holte die Leinen ein und zog die Fische an den Haken über die Reling an Bord. Die riesigen Fische wurden von der Leine geschnitten und über ein Brett aus Kunststofffaser dorthin weitergereicht, wo ihnen schließlich Haken, Kiemen und Eingeweide herausgeschnitten wurden. „Siehst du den Tisch dort drüben?", fragte mich Tony und zeigte auf eine Arbeitsfläche, unter der eine Reihe Geiseln saß. „Da haben wir gearbeitet." Sobald die Leinen eingeholt wurden, wanderten dort die Fische durch ein Gewirr von Händen, die sie ausnahmen, eine Schlaufe durch die Schwanzflosse zogen und an einer Waage ihr Gewicht erfassten. Danach landeten sie in den Tiefkühlkammern. Ein Thunfisch wiegt zwischen 50 und 80 Kilogramm. Als die Naham 3 in die Hände der Piraten fiel, hatte sie 100 Tonnen Fisch an Bord. Dabei waren ihre Kühlkammern nur zur Hälfte gefüllt.

Das Thunfischgeschäft ist nicht zimperlich, die meisten Thunfischreeder sind kaum besser als Sklavenbesitzer. Auch wenn die Naham 3 ihre Crew mit gültigen Arbeitsverträgen ausstattete, so fühlten sich die meisten Seeleute an Bord von ihrem Arbeitgeber betrogen. Die Filipinos waren über die Agentur Step Up Marine Enterprise in Singapur an Bord des Kutters vermittelt worden. „Die haben mir nicht mal gesagt, dass unser Fanggebiet vor Afrika liegen würde", sagte Tony. Er war bis zu seiner Abreise davon ausgegangen, im Südchinesischen Meer auf Fischfang zu gehen. Die Anwerber der Firma stellten ihm auf den Philippinen einen guten Lohn in Aussicht und bezahlten ihm nach der Unterzeichnung des Arbeitsvertrags großzügig das Flugticket nach Singapur. In Singapur angekommen fand er sich mit zahllosen anderen in einem kleinen, vollgestopften Raum mitten in einer Shoppingmall, dem People's Park Center, wieder. Das war das Büro von Step Up Marine Enterprise.

Erst dort in Singapur teilten ihm die Angestellten mit, dass er sofort nach Mauritius weiterreisen sollte, einer Insel weit vor der ostafrikanischen Küste. Tony hatte noch nie von der Insel gehört, wo er den Industriekutter besteigen sollte, um darauf monatelang vor der Küste Afrikas den Fischen nachzustellen.

„Was, wenn du Nein gesagt hättest?", fragte ich.

„Dann hätte ich nach Hause gehen können", sagte Tony schmallippig. „Allerdings hätte ich dann meinen Rückflug selbst bezahlen müssen."

Der Stundenlohn erwies sich als Enttäuschung. Zwar gab es durchaus Tage, an denen die NAHAM 3 sich von einem Fischgrund zum nächsten bewegte und die Matrosen nur fernsahen, lasen oder Hängematten webten. Die Hängematten über dem Förderband waren Arnels Werk. Doch sobald die Fischgründe erreicht waren, bedeutete das für die Männer 20-Stunden-Tage mit höchstens einer Viertelstunde Essenspause. Tony schüttelte enttäuscht den Kopf. Nur vier Stunden Schlaf, bei Step Up hatte das zuvor niemand erwähnt. „Wir bekommen 250 Dollar im Monat", sagte Arnel immer noch im Präsens. Denn auch wenn sie jetzt Geiseln waren, hofften die Männer an Bord immer noch auf ihren vertragsgemäßen Lohn. Mit einem ironischen Seufzer setzte Arnel hinzu: „Small money!"

Step Up Marine Enterprise sah sich in den folgenden Jahren gezwungen, die Namensschilder vor den Büros in Singapur auszutauschen. Der Eigentümer, Victor Lim, wurde in einem anderen Fall wegen Menschenhandels mit philippinischen Arbeitern verurteilt. Die Geschichten über ihre Heuer, die sich die Seeleute an Bord erzählten, unterschieden sich davon nur selten. Zu allem Überfluss waren sie nun als Geiseln den somalischen Piraten in die Hände gefallen und mussten sich von ihnen auch noch als Diebe beschimpfen lassen.

Als sie vor Hobyo lagen, kamen immer wieder Anführer der Piraten an Bord. Dann verprügelten sie die chinesischen Crewmitglieder mit Besenstielen und nahmen die englischsprechenden Filipinos ins Verhör. „Einmal hielt mir einer der Piraten von hinten das Gewehr an den Kopf und ein anderer fragte mich, wie lange wir schon in Somalia unterwegs waren", erzählte Ferdinand. „‚Gib's zu: seit Dezember!', sagte der Pirat. Doch das war nicht wahr und ich protestierte: ‚Nein, nur ein paar Tage lang.' Die Antwort hat ihm allerdings nicht gefallen." Also befahl der Pirat seinem Kollegen mit dem Gewehr, Ferdinand eine Kugel in den Kopf zu jagen. „Ich betete zu Gott", erzählte Ferdinand, „und der Pirat drückte ab."

Es knallte und er sah das Mündungsfeuer, doch zu seinem Glück hatte der Pirat nur Platzpatronen geladen.

Seit Jahrzehnten beuten europäische und asiatische Fangflotten die reichen Fischgründe vor Somalia aus. Beinahe jede Küstennation des afrikanischen Kontinents muss hilflos dabei zusehen, wie die Kutter vor ihren Ufern auf und ab kreuzen. Als wäre das nicht genug, zerstören die Schleppnetze der Trawler meist alles Leben auf dem Meeresgrund. Diese Plünderung der afrikanischen Fischgebiete ist ein entsetzliches Verbrechen gegen die Menschen vor Ort, die ohnehin um ihren täglichen Lebensunterhalt zu kämpfen haben. Mit ihren rücksichtslosen Beutezügen schaffen europäische und asiatische Kutter die Voraussetzungen, die am Ende die Fischer in Madagaskar, Kenia, São Tomé oder Senegal, wo Fisch und Meeresfrüchte ein wesentlicher Bestandteil des Speiseplans sind, zu Flüchtlingen werden lassen.

In Somalia, das eher von der Nomadenkultur als der Seefahrt geprägt ist, spielt der Fischfang nur eine untergeordnete Rolle. Aber auch hier sind die Verbrechen der Fischflotten offensichtlich, unabhängig davon, ob die Piraten sie als Rechtfertigung für ihr Treiben missbrauchten. Den meisten Piraten ist zum Beispiel geläufig, dass es so etwas wie eine landeseigene Wirtschaftszone im 200-Seemeilen-Bereich gibt. Das internationale Recht kennt für die Küstenlinien der einzelnen Staaten zwei Grenzen. Innerhalb einer Grenze von zwölf Seemeilen befindet man sich im eigentlichen Hoheitsgebiet des Staates. Wer hier mit fremden Booten fischt, begeht Diebstahl und beraubt das Land seiner Nahrungsgrundlagen. Eine weitere, zweite Grenze liegt 200 Seemeilen vor der Küste. Die meisten Länder der Welt haben sich diese Grenze durch die Vereinten Nationen anerkennen lassen. Das jeweilige nationale Recht des Landes steht dort immer noch über internationalen Verträgen, nach denen dort draußen gefischt oder beispielsweise Erdöl gefördert wird. Keine somalische Regierung jedoch hatte bisher ihre Gewässer innerhalb der 200-Meilen-Zone unter dem Seerecht der Vereinten Nationen von 1982 als „Exclusive Economic Zone", also als landeseigene Wirtschaftszone, anerkennen lassen. „Es gibt keine somalische EEZ, weil Somalia sich nie darum bemüht hat", erklärte mir noch Anfang 2012 ein UN-Experte. Erst 2014 sollte der neu gewählte Präsident Hassan Sheikh Mohamud eine solche Zone für Somalia beanspruchen. Davor fischten die ausländischen Fangflotten ungehindert innerhalb dieser Zone und nur die Piraten versuchten, sie aufzuhalten.

Die NAHAM 3 hatten die Piraten allerdings Hunderte Seemeilen vor der somalischen Küste aufgegriffen. Bird Island auf den Seychellen war zum Zeitpunkt des Angriffs das nächste Festland, bis nach Hobyo hatte der Kutter von dort aus mindestens 700 Seemeilen vor sich. Schiffseigner und Kapitän mussten sich also lediglich vorwerfen lassen, das Risiko eingegangen zu sein, die Fangleinen der NAHAM 3 in notorisch von Piraten belagerten Gewässern auswerfen zu lassen. Niemand kann sagen, ob der Kutter seine Fangquote eingehalten hätte. Seine Eigentümer wurden allerdings Jahre später von einem südafrikanischen Gericht zu einer Strafe verurteilt, als sie sich dort nicht um die Fangquoten scherten. Das Schiff hatte Somalia nicht um seine Fische betrogen. In diesem Punkt zumindest war man unschuldig – so unschuldig, wie ein Schiff einer modernen Fangflotte eben sein kann.

Der Crew jedenfalls war dieser Konflikt durchaus bewusst und sie bekam ihn zu spüren. Am Nachmittag sollten drei Piraten auf unser Deck herunterkommen, mit dabei der Waffenheld Abdinuur. Er hatte sich in den Kopf gesetzt, ein wenig zu angeln. An Deck wurde es still. Jemand half ihm dabei, die Köder an der Leine zu befestigen. Wir sahen ihm dabei zu, wie er sie über Bord warf. Abdinuur trug seine goldene Armbanduhr weit zurückgeschoben am Unterarm. Meist trat er protzig und arrogant auf. Ihm fehlte es aber an Geduld und so begann er schon bald hastig die Leine wieder einzuholen. Doch versagte ihm schon bald die Kraft in seinen dünnen Armen, während seine goldene Uhr weiter in der Sonne glitzerte.

Die Geiseln brachen bei der Szene in Gelächter aus.

„Was gibt's zu lachen?", fragte ich Tony.

„Piraten verstehen nichts vom Fischen", sagte er nur.

Von unseren Matratzen unter dem Förderband aus beobachteten Rolly und ich später, wie ein Vietnamese die Leine mit den Ködern nochmals ins Meer warf. Kurz darauf zog er einen riesigen feuerroten Schnapper an Bord. Im Licht der untergehenden Sonne rückte er dem Fisch mit seinem Messer zu Leibe.

Rolly runzelte die Stirn: „Man kann doch einen Fisch nicht so abschlachten", meinte er.

„Warum, wie tötet man sonst einen Fisch?"

„Du musst ihnen den Kopf abschneiden", sagte er und fuhr mit seinen Fingern über die Kehle. „Ist besser."

Mir war das unheimlich, doch Rolly beobachtete den vietnamesischen Fischer mit kollegialem Interesse.

„Unter uns ist wahrscheinlich ein Riff", sagte er schließlich.

Von oben rief einer der Piraten zu uns herab: „Somali, Fisch!" Ein Befehl, die Crew sollte den Piraten das Abendessen bereiten. Drei Seeleute räumten nun Werkzeuge von einem Kasten, der ins Deck eingelassen war. Als sie den Stahldeckel öffneten, entwich der Öffnung darunter eine Nebelwolke. Mit Handschuhen und einem Metallhaken hoben sie einen riesigen Thunfisch heraus und ließen ihn auf den Deckboden fallen. Der Fisch war stahlblau und seine milchigen Augen starrten ins Leere. Er war fast anderthalb Meter lang, dabei eher rundlich als lang. Anstelle seiner Kiemen klafften zwei riesige Löcher in Form eines Ds. Eine Kreissäge wurde herangeschafft, und während zwei Männer den Fischkörper festhielten, schnitt ihm ein anderer mitten durch seine Flanke. Die Säge kreischte laut auf und versprühte einen rosa Strahl Fischmehl über unser Deck.

Die Fischstücke mit ihrer silbern glänzenden Haut landeten schließlich mit einem metallischen Klappern in einer Edelstahlwanne voll Meerwasser. Der Rest des Fischs wurde wieder in der Tiefkühlkammer verstaut. Sobald der Fisch in der Wanne aufgetaut war, schnitten ihn die Männer in kleine Stücke und Tony verschwand damit in die Kombüse.

„Sklavenarbeit", sagte ich unter dem Förderband sitzend.

„Yah, das wollte ich auch gerade sagen", stimmte mir Rolly zu, „Sklaverei!"

Am nächsten Morgen rannten unsere Wärter auf dem Oberdeck unruhig hin und her und drohten mit ihren Gewehren. Einer von ihnen stieg herab und rief: „Michael! Helikopter!" Er schickte mich nach unten, tief unter die Arbeitstische. Ich verzog mich brav auf das Vorschiff, lehnte mich an den von der Sonne aufgewärmten Stahl und schloss dort mit zwei Kambodschanern und einem Indonesier Freundschaft. Über uns hörten wir das Knattern des Hubschraubers näher kommen, der dann mehrmals über dem Schiff kreiste. Aus meinem Versteck heraus sah ich, wie die Somalis auf der Brücke mit ihren Gewehren in die Luft zielten. Ich konnte den Hubschrauber zwar selbst nicht sehen, mir aber gut vorstellen, warum er uns besuchte.

Anlässlich meines Besuchs auf dem NATO-Schiff GEDIZ, bei Kapitän Özyurt und Yaşar, war ich selbst einmal bei einem Einsatz des Bordhelikopters mitgeflogen. Wir beobachteten eine verdächtige Dau. Ich saß neben dem Bordschützen und seinem Maschinengewehr in der offenen Tür. Wir kreisten eine Weile über dem Boot, entdeckten jedoch lediglich einige Packen nicht näher identifizierbarer Ladung, die unter blauen Planen an Deck vertäut waren. Die Dau hatte eine hölzerne Brücke, die mit weißem, gelbem und blauem Lack gestrichen war. Die Crew an Bord stammte dem Anschein nach aus Pakistan oder Indien. Sie beobachtete unseren Hubschrauber von unten, während unser Bordschütze sie mit seinem Gewehr ins Visier nahm.

„Warum haben Sie auf die Crew gezielt?", fragte ich nach dem Einsatz.

„Zum Schutz", antwortete der Schütze mit einem Lächeln. „Vorschrift!"

Piraten kaperten häufig Daus, um sie als Mutterschiffe zu benutzen. Sie schleppten damit ihre kleineren und wendigeren Schnellboote über den Golf von Aden oder Hunderte von Kilometer weit über den Indischen Ozean. An Bord der Dau, die wir beobachtet hatten, waren keine Waffen zu sehen, ebenso wenig Leitern, Benzinkanister, Schnellboote oder Außenborder. „Zum Schutz" war eine freundlichere Formulierung für die Tatsache, dass man selbst keine Kugel abbekommen wollte.

Als der Hubschrauber erneut eine Runde über der NAHAM 3 drehte, begannen die Stahlplatten an Deck unter dem Flattern seiner Rotorblätter zu wackeln. Die Fischer an Bord verkrochen sich. Jede Runde des Helikopters konnte mit einem militärischen Schlag enden, fürchteten sie. Ich teilte ihre Sorge nicht, eine Hubschraubermannschaft würde vermutlich niemals bei Tageslicht angreifen. Allerdings gefiel es mir, dass man uns beobachtete. Und ich war mir sicher, dass auch in der Tür dieses Hubschraubers ein schwer bewaffneter Schütze saß und auf die Piraten zielte. Ein Schütze, der sichergehen wollte, dass man ihn und seine Kanone unten auf dem Schiff auch sah. Der Hubschrauber flog schließlich wieder davon und die Piraten stellten das Herumgerenne auf dem Brückendeck ein. Auch die Crew beruhigte sich langsam. Ich ging zurück zu meiner Matratze unter dem Fließband.

„Kommen die oft hierher?", fragte ich Tony.

„Wir sind jetzt seit drei Wochen hier", sagte er, „bis jetzt sind drei Helikopter gekommen."

Zweimal täglich kam das Versorgungsboot von Hobyo zu uns herüber. Mit dem ersten Boot an unserem zweiten Tag bekamen wir neue Kleider. Für mich gab es ein rotes Trikot von Manchester United, das zwischen Pappdeckeln in Plastik eingeschweißt war. Ein Zettel mit verführerischen Unterwäsche-Models und greller chinesischer Schrift lag obenauf. Woher genau die Somalis das gute Stück hatten, blieb mir schleierhaft. Jie, ein junges chinesisches Crewmitglied, nahm das Paket und studierte den Zettel. Mit seinen vollen Lippen und dem dichten schwarzen Haarschopf hatte er selbst die Figur zum Unterwäsche-Model. Er lächelte müde, zuckte die Schultern und gab mir das Paket zurück. „Frachtgut!"

Am nächsten Morgen schoss das Versorgungsboot mit einer Ziege von Hobyo über die Wellen. Außerdem kam ein etwas merkwürdiger Somali zu uns, der zwar keine Waffe trug, dafür aber ein todhässliches Hawaii-Shirt. Er verschwand sofort in Richtung Brücke. Die Ziege wurde in der Zwischenzeit am Handlauf der Treppe festgebunden. Ein Somali begann ein rostiges Messer zu wetzen, während das Tier vor Angst laut meckerte. Vier weitere Piraten drückten es nun auf den Deckboden und versuchten die wild zappelnden

Beine festzuhalten, während sie ihm mit dem Messer die Kehle aufschlitzten. Die Ziege versuchte über die Reling zu entkommen, doch die Männer hielten sie an den Füßen fest. Blut spritzte über das Deck, und selbst als der Körper der Ziege bereits reglos auf dem Boden lag, zuckte immer noch ihr Schwanz.

Man band den Kadaver nun an den Hinterbeinen an die Reling des Oberdecks. Kopf und Körper hingen zu uns herab, während das Tier ausblutete. Ein paar Chinesen und Kambodschaner schnitten die Haut an den Hinterläufen auf und zogen sie mit geschickten Griffen ab. Bald schon hing dort keine Ziege mehr, sondern Fleisch, so wie es in jeder muslimischen Fleischerei angeboten wird. Auf den Märkten in Marokko, Gaza oder im nördlichen Irak hatte ich bereits sehen können, wie für die Kunden aus den Tieren Stück für Stück herausgeschnitten wird, bis am Ende nur noch Skelett und Kopf vom Fleischerhaken hängen.

Schnell wurde das Blut mit Meerwasser von Deck gespült. Einzelne Teile der Ziege wurden direkt in die Küche gebracht, während der Rest in die Gefrierkammern verschwand.

Der Mann mit dem Hawaiihemd kam zu uns herab und machte es sich auf der Werkbank bequem. Er hatte einiges zu erledigen, telefonierte und schrieb in sein Notizheft. Als Schreibtisch diente ihm ein alter Plastikstuhl. Er befahl Tony, ihm einen Fisch herzurichten. Nach einer Weile wandte er sich an mich: „Schmeckt das Essen an Bord?"

Mich wunderte das Interesse, das er mir von seinem Arbeitsplatz aus knapp vier Metern Entfernung auf einmal entgegenbrachte. Zumal sich mir der Mann mit dem Hemd bis dahin nicht vorgestellt hatte.

„Eine deutliche Verbesserung", antwortete ich.

„Yeah, die haben gute Leute hier in der Küche!"

Ich hätte ihm gern erklärt, dass die chinesische Küche der somalischen ein paar Entwicklungsstufen voraus war, ließ es aber bleiben.

Unser Gast sprach ein gut verständliches, amerikanisch gefärbtes Englisch und stellte sich mir als Abdul vor. Ferdinand flüsterte uns später zu, dass jener Abdul es gewesen war, der ihn nach dem Kurs der NAHAM 3 gefragt und seine Scheinhinrichtung inszeniert hatte. Auch die anderen Geiseln hatten Angst vor ihm und hielten ihn für den Anführer der Piraten.

Tony tischte ihm einen frittierten Lippfisch auf, worauf Abdul ihn um Ketchup bat.

„Alle Vietnamesen hierher", forderte er. Drei Fischer krochen unter den Arbeitstischen hervor und setzten sich zu ihm. Abdul teilte ihnen mit Arnels Hilfe mit, dass er die vietnamesische Botschaft in Kenia anrufen wollte. „Danach könnt ihr mit euren Familien sprechen", versprach er. Er wählte eine Nummer und wir wurden Zeugen, wie er auf Englisch mit öliger Stimme auf einen Botschaftsangestellten einredete: „Hallo, ich rufe an wegen ihrer Leute, die als Geiseln in Somalia festsitzen. Yeah. NAHAM 3. Bitte? Ja, ich rufe aus Somalia an. Ich komme gerade von den Jungs und habe mit ihnen gesprochen. Es geht ihnen wirklich nicht gut …"

Nach dem Gespräch mit der Botschaft rief er die Familien der Vietnamesen an. Sobald er durchkam, konnten wir die ruhigen Stimmen der Männer hören, die sich mit ihren Familien auf Vietnamesisch unterhielten. Danach kamen die Männer aus Kambodscha dran. Die Prozedur dauerte den ganzen Morgen.

Arnel übersetzte, denn er sprach Englisch, die Sprachen der anderen Crewmitglieder verstand er jedoch nicht. An Bord gab es keine einzelne gemeinsame Sprache, sondern die Fischer verständigten sich in einer Mischsprache aus Englisch, Chinesisch und einer Reihe anderer Sprachen. Unsere Entführer hießen „Hai dao", das chinesische Wort für Pirat. „Saitei" war etwas Schlimmes oder nicht Gutes und stammte aus dem Japanischen. Wer „loco-loco" war, der war verrückt. Dass die Begriffe meist verdoppelt wurden, hatte die Bordsprache mit dem Pidgin gemein: Die Wäsche hieß „washy-wash", „small-small" war klein und das Essen, wie Nahrung überhaupt, hieß „chum-chum". Gespräche nannte man „bow-wow", war etwas zu viel, dann war es „sa-sa". Letzteres konnte man über das Wasser, das Essen, aber genauso über die Zumutungen unserer Kidnapper sagen. „Hai dao bow-wow sa-sa" bedeutete also in etwa, dass unsere Gastgeber zwar vieles von sich gaben, das meiste davon jedoch wenig oder gar keinen Sinn ergab und folgenlos blieb.

Nach den Telefonaten setzte sich Nguyen Van Ha zu uns und zeigte uns seine Notizen, die er auf ein Stück Zigarettenschachtel gekritzelt hatte. Er war es gewesen, der ein paar Tage zuvor erfolgreich mit der Angelleine gefischt hatte. Die Piraten verlangten für jeden vietnamesischen Seemann 300 000 Dollar von der Regierung in Hanoi. Die gleiche Summe verlangten sie von den einzelnen Familien der Seeleute und hofften so, zweimal abkassieren zu können. Ich sollte später erfahren, dass sogar der Schiffseigner um Lösegeld angegangen worden war.

„Loco-loco", sagte Nguyen Van Ha nur.

Für jede Nationalität gab es andere Lösegeldforderungen. Für einen Chinesen verlangten die Piraten 350 000 Dollar, für einen Kambodschaner 150 000. Insgesamt hofften die Somalis mit der Crew 20 Millionen Dollar an Lösegeld einzusammeln. Doch egal woher die Leute kamen, die Forderungen lösten bei den eingeschüchterten Geiseln und ihren Familien vor allem eine Reaktion aus: „Das ist verrückt!" Hai dao loco-loco.

Zwischen den Anrufen kam der Verhandlungsführer immer mal wieder zu uns herüber, um sich zu unterhalten. Genau wie bei Boodiin misstraute ich ihm instinktiv, sobald er in seinem anbiedernden amerikanischen Slang der somalischen Leidenschaft für Beleidigungen frönte. In jedem Fall waren Gespräche mit ihm nicht gut für meinen Blutdruck.

„Ich habe von deinem Fall gehört", meinte er zu mir. „Man hat dich im Januar verhaftet."

„Verhaftet ist gut", sagte ich.

„Der Commander sagt, du hast Rückenschmerzen."

Mit „Commander" meinte er Tuure. Ich erzählte ihm von dem Vorfall auf dem Schnellboot.

„Weißt du nicht, wie man in einem Schnellboot fährt?", tadelte er mich.

„Ich hätte besser vor meiner Abreise ein paar Schnellbootfahrstunden nehmen sollen!", sagte ich. „Allerdings ist der Steuermann gefahren wie ein Wahnsinniger."

Abdul versuchte, sich gelassen und weltmännisch zu geben, doch sobald er lächelte, hatte sein Gesicht etwas Blasiertes und Verkommenes. Die Zähne standen kreuz und quer in seinem Mund. „Ich besorge Antibiotika", versprach er.

„Besser nicht, die werden nicht helfen", widersprach ich. „Ich habe keine Infektion, meine Muskeln und meine Knochen sind verletzt."

„Was brauchst du dann?"

„Ein Schmerzmittel."

Abdul nickte nur und wandte sich dann an Rolly. „Wir kennen uns, nicht wahr?" Er hielt Rolly seine Hand hin. Doch Rolly antwortete nur: „Yah, aus Hobyo! Du hast mir erzählt, du bist Arzt."

Ich musste herzhaft lachen.

„Nein, das habe ich nie gesagt!", protestierte Abdul.

„Yah!", meinte Rolly nur. „Als ich nach Hobyo kam, hast du mich gefragt, ob ich Medizin brauche! Ich bin ein alter Mann und du hast mir versprochen, mir Medizin zu besorgen."

„Ja?", sagte Abdul und lächelte mit seinen schiefen Zähnen. „Aber ich hab nicht gesagt, dass ich ein Arzt bin!"

„Doch, das hast du erzählt!"

Rolly sagte das nicht wegen mir. Er wollte, dass die Wahrheit ans Licht kam. Sobald ihn sein Gerechtigkeitssinn packte, war Rolly großartig.

„Okay, okay!", gab Abdul schließlich klein bei und verzog sich wieder an seinen provisorischen Schreibtisch.

Fünf Nächte schliefen Rolly und ich unter dem Förderband. Wir passten uns dem Rhythmus der Crew an, die jede Nacht im grellen Licht der Scheinwerfer auf dem Oberdeck die Matratzen ausrollte, während aus den Radios der Piraten blechern somalische Volksmusik dröhnte und sich das Boot mit den Wellen hob und senkte. Jede Nacht wachte ich mitten in der Nacht auf und mein Herz pochte. Die Unsicherheit über unsere Zukunft als Geiseln quälte mich und die stete Bewegung des Meeres ließ mich nachts jede Orientierung verlieren. Manchmal stellte ich mir vor, wie es wäre, einfach in das dunkle Wasser zu springen. Vielleicht waren meine Vorstellungen und Gefühle als Geisel in einer ähnlichen Falle, in der sich mein Vater befand. Eine ausweglose Situation, die als einzige Flucht den Tod anbot. Ich hatte einen Fehler gemacht, aber Fehler waren menschlich. Wie jeder Mensch wollte ich geschätzt und geliebt werden, nicht verachtet. Wie jeder Schriftsteller wollte ich am Ende recht behalten. Doch hier an Bord schien ich völlig verkehrt zu liegen, schlimmer als verkehrt. Ich war ein viel zu großes Risiko eingegangen, als ich mich entschloss, nach Somalia zu reisen. Und diesen Fehler konnte im Augenblick nichts und niemand wiedergutmachen.

Es war die fünfte Nacht an Bord, als Abdul uns alle spätabends um zehn aufweckte. „Los, wir gehen nach oben", befahl er. „Let's go, come on!"

Pflichtbewusst rollte die Crew ihre Matratzen auf und wartete vor dem Aufgang.

„Was ist los?", fragte ich.

„Wir werden angegriffen", sagte einer der Matrosen, „Hubschrauber kommen!"

„Oh Gott!"

„Yeah! Du musst schnell nach oben!"

Die Matrosen gehorchten müde den Befehlen der Piraten. Niemand schien es eilig zu haben. Wir stellten uns in einer Reihe vor dem schmalen Aufgang zur Brücke auf, kamen aber nur langsam voran. Drei Decks über dem dunklen Meer, das immer wieder unter uns im grellen Flutlicht aufleuchtete, kletterte einer nach dem anderen auf dem schwankenden Schiff nach oben. Abdul verlor allmählich die Geduld: „Come on, motherfuckers, versteckt euch drinnen!" Die Matrosen traten von einem Fuß auf den anderen. Auch wenn sie gewollt hätten, der Aufgang war blockiert. „Come on, motherfuckers", schrie Abdul wieder. Dann wandte er sich wütend an mich, als wäre ich für all den Ärger verantwortlich. „Duck dich!", schrie er. „Und zieh dir eine Decke über den Kopf! Die suchen nach dir!"

Ich sah ihn gleichgültig an. Wenn schon Hubschrauber in der Nähe waren, dann wollte ich, dass sie mich sahen. Außer zu schreien, konnte Abdul im Augenblick nichts machen, er hatte noch nicht einmal eine Waffe. Mich vor Abdul wegzuducken kam für mich nicht infrage.

Wir landeten schließlich in der Kapitänskajüte, wo sich einige von uns auf den Boden legen mussten. Einer der Piraten setzte sich mir gegenüber und richtete den Lauf seines Gewehrs auf mich. Er saß an dem kleinen Tisch, an dem der ermordete Kapitän vermutlich seine Mahlzeiten eingenommen hatte. Wie von Sinnen schrie er mich an: „Mach die Augen zu, sonst knall ich dich ab!"

Die anderen Fischer versteckten sich in den Kabinen und in dem kleinen neonhellen Korridor, der hinter der Brücke über ein paar Stufen zu erreichen war. Abdul schien in diesem Chaos immer nervöser zu werden. Auf dem Radar seien Signale zu sehen gewesen, behauptete er: „Vielleicht greifen sie an! Vielleicht aber auch nicht!", hörte ich ihn, als er wütend vor unserer Kabinentür vorbeistapfte. „Vielleicht knallen sie uns alle ab! Ich hab keine Ahnung!"

„Mm-hmmm!"

Vier von uns lagen auf dem Boden unserer Einmannkajüte, zwei weitere in der Kapitänskoje. Wo einmal der Türgriff zu der Kabinentür gewesen war, klaffte ein großes Einschussloch. Die ganze Nacht über klappte die Tür mit dem Rollen des Schiffes auf und zu.

Ein paarmal gelang es mir, tatsächlich ein paar Augenblicke lang einzuschlafen. Wir erwachten schließlich, als von der Brücke her die ersten Sonnenstrahlen in den Korridor fielen. Als ich die Augen öffnete, blickte ich direkt in das müde, aber immer noch entschlossene Gesicht meines Wächters. Doch statt zu schießen, sagte er nur: „Okay, come on!", und brachte mich und ein paar andere zur Treppe.

Auf unserem Deck wurde inzwischen spekuliert, was genau in der Nacht vorgefallen war. Arnel behauptete, der Radar hätte nicht richtig funktioniert. Nachdem sie das Gerät nicht selbst hatten reparieren können, hätten uns die Piraten nur zur Vorsicht in die Kabinen eingesperrt.

„Nur ein Fehlalarm?", fragte ich.

„Keine Ahnung!"

Vor dem Frühstück kam Captain Tuure zu uns herunter und erklärte uns die nächtliche Aktion: „Fünf Hubschrauber! NATO!" Abdul begleitete ihn und so fragte ich auch ihn nach einer Erklärung.

„Die waren auf dem Radarschirm und einer von uns hatte die Telefonnummer der NATO", erzählte er. „Als wir gemerkt haben, dass sie zu uns wollen, haben wir sie angerufen und gesagt, wir haben Geiseln, wir töten alle, wenn ihr an Bord kommt."

„Ich verstehe."

„Danach sind sie abgedreht!"

„Also habt ihr uns das Leben gerettet", meinte ich.

„Yeah!", freute sich Abdul. Der Gedanke gefiel ihm. „Wir hätten aber auch böse sein können!"

Captain Tuure zog sein T-Shirt hoch und zeigte uns eine verwachsene Narbe unter dem Arm. „NATO", behauptete er.

„Die NATO hat auf ihn geschossen?", fragte ich.

„Du kennst *Black Hawk Down*?", fragte Abdul zurück.

„Ja, aber das waren die Vereinten Nationen."

„Genau. Captain Tuure hat gegen die gekämpft. Ein Hubschrauber hat auf ihn geschossen. Jetzt mag er keine Hubschrauber mehr."

„Das verstehe ich."

„Amerikaner mag er seitdem auch nicht mehr!"

Tuure redete nun in Somali auf uns ein. „Er sagt, was sollen die ganzen amerikanischen Flugzeuge hier, die Drohnen, die Scheißaufklärer?", übersetzte Abdul und war dabei selbst offensichtlich in Rage geraten. „Er sagt, wir sind hier in Somalia, nicht in Amerika!"

Ich musste lachen und sagte nur: „Vielleicht solltet ihr dann aufhören, Amerikaner als Geiseln zu nehmen."

Tuure ließ sich nicht beirren und fuhr wütend fort, während Abdul übersetzte: „Damals, in Mogadischu, haben wir amerikanische Piloten durch die Straßen geschleift!"

Black Hawk Down, ich hab den Film gesehen!"

Tuure hackte nun mit seiner flachen Hand auf seine Schulter- und Kniegelenke. „Weißt du, was die Leute in Mogadischu gemacht haben?", übersetzte Abdul. „Die haben die Amerikaner auseinandergenommen und gegrillt."

„Das ist völliger Blödsinn", sagte ich.

„Er war doch dort, Tuure war da, Mann! Er sagt, die Leute waren so wütend. Sie haben die Leichen auseinandergenommen und zum Abendessen gebraten."

„Und du glaubst die Geschichte?", fragte ich Tuure.

„Warst du in Mogadischu?", sagte Abdul.

„Ich bin Journalist, Abdul. Soll ich schreiben, dass die Somalis Kannibalen sind?"

„Amerikaner!", rief Tuure dazwischen und hackte wieder Knie und Schultern.

„Okay, ganz wie du willst!"

Nach dem vermeintlichen Hubschrauberangriff ließen die Piraten nun zehn von uns Geiseln jede Nacht in den vollgestopften, stickigen Kabinen hinter der Brücke schlafen. Jeden Abend warteten Rolly und ich mit dem vietnamesischen Fischer Nguyen Van Ha, Arnel und sechs Chinesen am Fuß des Aufgangs, bis uns die Somalis zu unseren Betten brachten. Die dunkle Haartolle auf Nguyens Kopf war immer noch gut gestylt. Mir war inzwischen klar geworden, dass die Crew der NAHAM 3 einen Querschnitt durch die hippe Jugend Asiens darstellte. Ha – wie in den meisten südostasiatischen Ländern wurde auch bei ihm gewöhnlich der Vorname nach dem Familiennamen genannt – spielte gern Gitarre. Er rauchte bisweilen Opium. Und eines Nachts erklärte er mir auf einem Stück Pappe von einer Zigarettenschachtel die wirtschaftlichen Überlegungen, die ihn dazu veranlasst hatten, an Bord eines Kutters anzuheuern. Die Arbeit als Reisbauer in Vietnam brachte ihm etwa sechs Dollar am Tag ein. Die Anwerber des Fischereiunternehmens boten ihm zehn. Zu spät jedoch erkannte er, dass er das Geld erst nach harter Arbeit und zahllosen unbezahlten Überstunden erhalten würde. Er war aber nicht über Step Up in Singapur angeworben worden, sondern durch ein vietnamesisches Unternehmen. Selbst nach Monaten der Ausbeutung auf See war er noch zu höflich, um die Vermittler als Betrüger zu bezeichnen. Doch sobald er die zehn Dollar Tagesgage gegen seine Arbeitszeit aufrechnete, kam er auf einen Stundenlohn von etwa 50 Cent. Weit unter dem Lohn eines Reisbauern.

Er schlug sich mehrmals mit der flachen Hand vor die Stirn, ganz so, als hätte er sich sein Elend selbst zuzuschreiben:

„Loco-loco", sagte er nur.

Die Arbeitslöhne an Bord waren je nach Nationalität verschieden. „Am meisten verdienen die Chinesen. 350 im Monat", erzählte mir Tony. Wahrscheinlich hatten die chinesischen Arbeitsvermittler einen guten Draht zu den taiwanesischen Reedern. In der Hackordnung an Bord waren tatsächlich alle anderen den chinesischen Crewmitgliedern untergeordnet.

Die anstrengenden Arbeiten an Bord ließen die Chinesen gern einen Kambodschaner erledigen. Er hieß Kim Koem Hen und war ein kompakter, starker Mann mit muskelbepackten Schultern. Er war vielleicht 25 Jahre alt, hatte das Gesicht eines Pandas und war meist auf Ärger aus. Ich nenne ihn hier Hen, die anderen an Bord, Crew wie Somalis, hatten ihm den Spitznamen „Hayle" gegeben, geschrieben „Gel", eine Kurzform das spanischen Worts „Angel". Die Filipinos hatten ihm erzählt, was sein Vorname „Hen" auf Englisch bedeutete, und ihn deswegen aufgezogen. Er hatte heftig protestiert und so dachten sie sich einen netteren Namen für ihn aus.

Die Chinesen schikanierten Hen für gewöhnlich. Manchmal schlugen sie ihn, während er an ihnen vorbeiging. Der Weg über unser Deck wurde bisweilen zum Spießrutenlauf für ihn, wenn er an den falschen Leuten vorbeikam. Halb aus Spaß, halb voller Respekt vor seinen Muskeln stießen ihn die Chinesen gegen die Schulter. Für sie gehörte ein Kambodschaner zu einer geringeren Klasse Mensch, doch Hen ließ ihre Feindseligkeiten mit einer unerschütterlichen Gelassenheit ins Leere laufen. Ihre Schläge schienen ihm nichts anhaben zu können. Selbst während er duschte, hing lässig eine Zigarette in seinem Mundwinkel.

Rolly nannte die Crew meist nur „die Kinder", und tatsächlich war kaum einer der Männer älter als 30 Jahre. Im Gegenzug nannte ihn die Mannschaft „Großvater". Die asiatischen Jungs hier hatten keinerlei Probleme mit Bisexualität, was Rolly zunächst äußerst irritierte. Es kam vor, dass sich Tony zu uns unter das Förderband schlich und sich eng an Rolly kuschelte.

„Großpapa!", sagte er dann.

Und Rolly schimpfte. „Lass das, Tony! Du weißt, dass ich das nicht ausstehen kann!"

Mir war alles recht. Lust kannte ich nicht mehr. Somalia war in dieser Hinsicht kein erregender Ort. Außerdem versuchte ich meine Emotionen möglichst im Griff zu behalten, eine gute Strategie, um den Alltag an Bord zu überstehen. So wurde ich hier zu einem alten, lustlosen Mann, eine Rolle, der sich Rolly und ich auf unseren Matratzen unter dem Förderband gemeinsam hingaben.

„Wir sind wie die Dodosya unter dem Fels", sagte er.

Vermutlich hätte Rolly seine Abenteuer lieber seiner fünfjährigen Enkelin erzählt. Erwachsene stellten ihm zu viele Fragen. Oft erzählte er von ihr. Meist schien er vor allem ihr schlichtes Vertrauen in ihn zu vermissen. Er erzählte mir von seiner Inselheimat, dem Regen, der auf fransige Palmenblätter fällt, Kirchen, deren Holzböden die Feuchtigkeit des Meeres allmählich aufweicht, Schildkröten, Seegurken und Schwärmen von Roten Schnappern. Er erzählte von der Armut der Seychellen. Noch in den 40er-Jahren galt dort als reich, wer ein Fahrrad fuhr. War arm war, lief zu Fuß. Autos hatte noch niemand zu Gesicht bekommen. Er erzählte von den Fußbällen aus zusammengeschnürten Bananenblättern, mit denen sie als Kinder auf der Straße spielten. Trat man zu heftig dagegen, flogen die Einzelteile in alle Himmelsrichtungen davon.

„Die Franzosen haben die Seychellen regiert, bevor die Briten 1811 die Macht übernahmen. 1977 kam es zu einem Staatsstreich", sagte Rolly. Er hatte in der Schule nur Englisch schreiben und lesen gelernt. Seine Muttersprache Kreol-Französisch galt den Lehrern als primitive Gossensprache.

„In der Nachbarschaft steht ein riesiger Mangobaum, gleich neben dem Laden, der Bier verkauft. Marc und ich saßen da immer nach der Arbeit."

„Unter einem Mangobaum?", fragte ich.

„Yah!"

Im Vergleich zu unserem Schiff war das ein Idyll. Außerdem hätte ich auch gern ein Bier gehabt.

„Wenn wir hier rauskommen", versprach ich ihm, „dann trinke ich ein Bier mit dir unter dem Mangobaum."

Er lächelte mich traurig an. „Das machen wir, Michael!"

Etwas später fragte er mich, ob ich schon einmal Landschildkröten gesehen hätte. Ich wusste, dass in den Wäldern der Seychellen riesige Schildkröten lebten, selbst in der Hauptstadt Victoria gab es sie.

„Es gibt ja Wasserschildkröten und Landschildkröten", erklärte mir Rolly.

„Okay, ja."

„Kennst du Landschildkröten?"

„Nicht wirklich."

„Warum sagst du dann Ja, wenn du sie nicht kennst?"

„Ich will einfach deine Geschichte hören!"

„Na gut, weißt du, was die Landschildkröten machen?"

„Ich weiß es nicht."

Rolly lächelte verschmitzt: „Das Männchen brüllt!"

„Warum brüllt er?"

„Wenn er es macht!"

„Was macht?"

Rolly flüsterte jetzt: „Wenn sie ficken!"

„Oh!"

„Yah!"

Und er erzählte mir, wie die alten faltigen Riesenschildkröten auf Mahé im Frühjahr mühsam die Weibchen besteigen und dabei grunzen und röhren.

„Sobald der Regen kommt, geht es los. Echt, dann ist es bei uns richtig laut!"

Eines Morgens brachte uns Tony eine schwere Bibel mit goldenem Einband. „Vielleicht hilft es euch ja, ein wenig darin zu lesen", sagte er nur. Ich hatte seit Ewigkeiten kein Buch mehr in der Hand gehabt und sehnte mich förmlich danach, etwas zu lesen. In den vergangenen drei Monaten gab es nur die Etiketten auf den Lebensmittelpackungen.

„Danke", sagte ich.

„Yah, danke, Tony", meinte Rolly.

Die Filipinos besaßen mindestens drei Bibeln. Als Tony Rolly und mich dabei beobachtete, wie wir uns mit seiner Bibel abwechselten, organisierte er für Rolly eine Kurzfassung. Rolly hatte das zerfledderte Buch schnell ausgelesen. Viele der Bibelverse kannte er noch aus seiner Schulzeit. Die Psalmen mochte er besonders.

Ich selbst hatte seit Jahren keine Bibel mehr in der Hand gehabt. Jetzt hatte ich die Zeit, sie zweimal ganz zu lesen. Anfangs stöberte ich noch im Hohelied Salomos nach den pikanteren Stellen und stieß dabei auf diesen Vers:

Der Geliebte spricht zu mir:
Steh auf, meine Freundin, meine Schöne, so komm doch!
Denn vorbei ist der Winter, verrauscht der Regen.
Auf der Flur erscheinen die Blumen: Die Zeit zum Singen ist da.
Und die Stimme der Turteltaube ist zu hören in unserem Land.

„Rolly, in der Bibel ist es im Frühjahr auch laut", sagte ich.

„Was?"

„In der Bibel, im Frühjahr, Lärm, wie auf den Seychellen."

„Was meinst du?"

„Ihr hört die Schildkröten im Frühjahr. Im Buch Salomo sind's die Tauben."

Rolly las die Stelle, verstand aber noch nicht ganz.

„Hier steht's doch: ‚die Stimme der Turteltaube im Frühling'. Hast du mir nicht gesagt, bei euch schreien die Schildkrötenmännchen?"

„Tauben? Auf den Seychellen?"

„Die Tauben waren im alten Israel."

„Ah!"

Beflissen und sorgfältig durchforstete ich die Bibel. Ich suchte nach neuen, guten Gedanken. Selbst als junger Katholik in Amerika hatte ich die Bibel nicht wörtlich genommen. Ich schätzte die Evangelien nicht deshalb, weil sie ein wirkliches Leben nach dem Tod versprachen, sondern weil sie auf etwas Unvergängliches in der menschlichen Seele verwiesen. Irgendetwas musste doch unseren Tod überdauern. Ich hatte einmal eine Kurzgeschichte geschrieben. Sie handelte vom Tod eines Teenagers aus der Vorstadt und den alten israelitischen Vorstellungen einer dreiteiligen Seele, in der biblischen Sprache „Nefesh", „Neshamah" und „Ruach". Die Geschichte hatte mir geholfen, meine kindlichen Vorstellungen von Tod und ewigem Leben abzulegen. Trotzdem hatte all das mich nicht vorbereitet auf den Moment, wo ich am Abend meines ersten Anrufs bei meiner Mutter in Ali Duulaays Gewehrlauf blickte.

Für das antike Judentum war Gott Summe und Quelle allen Lebens. Zu Gott zurückzukehren bedeutete deshalb für die Juden damals mehr als nur ein Sprachbild. Es war das Ziel allen Lebens und jeder spirituellen Übung. Ich wollte diese Gedanken in Somalia für mich wieder lebendig werden lassen, doch schienen mir die Versprechen der Wiedergeburt und eines Lebens nach dem Tod, wie ich sie im Neuen Testament fand, meist viel zu platt und konkret, als dass ich ihnen hätte folgen wollen. Die Evangelien sprachen ganz buchstäblich von einer leiblichen Auferstehung der Toten. Während ich sie ein zweites Mal las, verstand ich, warum alle christlichen Fundamentalisten auf die Massenauferstehung am Jüngsten Tag warten wie auf eine Art Zombie-Apokalypse, bei der all die Leichen aus ihren Gräbern steigen.

Ich versuchte mir die eigene Nichtexistenz vorzustellen. Geprägt durch meine katholische Erziehung konnte ich den eigenen Tod aber eigentlich nur mit Blick auf eine Wahrheit jenseits unserer Welt, als etwas Bedeutungsvolles, Sinnstiftendes, von kreatürlicher Angst Losgelöstes akzeptieren. Mir fiel bald auf, dass dagegen in Teilen des Alten Testaments eine grimmige Moral des Überlebens dominierte. Das Buch Kohelet zum Beispiel (auch „Prediger" oder „Ekklesiastes" genannt) hält nach traditioneller Auffassung die altersweisen, aber pessimistischen Gedanken des Königs Salomo fest, eines gerechten Richters, obersten Priesters, unglaublichen Frauenhelden und aufgeklärten Herrschers. Er steht auf dem Höhepunkt einer beispiellosen Epoche des Friedens und des Wohlstands, aber an ein Leben nach dem Tod glaubt er nicht:

Denn jeder Mensch unterliegt seinem Schicksal und auch die Tiere unterliegen ihrem Schicksal. Beide trifft dasselbe Schicksal. Wie diese sterben, so sterben jene. Beide haben ein und denselben Atem („Ruach" im Hebräischen). Einen Vorteil des Menschen gegenüber dem Tier gibt es nicht. Beide sind Windhauch.

(Kohelet 3,19)

Ich musste, während ich das las, an die Ziege denken, der die Piraten die Kehle aufschlitzten, an das Zucken ihres Schwanzes, während sie langsam ausblutete.

Beide gehen an ein und denselben Ort. Beide sind aus Staub entstanden, beide kehren zum Staub zurück.

(Kohelet 3,20)

Ich musste an den Schnapper denken, dem hier an Deck mit einem Messerrücken der Schädel eingeschlagen wurde.

Ja, wer würde da ausgenommen? Für jeden Lebenden gibt es noch Zuversicht. Denn: Ein lebender Hund ist besser als ein toter Löwe.

(Kohelet 9,4)

König Salomo half mir auch nicht weiter.

Ende April besuchte uns Bakayle, ein mir bisher unbekannter Piratenboss. Er hatte eine große, schlaffe Statur, ein feistes Gesicht mit Ohren wie Micky Maus und ein verwegenes Verbrechergrinsen. Sein Gebiss mit der beeindruckenden Zahnlücke schmückten zahlreiche

Stahlkronen. Als er uns mit den Bibeln in der Hand entdeckte, faltete er spöttisch die Hände wie zum Gebet. Dann richtete er sich auf und bemühte sich ernst und fromm auszusehen. Mir empfahl er in sanftem, aber herablassendem Ton, schnellstmöglich zum Islam überzutreten. Das Wort „Allah" versuchte er dabei ganz besonders arabisch auszusprechen, sorgfältig auf das Krächzen im Rachen bedacht. Er gab vor, sich ernsthaft um unser Seelenheil zu sorgen. Dabei war er genauso einfältig und süchtig nach Khat wie die anderen.

Tony berichtete mir, dass Bakayle an ihrem ersten Abend vor Hobyo das erste Mal an Bord gekommen war. Damals hatte er die Chinesen persönlich mit einem Besenstiel verprügelt.

„Michael", fragte Bakayle mich am ersten Tag mit einem verschlagenen Lächeln, „Schinken?"

„Wie bitte?"

Zufällig war auch Abdul, unser Übersetzer, auf unserem Deck und so rief Bakayle ihn zu sich.

„Er will wissen, ob du Schinken magst", übersetzte Abdul.

„Warum sollte ich jetzt Schinken wollen?"

Die Piraten berieten sich und kicherten dabei wie Schuljungen.

„Wenn du wieder in Deutschland bist", übersetzte Abdul, „kannst du so viel Schinken essen, wie du willst."

Ich nickte nur kurz: „Toll, danke!"

Schon seit dem ersten Tag meiner Geiselhaft sehnte ich mich nach Steaks und Bier, fettigen Quesadillas, Schüsseln voller Beeren und Melonen, nach Spareribs, gegrilltem Gemüse und Pumpkin Pies. Schinken jedoch hatte ich nie vermisst. Schon wenige Tage später kamen die Piraten wieder auf das Thema Schinken zu sprechen. Wir saßen bei Sonnenuntergang auf dem Deck und aßen fett triefende Stücke Schweinebauch mit Reis. Der fettige Geruch musste zu den Somalis herübergeweht sein, denn voller Abscheu sahen sie nun von oben auf uns herab. Bald schon hörten wir vom Oberdeck die Witzeleien über den Schinken auf unseren Tellern. Ich sah Bakayle an, der ebenfalls oben an der Reling stand.

„Meint ihr Schweinefleisch?", fragte ich ihn. „Stört euch, dass wir Schweinefleisch essen?"

„Haa, yes!", antwortete er.

So sah er uns also. Geiseln waren Schweinefresser.

Das somalische Wort Bakayle bedeutet Kaninchen und war wohl eine Anspielung auf die Zahnlücke und Bakayles große Ohren. Ich setzte ein besonders ernstes Gesicht auf und erklärte ihm voller Inbrunst: „Christen, Schinken, no problem! Yehud, Juden, kein Schinken. Moslems kein Schinken!" Dabei machte ich eine Geste mit den Fingern, als setzte ich Moslems und Juden gleich.

„Moslems, Juden, same-same", schloss ich und lächelte mit leisem Spott.

Arnel neben uns begann zu kichern und Bakayles Gesichtsausdruck verfinsterte sich. Volltreffer! Wenn ihn der Vergleich mit Juden beleidigte, dachte ich, dann war das seine Schuld.

Überall in Somalia hatte man mich für einen Christen gehalten, schließlich war ich weiß und kein Moslem. Unsere Wächter hielten vermutlich die gesamte Crew der NAHAM 3 für Christen, warum sonst sollten wir in ihren Augen untereinander die Bibeln tauschen? Die Piraten lebten meist in ihren engen Klanstrukturen und das bedeutete für sie, dass man Gegner und Feinde nicht lange zu suchen brauchte.

Chorr, ein Freund Bakayles, stolzierte gern mit Goldschmuck und seiner schicken Armbanduhr übers Deck. Die Uhren dienten den Somalis als Statussymbol. Doch war nicht erkennbar, welchen Rang Chorr an Bord einnahm. Zu den Bossen schien er in jedem Fall nicht zu gehören. Doch versuchte er wie sein Vorbild Bakayle, uns Geiseln, wo er konnte, zu erniedrigen. Eines Nachmittags wusch ich mein Geschirr in einem Eimer Wasser ab, hinter mir saß Chorr auf einem der Arbeitstische. Hinter dem Hondamotor saß eine kleine Gruppe Geiseln und beobachtete uns. Ich drehte mich um und blickte direkt in Chorrs Gesicht, der mich unschuldig anlächelte.

„Alles klar?", fragte er.

„Problem?", fragte ich zurück.

„No problem!"

Er warf ein Fischmesser auf die Luke zu den Gefrierkammern und kletterte die Stufen nach oben. Ich setzte mich wieder zu Rolly.

„Der hat gerade so getan, als wollte er dich umbringen", berichtete er.

„Was?"

„Yah, mit dem Messer, er hat so getan, als wollte er es dir in den Rücken stoßen."

Chorr hatte also meine Ermordung angedeutet, während ich mein Geschirr abwusch. Was für ein netter Kerl! Dabei war er eigentlich harmlos. Nur einmal trat er Rolly die zerfledderte Bibel aus der Hand und wurde daraufhin von Captain Tuure bestraft. Rolly hatte sich bei Tuure beschwert und der verlor daraufhin die Geduld mit seinen Piraten. Drei von ihnen schleifte er an den Ohren auf unser Deck und ließ sie vor Rolly antreten. Der schüttelte nur immer wieder den Kopf – stets erwischte es die Falschen. Erst nach ein, zwei Tagen sah er Chorr wieder auf dem Oberdeck und zeigte auf ihn. Tuure ließ ihn wegbringen, doch konnten wir nicht sagen, ob er ihn auch bestrafte. Nur gerüchteweise hörten wir später, dass Chorr an Händen und Füßen gefesselt wie ein Schwein beim Metzger die Nacht auf einem schmutzigen Kabinenboden hatte schlafen müssen.

„Und, geht's dir besser jetzt?", fragte ich Rolly, nachdem ich ihm von dem Gerücht erzählt hatte.

„Ach Michael", antwortete er mit seiner Großvaterstimme. Es widerstrebte ihm, aus dem Unglück eines anderen Befriedigung zu ziehen. „Es gibt nichts, weswegen ich mich hier in Somalia besser fühlen könnte."

An Bord der NAHAM 3 gab es jede Menge DVDs, allesamt Raubkopien. Der grüne Hondamotor lieferte den Strom für DVD-Player und Fernseher, der an vier schwarzen Gurten von der Decke hing. Die Gurte glichen das Schwanken des Schiffes aus. Weil die zehn Chinesen die größte Gruppe an Bord stellten, wählten sie auch das Programm aus. Morgens begann es meist mit chinesischer Karaoke. Ölige Balladen-Melodien dröhnten dann über unser Deck und einige Chinesen sangen dazu.

Am häufigsten jedoch wurde eine DVD mit *Tom und Jerry*-Cartoons aufgelegt. Ganz begeistert versammelten wir uns jedes

Mal vor dem Fernseher und sahen voller Spannung der Katze zu, wie sie sich die verrücktesten Fallen für die Maus ausdachte und am Ende jedes Mal feststellte, dass die Maus doch klüger gewesen war. Ich hatte die Cartoons seit Jahrzehnten nicht mehr gesehen. Sie erinnerten mich anfangs vor allem an den Ramsch und Plunder aus meiner Kindheit, an Neonröhren, Mundspülungen und Doritos. Nach ein, zwei Folgen freute ich mich jedes Mal über den Soundtrack mit der Musik des MGM Studio Orchestra. Gestrandet auf dem Indischen Ozean an der Küste vor Hobyo fiel mir zum ersten Mal die unglaubliche Wandlungsfähigkeit einer Big Band aus Los Angeles auf. Mit Pauken, krächzenden Geigen, Kazoos, Piano und plärrenden Trompeten begleiteten sie die Bilder von fliegenden Bowlingkugeln und umfallenden Blechtonnen. Der Großteil der Musik dürfte Kindern wahrscheinlich gar nicht gefallen. Ich stellte mir die Musiker vor, wie sie tagsüber in Burbank Trickfilmmusik einspielten, um sich abends die eher brotlose Kunst eines Musikers in den Jazzclubs von Los Angeles leisten zu können. Ich hätte jedem von ihnen einzeln danken wollen.

Damals in Northridge kam mein Vater samstagvormittags bisweilen aus der Garage und setzte sich vor den Fernseher. Mit der Brille auf der Nase und einem zufriedenen Lächeln auf den Lippen gönnte er sich eine Pause mit *Tom und Jerry*. Ich fragte mich, ob auch ihm damals der Soundtrack auffiel. Vielleicht erinnerte ihn das Geklapper in der Mülltonnenszene an Spike Jones, der während seiner Kindheit ständig im Radio zu hören war. Vielleicht erinnerte sie ihn auch an Betty Boop, an ihren Song *Hell's Bells*. Allerdings hat mein Vater nie wirklich Jazz gehört. Sobald er von der Arbeit nach Hause kam und zu trinken begann, saß er in seinem Sessel und hörte seichte Unterhaltungsmusik im Radio. *Coasting with you here on the coast. K-O-S-T, Los Angeles* – das war der Jingle des Senders.

Nachdem meine Mutter Dad vor die Tür gesetzt hatte, versuchte er zunächst mit dem Trinken aufzuhören. Nach einem sechsmonatigen Entzug in Raleigh Hills bat er meine Mutter, wieder bei uns einziehen zu dürfen. Er stand dabei in dem Zimmer mit unserem Radio. Seine Argumente klangen einstudiert und überzeugten meine Mutter nicht. Sie ahnte, dass er immer noch Medikamente nahm. Es war endlich ruhig geworden bei uns, nachdem sie ihn rausgeworfen hatte. Kein Streit, keine Kämpfe mehr. Suchtkranke versuchen oft, ihre Umwelt zu manipulieren, doch meine Mutter hatte ein sicheres Gespür für die Täuschungsmanöver meines Vater. Ihre Rolle war es, ihr Kind und das Haus vor Unheil zu bewahren. Sie blieb hart und schüttelte den Kopf. Ich war ganz auf ihrer Seite.

Keiner von uns beiden ahnte damals, dass das Flehen in unserem Wohnzimmer sein letzter verzweifelter Versuch war, sich zu retten.

In den ersten drei Wochen an Bord gab es immer wieder Stippvisiten von Hubschraubern oder Aufklärern über unserem Schiff. Eines Nachmittags Anfang Mai saß ich auf einem der Arbeitstische, als sich uns ein schwarzer Hubschrauber näherte, die Seitentür weit geöffnet. Er kreiste in knapp 200 Metern Entfernung um die NAHAM 3. Die Piraten entsicherten ihre Gewehre und schrien mich an, ich sollte meinen Kopf unter einer Decke verstecken und still sitzen bleiben. Das Auftauchen des kleinen Hubschraubers, der wie eine Wespe durch die klare Meeresluft von Hobyo zu uns herübergeflogen war, schien wie eine Provokation. Als sollten die Piraten das Feuer eröffnen. Ganz ohne Brille konnte ich den Scharfschützen in seiner kugelsicheren Montur erkennen, wie er die Piraten ins Visier nahm. Ich blickte aufs Wasser und überlegte, ob ich von Bord springen sollte. Die Somalis waren unruhig und aggressiv. Angenommen, sie eröffneten nach meinem Sprung das Feuer? Ich wollte nichts lieber, als diese elende Situation für meine Familie und mich sofort zu beenden. Andererseits war bei einem Schusswechsel das Leben der anderen Geiseln in Gefahr. Andererseits bot sich hier und jetzt die Gelegenheit, mich mit einem Sprung ins Meer zu retten. Andererseits wollte ich einen solchen Schritt lieber sorgfältig planen. Andererseits war der Hubschrauber gerade zum Greifen nah –

Nur ein einziges Mal kreiste der Hubschrauber um das Schiff. Er wartete nicht darauf, bis ich mich entschieden hatte. Noch bevor ich mich aus meiner Starre lösen konnte, verklang das Flattern der Rotoren über dem Meer.

Ich blieb aufgekratzt und gleichzeitig niedergeschlagen zurück. Auch die Piraten blieben nervös. Schon am nächsten Tag kehrte Ali Duulaay an Bord zurück. Diesmal trug er ein blaues, bis zum Bauch aufgeknöpftes Hemd und ging mit seiner Pistole unruhig an Deck auf und ab. Er beriet sich mit den übrigen Wärtern und zog sich schließlich auf die Brücke zurück. Später am Morgen setzte er sich in Begleitung des Übersetzers Abdul zu uns. Rolly stellten sie ein Ultimatum.

„Die Jungs haben mit deiner Familie gesprochen", sagte Abdul. „Wenn die nicht in den nächsten drei Tagen zahlen, töten wir dich."

„Three days", wiederholte Ali Duulaay und hielt drei seiner feisten Finger in die Luft.

Rolly blickte in die Runde und versuchte zu begreifen, was gerade passierte. Es war unklug, die Worte eines Piraten für bare Münze zu nehmen, genauso unklug war es jedoch, sie völlig zu ignorieren. Das Thema Rolly war für sie damit erledigt, denn Ali Duulaay wandte sich unmittelbar an mich. Er klang dabei äußerst verärgert. „Er meint, die sollen keine Flugzeuge und Hubschrauber mehr schicken", übersetzte Abdul. „Wenn uns die Amerikaner noch einmal stören, dann knallt er dich ab."

„Alles klar!"

Duulaays markantes Gesicht wurde von einigen Pockennarben verunstaltet, so ähnlich wie Aknenarben. In seinen Augen stand eine gewaltige untergründige Anspannung.

Er hatte offenbar den Wächtern, die bisher nicht auf Flugzeuge oder Hubschrauber schießen durften, neue Befehle erteilt. Als am späten Nachmittag hoch über uns ein Orion-Aufklärer auftauchte, feuerten die Piraten etliche Salven in die Luft. Wild liefen die Geiseln durcheinander und Abdul lachte auf der Brücke über das Chaos an Deck. Für die Crew war es vermutlich das erste Mal nach der Entführung, dass an Bord längere Zeit geschossen wurde. Die plötzliche Angst seiner Geiseln schien Abdul zu amüsieren. „Macht euch keine Sorgen, Leute!", rief er. Doch wir hatten alle Angst. Auch ich stand so gelassen wie möglich auf und versteckte mich unter den Arbeitstischen. Duulaays Drohung vom Vormittag noch immer in den Ohren, wartete ich ängstlich, bis der Aufklärer verschwunden war.

„Drei Tage noch, dann muss ich sterben", meinte Rolly etwas später am selben Nachmittag. „Ich will den lieben Gott von dir grüßen."

„Toll", antwortete ich. „Danke!"

„Aber was wirst du dann ohne mich machen?", sorgte er sich.

„Weiß nicht", sagte ich und meinte es auch so.

Rolly war klug genug, die Drohungen Duulaays nicht zu überhören, allerdings wusste er auch, dass er ihm nicht alles glauben durfte. Wie er es drehte und wendete, es gab für ihn vorerst keinen Ausweg aus diesem Dilemma und so trug es nur noch mehr zu seinen täglichen Sorgen bei.

„20 Millionen Dollar, Michael."

„Ich weiß!"

„Die wollen mich umbringen!"

„Das werden sie nicht!"

„Weißt du, wie viel 20 Millionen Dollar auf den Seychellen sind?"

„Genau 20 Millionen Dollar."

„Schon, aber in Rupien."

„Was weiß ich."

„100, nein, 200", er schüttelte seinen Kopf und begann wieder von vorne. „Eine Menge Geld! Du kriegst ein Haus dafür und ein Auto!"

„Rolly, mit 20 Millionen kannst du dir eine ganze Fabrik kaufen!"

„Hehe."

Einen Tag später blickte er auf seine gelben Thai-Sandalen. „Die kannst du bald haben, wenn du willst."

„Warum?"

„Weil ich in zwei Tagen sterben muss."

Allerdings verging auch der dritte Tag völlig ruhig. Die Piraten ließen uns bei Sonnenuntergang auf der Brücke antreten. Ein

Sturm zog auf. In der Dämmerung schwankte die NAHAM 3 auf den Wellen wie eine riesige Wiege. Ich legte mich in einer der Kabinen schlafen. Ali Duulaay und seinen bösartigen Humor durfte man nicht allzu ernst nehmen.

In der Nacht weckte mich Abdinasser.

„Sahib!", flüsterte er.

„Was ist?"

„Hobyo!", sagte er und hielt leutselig die eine Hand ans Ohr. „Telephone, telephone!"

Er trug einen Turban und hatte ein Gewehr dabei. Mir schwante nichts Gutes.

„Nein, Sahib."

„Telephone!", sagte er nur. „No problem!"

Ich zögerte noch, denn zurück nach Hobyo zu gehen schien ein großer Schritt. Ich fürchtete, nie wieder an Bord des Kutters zurückzukommen, dazu hatten die Hubschrauber die Piraten wohl zu sehr beeindruckt. Die Aussicht, an Land übersetzen zu müssen, ließ die schmerzhaften Erinnerungen an den Tag meiner Ankunft zurückkommen. Nach meinem Unfall auf der Überfahrt im Schnellboot vor drei Wochen hatte ich immer noch Schmerzen im Rücken. Ich verspürte also wenig Drang nach einem neuen Abenteuer, außerdem sorgte ich mich, was mit Rolly passieren würde.

Unser Schiff schwankte stark inmitten eines regnerischen Sturms. Es tanzte mit seinen neonhell erleuchteten Kabinen auf den Wellen wie eine Laterne in der Hand eines zittrigen alten Mannes. Ich sammelte meine Habseligkeiten zusammen und schwankte durch den schmalen Korridor zur Brücke. Immer wieder stieß ich mir die Schultern an den Wänden. Beinahe riss ich Abdinasser mit seinem Gewehr zu Boden. Draußen an Deck fiel ein leichter, warmer Regen. Rolly saß bereits neben Bakayle und ein paar anderen Piraten im Schnellboot. Das kleine Boot hob und senkte sich neben der Bordwand, während Hen die Leine, an der es festgemacht war, zu halten versuchte.

Ich blickte auf das schäumende Meer, allein das genügte und ich fühlte wieder den stechenden Schmerz im Rücken.

„Nein", sagte ich entschieden. „Nicht bei dem Wetter!"

Ich machte mich auf den Weg zurück in meine Kabine.

„Michael", Captain Tuure und Abdiwali, ein Übersetzer, liefen mir nach. „Du musst an Land!"

„Warum? Nein!"

Ich folgte in diesem Augenblick keinem ausgearbeiteten Plan. Ich hatte nur Angst vor dem, was mich an Land erwartete, und war mutig genug, mich den Anordnungen zu widersetzen. Ich ging zurück in meine Kabine. Immer mehr Somalis umzingelten mich nun. „Das letzte Mal, als ich im Schnellboot mitgefahren bin, hat mir der Steuermann fast das Rückgrat gebrochen", sagte ich zu Captain Tuure. Abdiwali übersetzte. „Damals war das Meer ruhig!" Ich schüttelte den Kopf. „Bei dem Wetter fahr ich nicht!"

„Du musst aber!"

„Warum muss ich?"

Ein kräftiger, großer Pirat packte mich am T-Shirt und zerrte mich Richtung Deck. „Du hast keine Wahl", sagte er, „das ist ein Befehl!"

„Ich sag dem Steuermann, er soll langsam über die Wellen fahren", versprach Tuure.

Es war aussichtslos. Die Männer um mich hatten Waffen, also stieg ich die Stufen hinab auf das untere Deck und reichte meine Tasche einem Piraten ins Schnellboot. Es regnete immer noch leicht und das Schnellboot scheuerte an der Bordwand auf und ab. Fünf Meter wurde es dabei jeweils angehoben. Die Kunst war, den richtigen Zeitpunkt für den Absprung zu erwischen. „Nicht springen, wenn es hochkommt", riet mir ein Pirat. Bei der nächsten Welle, die das Schnellboot bis knapp einen Meter unterhalb der Öffnung in der Reling anhob, begannen die Piraten zu schreien und ich sprang los. Ich landete überraschend weich, viel weicher, als wenn ich bei einem Sprung aus gleicher Höhe auf hartem Grund gelandet wäre. Abdinasser hielt mich an meinem Pulli fest. Ich saß wieder auf einer Spant neben Rolly, der genervt war von meiner Widerspenstigkeit: „Mensch, Michael", sagte er vorwurfsvoll, „ärgere sie doch nicht immer!"

Der Steuermann fuhr tatsächlich vorsichtig über die Wellen. Die Fahrt durch Wind und spritzende Gischt war fast gespenstisch ruhig. Statt mit voller Geschwindigkeit über die Wellenberge zu springen, schlingerten und tuckerten wir so lange dahin, bis uns eine Welle erfasste, die Schraube ins Leere griff und wir auf einem Sandstrand auf Grund liefen.

Mit Bakayle, Abdinasser und noch ein paar der Piraten quetschten wir uns in einen bereits wartenden Land Rover. Der Mond brach durch ein paar Wolkenberge, als wir über bereits vertraute Straßen hinauf zu Mussolinis Bauernhof fuhren. Wir parkten neben einem zweiten Wagen, durften jedoch noch nicht aussteigen. Zwei Somalis kletterten erst auf das Dach das anderen Wagens und hielten ihre Handys in die Luft, als wollten sie damit den Himmel nach Drohnen abscannen.

Ich sah ihnen voller Staunen zu. Vor ein paar Wochen hatte ich erstmals Ahmed Dirie dabei beobachtet. Ich wusste, dass Drohnen die Funksignale von Handys aufspüren können, doch hatte ich noch nie davon gehört, dass dasselbe auch in die andere Richtung funktioniert. Während ich noch über die seltsame Szene nachdachte, drehte sich Bakayle grinsend zu uns um. Seine Gegenwart hatte immer etwas Beunruhigendes, ja Bedrohliches. Ich wusste, er kannte weder moralische Schranken noch Mitgefühl. Er redete in Somali auf uns ein und ahmte mit seinen Händen ein Flugzeug nach. Die Piraten neben ihm lachten laut los.

„Morgen kaufen wir euch beiden ein Flugticket nach Hause", übersetzte schließlich einer von ihnen.

Schon am nächsten Morgen mussten wir uns wieder mit zahlreichen Piraten in ein Auto quetschen. Wir fuhren von Hobyo aus in westlicher Richtung mitten durch den staubtrockenen Busch. Neben mir saß Dag, ein Pirat, der ununterbrochen auf einigen Khatstängeln herumkaute. Zeitweise ließ er auch den Unterkiefer lose hängen und saß dann mit offenem Mund da. Stundenlang zeigte er keine weiteren Regungen – sieht man von einem verträumten Lächeln ab, das ab und an über sein Gesicht huschte.

Er war wie ein verliebtes Mädchen, nur dass er keine freundlichen Worte für mich hatte.

„Michael", sagte er stattdessen, „du musst deiner Familie sagen, dass sie das Geld schicken soll, sonst verkaufen wir dich an die al-Shabaab."

„Dann müssen wir nochmals über mein Lösegeld reden!", antwortete ich.

„Wie viel verlangen sie für dich?"

Er sagte „sie", beinahe so, als gehörte er nicht zu den Piraten.

„20 Millionen", sagte ich.

„Vielleicht reicht ihnen ja die Hälfte", überlegte Dag.

„Wie bescheiden!"

Im Gebüsch draußen grasten Kamele. Ihre Besitzer hatten ihnen die Hinterbeine gefesselt. Sobald wir in ihre Nähe kamen, hoben sie den Kopf und hopsten mit merkwürdigen Sprüngen von der Piste. Ab und zu kreuzten Wildschweine unseren Weg.

„Schinken!", rief Bakayle.

„Ach Gott!", stöhnte Rolly auf.

Wir kamen schließlich in ein hügeliges, bewaldetes Gebiet, wo bereits einige Somalis unter Bäumen auf uns warteten. Ich kam zum ersten Mal in diese Gegend, Rolly allerdings erklärte mir, dass er und Marc hier schon einmal in einer Senke übernachten mussten, die jedoch nach einem Regenguss voll Wasser gelaufen war.

„Wir haben den Ort ‚den Fluss' getauft."

Die Autos parkten unter ein paar Bäumen und einige Wärter führten Rolly hinter ein Gestrüpp, wo bereits weitere, mir unbekannte Piraten auf ihn warteten.

„Keine Sorge", beruhigte ihn Dag, „die sind noch nicht von al-Shabaab."

Ich sah ihn skeptisch von der Seite an.

Irgendetwas Merkwürdiges ging dort hinter dem Busch vor sich, während man mich in einen verhältnismäßig bequemen Geländewagen mit kleinen Bildschirmen in den Kopfstützen brachte. Wie beim Bordprogramm während eines Langstreckenflugs spielten die Piraten über das Videosystem somalische Popvideos voller hüftsteifer Tänzer und seltsam verzerrter Synthesizerakkorde ab. Ich dachte über die Wildschweine nach, die uns unterwegs begegnet waren, allesamt hässliche Tiere. Wäre ich in dieser Gegend aufgewachsen, ich könnte ebenfalls gut auf Schweinefleisch verzichten. Ein Telefon klingelte. Einer der Wärter ließ das Autofenster herunter und wir hörten draußen eine raue Stimme nach uns rufen.

„Rolly!", rief mein Sahib Abdinasser und die Piraten führten mich zu einer Baumgruppe, unter der einige Männer auf dem staubigen Boden saßen oder standen. Einige von ihnen hatten einen Turban oder ein Palästinensertuch auf dem Kopf. Alle hatten sie eine Waffe in der Hand und ich erkannte Bakayle, Ali Duulaay und Ahmed Dirie unter ihnen. Es mochte ein Treffen unter Piratenbossen gewesen sein – oder aber Verhandlungen zwischen den Bossen, ihren Geldgebern und einigen Klanältesten. Wie Raubkatzen beobachteten sie mich misstrauisch und warteten auf eine Regung meinerseits. Ich verstand zunächst nicht, was los war, doch dann sah ich, dass hier noch etwas auf mich wartete, eine besondere Gemeinheit, die meine Gastgeber eigens für mich hierhergebracht hatten.

Von einem dicken Ast eines Baumes hing an den Füßen gefesselt und kopfüber Rolly herab.

„Scheiße", entfuhr es mir.

Er baumelte mit hängenden Armen knapp über dem Boden und trug dabei nur seine Shorts. Ein fetter Mann mit tiefschwarzer Haut und Fistelstimme hieb mit einem Bambusrohr auf seine Füße und seine Brust ein. Es war eine Folterszene wie aus alten islamischen Zeiten, als die Osmanen Verbrecher auf diese Art fesselten und auspeitschten, um sie vor den Augen der Öffentlichkeit zu bestrafen.

Einige Somalis nahmen nun Anlauf und traten Rolly mit ihren schmutzigen Füßen in die Rippen. Sie hatten sichtlich Spaß dabei. Rolly schrie nicht. Er hatte die Augen geschlossen und ließ seine Peiniger gewähren. Ich fragte mich, ob er unter Schock stand. Zwei Teenager filmten währenddessen die Szene.

Der fette Mann, es war Garfanji, gab das Bambusrohr an einen Gehilfen weiter und schlenderte zu mir herüber. Auf halber Strecke ging er jedoch in die Hocke und sah mich von unten herauf mit lauerndem Blick an.

„Hallo, Michael", sagte er, „erkennst du mich wieder?"

„Selbstverständlich, Mohamed!"

„Dein Freund dort wird bestraft!"

„Was hat er getan?"

„Er will nicht zugeben, dass er ein Israeli ist!"

Ich hatte selten etwas Idiotischeres gehört.

„Nun ja, das liegt daran, dass er kein Israeli ist!"

„Falsch. Ich kann es beweisen! Es steht im Internet!", widersprach Garfanji.

Sein Gehilfe hatte in der Zwischenzeit den Bambusstock durch die Schlinge an Rollys Füßen gesteckt und begann nun dessen Körper wild hin und her zu drehen, während die anderen weiter auf ihn eintraten. Ich war kurz davor, Garfanji darauf hinzuweisen, dass Rolly kein Wort Hebräisch sprach, hielt mich aber zurück, denn ich fürchtete die Fragerei, die das auslösen würde. „Du warst also schon einmal in Israel?" Was stimmte. So sagte ich nur: „So wie Rolly spricht, kommt er vermutlich von den Seychellen."

Mit der Aussage konnte Garfanji jedoch nichts anfangen. Er blieb einfach still. Währenddessen rückte Ali Duulaay Rolly mit seiner brennenden Zigarette zu Leibe. Er hielt dem über Kopf hängenden Mann das Filterstück an den Mund und versuchte es mit sardonischem Grinsen zwischen seine Lippen zu schieben.

„Nein, Ali", sagte Rolly nur, „du weißt doch, dass ich keine Zigaretten rauche!" Doch Duulaay hörte nicht auf zu grinsen.

Die übrigen Piraten setzten nun ihr bizarres Folterritual fort. Beinahe lustlos, als vertrieben sich ein paar Schuljungen an einem Sonntagnachmittag die Langeweile mit grausamen Spielchen, nahmen sie Anlauf und traten auf Rolly ein oder prügelten ihn mit dem Rohrstock. Wie schnell Menschen doch bereit waren, einen anderen wie ein Stück Vieh zu behandeln. Ali Duulaay nahm nun wieder den Stock und schlug in schnellen, kräftigen Schlägen auf Rollys nackten Brustkorb, seinen Bauch und auf die Lenden. Jeder Schlag hinterließ Spuren auf der kakaobraunen Haut. Rolly stöhnte leise auf, blieb jedoch still. „Wir holen uns 50 Millionen Dollar von deiner Familie!" Selbst Bakayles irrwitzige Tirade über die Lösegeldforderungen der Piraten ertrug er ohne jede Regung. Bakayle allerdings war für Rolly von diesem Tag an nur noch „Mr. Fifty Million".

Irgendwann lösten die Piraten das Seil und ließen Rolly in den Dreck fallen. Er drehte sich auf die Seite und stützte sich mit seinem Ellbogen auf. Rolly atmete schwer. „Sprich mal ein vernünftiges Wort mit ihm!", herrschte mich Garfanji an. „Sag ihm, dass er zugeben soll, dass er ein Israeli ist!" Ich hockte mich neben Rolly und bat die Somalis um etwas Wasser und eine Kleinigkeit zu essen für ihn. Abdinasser kam mit einer Flasche Wasser und ein paar Keksen. Ich wurde überwältigt von Mitleid und Furcht. Ich wusste nicht, wie ich helfen konnte. „Willst du etwas essen?", fragte ich und Rolly nickte. „Die sind vollkommen übergeschnappt, Rolly", sagte ich zu ihm. „Warum glauben sie, dass du aus Israel kommst?" Er zuckte mit den Schultern und einer der Teenager schoss ein Foto von uns. „Entspann dich, wenn du kannst, ich glaube, die sind fertig."

Noch nie hatte ich mich so hilflos gefühlt, noch nie hatte ich derartige Angst gehabt. Doch der extremen Situation zum Trotz fühlte ich eine finstere, tiefe Ruhe in meinem Inneren aufsteigen. Ganz so, wie ich sie zuvor beim Blick in Ali Duulaays Pistolenlauf erlebt hatte. Nach der Todesangst fand ich zu einem eigenartigen, eiskalten inneren Gleichgewicht. Ich ging zu Garfanji hinüber, der immer noch auf dem Boden hockte. „Die Männer", sagte er und zeigte auf die Herrschaften mit Turban, „fragen mich, warum noch niemand dein Lösegeld überwiesen hat." Immer noch forderte er 20 Millionen für meine Freiheit.

„Ich will mein Geld haben", tobte er.

„Ihr verlangt zu viel", antwortete ich, „selbst sie müssten das verstehen."

Er übersetzte meine Antwort für die übrigen Piraten. Die begannen darauf, unzufrieden zu schimpfen und mir mit ihren Waffen zu drohen, mit Maschinenpistolen, Kalaschnikows und Panzerfäusten. Einer von ihnen erinnerte mich an Mustaf Mohammed Scheich, den Piraten, den Hamid und ich damals in Hobyo interviewt hatten. Auch er war sorgsam darauf bedacht, sein Gesicht hinter einem Palästinensertuch zu verstecken. Obgleich ich mir nicht sicher war, ließ mir die Ähnlichkeit das Blut in den Adern gefrieren.

Garfanji schrie, er werde mich in einer Stunde schon an die Al-Shabaab-Milizen übergeben, sollte meine Familie nicht in diesem Augenblick bezahlen. „Die sind schon unterwegs", drohte er.

Er hatte zweifellos das Sagen, selbst wenn er log, so wie in diesem Moment. Auch wenn er mir Angst machen konnte, hatte ich nichts als Verachtung für ihn übrig.

„Wir haben das Geld nicht", sagte ich, „so viel gibt's bei uns nicht zu holen!"

„Du lügst", schrie er wieder, „ich habe deine Kontoauszüge gesehen! Ich weiß, wie viel Geld du wirklich hast!"

Seine Leute hatten tatsächlich meine Bankkarten gestohlen, ich konnte mir jedoch kaum vorstellen, dass jemand mein Konto geknackt hatte. Dennoch sagte ich: „Na, dann weißt du ja jetzt, Mohamed, dass da noch nicht einmal eine Million Dollar drauf ist!" Meine Antwort machte ihn nur noch wütender. Vor all den Leuten drohte er aus der Rolle des allwissenden und allmächtigen Verbrecherbosses zu fallen, eine Rolle, die er keinesfalls preisgeben durfte. Entweder wusste er, dass ich nicht reich war, oder er wusste es nicht. Egal was er jetzt sagte, er würde danach entweder als Lügner oder als unwissend dastehen. Ich sah ihm ins Gesicht und erkannte an der Art, wie er sich verstellte, dass er gelogen hatte: Er hatte mein Konto nicht knacken können.

„Die Amerikaner haben uns auch noch nicht geantwortet", sagte er. „Kannst du nicht mehr Geld auftreiben?"

„Ihr habt doch meinen deutschen Pass", sagte ich. „Vielleicht wollen die euch helfen."

Ich hatte diesbezüglich selbst kaum Hoffnungen, doch inmitten all der bewaffneten Männer wollte ich keine Antwort schuldig bleiben. Wieder übersetzte Garfanji meine Antwort für den Rest der

Gruppe. Diesmal hoben sie ihre Waffen als Zeichen ihrer Zustimmung. Garfanji wollte gleich ein neues Video drehen. Alles hier, so wurde mir klar, war nichts als eine Show, nichts als Garfanjis kleine Horrorshow aus dem Unterholz. Die beiden Teenager begannen ihre Kamera auf ein Stativ zu montieren. Ein paar Piraten schlichen sich lautlos hinter meinen Rücken und brachten dabei ihre bedrohlichsten Waffen mit. Fast hätte ich sie gar nicht kommen hören. Andere Somalis schlugen vor, mir eine Decke über den Kopf zu werfen, um mich vor den Drohnen zu verbergen.

„Die Decke hier?"

„Haa, yes!"

Es war die rosafarbene Decke, die ich inzwischen überallhin mitnahm. Außerdem trug ich an diesem Tag ein rosafarbenes Trägerhemd und grellgrüne Fußball-Shorts. Seit Wochen schon hatte ich mich nicht mehr rasieren können. Mir war völlig klar, dass ich auf den Betrachter des Videos in diesem Aufzug nicht nur verwahrlost und erschöpft, sondern auch äußerst lächerlich wirken musste. Ich zog mir also die rosafarbene Decke über den Kopf und schon begann mir Garfanji hinter der Kamera Fragen zu stellen.

„Was willst du von deiner Regierung?", fragte er.

„Entweder die deutsche oder die amerikanische Regierung soll das volle Lösegeld bezahlen", antwortete ich so, wie es zuvor geprobt worden war.

„Welche Regierung genau?"

„Die deutsche!"

„Wie sollen sie zahlen?"

„Sie sollen innerhalb der nächsten drei Tage antworten."

„Was passiert, wenn sie nicht bezahlen?"

„Gibt es keine Antwort, dann verkaufen mich meine Entführer an die Al-Shabaab-Milizen."

Als wir mit allem fertig waren, setzte ich mich und sah Garfanji dabei zu, wie er von einer kleinen Erhebung herab zu seinen Leuten sprach. Er tat dabei so, als vermittle er nur zwischen den furchtbaren Piratenbossen und den Interessen der armen Geiseln. Endlich war er wieder ganz in der Rolle ihres Chefs. Den Bambusstock in der Hand, schwang er große Reden. Auch wenn der Begriff „Tyrann" für ihn zu viel der Ehre wäre, er erinnerte mich an Jack Merridew in Goldings *Herr der Fliegen*. Er war ein Möchtegern-Tyrann, ein sadistischer Schläger weitab von jeder Form von Recht und Gesetz, die seine Macht hätten einschränken können. Er führte mir vor Augen, was Anarchie wirklich bedeutet. Sie ist ein Zustand, in dem sich alles Vernünftige und alles Gesetzmäßige, der gesamte hauchdünne Firnis der Zivilisation, mit einem Mal in Nichts auflösen. Gebannt sah ich seiner Rede zu, versuchte sie zu verstehen und erkannte im nachmittäglichen Sonnenglanz, der durch die Zweige der Bäume schimmerte, dass der Chef der Piraten, der Chef mit der Fistelstimme eines übergewichtigen Kleinkinds, Strähnen grauer Haare auf dem Kopf trug.

Die jungen Kameraleute packten nun ihre Sachen zusammen. Kurz nach Garfanjis Rede waren sie zu mir herübergekommen und hatten sich bei mir entschuldigt. Einer von ihnen trug eine Brille mit Drahtrahmen. Er schien noch voller Idealismus und jugendlicher Kraft und sprach ein ordentliches Englisch.

„Wir können leider nicht helfen", gestand er mir. „Wir sind nur die Journalisten. Wir stellen nur die Videos ins Internet."

„Wozu?", fragte ich.

„Wir werden den Leuten von Ihrem Unglück erzählen."

„Das hatte doch nichts mit Journalismus zu tun", sagte ich und deutete auf Rolly. „Das war einfach nur unmenschlich."

„Menschlich, genau", nickte der Journalist und rückte die Brille auf seiner Nase zurecht.

Ich sah ihn eindringlich an. Es war schlicht unmöglich, ohne jede Beziehung zu den Klans und den Piraten hier in diese Ecke Somalias zu reisen. Ich glaubte ihm und seinem Kumpel kein Wort. Das Wort „menschlich" hatte in Staaten wie Somalia ohnehin eine ganz eigene Bedeutung. Es stand meist für das Rote Kreuz, für Ärzte ohne Grenzen oder die Vereinten Nationen. Es stand für all jene Organisationen, die das Land mit einer Welt verbanden, in der Menschenrechte tatsächlich noch etwas galten.

„Von ‚menschlich' war nicht die Rede", sagte ich.

Die Piraten verfrachteten Rolly in eines der Autos und brachten mich auf die Kuppe einer Düne, abseits der Bäume. Garfanji wartete dort auf mich. Es war Zeit für meinen nächsten Anruf daheim. Zuvor klopfte mir der Piratenboss mit dem Bambusrohr auf die Brust. Er drohte mir, dass er mich an die Dschihadisten verkaufen werde, sollte ich meine Familie nicht dazu bringen können, ihm binnen drei Tagen 20 Millionen Dollar zu überweisen. Ganz in seiner Nähe warteten neben ein paar anderen Piratenbossen auch Duulaay und Ahmed Dirie im Schatten eines Dornengestrüpps und drohten mir mit ihren Gewehren.

„Mohamed, ich mache doch, was du sagst", gab ich ihm zu bedenken. „Es gibt also keinen Grund, mich schlecht zu behandeln."

Damit brachte ich ihn völlig aus dem Konzept. Offenbar hatte er einer vernünftigen Forderung nichts entgegenzusetzen und schwieg. Stattdessen durchsuchte er die gespeicherten Kontakte in seinem Handy, entdeckte schließlich die Nummer meiner Mutter und drückte auf die Anruftaste. Er übergab mir das Telefon. Auf dem Bildschirm stand „Habar Galo", Mutter des Gottlosen.

„Hallo?", klang es aus dem Handy. Die Mutter des Gottlosen war am Telefon.

„Mom", sagte ich, „die wollen mich hier an die Al-Shabaab-Milizen verkaufen, wenn ihr nicht in drei Tagen bezahlt habt."

„Okay", antwortete sie ohne jede Regung.

Garfanji wiederholte nochmals seine Forderung nach einem offiziellen Bescheid, der seine Unschuld dokumentieren sollte: „Obama muss ihn unterschreiben! Mit offiziellem Regierungssiegel aus dem Weißen Haus!"

„Wohin soll Obama den Brief schicken?

„E-Mail, die sollen ihn per E-Mail schicken", rief der Piratenboss.

„Bastle einfach was in Word", murmelte ich ins Telefon.

„Oh je", antwortete meine Mutter, der das FBI zuvor bereits erklärt hatte, wie sie auf eine solche Frage zu reagieren hatte: „Das können wir doch nicht machen, Michael, das wäre Urkundenfälschung!"

„Sag ihr, wir wollen immer noch 20 Millionen Dollar", rief Garfanji dazwischen. „Frag sie, ob sie ein Gegenangebot machen will."

„8 000 Dollar, allerhöchstens 10 000." Mir wurde schlecht angesichts der Differenz der beiden Beträge, trotzdem war ich stolz auf meine Mutter. Sie gab die einzig richtige Antwort.

„Sie bietet 10 000 Dollar."

„Was, das soll wohl ein Witz sein!", rief Garfanji.

„Das Gleiche hat meine Mutter über eure Forderung gesagt!", platzte ich heraus.

„Michael, kann ich dich auf der Nummer zurückrufen?", fragte meine Mutter plötzlich.

Ich zögerte. Die Frage konnte nur bedeuten, dass die Piraten ihre Nummer nicht unterdrückt hatten. Falls es so war, schien es mir klüger, Garfanji erst gar nicht darauf hinzuweisen, dass meine Mutter und das FBI nun seine Telefonnummer hatten. Garfanji fing wieder mit seinen 20 Millionen an, was mir die Gelegenheit gab, die Frage meiner Mutter zu überhören. „Ihr sollt die gesamte Summe in den nächsten drei Tagen nach Somalia überweisen, sagt er, 20 Millionen."

„Können wir dich auf der Nummer zurückrufen?", fragte sie wieder.

Ich sah Garfanji ins Gesicht: „Sie will wissen, ob sie dich unter der Nummer zurückrufen kann." Garfanji war außer sich und begann zu toben: „Verfolgen sie den Anruf? Woher weiß sie meine Nummer?" Er riss mir das Telefon aus der Hand und schrie, dass er mich sofort an die Terroristen verkaufen wolle. „Drei Tage", schrie er, „nicht drei Monate! Drei Tage!" Er legte auf, nahm das Handy auseinander und riss die SIM-Karte heraus. Eine Aufgabe, die etwas Feingefühl und Geschick verlangte. Zu viel Feingefühl und Geschick für einen Piratenboss in Rage. Die Karte fiel schließlich vor ihm auf den Boden und Garfanji stampfte mit seinen Sandalen darauf herum, so lange, bis er sicher war, dass ihn die Mutter des Gottlosen nicht mehr auf dieser Nummer erreichen konnte.

Die Drohung, mich den Al-Shabaab-Milizen zu übergeben, stand schon vor diesem Anruf im Raum. Doch solange sich Piraten und

Milizen derart bekriegten wie zu diesem Zeitpunkt, war es nur eine äußerst theoretische Drohung, beruhigte ich mich. Selbst Garfanji musste seine verbrecherischen Geschäfte rund um Hobyo mithilfe von Söldnern vor den Angriffen der Islamisten absichern. Und war ich nicht als Geisel selbst ein Teil dieser abzusichernden Geschäfte? Außerdem hieß es, dass die Dschihadisten Piraterie aus religiösen Gründen ablehnten und bekämpften. Allerdings war das letztlich nur ein Klischee, so wie die somalischen Piraten angeblich nur arme Fischer waren. Dort wo Piraten und Dschihadisten zusammenarbeiteten, profitierten auch die Milizen von der Piraterie, indem sie von den Piraten in ihrem Gebiet Abgaben verlangten. Dass al-Shabaab bereit war, umgekehrt den Piraten Geld zu überlassen, um einen der verhassten Amerikaner in die Finger zu bekommen, schien mir zwar unwahrscheinlich, doch keineswegs unmöglich.

Am späten Nachmittag kehrten wir schließlich auf Mussolinis Bauernhof zurück. Marc war auch hier. In der Dämmerung brachten uns die Piraten eine große Schüssel Reis. Allerdings verboten sie uns zu sprechen. Während ich aß, bemerkte ich erst, wie sehr die Gabel in meinen Händen zitterte. Ich war wütend und verwirrt. Vermutlich bereiteten die Piraten bereits unsere Abreise vor, vielleicht ging es wieder in das Tal der wiehernden Geier.

Bei Sonnenuntergang türmten sich riesige Gewitterwolken über dem Meer auf. Duulaay trat mit seinem Gewehr über der Schulter in den Türrahmen. „Wie geht's dir, Rolly? Gut?", fragte er und grinste dabei wie eine Hyäne. Als hoffte er, mit seinem albernen Geschwätz die Qualen und den Schrecken des Nachmittags vergessen machen zu können. „I am fine?", setzte er hinzu, wie ein Schüler in einem Englischkurs. Schließlich war dort die Standardantwort auf die Frage „How are you?" stets der Satz „I am fine". Wie gern hätte ich Duulaay eine Kugel aus seiner eigenen Kalaschnikow verpasst. Rolly schenkte ihm nur das müde, ironische Lächeln eines alten Mannes.

Sobald Duulaay verschwunden war, breiteten wir unsere Matratzen auf dem Boden aus und legten uns zum Schlafen. „Ich will sterben", sagte Rolly in der Dunkelheit. Es klang wie seine Antwort auf jene Standardfrage des Englischlehrers.

FLÜGE

Die professionell nüchterne Art, mit der meine Mutter die Anrufe entgegennahm, war nur gespielt. „Natürlich wurde ich jedes Mal fast verrückt vor Angst", gestand sie mir später. Garfanji hatte sie mit dem Anruf mitten in der Nacht aufgeweckt und von al-Shabaab hatte sie zuvor noch kaum etwas gehört. Die Drohungen der Piraten ergaben für sie also nur wenig Sinn. Ein paar Stunden später wurde sie von FBI-Agenten besucht, die ihre Laptops zwischen all dem anderen Krimskrams auf dem Küchentisch aufschlugen, um mit ihr den Telefonanruf zu analysieren. „„Machen Sie sich mal keine Sorgen', haben die mir gesagt, ‚al-Shabaab hasst Piraten, also werden sie wohl kaum den Piraten Geld für eine Geisel bezahlen.'"

Meine Mutter bewirtete die Beamten bei jedem Besuch mit Kaffee und Bagels. Waren Anrufe oder eine Besprechung zuvor angekündigt worden, besorgte sie Sandwiches. Sie backte Bananenbrot oder Kekse. Für sie wurden die Beamten allmählich zu einer Art Ersatzfamilie. Einer von ihnen, Steve, erzählte mir: „Bei all dem, was sie durchzustehen hatte, war sie so unglaublich großzügig. Wir sagten, sie sollte damit aufhören, sonst hätte sie das bei jedem unserer Besuche gemacht."

Steve wohnte gut anderthalb Kilometer vom Haus meiner Mutter entfernt in Redondo Beach. „Manchmal habe ich einfach so bei ihr vorbeigeschaut, auch wenn gerade nichts Besonderes anstand. Dann haben wir uns halt über andere Sachen unterhalten. Sie sollte in der Zeit auch an sich denken und sich mit irgendwas ablenken können."

Meine Mutter hatte trotz aller Bedenken entschieden, meinen Fall gegenüber den Medien geheim zu halten. Auf ihren Wunsch hatte der *Spiegel* auch andere europäische und amerikanische Medienhäuser gebeten, nicht über meinen Fall zu berichten. Und so schwieg sich die internationale Presse über mein Schicksal aus. Denn je mehr Aufsehen mein Fall in den Medien erregte, so fürchtete man, umso höher würden am Ende die Lösegeldforderungen der Piraten ausfallen.

Das Schweigen fiel meiner Mutter jedoch schwer. Wann immer eine Verhandlung mit den Piraten oder einem der Unterhändler platzte, verlor sie das Vertrauen in die Stillhaltetaktik und kündigte den Beamten an, dass sie meinen Fall jetzt veröffentlichen wollte. „Ich habe dann immer Steve angerufen und ihm gesagt, dass ich es dem ganzen Land erzählen werde. Er ist dann jedes Mal zu mir gekommen und hat es mir ausgeredet, indem er mir die möglichen Folgen erklärt hat."

Der Druck der Öffentlichkeit und der Medien hilft in einem Entführungsfall wie dem meinen nur dann, wenn sich die Regierung und die Behörden nicht recht für den Fall interessieren. Um meinen Fall kümmerten sich hinter den Kulissen jedoch sowohl die amerikanische als auch die deutsche Regierung. Und so ließ sich meine Mutter jedes Mal wieder überreden, weiter zu schweigen. Die letzte Entscheidung lag immer bei ihr. Ein erzwungenes Veröffentlichungsverbot wäre letztlich auch unmoralisch gewesen. Allerdings half das Schweigen gegenüber den Medien nicht dabei, mich schneller freizubekommen. Solange ich das Radio hatte, wartete ich auf Hinweise zu meinem Fall. Ich wunderte mich, warum selbst die BBC-Weltnachrichten kein Wort über meine Entführung verloren – auch nicht, wenn direkt über Somalia berichtet wurde. Ich fühlte mich dann alleingelassen und vergessen. Ich wusste ja nicht, was im Rest der Welt vor sich ging. Ich begriff aber auch, dass mit jeder Berichterstattung über meinen Fall mein Wert für die Piraten stieg und sie das unnötig ermutigen und bestärken würde. Sobald meine Entführer eines ihrer Videos veröffentlicht hatten, hingen sie selbst wie kleine Kinder am Radio. Sie hofften darauf, dass mein Name in den Nachrichten auftauchte und sich endlich die Medien für mich zu interessieren begannen. Genauso frustriert waren sie jedes Mal, wenn sie damit wieder einmal erfolglos geblieben waren.

Nachdem mich meine Mutter Anfang Mai in dem Internetvideo der Piraten gesehen hatte, beruhigte Steve sie. Ihm schien, dass ich wach wirkte und offenbar genug zu essen und trinken bekam.

Tatsächlich musste ich damals nicht hungern. Und auch wenn ich bei der Aufnahme unter Stress stand, mussten die Beamten beim Anblick der vielen Gewehre und Raketenwerfer hinter mir laut auflachen. „Es sah ja tatsächlich furchteinflößend aus", berichtete mir meine Mutter. „Das sagten mir auch die Beamten. Ich sollte genau hinschauen, wie sie die Waffen hielten, als wollten sie mich mehr erschrecken als dich. Auf diese Weise haben wir schließlich jedes Video analysiert."

Fünf dieser Entführungsvideos haben die Piraten während meiner Zeit in Somalia gedreht. Das erste tauchte Mitte Mai auf. Ein Somali bot es Ashwin in Deutschland für zweitausend Dollar zum Kauf an. Ashwin lehnte jedoch ab. Noch im selben Monat erschien es dann auf *Somalia Report*, einer somalischen Nachrichtenseite im Netz. Der Clip machte trotz Nachrichtensperre die Runde. Er blieb jedoch der einzige bekannt gewordene Clip während meiner gesamten Geiselhaft.

Während Rolly und ich auf unserem Matratzenlager in Mussolinis Bauernhof langsam einschliefen, tobte draußen der Sturm. Durchs Fenster sah man, wie um die NAHAM 3, die in einem tosenden Schwarz von Meer und Wolken vor Anker lag, die Blitze zuckten. Etwa um neun Uhr weckten uns die Piraten: „Come on!", riefen sie und in mir sperrte sich alles gegen den Gedanken, bei diesem Wetter aus dem Haus zu müssen. „Ich glaub das jetzt nicht!", protestierte ich.

„Go, go, go, go!"

Der Regen prasselte auf das Blechdach, das die italienische Ruine innen trocken hielt. Ich stieg in den Land Rover, mürrisch und fest davon überzeugt, dass wir, dem Sturm schutzlos ausgesetzt, irgendwo im Busch landen würden, um am Ende an die Islamisten verkauft zu werden. Stattdessen rasten wir über den weißen Sandstrand von Hobyo und hielten vor einem Schnellboot. Wie einst wateten wir durch die warme Brandung und kletterten an Bord. Über der NAHAM 3 zuckte ein Blitz. Doch hatte es der Steuermann diesmal nicht eilig. Es galt noch immer der Befehl, mit gedrosselter Geschwindigkeit zu fahren, und so schoben wir uns beinahe bedächtig durch Wellen und Regen. Die Rückkehr in das vertraute Leben an Bord beruhigte etwas die Furcht vor einer neuen, ungewissen Phase meiner Geiselhaft, die mich an Land gepackt hatte. Auch schien mir das Schiff für eine Flucht besser geeignet. Warum, hätte ich nicht sagen können, ich mochte einfach das Meer und glaubte mit eigensinnigem Optimismus, hier an Bord meiner Freiheit ein gutes Stück näher zu kommen. Außerdem konnten mich hier draußen die Aufklärer besser sehen.

Niemand an Bord hatte mit einem Wiedersehen gerechnet. Es gab ein großes, aufgeregtes Hallo an Deck, bevor wir uns schließlich in unseren Kabinen zum Schlafen legen konnten. Als wir am nächsten Morgen etwa um sechs aufstanden, hatten die Filipinos bereits Kaffee gekocht und tischten uns zur Feier des Tages Pfannkuchen auf. Ich saß auf einem der Karbonfasertische und hörte mit einem Mal das Zirpen einer Grille unter einer der feuchten Bohlen an Deck. Grau dämmerte um uns herum der Morgen. Ich fragte mich, wie es die Grille an Bord geschafft hatte. War sie von Mauritius mit der NAHAM 3 gereist oder irgendwie vom somalischen Festland hierher gelangt?

„Heute war schon wieder ein Hubschrauber da", sprach mich Tony an.

„Echt?"

„Vor einer halben Stunde!"

„Und, was hat er gemacht?"

„Ist nur einmal um das Schiff geflogen."

Ich erzählte ihm davon, was Garfanji an Land getan hatte, und die Geschichte machte an Bord schnell die Runde. Als Rolly schließlich die Treppen vom Oberdeck herabstieg, wurde er von den Filipinos empfangen wie ein König nach der verlorenen Schlacht. Seine blecherne Tasse stand bereit und Ferdinand schenkte ihm Kaffee ein.

„Wie geht's dir?", fragte ich.

Er schüttelte nur den Kopf: „Mir tut alles weh!"

Allmählich erwachte auch der Rest der Crew und räumte die Matratzen von Deck. Wir breiteten unsere wieder unter dem Förderband aus und Rolly konnte sich etwas ausruhen. Als er den anderen von der Folter erzählte, schien er den Schmerz ein zweites Mal zu durchleben. „Bap, bap!", machte er und zeigte die blauen Flecken auf seiner kaffeebraunen Haut. „Die glauben, ich komme aus Israel! Dieser fette Kerl! Er glaubt wohl alles, was er in seinem Scheißcomputer sieht!" Rollys Gesicht war wie versteinert. „Israeli! Ich!"

Den Rest des Tages nutzten wir zur Erholung, saßen unter dem Förderband und beobachteten die Crew beim Fischen. Rolly brachte mir die kreolischen Namen der Fische bei, die sie fingen. Einige, wie Zackenbarsche, den Langnasen-Straßenkehrer, bestimmte Schnapperarten oder die Regenbogenmakrele, hatte ich zuvor noch nie gesehen. Gewöhnlich aber endeten Stachelmakrelen oder ungenießbare Schiffshalterfische, die den Rumpf eines Schiffes nach Essbaren absuchen, am Haken.

Rolly verfolgte alles mit dem sehnsüchtigen Blick eines Profis. „Willst du nicht auch mal?", fragte ich ihn.

„Ich mag Angeln!", antwortete er. „Zu Hause gehe ich angeln und das macht mich glücklich. Aber ich möchte hier nicht immer an daheim denken müssen, verstehst du?"

Ich verstand nur zu gut. Wir mussten in Somalia lernen, uns zu schützen, auch auf schöne Dinge zu verzichten, nur das hielt uns letztlich davon ab, zu verzweifeln.

In der Hitze des Tages erinnerte ich mich an meinen Vater und seine Freude am Angeln. In unserer Auffahrt stand ein Anhänger mit einem Motorboot und sobald er Zeit hatte, zog es meinen Vater zu den Stauseen nördlich von Los Angeles. Dort saß er den ganzen Nachmittag lang mit einem Bier in der Hand und wartete darauf, dass eine Forelle anbiss. Manchmal begleiteten meine Mutter und ich ihn. Allerdings wurde uns die Totenstille an Bord bald langweilig. Mein Vater jedoch genoss sie, weniger des Angelerfolgs wegen, sondern zur Beruhigung seiner Nerven. Meine Mutter witzelte immer herum und versuchte ihn in ein Gespräch zu verwickeln, doch er antwortete nur: „Schhh, du verscheuchst die Fische!", und wir mussten kichern.

Himmel, ich vermisste meine Familie.

Aber ich möchte hier nicht immer an daheim denken müssen, hatte Rolly gesagt.

„Jetzt sitzen wir wieder auf dem Schiff", bemerkte er nach einer Weile.

„Geht's dir etwas besser?"

„Ach", sagte er nur und winkte ab.

Nachdem der letzte Hubschrauber unser Schiff bereits früh am Morgen umrundet hatte, versuchte ich, künftig bereits um fünf Uhr früh wach zu sein. Sollte ich noch einmal die Möglichkeit bekommen, würde ich springen und rechnete mir dabei gute Fluchtchancen aus. Solange die aufgehende Sonne einen Teil des Schiffes und des Meeres in tiefblaue Schatten tauchte, wäre ich im Wasser für die noch schläfrigen Wächter fast unsichtbar, also schwieriger zu treffen. Außerdem gefiel mir der Gedanke, die Piraten zu überraschen.

Die Filipinos hatten neben dem Wasserkocher und dem Wok einen Wecker aufgestellt. Ich bat Tony, ihn nachts mit in meine Kabine nehmen zu dürfen. Er stimmte zu, doch nachdem ich den Wecker zweimal mitgenommen hatte, protestierte einer der Chinesen, ein älterer Mann mit einem runden Bauch und traurigen Augen. Er stammte aus Taiwan und war einer der Maschinisten an Bord. Die Leute nannten ihn „Taso", eine Verballhornung des chinesischen Begriffs. Sein wirklicher Name war Shen Jui-chang. Er hatte etwas gegen die Filipinos an Bord, genauso wie gegen seinen Vorgesetzten Li Bo Hai, der mir bei meiner Ankunft den wunden Rücken behandelt hatte.

Ich versuchte ihm zu erklären, wozu ich den Wecker benötigte, doch Taso verstand mich nicht. Als ich mir den Wecker dennoch weiter auslieh, hörte er im Gegenzug damit auf, unsere Schüsseln für uns in die Küche mitzunehmen, um uns das Essen zu bringen. Ich ließ also den Wecker, wo er war. Sein Protest machte mir jedoch klar, dass wir nicht länger als Gäste an Bord lebten. Wir waren nun als Geiseln Teil der Crew.

Auch unser Vorrecht auf die Kapitänskajüte stand mit einem Mal zur Debatte. Sobald Tuure an Land gegangen war, sperrte ein Somali namens Big Jacket für uns die Duschen ab. Er war ein dürrer Wachoffizier, der bei jedem Wetter einen viel zu großen blauen

Blazer trug. Jedes Mal, wenn er an Deck kam, hatte er seine Schwierigkeiten, die Mannschaft zur Ordnung zu rufen, und mir gefiel es gar nicht, meine Privilegien an einen derart untergeordneten Boss zu verlieren. „Die machen ihre Regeln, wie es ihnen gefällt", sagte ich verärgert zu Rolly.

„Ist mir egal", antwortete er. „Ich dusch' mit Salzwasser, wie die Kinder auch."

„Er hat mir nicht das Duschen verboten, er will nur nicht, dass ich oben aufs Klo gehe!" Ich sah Rolly an: „Du gibst zu schnell auf. Die Kerle sind einfach nur faul!"

„Du meinst Big Jacket?", fragte er.

„Yeah, Big Jacket!" Ich musste lachen, als ich den Namen aussprach. „Er glaubt, ihm gehört das Schiff."

„Er hat ein Gewehr."

Nach dem Mittagessen zog sich Rolly am Bug des Schiffes aus und duschte sich mit Salzwasser. Die Crew war beeindruckt von seiner Geste. Mir widerstrebte es immer noch, gegenüber den willkürlichen Launen der Piraten klein beizugeben und so entschloss ich mich zu einer typisch amerikanischen Form des Protests. Sobald Big Jacket seinen Posten am Oberdeck verlassen hatte, packte ich mein gelbes Handtuch und ging nach oben, um dort Zugang zur Dusche zu verlangen. Die Wärter waren völlig überfordert und ließen mich einfach durch. Keiner hatte der Mannschaft offenbar die neuen Regeln eingeschärft.

„Na bitte", sagte ich zu Rolly, als ich frisch gewaschen vor ihm stand und meine Haare abtrocknete, „reine Willkür!"

„Du hast recht, Michael. Du kannst ja in Zukunft allein dort duschen", sagte Rolly und blickte an mir vorbei.

„Komm schon. Du kannst auch dort oben duschen. Ich meine doch nur, dass es Sinn hat, die Regeln manchmal zu brechen."

„Ich dusche mit Salzwasser", sagte er nur voll trotzigem Stolz. Und tatsächlich hatte er recht damit. Mein Protest war der Protest eines privilegierten Amerikaners. Blickte man mit anderen Augen auf die Szene, dann fragte sich der Rest der Crew, warum ausgerechnet ich das Recht haben sollte, mit meinem gelben Handtuch über

Bord zu spazieren, um mich als Einziger in der Dusche des ermordeten Kapitäns zu waschen. Am nächsten Tag benutzte ich mit all den anderen den Schlauch mit Salzwasser. Zwar reinigte der lauwarme Strahl weder Haare noch Haut, jedoch half das Vergnügen, sich ein paar Minuten nackt mit Wasser zu erfrischen, ein wenig dabei, die Langeweile und die nachmittägliche Hitze zu vertreiben.

Auch ohne Wecker lernte ich allmählich, die Zeit an der Farbe des Himmels vor meinem Kabinenfenster zu erkennen. Somalia lag nahe dem Äquator und so ging die Sonne dort das ganze Jahr über ungefähr um sechs Uhr morgens auf. Gewöhnlich ging ich um acht Uhr abends ins Bett. Wegen des Rollens und Stampfens des Schiffes und meiner Nervosität schlief ich immer nur für kurze Zeit ein und döste dann bis halb fünf oder fünf Uhr morgens vor mich hin. Der Himmel vor dem Fenster war um diese Zeit tiefblau. Eine Stunde später erschien ein orangefarbener Streifen am Horizont und ich stand auf. Auf der Brücke saß dann ein einziger somalischer Wächter und achtete auf verdächtige Bewegungen an Deck. Erst mit seiner Erlaubnis wagte ich mich mit meiner Schaumstoffmatratze und der rosafarbenen Decke über den Korridor hinter der Brücke zum Abgang und stieg hinab auf das untere Deck. Bei den steten Bewegungen des Schiffs war es nicht leicht, die engen Treppen mit einer Matratze unter dem Arm hinunterzuklettern. Es kam vor, dass ich das Gleichgewicht verlor, sobald ein kräftiger Windstoß die Matratze erfasste. Doch das kümmerte mich wenig, denn mein idiotischer Aufzug folgte einem Plan. Ein einzelner Mann mit einer idiotischen rosafarbenen Decke auf dem Kopf und einer unhandlichen Matratze in der Hand, der zweimal am Tag früh und spät über das Deck eines Fischkutters stolperte, musste, so hoffte ich zumindest, über kurz oder lang einem Aufklärer oder den Kameras einer Drohne auffallen. Rolly stieg jeden Tag ohne seine Matratze auf das untere Deck. Da wir inzwischen drei Matratzen besaßen, konnte er eine in der Kabine lassen und hatte noch eine an unserem Platz unter dem Förderband.
   Während die anderen Geiseln um mich herum schnarchten, kochte ich Wasser in einem elektrischen Wasserkocher, nahm etwas

Nescafé aus einer Dose und gab Zucker und Milchpulver dazu. Ich wartete. Die Luft war zu dieser Tageszeit feucht und kein Wind regte sich. Jetzt wechselte auch die Nachtschicht mit den frisch ausgeschlafenen Wärtern der Tagschicht. Und jeden Morgen wieder hoffte ich, dass zuvor ein Hubschrauber aus der Ferne zu uns herüberkäme. Ohne zu zögern wäre ich dann von Bord gesprungen.

Gegen halb sieben kam gewöhnlich Rolly aus seiner Kabine, gefolgt von Ha. Der Chinese gab meist ein komisches Bild ab, denn er verzichtete gänzlich auf eine Morgentoilette. Solange er nicht die erste Zigarette geraucht und eine Tasse Kaffee vor sich stehen hatte, war er kaum wiederzuerkennen. Er machte sich meist einen Spaß daraus, die anderen Chinesen um eine Zigarette anzuschnorren. Dazu stellte er sich vor sie und hielt seine Hände wie ein Bettler, ganz so als sähe er selbst ein, dass seine Nikotinsucht ihn zur Würdelosigkeit verdammte.

Ich konnte nicht sagen, warum ausgerechnet er nie selbst ein Päckchen Zigaretten besaß. An Bord jedenfalls schien es einen schier unerschöpflichen Vorrat an Zigaretten zu geben. Alle paar Tage sah ich Crewmitglieder aus den Gefrierkammern kommen, mit der Hand den Frost von einer Stange Zigaretten abstreifen und die einzelnen Päckchen großzügig unter der Mannschaft verteilen. Niemand schien Sorge zu haben, dass sich die Vorräte irgendwann erschöpfen könnten – selbst wenn jedermann bewusst war, dass der Platz in den Kammern endlich war, ebenso wie die Lebenszeit des Schiffes. Das Wrack der SHIUH FU 1 hatten alle als mahnendes Beispiel vor Augen.

Als Nächstes kam morgens meist Qiong Kuan – ein chinesischer Offizier – aus der Kabine. Wir nickten einander zu, während er sich in eine Decke gehüllt auf einen der Arbeitstische hockte. Wechselseitig brachten wir uns bei, uns jeweils in der Sprache des anderen einen guten Morgen zu wünschen. An Bord gab es ein Englisch-Chinesisches Wörterbuch. Ein dicker Wälzer voller wichtiger Worte, über den ich mich tagsüber gern beugte, genauso gern wie über die Bibel.

„Good morning." Qiong Kuan sprach den englischen Gruß inzwischen gut verständlich, wenn auch etwas zögerlich aus.

„Zaoshang hao!", war die Antwort, die er mir beigebracht hatte, wenn er auch stets meine Aussprache korrigierte.

„Zaoshang hao!", versuchte ich mich und wurde erneut korrigiert.

„Zaoshang hao!", sagte ich nochmals und bekam diesmal von Kuan beide Daumen entgegengestreckt.

Er hatte einen ordentlichen Bauch und das lichte Haar auf seinem Hinterkopf verriet, dass er bereits mittleren Alters sein musste. Tatsächlich war er 37 Jahre alt. Seine Zigaretten rauchte er fast bewegungs- und ausdruckslos auf eine unnachahmlich stoische Art. Er war der erste Maat an Bord, also höher im Dienstgrad als Li Bo Hai, jedoch ließ er sich seine höhere Stellung selten anmerken. Das Tagesgeschäft an Bord ließ er Li Bo Hai organisieren, den die Piraten ohnehin als Chef der Crew akzeptiert hatten. Niemand störte sich daran, dafür war die Situation als Geisel auf dem eigenen Boot ohnehin zu absurd. Kuan war einfach zurückgetreten und rauchte einträchtig mit Li Bo Hai und einem weiteren Bordingenieur, Cao Yong, seine Zigaretten. Alle drei waren die Führungsriege der Naham 3 und hatten von allen die größte Erfahrung auf See.

Aus unseren immer wieder stockenden Gesprächen hatte ich erfahren, dass Kuan aus einer Provinz in China stammte, in der hauptsächlich Reis angebaut wurde. Niemand in seiner Familie – weder seine Frau noch seine Kinder und schon gar nicht seine Eltern – hatten je in ihrem Leben etwas von den Problemen in Somalia gehört. Die absurden Lösegeldforderungen der Piraten hätten für sie genauso gut von einem anderen Planeten kommen können.

Die Chinesen führten einen Kalender aus Papier und jedes Blatt darauf verzeichnete sowohl das westliche als auch das chinesische Datum. Tao und Jian Zui waren für den Kalender verantwortlich. Seit Juni gab es nun regelmäßig Streit über das korrekte Datum, der jedes Mal für einige Unruhe rund um den grünen Hondamotor sorgte. Ob das Datum nun stimmte oder nicht, jeden Tag wurde das Blatt morgens unter den Chinesen herumgereicht, während wir uns mit einer Tasse heißen Kaffees auf den Arbeitstischen breitmachten. Manchmal konnte ich eines der Blätter für mich behalten und nutzte es als

Ersatz für mein Notizheft. An anderen Tagen faltete Ha – Zigarette im Mundwinkel, eine Rauchwolke vor dem Gesicht und die Frisur in grauenhafter Unordnung – das Blatt zu einem Papierflieger. Er stellte sich dann an die Reling und wir sahen dem Flieger zu, wie er von einer Brise erfasst wurde und im bronzenen Licht der frühen Stunde seine Kreise über Wellen und Meer zog. Irgendwann setzte der Flieger dann auf der Wasseroberfläche auf und blieb schwerfällig auf ihr liegen, ein Insekt, gerade erst gefangen in einer klebrigen Flüssigkeit. Manchmal blieben wir an der Reling stehen und sahen zu, wie das Papier im Meer versank.

Eines Morgens im Mai unterhielt ich mich mit Hilfe des englisch-chinesischen Wörterbuchs mit dem Zweiten Offizier Cao Yong. Anders als die übrigen Crewmitglieder der NAHAM 3 hatte er sich noch nicht ganz in die Rolle als Geisel ergeben. Er war voller Widerwillen und hasste die Piraten. Dennoch erledigte er seine Pflichten an Bord und stieg, sobald es nötig war, in den Maschinenraum, um dort nach dem Rechten zu sehen oder Störungen zu beheben. Ein Teil der Schiffsmotoren lief Tag und Nacht, um die Generatoren anzutreiben, die den Kutter mit Strom versorgten. Ihr stetes Brummen wurde für mich zum Zeichen für den verhältnismäßig großen Komfort an Bord. Der Motor begann jedoch mit der Zeit zu stottern oder setzte zeitweise ganz aus. Weder die Gefrierkammern noch die Küche oder die Filteranlagen für das Trinkwasser kamen ohne Strom aus. Versagte der Motor, hieß das, dass wir an Land umziehen mussten.

Neben meinen Fluchtfantasien spielte ich in Gedanken oft die Szenen einer Meuterei durch. Die Geschichte des Selbstmords einer Geisel auf der SHIUH FU 1 verfolgte mich dabei jeden Tag. „15 Monate", hatte Hamid gesagt. Vielleicht hält man es länger einfach nicht mehr aus. Inzwischen wurde ich bereits seit vier Monaten festgehalten. Rolly schon sieben, die Crew der NAHAM 3 erst zweieinhalb.

An Deck lagen offen die Ausbeinmesser für den Thunfisch herum, genauso Wetzsteine, Splisseisen und ein Fischhaken, der am Ende eines fast vier Meter langen Bambusrohrs befestigt war. Ich schmiedete Angriffspläne für unser Waffenarsenal und versuchte die Zahl der Piraten zu schätzen. 30 waren sicher an Bord. Wenn jede Geisel sich einen Piraten packte? Natürlich hatten uns die Somalis mit Absicht auf unserem Deck zusammengetrieben, während sie sich überall an Bord aufhalten konnten. Wir sollten nicht wissen, wie viele Piraten tatsächlich auf dem Schiff waren.

„Cao Yong", sagte ich und blätterte im Wörterbuch. Sobald ich den englischen Ausdruck gefunden hatte, zeigte ich ihm die chinesischen Schriftzeichen daneben. Wort für Wort setzte ich jeden Satz zusammen.

„An Land nicht gut", zeigte ich.

Cao Yong nickte nur und ich kam zur Sache:

„Kann die Mannschaft die Piraten angreifen?"

Der Plan war gefährlich, aber er schien mir nicht unmöglich. Doch die Chinesen mussten ihn ausführen. Die Somalis waren letztlich ohne Belang für das Leben auf der NAHAM 3. Ohne Cao Yong, Li Bo Hai und Qiong Kuan jedoch war der Plan zum Scheitern verurteilt.

Allerdings hatte keine der Geiseln je eine militärische Kampfausbildung genossen und möglicherweise hatten die Piraten den Antrieb der NAHAM 3 blockiert. Cao Yong nahm mir das Wörterbuch aus der Hand.

„Zu gefährlich", deutete er und ich nickte.

Er blätterte weiter und zeigte mir neue Begriffe:

„Piraten töten niemanden. Manchmal lassen sie einen frei."

Ich sorgte mich über Selbstmorde oder den Tod an Land, doch war es zu kompliziert und zu spekulativ, um es ihm im Wörterbuch zu zeigen.

Cao Yong blätterte in der Zwischenzeit weiter durch das Wörterbuch und fand einen chinesischen Ausdruck, dessen Übersetzung er mir jetzt zeigte:

„Es ist es nicht wert."

Ich nickte erst, dann zuckte ich mit den Schultern.

Jeden Nachmittag kam mit einem Boot frisches „Tschat" an Bord. Auf dem Oberdeck bei den Piraten ging es dann meist hoch her.

Jeder war zur Stelle, um seinen Anteil in Empfang zu nehmen. Sie standen dann oben in einer Reihe und warteten, bis man ihnen ihre Tagesration übergab. Big Jacket rief Taso zu sich an die Reling. Er und ein paar andere Geiseln hatten sich wegen der Anspannung oder aus Langeweile das Khatkauen angewöhnt und die Piraten überließen ihnen Tag für Tag ein halbes Bündel des Krauts. Taso lief nur mit roten Shorts bekleidet über das Deck und kehrte, seine Khatstängel fest mit der Hand umklammernd, zu uns zurück. In seinem Gesicht lag ein tragikomischer, ungläubiger Ausdruck von Bedürftigkeit.

„Happy Hour", sagte Rolly nur.

Taso teilte sich sein Khat mit einem Kambodschaner, der danach auf eine aufdringliche, anmaßende Art über den Rest der Crew zu lästern begann. Die Chinesen ließen sich das nicht gefallen und knufften ihn an die Schulter. Der Kambodschaner hieß Ngem Sosan. Er und Taso waren enge Freunde des ermordeten Kapitäns gewesen. Solange der Kutter seinen alltäglichen Geschäften nachging, hatten die beiden an Bord der NAHAM 3 eine Reihe Privilegien genossen. Jetzt beklagte sich Sosan laut über die Piraten und weigerte sich, irgendwelche Arbeiten an Bord zu verrichten. Mit der Zeit hatte ich auch verstanden, warum er zu den Duschzeiten stets über das Deck brüllte. Er machte dann abfällige Bemerkungen über die Größe der Genitalien seiner Kollegen; ein Grund mehr also, warum diese auf ihn einhackten.

Diese Art von Auseinandersetzungen wurde im sonst ruhigen, gedämpften Alltag der Geiseln an Bord immer problematischer. Die Entführung hatte auch die Hackordnung unter den Crewmitgliedern durcheinandergebracht. Die Chinesen hatten an Bord einst den Ton angegeben. Entsprechend angesehen war jeder, der an Bord Chinesisch sprach oder zumindest mit jemandem befreundet war, der es konnte. Nach der Entführung jedoch war nun Englisch die wichtigste Sprache an Bord. „Die Somalis glauben, ich wäre hier der Chef", erzählte mir Arnel. „Das bin ich nicht, ich bin nur ein einfaches Crewmitglied. Aber ich kann gut Englisch und kann übersetzen."

„Eine Beförderung", meinte ich.

Arnel lachte nur: „Klar", sagte er.

Weil die Filipinos Englisch sprachen, hielten Rolly und ich uns häufig in ihrer Gesellschaft auf. Ab und zu brachten die Versorgungsboote Mangosaft und Vanillekekse eigens für mich als wertvollste Geisel der Piraten. „Abu Walad" hieß die Marke, was auf Somali nichts anderes bedeutet als „Keks". Ich bemühte mich redlich, die Schätze gerecht unter allen zu verteilen. Doch da wir uns viel mit den Filipinos abgaben, erhielten sie den größten Anteil daran. Bei den Chinesen und ihren Freunden entstand dagegen allmählich der Eindruck, dass sie nicht gut genug wären für all die Extras.

Eines Morgens brach es dann aus Sosan heraus. Mit krächzender, aber auch irgendwie lustiger Stimme klagte er mir sein Leid. Er schimpfte über Chinesen und Filipinos sowie die Somalier, über das Essen und den Amerikaner und vor allem darüber, dass ausgerechnet er nie Mangosaft abbekam. Kurz entschlossen reichte ich ihm meine letzte Flasche Saft, doch er schüttelte den Kopf. Ihm war klar, dass ich ihm die Flasche nur geben wollte, damit er endlich verschwand und seinen Mund hielt. Er begann nun, sich über meine bleiche Haut und meine spitze Nase lustig zu machen. Noch nie zuvor hatte jemand meine Nase als spitz bezeichnet. Die übrige Crew lachte mit ihm, wenn auch etwas nervös. Niemand wusste in dem Augenblick, was er sagen sollte. Doch Sosan schimpfte weiter in einer Mischung aus Pidgin und Kambodschanisch auf mich ein.

„Kambodscha saitei, Kambodscha loco-loco", rief ich schließlich: Verrückter Kambodschaner!

Alle lachten nun, auch Sosan. Natürlich, denn die Beleidigungen dienten auch als Ventil, um Anspannung und Ärger loszuwerden. Danach dauerte es ein bisschen, bis Sosan und ich doch noch Freunde wurden.

Ein paar Tage nach Sosans Vorstellung beobachtete ich Taso, wie er auf Chinesisch vor sich hinschimpfte. Er saß in einer Ecke unmittelbar neben dem grünen Hondamotor. Uns gegenüber hatte Li Bo Hai auf einer der Werkbänke Platz genommen und hörte Taso mit einer Zigarette im Mund zu. Li Bo Hai war eine ausgleichende Kraft an Bord, nie ergriff er Partei für eine der Nationalitäten an Bord. Nach einer Weile jedoch begann er auf Chinesisch zu schimpfen.

„Was gibt's?", fragte ich Tony.

„Es geht um Kaffee", sagte er.

„Warum?"

Die ganze Crew schien sich von Li Bo Hais Tirade angegriffen zu fühlen und Taso klagte nun noch lauter. Die Filipinos hätten den Kaffee zu schnell aufgebraucht, übersetzte Tony für mich.

„Aber daran sind wir schuld", warf ich ein.

„Schhhh!"

Taso stand auf und machte sich bereit für einen Kampf. Auch Li Bo Hai erhob sich. Doch statt sich auf Taso zu stürzen, lief der Erste Maschinist zu einem Schrank auf dem Arbeitsdeck. „He!", rief er und warf Taso eine Packung Tee zu. „He!", rief er nochmals und schleuderte eine Packung Abu-Walad-Kekse in dessen Richtung. „He!", rief er ein drittes Mal, stellte sich mitten auf das sonnige Deck und leerte eine halbe Packung Teebeutel und noch andere Vorräte auf den Boden. Taso wurde still, genau wie der Rest der Mannschaft. Li Bo Hai setzte sich zurück auf die Werkbank. „Das war alles Tasos Zeug", erklärte Tony. „Er sagt, dass sich Taso nicht über den Kaffee beschweren soll."

Sieht man von den Streitereien ab, wurde kaum sichtbar, wie sehr die Geiselhaft an den Nerven der einzelnen Crewmitglieder zehrte. Eigentlich hätten wir unseren Ärger gegen unsere Wächter richten sollen, doch machte er sich vor allem im Streit untereinander Luft und vergiftete allmählich die Atmosphäre. Viele erinnerten sich an die Werte und Dogmen ihrer jeweiligen Religion, doch hinderte uns das Fehlen einer gemeinsamen Sprache daran, uns eingehend über die grundlegenden Werte unseres Zusammenlebens zu verständigen.

Vier der Indonesier waren Christen, der fünfte Muslim. Die Kambodschaner und Vietnamesen waren Buddhisten. Bisweilen konnte man Phumanny, den Matrosen mit den Tätowierungen und dem Topfhaarschnitt, im hinteren Bereich des Arbeitsdecks dabei zuhören, wie er in schneller Folge buddhistische Gebete aufsagte. Die

Chinesen waren entweder Buddhisten, Taoisten oder Konfuzianer. Beim Gedanken an den Matrosen der SHIUH FU 1 fragte ich mich manchmal, wie die buddhistische Lehre zum Selbstmord stand. Ich erinnerte mich an den buddhistischen Mönch Thich Quang Duc, der sich 1963 in Saigon auf offener Straße mit Benzin übergossen und angezündet hatte. Er hatte damit gegen die religiöse Ungerechtigkeit in Süd-Vietnam protestieren wollen. Es gab ein Foto von ihm, das ihn während der letzten Augenblicke seines Lebens zeigte. Er stand darauf aufrecht und schien dem Tod gelassen entgegenzusehen. 1970 versuchte es ihm ein Student an der University of California gleichzutun, um gegen den Vietnamkrieg zu protestieren. Doch anders als Quang Duc war George Winne Jr. aufgesprungen und brennend über einen großen Platz gelaufen. Kurz bevor er nach etlichen Stunden im Krankenhaus verstarb, hatte er seiner Mutter versichert, dass er an einen Gott glaubte und auf ein Leben nach dem Tod hoffte, wo er seine Mutter wiedersehen wollte.

Ich hatte nicht die Absicht, auf diese Weise zu sterben. Auch konnte ich dem Versprechen eines Lebens nach dem Tod nicht viel abgewinnen. Quang Duc hatte jedoch aus einer tieferen spirituellen Einsicht heraus gehandelt. Der Buddhismus kennt kein Leben nach dem Tod und kein Überleben eines individuellen Bewusstseins. Wiedergeburt ist nicht dasselbe wie ein Leben nach dem Tod. Doch wer ohne auf ein Leben nach dem Tod hoffen zu können still dasaß, während seine Kleider und sein Körper brannten, der musste tatsächlich jede Fessel der Selbstbezogenheit und alle weltlichen Bedürfnisse hinter sich gelassen haben. Es gab für mich jedenfalls keinen besseren Maßstab für die Richtigkeit und Gültigkeit einer Lebenshaltung oder Religion. Ich hielt es mit Einstein, der sagte: „Der wahre Wert eines Menschen ist in erster Linie dadurch bestimmt, in welchem Grad und in welchem Sinn er zur Befreiung vom Ich gelangt ist." So schrieb er 1934 in einem Brief. Legt man diese einfache, aber tiefgründige Formel dem Treiben unserer Entführer zugrunde, so waren sie allesamt Schwachköpfe.

Rolly sollte diese Erkenntnis eines Morgens unter dem Förderband auf seine Art beschreiben. Er beobachtete gerade das Treiben der Piraten, die ein Versorgungsboot zu entladen hatten und sich beharrlich weigerten, einander dabei unter die Arme zu greifen.

Rolly hatte von allen Menschen auf unserem Arbeitsdeck den wohl philosophischsten Verstand. Ob er es wusste oder nicht, er zitierte an diesem Morgen Sokrates.

„Michael, das sind keine bösen Menschen", sagte er und setzte nach einer Weile hinzu: „Sie wissen nur nicht, was sie tun."

Eines Tages im Juni kam unser Übersetzer Abdul zurück an Bord. Dieses Mal steckte er in einem knallbunten Hawaii-Hemd, das er über einem wild gemusterten indonesischen Sarong angezogen hatte. Auf der Nase trug er eine dunkle Sonnenbrille, vermutlich um seine Augen vor der grellen Mischung aus Farben und Mustern an seinem Körper zu schützen. Er verschwand zunächst nach oben, kam jedoch später am Morgen zu uns auf das Arbeitsdeck und bestellte bei Tony gebratenen Fisch. Er schaufelte etliche Löffel trockene Teeblätter direkt in den Wasserkocher, wo sie sofort das Plastik dunkel einfärbten. Den Tee im Becher zuzubereiten, wie es jeder an Bord tat, schien ihm nicht in den Sinn zu kommen. Kurz bevor das Wasser kochte, fischte er zwei Kardamomschoten aus seinem Gewand, wickelte sie in einen Fetzen Stoff und zerschlug sie darin mit einem Hammer auf der Werkbank.

„So muss man Tee kochen – mit etwas Gewürz!", eröffnete er mir. „So hat ihn schon meine Mutter gemacht, als ich noch ein Kind war!"

Er goss mir eine Tasse voll duftenden Tees ein und reichte sie mir mit einem breiten Grinsen. „Hier, für dich, Boss!", sagte er.

„Nein danke!"

Inzwischen beobachtete uns die gesamte Crew. Einige ärgerten sich darüber, dass er den Wasserkocher verschmutzt stehen ließ. Außerdem hatte er von seinem gewürzten Tee nicht genug für alle gekocht.

„Nimm, schmeckt gut!"

„Wofür?", fragte ich.

„Nimm ihn, ich trinke den Rest, ich hab' ihn nicht vergiftet."

Ich nahm die Tasse, trank einen Schluck und gab sie ihm zurück. Er schmeckte wirklich nicht schlecht.

„Okay", sagte ich und fragte mich, was genau Abdul von mir wollte. „Wir müssen heute in der Nacht deine Mutter anrufen", sagte er schließlich. „Die Anführer an Land lassen mich jetzt deinen Fall erledigen." Er brachte ein Stück Karton hervor. „Kannst du mir einen Gefallen tun? Schreib mir doch bitte den Namen und die Telefonnummer deiner Mutter hier drauf."

Ich schrieb alles auf den Fetzen Karton.

„Das sieht doch gut aus, diesmal schaffen wir es", sagte er.

Abdul war zuvor noch nie bei meinen Anrufen dabei gewesen. Ich überlegte. Sprach er Deutsch? Zumindest konnte er besser Englisch als Garfanji, der ein sehr schwülstiges Englisch sprach, das nach der Kolonialzeit in Kenia klang. Abdul dagegen verstand wahrscheinlich selbst amerikanische Umgangssprache.

Was mir allerdings merkwürdig vorkam.

„Wo hast du Englisch gelernt?", fragte ich ihn.

„Hier in Somalia."

„Warst du schon mal im Ausland?"

„Nein, Mann, ich bin hier noch nie rausgekommen."

„Hm."

Etwas später kam einer der somalischen Wächter zu uns an Deck, um Vorräte auszugeben. Er brachte uns Shampoo, Geschirrspülmittel und einige Feuerzeuge mit. Sobald er die Feuerzeuge auf den Tisch gelegt hatte, erwachte das ganze Deck zum Leben. Von überall her stampften barfuß die Männer heran und belagerten den unbewaffneten und völlig überraschten Piraten. Tony kehrte stolz mit einem brandneuen LED-Feuerzeug von seinem Beutezug zurück. Er wusste, dass auch ich ein solches Feuerzeug wollte, weil mein altes allmählich leer zu werden drohte. Ich suchte also in meinen Sachen und tauschte schließlich das alte Feuerzeug und zwei Flaschen Mangosaft gegen Tonys brandneuen Hightech-Anzünder.

Am Abend setzte sich Abdul zu mir: „Pass auf, heute Abend rufen wir einen Typ in Norwegen an. Er wird deinen Fall abschließen.

Er kommt aus Somalia. Antworte einfach auf seine Fragen und sag'
sonst nichts."

„Klar", sagte ich, wollte jedoch noch mehr wissen. „Wieso ist er
in Norwegen?"

„Ich hab' keine Ahnung."

Nach Sonnenuntergang stiegen die Geiseln, die oben in den Kabinen schlafen sollten, die Treppe hoch. Eine Stunde lang lag ich
wach in meiner Koje und konnte darüber nachdenken, was ich am
Telefon sagen wollte. Ich beschloss, auf Deutsch nach den Hubschraubern zu fragen, denn seit dem Videodreh mit Garfanji hatten
wir keinen mehr gesehen. Über dem Boot war es am Himmel seitdem merkwürdig ruhig geworden. Vielleicht war das jedoch auch
Absicht.

Für den Anruf wurde ich quer über den Gang in eine Nische
an den Kapitänstisch geholt. Die Piraten auf der Brücke aßen hier
gewöhnlich zu Mittag und zu Abend. Da sie mit den Fingern aßen
und keine Servietten benutzten, klebten überall am Tisch die Reste
von Pasta und Reis.

„Die Jungs sind wirklich ekelhaft!", entschuldigte sich Abdul. Er
wählte eine Nummer auf dem Handy, zögerte aber noch einen Augenblick. „Wenn er dich fragt, wo du bist, sag ihm, dass wir draußen
im Busch sind." Ich nickte nur. Er wählte erneut und sprach dann
sehr schnell auf Somali. Dabei stellte er den Lautsprecher an, sodass
auch ich den Mann am anderen Ende der Leitung hören konnte.
Auch er sprach genau wie Abdul ein schnelles Somali und klang
recht entschlossen. Doch sobald ich den Hörer übernommen hatte,
wechselte er völlig überraschend in ein weiches Englisch mit starkem
skandinavischen Einschlag. Ich gebe ihm hier den Namen „Anders".

Er stellte mir ein paar einfache Fragen. Ich vermutete, dass er
sich privat den Piraten als Unterhändler zur Verfügung stellte und
sich das erste Mal mit meinem Fall befasste. „Gleich nach unserem
Gespräch werde ich Ihre Mutter anrufen. Wollen Sie Ihrer Mutter
etwas mitteilen?"

Ich war wütend auf Abdul, der mir mit seinen Lügen über Anders falsche Hoffnungen gemacht hatte. Auf Deutsch rief ich in den

Hörer, dass ich mich auf einem Schiff befand. Abdul riss mir daraufhin das Telefon aus der Hand und legte auf.

„Wer war da am Telefon?", fragte er und bemerkte wohl den verblüfften Ausdruck in meinem Gesicht.

„Ein Mediator, ich dachte, er sollte meinen Fall in Ordnung bringen."

„Von den Medien?", fragte Abdul.

Ich konnte es nicht fassen und hätte beinahe den Tisch kurz und klein geschlagen. Unser Übersetzer Abdul war tatsächlich ein Volltrottel.

„Ein Mediator, Abdul, ein Unterhändler, genau wie du! Er ist verdammt nochmal auf eurer Seite!"

Die völlige Ahnungslosigkeit meiner Entführer war zum Verzweifeln. Hätte ich nicht auf dem vermaledeiten Schiff festgesessen, ich hätte ihm eine verpasst. Nicht nur dass ich entführt worden war, ich hatte auch noch das Pech, in die Hände blutiger Anfänger geraten zu sein.

„Hat er dich gefragt, wo du bist?"

„Nein", sagte ich und musste noch nicht einmal lügen.

Ich ging zurück in meine Kajüte, konnte jedoch in dieser Nacht nicht mehr einschlafen. Die Generatoren brummten und die NAHAM 3 schwankte wie eine Ente in der Badewanne. Ich dachte an Abduls Sorge, dem Unterhändler unseren Aufenthaltsort zu verraten. Wahrscheinlich hatte er Angst, dass auch sein Handy bis zum Mobilfunkmast in Hobyo zurückverfolgt werden konnte. Vermutlich wollte er die amerikanischen Aufklärer vom Meer in Richtung Landesinnere locken, denn auch dort klinkten sich die Handys über Hobyo in das Mobilfunknetz ein. Immerhin hatte ich auf Deutsch „Schiff" gesagt, nicht „Hobyo" und auch nicht „NAHAM 3". Und hier draußen gab es keine anderen Schiffe außer uns.

Ich hatte alles Nötige gesagt. Sollten nun die anderen ihre Arbeit machen.

Bevor ich einschlief, erinnerte ich mich an mein neues LED-Feuerzeug. Das Bullauge meiner Kajüte gab den Blick frei nach Osten. Ich konnte also meine Signale in den Himmel morsen, ohne dass sie von

Hobyo aus sichtbar waren. Ich suchte in meiner Tasche nach einer Rolle Klopapier, um das direkte Licht abzuschirmen, genauso wie ich es zuvor bereits an Land gemacht hatte. Ich begann wieder SOS zu morsen, hinaus in den schwarzen, undurchdringlichen Nachthimmel.

Mitte Juni fing die Monsunsaison an und ein beständiger Wind ließ die NAHAM 3 schwanken. Er trieb eine schwere Gischt über die Wellen, während sich über Hobyo hellrote Sandwolken auftürmten. Die Sonne stand morgens und abends nurmehr als kleiner Lichtfleck am Horizont in einem ansonsten verwaschenen Panorama voller Ockertöne. Eigentlich kannte man in dieser Gegend zwei Monsunzeiten, die starke und die schwache. Die Somalis nennen den stärkeren Sommermonsun „Hagar".

„Bei uns heißen die Winde Southeast", sagte Rolly. Ein Begriff, der auf die Unbeständigkeit der Monsunzeit überall im Indischen Ozean hinwies. Während des Sommers auf den Seychellen änderten die Passatwinde ihre Richtung und brachten dort trockeneres Wetter. In Bombay dagegen fiel während des Monsuns warmer Regen und in Somalia brachten die Winde kalte Nächte und ergiebige Regenschauer. Selbst das Wasser des Meeres wurde nun merklich kühler. Bis jetzt lieferte unsere Meerwasserdusche angenehm warmes Wasser, doch mit den ersten Sommertagen im Juni wurde es kalt wie frisches Tauwasser. Beim Duschen brannte die Haut und ich versuchte mir vorzustellen, wie sich ein Sprung über Bord wohl anfühlte. Ich dachte immer noch über meine Flucht nach, fürchtete jedoch die Unterkühlung.

„Wie in Südafrika", sagte Rolly. „Im Sommer ist da Winter."

„Ja, aber hier ist es anders", widersprach ich.

„Aber es ist doch Juni", meinte Rolly, „und hier in Somalia wird es jetzt kalt."

„Schon, aber hier ist jetzt tatsächlich Sommer. Südafrika ist auf der südlichen Halbkugel."

„Genau und deshalb ist es jetzt in Südafrika auch kalt."

„Weil dort jetzt Winter ist."

„Hier ist auch Winter", sagte Rolly.

Auch die Seychellen lagen südlich des Äquators, doch das spielte keine Rolle für uns. Wir genossen unsere kleinen Streitgespräche, denn mit ihnen vertrieben wir uns die Zeit. Die Filipinos nannten uns deshalb schon „Tom und Jerry".

Mit unserem Geplänkel gelang es uns eine Weile lang, unsere missliche Lage zu vergessen. Am Nachmittag stieß ich in der Bibel bei Matthäus auf das Gleichnis vom unbarmherzigen Gläubiger. Ein Herr erlässt seinem Diener eine nicht unerhebliche Schuld. Der Diener geht jedoch aus dem Haus seines Herrn und bedrängt auf der Straße unbarmherzig einen anderen Diener, der ihm wiederum etwas Geld schuldet. Sofort wird der kleinliche Diener daraufhin zu seinem Herrn zurückbeordert und sein Herr besteht nun seinerseits darauf, dass ihm die eigentlich erlassene Schuld auf Heller und Pfennig zurückbezahlt wird. „Ebenso wird mein himmlischer Vater jeden von euch behandeln, der seinem Bruder nicht von ganzem Herzen vergibt." (Matthäus 18,35)

Eine eher ernüchternde Bibellektüre für jemanden in Gefangenschaft wie mich.

An einem der folgenden Tage kam eine Gruppe Piraten zu uns aufs Deck, um mit Li Bo Hai einige Umbaumaßnahmen an Bord zu besprechen. Arnel übersetzte. Ein älterer, bereits etwas gebrechlicher Somali wollte auf halber Höhe des Decks etwa in Brusthöhe eine Plattform über den Werkbänken einziehen, ähnlich einem Stockbett. Unsere Wärter froren auf dem Oberdeck und verlangten einen Platz, an dem sie vor den kalten Monsunwinden geschützt waren.

Ich hielt gar nichts von diesem Projekt, blieb jedoch zunächst ruhig. Mit der geplanten Plattform verschwand bei den Werkbänken wertvoller Platz für uns Geiseln.

Der alte Pirat hatte struppiges Haar und ging gebückt. Er mochte etwa 60 Jahre alt gewesen sein, etwa das gleiche Alter wie Captain Tuure, und er verhielt sich rücksichtslos. Ich konnte mir gut vorstellen, dass er ein Söldner war, zumindest merkte man ihm seine militärische Ausbildung an. Doch letztlich wusste ich nichts über ihn. Er bemerkte meinen stillen Protest gegen sein Vorhaben und sah mich eindringlich an.

„Ich glaube, der mag dich nicht", sagte Rolly.

„Ich ihn auch nicht."

Es gab noch einen Grund, warum mir das Projekt des alten Piraten missfiel. Ich arbeitete immer noch an meinen Fluchtplänen. Während des Telefonats mit Anders war es mir nicht gelungen, mich nach den Hubschraubern zu erkundigen. Trotzdem hoffte ich jeden Morgen, dass das Knattern von Rotorblättern die Stille an Bord durchbräche. Jeden Tag fühlte ich mich schuldig und rastlos. Ich wollte etwas tun, um das Leid und die Unruhe, die ich bei meinen Angehörigen verursacht haben musste, wiedergutzumachen. Von all den schönen Dingen, die ich mir während meiner langen Tage an Bord gern in Erinnerung rief, wollte ich vor allem den Frieden und die Ausgeglichenheit meines alten Lebens zurück. Wachten nun die Piraten auf halber Höhe über unser Deck, erschossen sie mich vermutlich, noch bevor ich das Wasser erreicht hätte.

Auch die Chinesen fürchteten um ihre Stammplätze an Deck. Ihre Antwort auf die Pläne zeigte sich in einem eher passiven Protest. Sie kramten alte Romanhefte aus ihrem Gepäck und rissen die Seiten voller chinesischer Schriftzeichen heraus. Danach falteten sie die gelblichen Blätter geschickt zu kleinen Origami-Kranichen. Diese banden sie schließlich an ein paar Angelleinen und befestigten sie unterhalb des Oberdecks an der stählernen Wand des Schiffes. Alle Chinesen schienen bestens mit der Kunst des Origamifaltens vertraut und nach drei Tagen zierten sechs Reihen cremefarbener Papiervögel die hafenseitige Wand unseres Decks und flatterten im Wind wie die Girlanden auf einem Gartenfest.

„Die Chinesen schmücken ihr Heim", spottete Rolly.

„Ich glaub, das ist ihr Protest", sagte ich.

Er begutachtete eine Weile lang den seltsam filigranen Bordschmuck.

„Vielleicht gibt's ja bald eine Hochzeit", sagte er.

Das Leben an Bord der NAHAM 3 zermürbte allmählich meinen Verstand. Ich wurde launisch und war niedergeschlagen. Die salzige Luft, das ständige Auf und Ab des Schiffes, die Feuchtigkeit und die sengende Sonne beeinträchtigen allmählich mein Urteilsvermögen. Die Weite des Meeres hatte eine beinahe hypnotische Wirkung auf mich. Die Idee, über Bord zu springen, war verrückt, doch kaum verrückter, als unter Piraten auf einem Fischkutter zu leben. Ich war ruhelos und salzzerfressen und meine Reaktionen wurden langsamer. Eine gefährliche Entwicklung, denn als Geisel war ich ständig neuen, oft unklaren Situationen ausgesetzt, auf die ich schnell reagieren musste.

Ende Juni kam Abdul wieder auf die NAHAM 3 und ich fragte ihn, wie es mit den Verhandlungen stand.

„Nichts Neues."

„Du hast doch gesagt, der Mann in Norwegen wäre kurz davor, meinen Fall abzuschließen."

„Die Jungs in Hobyo haben noch nicht das, was sie brauchen", antwortete er und nickte in Richtung Festland, wo die Piratenbosse saßen.

Ich schloss daraus, dass die Bosse ein Lösegeldangebot für mich abgelehnt hatten.

„Verstehe."

Abdul und ich belogen uns gegenseitig ständig und voller Absicht. Er war wie der durchtriebene Steuerfahnder, vor dem ich meine kleinen Nebeneinkünfte zu verstecken versuchte. Grundsätzlich spricht man mit seinen Entführern nicht über Geld, also wich ich all seinen Fragen in dieser Richtung aus. Seine Geschichte, dass er selbst nicht zu den Piraten gehörte, stellte ich vor ihm nie in Frage. Er erklärte mir, dass er als selbstständiger Unterhändler zwischen den somalischen Piratenbanden vermittelte und dabei versuchte, deren Geiseln freizubekommen. Er war Dienstleister, die Piraten seine Kunden. Er genoss tatsächlich mehr Freiheiten als die einfachen Wachen an Bord und wahrscheinlich war er tatsächlich nicht nur für eine Piratengang tätig. Trotzdem hatte ich keinen Grund, an Ferdinands Geschichte der inszenierten Hinrichtung zu zweifeln, und war mir sicher, dass auch unser Übersetzer Abdul zu den Piraten gehörte.

Am gleichen Abend, einem Samstag, putzte ich mir vor dem Schlafengehen im Bad der Kapitänskajüte die Zähne. Abdul saß auf dem Bett und sah fern. Sobald ich das winzige Bad verlassen hatte, sagte er: „Setz dich, wir müssen reden."

Ich hockte mich ans Bettende, während er den Fernseher ausmachte.

„Wir müssen etwas später noch einmal telefonieren", sagte er. „Ich will dir dazu nur etwas erklären. Jedes Mal, wenn uns deine Leute ein Angebot machen, gehe ich damit zu den Jungs an Land. Die Bosse, das sind fiese Kerle, verrückte Leute, richtig? Und bis jetzt haben sie noch kein einziges Angebot von deinen Leuten gehört, das auch nur im Mindesten in die Richtung geht, die sie fordern."

Für mich klang es so, als wäre man tatsächlich bereits in den Verhandlungen. „Wie viel wollen sie denn jetzt genau?", fragte ich deshalb.

„20 Millionen."

„Das ist komplett irre."

„Wenn die Bosse zustimmen sollen", sagte er, „muss ich aber irgendetwas angeboten bekommen, das wenigstens in ihre Richtung geht."

„Und? Ist das nicht deine Aufgabe? Du verhandelst schon einen Monat und hast nichts erreicht."

„Schreib deine E-Mail-Adresse hier auf den Zettel", verlangte er. „Und dein Passwort!"

„Warum?"

„Jetzt sei nicht so misstrauisch! Ich geb es niemand anders weiter!"

„Du bist doch schon jemand anders!"

Ich nahm einen Stift und tat so, als müsste ich mich an meine Adresse erinnern. „Ich weiß sie auswendig", sagte ich und erfand einfach eine E-Mail-Adresse. „Aber das Passwort ist vermutlich nicht mehr gültig. Ich bin jetzt schon so lange hier, vermutlich ist es gesperrt."

Abdul nahm das Papier und seine aufgesetzte Freundlichkeit war verschwunden. „Wir kriegen also dein Passwort nicht", sagte er langsam. „Okay. Dann musst du nachher umso mehr betteln, wenn wir telefonieren. Mach es schön dramatisch, okay? Denn bisher haben wir noch kein einziges Angebot von euch gehört, das uns gefällt!"

Ich ging in meine Kabine und begann, mir auf Deutsch die genauen Worte zurechtzulegen, mit denen ich später dem Unterhändler am Telefon unseren genauen Aufenthaltsort beschreiben und um einen Helikopter bitten wollte. Egal ob ein militärischer Nachrichtendienst oder das FBI den Anruf mithörte, mir war klar, dass sie letztlich Zeit brauchten, um mein Deutsch zu übersetzen und einen Rettungsplan auszuarbeiten. Ich durfte also nicht schon am nächsten Morgen mit einem Einsatz rechnen. Andererseits sollten sie damit auch nicht allzu lange warten, denn auch Abdul konnte unser Gespräch mitschneiden. Und als ich versuchte, mir über die möglichen Folgen klar zu werden, bekam ich Angst und mein vom Leben auf See zermürbter Verstand ließ mich unsicher werden.

Ich entschloss mich schließlich, den Hubschrauber für den kommenden Montag anzufordern. Abdul holte mich nach etwa einer Stunde und wählte die norwegische Nummer. Anders fragte mich nach meiner Gesundheit und ob ich genug zu essen bekam. Ich erzählte ihm, dass sich daran nichts geändert habe.

„Ich hole jetzt Ihre Mutter in die Leitung", sagte er, „wir können dann alle miteinander reden."

„Sehr schön."

Meine Mutter nahm ab. Sie machte sich große Sorgen um mich. „Michael, wie geht's dir?" Sie hatte bestimmt inzwischen das Video mit Garfanji gesehen. Und ich fürchtete, dass sie auch Bilder von Rolly gesehen hatte, wie er gefesselt von dem Baum hing.

„Geben die dir genug zu essen?", fragte sie.

„Es hat sich nichts geändert", sagte ich.

Der Satz wurde zu einer Art Refrain, den ich stets mit Nachdruck wiederholte. Vielleicht konnte ich so mitteilen, dass ich mich immer noch auf dem Schiff befand.

„Dürfen wir dir ein Carepaket schicken?", frage meine Mutter mit einem Mal und brachte mich damit fast zum Heulen. Abdul wedelte mit seinen Händen, um mir mitzuteilen, dass er mehr Emotion von mir erwartete. Ich teilte also meiner Mutter mit, dass ich

Angst hatte, weil die Verhandlungen um die 20 Millionen Lösegeld nicht vorankamen. Aufgewühlt wurde ich immer lauter und begann schließlich auf Deutsch in das Handy zu schreien. Sofort jedoch riss mir Abdul das Telefon aus der Hand und legte auf.

„Das sollst du nicht!", sagte er. „Ich kann dich so nicht verstehen!"

„Ich hab' nur gesagt, dass sie mir helfen sollen!"

„Sprich englisch!"

Er rief noch einmal Anders an und sobald ich das Handy in der Hand hatte, wedelte er wieder mit seinen Händen. Also klagte ich laut über den schleppenden Gang der Verhandlungen und meine verzweifelte Situation an Land in Somalia. Schnell fügte ich jedoch einen deutschen Satz über unser Schiff an und sah dabei zu Abdul. Er hatte nichts bemerkt. Ich konnte also deutsch sprechen, solange ich es in das englische Gespräch einflocht. Kurze deutsche Sätze erkannte mein Bewacher offenbar nicht. Also redete ich weiter belangloses Zeug auf Englisch und platzte dazwischen auf Deutsch heraus: „Schickt mir einen Hubschrauber, Montag früh um halb sechs!"

„Was hast du gesagt?", fragte meine Mutter. „Ich konnte dich nicht verstehen."

„Ich hab' ihn verstanden, Marlis", schaltete sich Anders dazwischen, „ich erklär's dir später."

„Die Verbindung ist wirklich schlecht", klagte meine Mutter.

Ich ließ meiner Verzweiflung freien Lauf, all meiner Anspannung und Angst. Ich schrie nach Hilfe, voller Panik, als wollte man mich auf der Stelle ermorden. Doch mitten in all dem Gebrüll hatte ich meine kleine Botschaft verstecken können. Es war ein Risiko und ich war mir nicht sicher, ob Abdul nicht vielleicht doch etwas mitbekommen hatte.

„Wie war ich?", fragte ich ihn vorsichtig.

„Besser, viel besser!"

Meine Mutter wusste lange vor diesem Telefongespräch, dass ich auf einem Schiff festgehalten wurde. Eines Nachmittags im Frühjahr 2012 hatte sie ein FBI-Beamter besucht und ihr eine verschwommene Satellitenaufnahme vorgelegt. Darauf erkannte man die NAHAM 3 und eine Gestalt in einem roten Shirt – offensichtlich mein Manchester-United-Trikot –, die an der Reling lehnte. „Ich konnte dich auf dem Foto kaum erkennen, doch irgendetwas an der Haltung verriet mir, dass du es sein musstest", erzählte mir meine Mutter später.

Als sie mir am Telefon das Carepaket angeboten hatte, fühlte ich mich schlecht, vor allem als ihr Sohn. Das Gefühl beschlich mich fortan jedes Mal, sobald ich an meine Familie und die Freunde zu Hause dachte. Das Gefühl bestand nicht nur aus Trauer und Verzweiflung, ich fühlte mich auch schuldig, weil ich nicht in der Lage war, auf all die Liebe und Freundschaft angemessen zu antworten. Eine lange Geiselhaft war für Familie und Freunde genauso schlimm wie der Tod einer geliebten Person. Manchmal war eine Entführung sogar schlimmer, denn die Angehörigen einer Geisel mussten ständig mit der Angst leben, dass jeden Augenblick, Tag und Nacht, auch nur die kleinste falsche Bewegung den Tod der Geisel bedeuten konnte. Solange ich selbst in den Händen der Piraten war, ahnte ich von diesem Zusammenhang nichts. Stattdessen packte mich an Bord der NAHAM 3 die Ungeduld. In meiner eigenartigen Verfassung schien mir bisweilen sogar Selbstmord ein möglicher Ausweg aus meiner Situation zu sein. Allein meiner Mutter wegen musste der Plan mit dem Hubschrauber gelingen, denn ich wusste natürlich, dass sie litt. Um sie ihrer Sorgen zu entheben, musste ich mich aus meiner Situation befreien und dafür sorgen, dass dieser Albtraum endete.

Ich hielt Mutters Idee, mir ein Carepaket schicken zu lassen, für völlig abwegig. Das war sie aber gar nicht. Meine Mutter hatte sich die Adressen einer Reihe Hilfsorganisationen wie Rotes Kreuz oder Ärzte ohne Grenzen herausgesucht. Sie hatte dort angefragt, ob diese Organisationen nicht mit Hilfe ihres Personals in der Region Galmudug ein solches Paket über Mittelsmänner vor Ort an meine Entführer weitergeben könnten. Meine Mutter wusste, dass ich kaum etwas sah. Mit der Hilfe einiger Freunde in Berlin hatte sie deshalb meinen Optiker ausfindig gemacht und sich so die Abmessungen für meine Brille beschafft, um mir Ersatz zu besorgen. „Die ein oder andere Hilfsorganisation wollte mir durchaus helfen", erzählte sie später. „Aber letztlich passierte nichts. Die meisten fürchteten um die Sicherheit ihrer eigenen Mitarbeiter."

Ashwin unterstützte sie immer wieder bei ihrer Korrespondenz mit Leuten in Europa, zu denen auch Anders gehörte. Außerdem brachte Ashwin einen eher exzentrischen Vorschlag für meine Befreiung ins Spiel. „Ich weiß, es klingt absurd, aber einer meiner verlässlichsten Kontaktmänner in Galkayo behauptet, die Piraten wären bereit, Michael freizulassen, wenn wir ihnen im Gegenzug 400 Kamele beschaffen", schrieb er in einer E-Mail. Die Kosten für die vier Monate meiner Geiselhaft beliefen sich also auf den Wert einer 400-köpfigen Viehherde. „Ich schicke euch diese Information nur, weil man in Somalia nichts ausschließen kann", hatte er hinzugesetzt. „Tut mir leid, wenn das für euch zu albern klingt, ich wüsste selbst noch nicht einmal, wie viel so ein Kamel in Somalia wert ist."

Am Morgen nach dem Anruf saß ich mit Rolly unter den Kranichgirlanden an Deck. Rechts auf der Werkbank saß Abdul im Gespräch mit Li Bo Hai. Tony übersetzte. Nach Tonys ernster Miene zu urteilen war es ein schwieriges Gespräch.

„Frag, wie viel Öl noch im Tank ist!", forderte Abdul.

Tony beriet sich mit Li Bo Hai.

„Er sagt, es reicht noch für 30 Tage", antwortete Tony schließlich.

„Und wie viel ist noch in den Dieseltanks?"

„Das reicht noch für 60 Tage", meinte Tony.

Abdul steckte sich eine Zigarette an und kratzte sich mit dem Daumen an der Stirn. „Okay, sag ihm, dass wir ab jetzt nur noch jeden zweiten Tag den Generator anmachen", befahl er. Mich beschlich eine grauenhafte Vorahnung. Wir saßen hier auf einem Schiff voll gefrorenem Fisch, der verrotten würde, sobald man die Kühlaggregate an Bord zu drosseln begann. Alle 30 Geiseln müssten dann wohl nacheinander von einem stinkenden Fischkutter an Land nach Hobyo gebracht werden. Der Zeitpunkt für meine Befreiung mit einem Hubschrauber war also gut gewählt.

Im nächsten Augenblick jedoch packten mich Angst und Panik bei dem Gedanken an den Sprung über die Reling. Mein Herz schlug schneller und Adrenalin schoss mir ins Blut allein bei der Vorstellung, unter Maschinengewehrbeschuss möglichst tief unter Wasser von der NAHAM 3 wegzutauchen, um in Reichweite des rettenden Hubschraubers zu gelangen. Ich konnte nur hoffen, dass die Piraten frühmorgens wie üblich noch schläfrig und verkatert waren, meine Flucht sie deshalb unvorbereitet und desorientiert traf und entsprechend wenige rechtzeitig ihre Waffe fanden, um mich noch mit ihren Schüssen zu erreichen.

Fast den ganzen Sonntag lang sah ich auf das Meer hinaus und beobachtete das Auf und Ab der Wellen. Zwar hielt ich mich morgens mit regelmäßigen Yogaübungen fit, doch war ich mir nicht sicher, ob meine Schwimmkünste für das Meer hier draußen ausreichten. Ich war unterernährt und hatte Angst. Durch eine Lücke in der Reling sah ich im Wasser vor dem Schiff Makrelen und Schiffshalter, die nahe am Kiel darauf warteten, dass Abfälle und Essensreste von Bord gespült wurden. Die Strömung hier draußen war sehr stark. Man sah die Wellen in einer steten Bewegung auf den Strand zurollen. Die Fische unten im Meer schwammen mit gleichmäßigen, beinahe entspannten Bewegungen gegen die Strömung an. Manchmal wendeten sie und trieben dann mit beinahe doppelter Geschwindigkeit davon.

Ich begann mir regelmäßig meine Hände mit dem Salzwasserschlauch zu waschen, um mich an die Wassertemperatur zu gewöhnen. Das Meer war zwar nicht eiskalt, aber immer noch empfindlich frisch. Später am Nachmittag begegnete uns ein Schwarm Delfine. Er schwamm nordwärts und immer wieder blitzten die Rückenflossen im Wasser auf. Ich beneidete sie um ihre Fähigkeit, minutenlang unter der Wasseroberfläche zu verschwinden.

Nach dem Mittagessen hockte ich mich zu Rolly unter das Förderband. Ich fragte ihn nicht direkt nach seiner Meinung zu meinem Plan. Ich wusste nur zu gut, was er dazu zu sagen hätte. Ich hoffte jedoch, dass ein Gespräch mit ihm meine Sorgen zerstreuen könnte.

„Du hast doch auf den Seychellen nach Seegurken getaucht?"

„Das ist lange her."

„Wie lange konntest du den Atem anhalten?"

„Vier Minuten oder so."

„Ich schaff' höchstens zwei, glaube ich."

„Warum willst du das wissen?"

„Ach, nichts."

„Willst du ins Meer springen?"

„Nein, das hab' ich nicht gesagt."

„Du spinnst, Michael. Ich weiß genau, was du denkst!"

Eine Zeit lang beobachteten wir die Wäsche, die an den Leinen im Wind wehte. An Bord gab es vier oder fünf solcher Wäscheleinen, an denen ständig die frisch gewaschene Kleidung der Geiseln flatterte.

Nach einer Weile sagte Rolly: „Ich bin ein Bootsmann, Michael, ich kenn mich auf dem Meer aus. Ich würde niemals einem anderen raten, über Bord zu springen, niemals!"

„Ich weiß."

„Nie, nie, das ist sehr gefährlich."

„Und wenn dich ein Hubschrauber retten kann?"

Er sah mich finster an: „Woher soll der kommen?"

„Na ja, vielleicht kommt ja einer und rettet denjenigen, der über Bord gesprungen ist."

Rolly sagte lange Zeit nichts.

„Michael, die werden auf dich schießen!"

Er schien zu überlegen und sagte schließlich: „Es sei denn, du weißt genau, wann der Hubschrauber kommt."

„Wenn man sich verabreden könnte mit dem Hubschrauber."

„Yah."

Nach dem Abendessen nahm ich mir wieder den Plastikwecker aus der Kochecke. Ich wollte Rolly nicht in meine Pläne einweihen, aber es schmerzte mich, ihn einfach zurückzulassen. „Würdest du mitkommen wollen, wenn ich von hier fliehen könnte?", hatte ich ihn schon vor Wochen gefragt. Er hatte damals nur bedächtig seinen Kopf geschüttelt: „Nein, ich kann Marc nicht allein lassen." Ein

227

gewichtiges Argument, auch ich wollte niemand zurücklassen. Eine militärische Befreiungsaktion aller Geiseln an Bord der NAHAM 3 wäre mir tausendmal lieber gewesen. Doch ich hatte nun mal meinen Hubschrauber bereits am Telefon bestellt.

Bei Sonnenuntergang kletterten wir nacheinander auf das Oberdeck und gingen in unsere Kabinen. Auf dem schmutzigen Boden in meiner winzigen Kajüte machte ich ein paar Liegestütze und dehnte meine Beinmuskeln. Ich musste verhindern, dass die Muskeln im kalten Wasser verkrampften. Schließlich ging ich ins Bett und grübelte beim Einschlafen, ob es wohl besser wäre, gleich nach dem Aufstehen in einem toten Winkel vom Oberdeck zu springen, um dann im Wasser auf den Hubschrauber zu warten. Oder ob ich besser wie jeden Morgen auf das untere Deck gehen und erst nach Sichtkontakt mit dem Hubschrauber von Bord fliehen sollte.

Als mich der Wecker um fünf Uhr früh weckte, lag das Meer regungslos vor uns. Der Luftzug, der aus dem Bullauge herüberwehte, fühlte sich angenehm warm an. Kurz vor halb sechs hatte ich meine Matratze aufgerollt und zusammengebunden und mir die rosafarbene Decke über den Kopf gezogen. Seit Wochen schon hatte ich im täglichen Wechsel morgens entweder meine Matratze in der Kabine gelassen oder sie mit nach unten geschleift. Ließ ich sie einfach so in der Kabine, legten sich tagsüber die Wärter der Nachtschicht darauf, um zu schlafen, und hinterließen Spuren von Schmutz und Körperfett. Deshalb rollte ich sie an den Tagen, an denen ich sie zurückließ, auf und verstaute sie unter der Koje.

Nervös ging ich durch den schmalen Gang vor den Kabinen. Auf dem Boden der Brücke hielt der bärtige Übersetzer Abdiwali Wache. Er ließ mich vorbei, doch muss ihm irgendetwas an mir aufgefallen sein, denn er stand auf, brachte seine Waffe in Anschlag und folgte mir zum Abgang. Meine Gedanken rasten vor Angst. Ich stieg die ersten Stufen hinab und lauschte gespannt, ob nicht mit dem sanften Rauschen des Windes bereits das Flattern der Rotorblätter zu hören wäre. Ich blickte zurück zu dem alten Wächter, der mich von der Tür zur Brücke aus beobachtete. Er hob nur lässig seine Pistole, um mich weiter die Stufen hinunterzuscheuchen. „Was willst du?", herrschte ich ihn an und schlenderte langsam über Deck, als wäre nichts gewesen.

Es war fürchterlich still. In der feuchten Morgenluft erhellte sich der Himmel um uns langsam in einem stählernen Blau. Immer mehr Piraten kamen nun an Deck und beobachteten mich aus verschlafenen Augen. Ich zitterte am ganzen Körper, gespannt auf das, was kommen würde. Ich musste mich zwingen, ruhig abzuwarten. Beim Flattern der Origami-Kraniche an Deck war es schwer, nach dem leisen Knattern von Rotorblättern zu lauschen. Doch bald schon musste ich ohnehin einsehen, dass der bestellte Hubschrauber seine Verabredung mit mir wohl nicht einhalten würde.

Wir hatten gerade das Frühstück beendet, als Big Jacket mit ein paar seiner Kollegen auf dem Oberdeck eine kleine militärische Übungseinheit veranstaltete. Dazu banden sie zunächst eine somalische Papierflagge an einen Pfosten und der schon etwas hinfällige Big Jacket brüllte, das Maschinengewehr im Anschlag, seine Kommandos über das Deck. Zwei Piraten marschierten nun dort oben im schönsten Stechschritt auf und ab. Fast jeder Pirat war einmal in der Armee oder wünschte sich zumindest eine militärische Ausbildung. Ich wunderte mich, dass innerhalb der somalischen Armee immer noch der faschistische Drill aus alten italienischen Kolonialzeiten den Ton angab. Vielleicht hatte der alte Pirat ja auch noch unter Mussolini gedient.

Die hellblaue Staatsflagge mit dem weißen Stern hatten sie allerdings verkehrt herum aufgehängt. „Wir feiern heute unsere Unabhängigkeit", erklärte mir Big Jacket. „Am heutigen Tag wurde Somalia befreit! Fuck Europa, fuck Amerika und fuck Südafrika!", schrie er und meinte damit alle finsteren Kolonialmächte auf dem Planeten. „Wir sind frei."

Ich streckte ihm meine beiden Daumen entgegen. „Aber ihr müsst eure Flagge richtig rum aufhängen!", sagte ich.

„Hah?"

„Schau, der Stern steht auf dem Kopf!"

Er schickte mich mit einer verärgerten Handbewegung weg.

Den ganzen Nachmittag über marschierten die Somalis in mehreren Schichten auf dem Oberdeck auf und ab. Der Stolz auf ihr Heimatland faszinierte mich. Somalias Bundesregierung war machtlos, staatliche Strukturen fehlten fast ganz und dennoch gab es diese glühende Vision einer somalischen Nation. Ein Somalier zu sein war für viele hier bedeutsam, bedeutsamer noch als die Zugehörigkeit zu einem der bitter verfeindeten Klans im Land. Wer auch immer im grausamen Bürgerkrieg die Waffe gegen einen anderen ergriff, beide Seiten waren sich zumindest in einem einig: Sie kämpften als Somalier. Etwas Vergleichbares gab es zuvor nirgends in Afrika. Die meisten Staaten auf dem Kontinent entstanden als Ergebnis der Kolonialzeit, waren postkoloniale Konstrukte. Innerhalb der meist von Europäern gezogenen Grenzen fanden sich mit einem Mal verschiedenste Religionsgruppen und Stammesverbände wieder. Ein Grund für die latente Bürgerkriegsgefahr in all diesen Staaten. Das heutige Somalia war jedoch eine Ausnahme, es entwickelte sich als Nationalstaat völlig selbstständig. Doch natürlich waren auch die Somalis von den neuen Grenzen der Europäer betroffen. Diese trennten drei Regionen vom Kernland der ethnischen Somalis ab und schlugen sie Kenia, Dschibuti und Äthiopien zu. Das Leben in der Diaspora wurde zur schwärenden Wunde. Als die somalische Staatsflagge 1960 das erste Mal gehisst wurde, war darauf der weiße, fünfzackige Stern der Einheit zu sehen. Er stand für den Traum eines vereinten Somalias, für die Einheit all jener, die unter der Herrschaft fünf verschiedener Kolonialherren leben mussten. Das britische Somaliland vereinte sich 1960 mit dem italienischen Teil. Die verbleibenden Spitzen des Sterns stehen für die Landesteile in Äthiopien, Kenia und Dschibuti – früher Französisch-Somaliland. Der Stern auf der Flagge verdeutlicht also den Wunsch vieler Somalis nach einem Land mit eigenen Grenzen, nicht den Grenzen der Kolonialzeit.

Trotz aller nationalen Begeisterung stürzten am Ende die unversöhnlichen Interessen der einzelnen somalischen Klans das Land ins Chaos. Neben dem Nationalismus blieb nur noch der Islam als einende Kraft. 2006 entstand die Bewegung Islamic Courts Union

(ICU). Sie breitete sich beinahe über das ganze Land aus und ersetzte das konfliktreiche Klanrecht durch die religiös fundierten Gesetze der Scharia. Dies machte das Land zwar etwas friedlicher, doch pflegte die ICU meist enge Verbindungen zu al-Qaida und bedrohte damit die ohnehin schon schwache Bundesregierung in Mogadischu. Mit Hilfe des amerikanischen Präsidenten George W. Bush gelang es äthiopischen Truppen, die ICU zurückzudrängen. Doch mit dem Krieg gegen den Terrorismus, der vor allem von christlichen Soldaten geführt wurde, entstand erst der blutige Boden, auf dem sich die islamistischen Kräfte in Somalia weiter radikalisieren konnten. So entstanden schließlich die Al-Shabaab-Milizen. Der Kriegseinsatz des Westens wurde zum Krieg gegen den Westen und der ohnehin schon schwer durchschaubare somalische Bürgerkrieg bekam zusätzlich eine neue, religiöse Front.

Auch wenn ein strenges religiöses Korsett kaum zu Somalia passte, wurde der Islam genauso wie die Idee einer somalischen Nation zur einenden Kraft. Nur leider fußten sowohl Nationalismus wie Religion vor allem auf Egoismus und Selbstsucht, sodass in der Folge der Bürgerkrieg unvermeidlich wurde. Ich konnte mir Somalia nie anders als geteilt und zersplittert vorstellen. Die Fliehkräfte innerhalb des Landes, die schließlich zur Piraterie vor dessen Küste führten, waren offenkundig. Dabei wirkten diese Fliehkräfte nicht nur in Somalia, genauso wenig gehörten sie exklusiv zur Geschichte oder Tradition des Landes. Es gab keine Sicherheit, dass dieselben Verhältnisse nicht auch irgendein anderes Land auf der Welt in die Knie zwingen konnten. Das Land war lange Zeit vor seinem Zerfall als friedlich und ruhig bekannt gewesen, Mogadischu galt als Perle der afrikanischen Ostküste. Doch ließen die Klans die Spirale der Gewalt schon während der letzten Jahre des Diktators Siad Barre und danach in den ersten Jahren des Bürgerkriegs immer schneller drehen. Die Piraten, die jeden Tag in ihren Lieferbooten die NAHAM 3 ansteuerten, waren schon nicht mehr fähig, wenigstens gemeinsam einen Sack Khat an Bord zu hieven – oder die Pastalieferung oder die Blechdosen voll Öl. Letztere stammten im Übrigen aus den Spenden des Welternährungsprogramms und waren längst in den sinistren Warenkreislauf eingespeist worden. Mich erinnerten die somalischen Klans an V. S. Naipauls Roman *Guerillas*. Der Protagonist darin ist Jimmy Ahmed, der korrupte Anführer einer Gruppe schwarzer Muslime. An einer Schlüsselstelle des Romans steht der säuerlich-ironische Satz aus Ahmeds Mund, der überall auf der Welt seine Gültigkeit haben könnte: „Solange jeder nur bereit ist, für sich zu kämpfen, hat es gar keinen Sinn zu kämpfen. Jeder kämpft dann seinen eigenen kleinen Krieg, jeder ist dann sein eigener Guerillakrieger."

Somalia war in den Fernsehberichten nichts als ein finsteres, armes Land. Doch jeder dort hatte den Stolz eines Cowboys. Die Geschichte Somalias mit seinem Drang nach Freiheit und Unabhängigkeit dürfte zumindest in amerikanischen Ohren vertraut klingen. Die Nachbarn, die vielleicht Suaheli oder Bantu sprachen, galten den Somalis als bequem, selbstzufrieden und faul. Sich selbst beschrieben sie als rastlos, drahtig und vor allem als selbstständig. Sie stammten schließlich von Nomaden ab und nicht von Bauern. Lieber waren sie muslimische Sklaventreiber als faule Bantu-Sklaven. In einem somalischen Märchen erklärt ein Schaf einer Gazelle, dass man nur den Menschen zu folgen brauche, um an das saftigste Gras zu kommen. Die Gazelle wird daraufhin ungeduldig: „Ein Schaf wird das niemals verstehen, aber deine und meine Familie sind zu verschieden. Wir Gazellen sind Kinder der Freiheit und der weiten Ebenen. Wir haben nicht dasselbe Wesen wie ihr Schafe." Über mir flatterte immer noch die Papierflagge im Wind, der Stern darauf stand immer noch auf dem Kopf.

Der Juli verging als langsame Folge sonniger, aber kalter Tage. Einer der kambodschanischen Fischer erwischte beim nächtlichen Angeln jedes Mal vier oder fünf Spanische Makrelen – oder „Sawara", wie sie in den japanischen Sushiläden genannt werden. Jede Nacht trommelten die Schwanzflossen dieser schwarzen Fische mit dem silbernen Bauch auf dem Deckboden, bis jemand den Tieren mit der Brechstange den Schädel einschlug. Mit dem Sinken der

Wassertemperatur jedoch verschwanden die Tiere allmählich aus unserem Gebiet und der Kambodschaner warf nun schon am Nachmittag seine Leinen aus. Er hieß Korn Vanthy und gehörte zu keiner der Gruppen an Bord. Er war sehr geschickt im Umgang mit den Fischleinen, warf sie mit ihren Haken, Ködern und dem Senkblei über die Seite des Schiffes aus, sodass sie sich im Wasser wie ein Netz ausbreiteten. Bisweilen jedoch blieb beim Auswerfen einer der scharfen Angelhaken an einer Hand oder einem Arm hängen. Eines Nachmittags schnitt ihm so ein Haken mitten durch das Fleisch zwischen Daumen und Zeigefinger. Er schrie kurz auf, während die übrige Angelleine schlaff an der Bordwand herabfiel. Einige von uns kamen ihm sofort zu Hilfe und selbst einige Piraten eilten herbei. Die zehn Zentimeter S-förmig gebogener Edelstahl, die sich mit ihrer scharfen Spitze durch die Hand gebohrt hatten, hinterließen nur eine erstaunlich kleine, blutige Wunde. Doch wollte man den Haken aus der Hand entfernen, musste man den Muskel durchtrennen. Jian Zui schlug also vor, den Widerhaken an der Spitze mit einer Zange abzuzwicken.

Ich hatte eine Flasche Jodtinktur bei meinen Sachen und bat die Piraten, sie aus der Kabine holen zu dürfen. Als ich mit dem Jod zurückkam, hatte Jian Zui bereits die Spitze des Hakens abgezwickt und das Blut aus Korn Vanthys Hand tropfte beständig auf einen Lumpen am Boden. Captain Tuure brachte Vanthy zu einer der Werkbänke. Er schien sehr besorgt wegen der Wunde und während ich die Jodtinktur auf die Hand träufelte, erzählte er dem Kambodschaner von seinen Verletzungen in der Schlacht von Mogadischu. „Helicopter! American!", ließ er jeden wissen, der es hören wollte. Er zog das T-Shirt hoch und zeigte Korn Vanthy seine Narben. Doch kaum ein Asiate hatte je *Black Hawk Down* gesehen.

Korn Vanthy war jung und etwas tapsig, hatte abstehende Ohren und meist ein breites, albernes Grinsen im Gesicht. Ich fragte ihn nach seinem Namen und er schien es zu genießen, dass sich jemand an Bord für ihn interessierte. So saßen wir den Rest des Nachmittags gemeinsam an Deck. Manchmal sagte er etwas im Pidgin-Englisch, das an Bord gesprochen wurde, fügte dann jedoch meist etwas auf Khmer hinzu, das ich nicht verstehen konnte. Meist sagte er diese Sätze mit einem breiten Grinsen oder er blickte mit nachdenklichem Blick auf das Meer hinaus.

„Dein neuer Freund", meinte Arnel.

„Sieht ganz danach aus."

Sobald ich eine Packung Kekse aufriss, griff er nur zu gern zu. Kochte ich mir einen Tee, goss auch er sich eine Tasse davon ein. Er galt nicht viel unter den Matrosen und blieb bei fast all ihren Angelegenheiten außen vor. Die Freundschaft mit mir wurde deshalb für ihn umso wichtiger. Schon nach wenigen Tagen setzte er sich regelmäßig zu Rolly und mir unter das Förderband. Stets fand er eine Ausrede, um sich ein paar Stunden lang zu uns zu gesellen. Er lag dann auf meiner Matratze, entspannte sich und schlief bisweilen dabei ein.

Vor seinem Einsatz als Matrose war er Fernfahrer gewesen. Und so wie er mit lebhaften Gesten vom Geschaukel über kambodschanische Landstraßen erzählte, hatte er seinen Beruf gern gemacht. Für Landsleute, mit denen er dieselbe Sprache teilte, war er sicher ein geselliger und unterhaltsamer Kerl. Mit Hilfe eines Übersetzers versuchte ich, mehr über ihn, seine Familie, seine Sorgen und vor allem seinen Weg auf dieses Schiff herauszufinden. Wie schon zuvor ärgerte ich mich, auf einem Schatz großartiger Lebensgeschichten zu sitzen, ohne geeignete sprachliche Mittel, diesen Schatz auch zu heben. Korn Vanthy fragte mich oft nach englischen Begriffen wie zum Beispiel für die Papiervögel, die immer noch an Deck flatterten. Ich hatte ihm zunächst erklärt, sie hießen „Schwan", weil mir das korrekte Wort auf die Schnelle nicht eingefallen war. Er behielt das Wort, selbst nachdem ich ihm den korrekten Begriff für „Kranich" nachgeliefert hatte.

Auch die Piraten hatten inzwischen zu unserem Bordschmuck beigetragen. Aus Karton hatten sie mit Hilfe von Klebeband eine Art Dinosaurier zusammengeklebt, mit bedrohlichem Schnabel und lang gestreckten Flügeln, die eher an ein Flugzeug erinnerten. Außerdem klebte an dem Kunstwerk ein Satz aus zwei grauen Reifen.

„Michael, Name?", fragte Korn Vanthy und deutete auf das Ungetüm.

„Keine Ahnung."

„Keine Ahnung"", wiederholte er brav.

„Nein, sorry." Offenbar verstand er mich nicht. „Das ist ein Dinosaurier."

„Dinosaurier."

„Oder ein Hubschrauber", riet ich.

„Hubschrauber?"

„Ja."

Er zeigte in Richtung Horizont, woher die Metallvögel gekommen waren, die uns manchmal besucht hatten – wenn auch viel zu selten für meinen Geschmack.

„Hubschrauber!", sagte er

„Genau!"

Ob wir recht hatten, wusste ich nicht. Vielleicht war die Installation der Piraten tatsächlich ein Ausdruck für ihre Angst und Sorge vor einem Hubschrauberangriff. Sie konnte aber genauso gut eine Persiflage der feingliedrigen Origami-Kunst der Chinesen sein oder einfach nur ein Ausdruck von Boshaftigkeit. Wahrscheinlich war es alles drei gemeinsam. Vielleicht projizierte ich auch nur meine eigenen Hoffnungen und Ängste in das graue Pappmonster.

„Keine Ahnung", gab ich schließlich zu.

„Keine Ahnung", wiederholte Korn Vanthy. Als er sich später wieder ans Fischen machte, zog er bei einem Wurf ein Stück roter Koralle an Bord und hängte sie an einer der Leinen an Deck zum Trocknen auf. Für ein exklusives Rezept aus seiner Heimat, erklärte er mit gespielter Ernsthaftigkeit, „Korallensuppe". Er versicherte mir, die Suppe später mit ein paar Zwiebeln für mich zuzubereiten.

„Okay, Korn Vanthy."

Beide alberten wir nur herum, doch womit sollte man sich an Bord sonst die Zeit vertreiben?

Eines Tages brachte jemand tief aus den Eingeweiden des Fischkutters einen Fleischwolf zum Vorschein. Drei Tage sollte es dauern, bis Sosan das Teil gereinigt und wieder zusammengesetzt hatte. Er ließ die Einzelteile zunächst in Salzwasser und Spülmittel einweichen, danach bürstete er sie voller Hingabe mit Stahlwolle blank und spülte alles mit Frischwasser ab. Allerdings wusste er danach nicht, wo er den Fleischwolf aufstellen sollte. Doch am Fuß des Fleischwolfs war eine Schraubzwinge befestigt, mit der man das Gerät an einer Tischkante befestigen konnte. Taso fand schließlich einen geeigneten Holzbalken und jemand anderes brachte ein rundes Stück Holz, das die fehlende Kurbel ersetzen konnte. Und sofort begann die Mannschaft, die grünlich schimmernde Kupfermaschine mit sorgfältig geschnittenen Zackenbarschfilets zu füttern.

Am Ende hatten wir eine ganze Schüssel voll mit haschiertem Fisch, den Taso nun mit etwas Mehl weiterverarbeitete. Er formte aus dem Teig kleine, runde Fladen, die von den Kambodschanern im Wok gebraten wurden. Die Fladen wurden gesalzen und zum Trocknen ausgelegt. Am Ende gab es Fischplätzchen für alle.

Es wurden eigenartige Mahlzeiten an Bord der NAHAM 3 serviert, die seltsamste war gleichzeitig die einfachste. Sobald die Crew einen frischen Thunfisch aus den Gefrierkammern geholt und mit der Kreissäge zerteilt hatte, sicherte sich Tony jedes Mal einen kleinen Klotz des roten Fleischs. Vor dem Abendessen wusch er dieses Stück sorgfältig und taute es auf, um es schließlich zur Essenszeit auf einer Blechplatte kalt und hauchdünn aufgeschnitten als Sashimi herumzureichen.

„Sashimi, okay!", meinte Korn Vanthy.

„Psycho-psycho", begeisterte sich Sosan und befand so den rohen Fisch für irre gut.

Die Chinesen hatten noch Vorräte an trockenem Wasabipulver und rührten es in einer Plastikschüssel mit etwas Wasser zu einer grünen Paste an. Diese Art Sashimi galt für die Männer als eine kleine Belohnung, die sie sich ab und zu mit Fischen aus den Tiefkühlkammern gönnten, nicht ohne dabei ihres verstorbenen Kapitäns zu gedenken. „Der Kapitän mochte rohen Fisch sehr", erinnerte sich Tony. „Er war schon über 60 Jahre alt, aber immer noch kräftig und fit." Für jeden gab es fünf oder sechs Stücke Fisch, die mit etwas heißem Reis verzehrt wurden. Einige Stücke waren dabei noch gefroren, trotzdem schmeckte der Fisch erstaunlich frisch. Bisher war ich immer davon ausgegangen, dass der Thunfisch, der in den Sushiläden bei uns als frisch verkauft wurde, tatsächlich auch frisch gefangen war. Vielleicht, dass er eine Weile auf Eis gelegen hatte, jedoch erst wenige Tage zuvor aus dem Meer geholt und getötet worden war. Dabei fuhr dieser frische Fisch oft monatelang in den Kühlhäusern von Kuttern wie der NAHAM 3 auf dem Meer umher, bevor er im Handel landete. Die U.S.-Lebensmittelbehörden schrieben für den Fisch in Sushibars sogar vor, dass er mindestens eine Woche tiefgekühlt gelagert werden musste, um die Parasiten im Fischfleisch abzutöten.

Eines Nachmittags gab es an Deck ein paar Regenbogenmakrelen. Em Phumanny, der tätowierte Buddhist mit dem Topfhaarschnitt, brachte mir das Filetieren von Fischen bei. Es sollte Kinilaw geben, eine Art philippinisches Ceviche, das aus gesäuertem, rohem Fisch zubereitet wurde. „Der Fisch wird nicht gekocht", erklärte Tony, „er gart im Essig."

Wir arbeiteten neben der Aussparung in der Reling, während uns die Piraten von oben aus schläfrig zusahen. Es war später Vormittag und Phumanny zeigte mir gerade, wie man das Messer ansetzen musste. In dem Moment, als ich das erste Filet geschnitten hatte und es stolz auf einem Tablett über Deck tragen wollte, hörte ich von Norden her ein merkwürdiges Brummen, das sich dem Heck des Schiffes näherte. Die Khatlieferung war erst in ein paar Stunden fällig. Der Wind machte es schwer, das Geräusch zu verfolgen. Die Somalis schienen es nicht zu bemerken. Ich lauschte. Ich konnte inzwischen gut zwischen den Geräuschen eines Hubschrauberrotors und eines Flugzeugpropellers unterscheiden und wäre immer noch bereit gewesen, ins Meer zu springen.

Nur zwei kleine Schritte bis zur Aussparung in der Reling, ein Sprung aus sechs Metern in die Wellen, es war verlockend. Doch klang das Geräusch weniger nach einem Hubschrauber. Es war ein stetig lauter werdendes Surren. Von einem Hubschrauber aus konnte man eine Rettungsleine ins Meer werfen. Ein Flugzeug hätte mich nur schlecht aus dem Wasser holen können.

Meine Gedanken überschlugen sich.

Ich stand ruhig da und lauschte.

Es war ein einzigartiges Schauspiel. Eine zweimotorige Maschine mit Nummern auf dem Rumpf flog die ganze landseitige Länge der NAHAM 3 entlang und plötzlich sprangen die Somalis auf die Beine. Ich schrie voller Begeisterung und wollte, dass jeder an Bord des Fliegers mich klar und deutlich sehen konnte. Das Flugzeug drehte schließlich ab und verschwand im Blau des Himmels. Die völlig überrumpelten Piraten griffen erst jetzt zu ihren Waffen und bevor sie etwas sagen konnten, zog ich mich von der Reling zurück und kochte mir auf dem Arbeitsdeck in aller Ruhe einen Tee. Doch noch während ich darauf wartete, dass mein Teewasser kochte, kehrte die Maschine zurück. Diesmal eröffneten die Piraten das Feuer. Beim Donnern der Maschinengewehre gingen die Chinesen sofort in Deckung. Dabei rissen sie mich um, während ich gerade Zucker in meine Teetasse löffelte. Um mich herum wurde es schwarz. Ich wurde zwar nicht ohnmächtig, doch muss ich eine Art Schock erlitten haben, denn in all dem Durcheinander und der Panik um mich herum bemerkte ich noch nicht einmal, wie mein Knie heftig gegen das Förderband stieß. Das Adrenalin peitschte durch meine Adern und verwirrte mir vollends die Sinne. Erst als alles vorbei war, bemerkte ich den blauen Fleck am Knie und den Zucker, der überall auf dem Boden verstreut lag.

Alles halb so wild, niemand war getroffen worden. Ferdinand wollte gesehen haben, wie bei der zweiten Begegnung die Seitentür des Flugzeugs offengestanden habe und ein Mann mit Kamera darin sichtbar gewesen sei.

„Spionage", sagte er, „keine Waffen."

„Okay."

Ich wusste nicht, wie ich das Flugzeug einzuordnen hatte. Schon allein weil ich nicht wusste, wie ich alles hier einzuordnen hatte. Doch auf dem Arbeitsdeck begann nun das Gerede. Angeblich, so hieß es, befürchteten die Somalis, dass uns ein amerikanisches Flugzeug besucht hatte. Als Hamid, ein junger Pirat, zu uns herabkam, um etwas von unserem Milchpulver zu schnorren, lächelte Taso ihn mit einem melancholischen Ausdruck an und tat so, als würde er ihn fotografieren: „Erwischt!" Die Piraten tauchten nur sehr ungern auf Fotos auf.

Auf dem Oberdeck saß ein Pirat auf einem Plastikstuhl direkt neben den Stufen. Er hatte uns beobachtet und wollte nun mit mir über das Flugzeug sprechen. „Michael", rief er. Ich hielt meine Hand gegen die Sonne und blickte zu ihm hinauf. „Flugzeug", sagte er und gestikulierte wild mit seinen Händen, um mir zu zeigen, wie das Flugzeug um das Schiff herumgeflogen war.

„Ja, und?"

Er hieß Bashir, oder kurz Bashko, und trug einen breiten Turban auf dem Kopf. Er grinste mich spöttisch an. Offenbar hielt er alles nur für einen Scherz. „Ist vorbei!", sagte er. „Das Flugzeug ist weggeflogen. Wegen uns!" Und nochmals streckte er sein Gewehr in den Himmel, als eindrucksvolle Demonstration seiner Verteidigungsbereitschaft.

„Habt ihr es verjagt?"

„Yah!"

Ich war mir nicht sicher. Doch wer auch immer dieses Flugzeug zu uns geschickt hatte, wollte, dass wir uns beobachtet fühlten. Vielleicht war der Besuch auch ein Ergebnis meiner Bitte um einen Hubschrauber vor zwei Wochen. Vielleicht hätte ich doch von Bord springen sollen? Eine Frage, die neue Unruhe und Zweifel in meine Gedanken brachte. Es gab sicher mehrere Möglichkeiten für ein Marinekommando, einen Surfer dazu zu bringen, mitten im Meer von Bord eines Piratenschiffes zu springen. Doch ein zweimotoriges Flugzeug ohne Fahrwerk für eine Landung auf Wasser war vermutlich nicht als Rettungsmission gedacht, solange das Flugzeug nicht wenigstens in der Luft stehenbleiben konnte. Und was hätte die Piraten gehindert, auf das Flugzeug zu feuern? Im Wasser wäre es ein allzu einfaches Ziel gewesen. Trotzdem hatte mir das Flugzeug wieder Hoffnung gemacht. Genauso schöpften auch die anderen Geiseln neue Hoffnung. Welche Großmacht es auch immer gewesen sein mochte, sie hatte gezeigt, dass sie uns nicht vergessen hatte und uns im Auge behielt.

Etwa zu derselben Zeit kam eines Tages Big Jacket zu uns an Deck, um sich bei uns eine Tasse Tee zu kochen. Nachdem Abdul damit angefangen hatte, stiegen die Piraten häufiger zu uns herunter, um mit unseren Wasserkochern ihren Tee zuzubereiten. Ursprünglich hatte es auf dem Oberdeck gut ein halbes Dutzend solcher Kocher gegeben, doch waren sie alle nach und nach kaputt gegangen. Nun also mussten sie zu uns kommen, um Tee zu kochen.

Big Jacket war nur Haut und Knochen und hatte eine verächtliche, sarkastische Art. Während er darauf wartete, dass sein Teewasser endlich kochte, meinte er zu uns, dass wir nur hier festgehalten würden, damit die Piraten endlich ihre Khatrechnung bezahlen konnten. Er machte Kaubewegungen und deutete dabei in den Himmel: „Money-money-money-coming!", rief er. Wieder machte er Kaubewegungen. „Okay!", meinte er und streckte uns seinen Daumen entgegen.

Das Auf und Ab des Piratendaseins.

„Mm-hmmm", machte ich nur.

„Morgen Ramadan", fuhr er fort, „nicht mehr chum-chum."

Ich blickte ihm direkt ins Gesicht. „Adiga Moslem", fragte ich, „bist du Moslem?"

„Haa, yes."

Das Wasser kochte. Er holte die Dose mit unserem Milchpulver unter dem Förderband hervor und sagte „Ano, okay". Er bediente sich großzügig und löffelte das Pulver direkt in den Wasserkocher. „Ano" war das Wort für Milchpulver und allmählich wurde bei uns an Bord das Pulver knapp. Rolly versuchte zu protestieren: „Big Jacket, das ist unser Ano und nicht für die Piraten!"

Big Jacket goss sich ungerührt den milchigen Tee in eine Thermoskanne und reichte den verdreckten Kessel an Tony weiter, der ihn wieder sauber machen sollte.

„Adiga Jacketweyne", rief ich ihm nach, „du bist doch Big Jacket!"

„Aha, no!", meinte er daraufhin.

Er schien überrascht, dass ich seinen Spitznamen auf Somali kannte, und es brachte ihn wohl zum Nachdenken, denn ein paar Tage später trug er auf einmal eine andere Jacke.

Noch am selben Nachmittag kam ein weiterer Pirat mit einer Kaffeetasse zu uns, um von unserem Kaffee und Milchpulver zu nehmen. Er drängte Sosan und Taso in die gegenüberliegende Ecke, denn er wusste, dass es eigentlich gegen die Regeln war, wenn er sich als Wärter von unseren Lebensmittelvorräten bediente. Diese Regeln wurden den Somalis bei jeder Lieferung von Milchpulver, Wasserflaschen oder Mangosaft eingeschärft. „Nicht für Somalis", hieß es dann, „das ist nur für die Geiseln." Doch das hielt den jungen Piraten nicht davon ab, schon nach ein paar Tagen erneut bei uns um Milch und Kaffee zu betteln. Seine Erklärung dafür war dieselbe wie bei dem Piraten, der mir in Hobyo meine Haferflocken geklaut hatte. Die Piratenbosse beschafften für die Piraten nur das Nötigste an Proviant, sobald die Vorräte aufgebraucht waren, war es an uns Geiseln, unsere Vorräte gegen die Somalis zu verteidigen.

Rolly und ich sahen dem Piraten dabei zu, wie er Kaffee und Milchpulver in seiner Tasse zusammenrührte. Er probierte, verzog jedoch das Gesicht und goss die Tasse über der Reling aus. Der Inhalt war nicht ganz nach seinem Geschmack.

„Hey", rief ihm Rolly nach und erhob sich, um die Wärter auf dem Oberdeck auf den Piraten aufmerksam zu machen. Er zeigte mit dem Finger auf ihn und schrie ihm hinterher. Mir gefiel es, wenn Rolly der Geduldsfaden riss. Er schrie so lange herum, bis die Somalis oben gar nicht mehr anders konnten, als auf seinen Protest zu antworten. Der Kaffee- und Milchdieb versuchte sich inzwischen aus dem Sichtfeld zu stehlen und zog sich in Richtung Heck zurück, bevor Captain Tuure ihn bestrafen konnte.

„Rolly! Adiga! Fucking!", rief er noch.

„Was heißt das?", fragte mich Rolly, als er sich schließlich wieder zu mir setzte.

„Ich glaube, das heißt ‚Fuck you!' auf Somali", sagte ich.

Mürrisch schüttelte Rolly den Kopf und ließ es dabei bewenden: „Erst entführen sie dich, halten dich in ihrem Land fest und dann beschimpfen sie dich auch noch mit ‚Fuck‘!“

Ich musste lachen.

„Kein Land, in dem Milch und Honig fließen, zumindest nicht hier bei den Dieben.“

Mit dem Beginn des Ramadan änderte sich auch die Stimmung unserer Wärter, denn sie versuchten nun zu fasten. Bewegungslos hockten sie auf dem Oberdeck, dösten in der Sonne und litten ganz offensichtlich. Mir schien es nur gerecht, dass diese Bande von Dieben wenigstens einen Monat lang ihren heiligen Pflichten nachzukommen hatte. Selbst wenn ich persönlich in diesen Pflichten keinen tieferen Sinn erkennen konnte. Ging es nach den Piraten, dann war der Islam eine Quelle für Respekt und geistige Erbauung. Doch bequemerweise waren die religiösen Pflichten dieser Religion für ihren verbrecherischen Piratenalltag weitgehend bedeutungslos.

Drei der indonesischen Matrosen an Bord waren ebenfalls Moslems. Darunter Sudirman, ein schlaksiger Kerl mit Vokuhila-Haarschnitt und verschämtem Lächeln. Bevor er Fischer wurde, hatte er auf Sumatra als Hochzeits-DJ gejobbt. Ich war immer gern nach Indonesien gereist und wollte mit Sudirman über Java, die sattgrünen Wälder dort, die Bananenplantagen, Moscheen und staubigen roten Straßen sprechen. Leider nur war Sudirman unglaublich schüchtern, selbst wenn er unter den Indonesiern an Bord immer noch der gesprächigste war.

„Nehmen die Piraten Rücksicht darauf, dass ihr Moslems seid?“, fragte ich ihn.

Er grinste nur, ironisch, breit, aber immer noch schüchtern. „Nein“, sagte er nur.

Die muslimischen Geiseln fielen nur während des Ramadan wirklich auf. Zwar kamen sie auch während des Fastenmonats zu den täglichen Mahlzeiten mit uns zusammen. Allerdings hoben sie ihren Anteil an Reis und Fleisch in Schüsseln auf, die sie tagsüber in einen kleinen Kühlschrank stellten und erst nach Sonnenuntergang aßen. Tagsüber saßen sie ruhig in einer Ecke des drückend heißen Arbeitsdecks. Am Ende des Tages kam dann stets unser Sahib Abdinasser zu ihnen herab und brachte ihnen, was die Piraten nach ihrem Iftar-Mahl, dem täglichen Gelage nach Sonnenuntergang, an Nudeln und gebratenem Thunfisch übrig gelassen hatten. Es war eine kleine Geste muslimischer Solidarität gegenüber den gefangenen Glaubensbrüdern.

Keiner der Piraten, die ich kennenlernen musste, hatte ein derart gutmütiges Wesen wie Abdinasser. Er konnte aufbrausend und leidenschaftlich sein, er war gewissenhaft mit seinen Gebeten und beim Studium des Korans, eine Bibel jedoch störte ihn nicht. Stets trat er mit seiner kehligen Fistelstimme für unser Recht ein, das zu lesen, was uns gefiel. Genauso hatte er mich an Land in Schutz genommen, als ich noch Tagebuch führte. Er war es, der uns an Bord der NAHAM 3 ein Schmerzmittel namens „Relief" besorgt hatte. Ein Mittel, das uns immer wieder half einzuschlafen. Vermutlich hatte er das Mittel mit seinem eigenen Geld an Land besorgt. Er stand damit in deutlichem Gegensatz zu all den anderen Piraten, die selbst unsere mageren Lebensmittelvorräte plünderten. Bisweilen rief er mir noch vom Versorgungsboot über das Meer hinweg sein „Sahib" entgegen, sobald er mich beim Anlegen an der NAHAM 3 an der Reling entdeckte. Mitten auf dem schaukelnden Boot hielt er dann die kleine rote Pillenpackung in die Luft und rief mir zu: „Relief!"

In der Zwischenzeit war auch das kleine zweimotorige Flugzeug zurückgekehrt, von dem ich immer noch hoffte, es wäre mein bestellter Hubschrauber. Beinahe jede Woche tauchte es nun urplötzlich immer in einer anderen Flughöhe auf. Ich selbst jedoch bekam es nur selten zu Gesicht. Denn sobald wir die Motoren in der Ferne hören konnten, sprangen die Wärter auf, zückten ihre Waffen und ließen mir keine Chance, irgendeinen Fluchtplan umzusetzen. Ihre unberechenbare Nervosität, solange das Flugzeug in der Nähe war, machte mir jedes Mal große Angst.

Eines Nachmittags, als ich gerade mit Meerwasser duschte, beugte sich Big Jacket von oben über die Reling. „Michael, runter!", rief er mir zu und deutete in Richtung Werkbank. Sein ängstlicher Blick verriet mir, dass wieder ein Flugzeug im Anflug sein musste. Ich hatte noch etwas Shampoo im Haar und fragte mich, wie sich ein Sprung ins eiskalte Meer wohl anfühlen mochte.

„Runter!", befahl Big Jacket noch einmal.

Ich zupfte in aller Ruhe mein Handtuch von der Wäscheleine und begann mich sorgfältig damit abzutrocknen.

„Heißt das, ich soll mich nicht anziehen?", fragte ich.

„Runter!" Big Jacket schrie nun und zeigte wieder Richtung Werkbank: „Go!"

Ich lauschte in den Himmel. War es ein Hubschrauber? Ich wäre auf der Stelle ohne Kleider über Bord gesprungen. Doch es war nur der Klang eines Flugzeugmotors zu hören. Also zog ich Shorts und Fußballtrikot an und hockte mich auf die Bank.

„Ruhe jetzt", befahl Big Jacket von oben.

„Jacketweyne", höhnte ich.

„Fucking!"

Das Flugzeug flog nun in gut 100 Meter Höhe über uns, allerdings war es für mich von der Brücke der NAHAM 3 verdeckt. Ich sah nur, wie die nach oben gerichteten Gewehre der Piraten seine eigenartige Flugbahn verfolgten. Es schien, als zöge es einen engen Kreis. Zuletzt tauchte es – immer noch in einer Höhe von gut 100 Metern – kurz in meinem Sichtfeld am wolkigen Himmel auf.

„Es ist nur ein kleines Flugzeug", meinte Rolly, der es von seinem Platz aus besser sehen konnte, „wahrscheinlich eine Drohne."

„Bestimmt dasselbe Flugzeug wie damals", hoffte ich.

Die Crew kam inzwischen zurück auf das Arbeitsdeck. Still beobachteten sie den Himmel, offenbar fürchteten sie, dass die Piraten erneut das Feuer eröffneten. Doch das Flugzeug drehte keine neue Runde und blieb dem Schiff nun fern.

„Woher willst du wissen, dass es dasselbe Flugzeug war?", fragte mich Rolly.

„Nur so ein Gefühl."

An Bord der NAHAM 3 gab es eine Reihe grell orangefarbener Overalls, Jacken und Stiefel. Sie dienten der Crew als Kälteschutz bei ihren Arbeiten in den Kühlkammern des Kutters. Die Kühlkammern dehnten sich über mehrere Decks und verschiedene einzelne Räume aus. Zwar verschwand immer mal wieder ein Crewmitglied nur in Shorts und Sandalen bekleidet für kurze Zeit hinter der Einstiegsluke nahe der Dusche. Wer sich jedoch länger in den Kühlräumen aufhalten wollte, musste zwingend Schutzkleidung anlegen. Eines Morgens im August stiegen ein paar Piraten zu uns herab und zogen sich Stiefel und Schutzjacken an. Noch nie zuvor hatte ich etwas Ähnliches gesehen. Mitten in der prallen Hitze Somalias rüsteten sich Bakayle, Big Jacket, Abdul der Übersetzer und unser Sahib Abdinasser eine halbe Stunde lang für eine Polarexpedition.

„Was meinst du, was machen die da?", fragte ich Rolly.

„Vielleicht wollen sie den Kapitän besuchen."

Der taiwanesische Kapitän lag dort tatsächlich in einem Kühlraum im Hinterschiff. Glaubte man Tony, hatte man die Leiche in Decken und Plastik eingewickelt.

„Vielleicht zählen sie auch nur den Fisch", meinte Rolly.

Arnel musste sich ebenfalls anziehen. Er sollte die Somalis durch das Labyrinth der Gefrierkammern führen.

„Arnel", flüsterte ich ihm zu, „was macht ihr da?"

Doch Arnel schüttelte nur den Kopf.

Kurz danach verschwanden alle hinter der Luke, die sie jedoch offenstehen ließen. Dichte Dampfschwaden quollen daraus hervor. Akes – gesprochen „Arkis" – war ein Filipino. Er saß auf einem der Arbeitstische und grinste vor sich hin. Er war bescheiden, blickte aus weit auseinander stehenden Augen in die Welt und trat meist ruhig und besonnen auf. Die Crew ließ ihn im Allgemeinen in Ruhe, denn sein Arbeitsvertrag war eine Woche nach der Entführung ausgelaufen. Rein faktisch stand der Rest der Mannschaft tatsächlich noch unter Vertrag. Einige Crewmitglieder hatten die Hoffnung noch nicht aufgegeben, das ihnen zustehende Gehalt ausbezahlt zu bekommen, sollten sie ihre Entführung überleben. Akes jedoch hätte längst daheim auf den Philippinen sein sollen.

„Wonach suchen die da unten?", fragte ich ihn. „Die Leiche? Oder zählen die unsere Fischvorräte?"

„Gold und Juwelen", sagte er, ohne die Miene zu verziehen.

„Du verarschst mich!"

Akes musste lachen. „Die Piraten glauben, dass wir unsere Wertsachen bei den Fischen versteckt haben. Sie glauben, sie können da unten einen Schatz finden."

„Im Kühlraum?"

„Nein, im Fisch!"

„Du lieber Gott."

Die Piraten hatten jeder Geisel bereits Handys und Wertsachen abgenommen. Doch offenbar hatten sie noch nicht genug und glaubten nun, ausgerechnet in den tiefgekühlten Fischkarkassen wären Wertgegenstände genug versteckt, um eine gründliche Suchaktion zu rechtfertigen. Voller Staunen sah ich dem Treiben zu. Ich wusste ja bereits, Piraten sind verrückt, doch war das Maß ihres Wahnsinns längst noch nicht ausgeschöpft. Nach einer halben Stunde tauchten die Somalis wieder aus den Tiefkühlkammern auf und erteilten sofort eine Reihe Befehle. Wir mussten unsere Wäsche von den Leinen holen. Zwei Männer öffneten den Zugang zu den Gefrierkammern, während andere Crewmitglieder den Ausleger des Bordkrans unter der Brücke hervorholten. Ferdinand und Taso ließen nun einen Haken in den Stauraum hinab, wo ihn ein weiterer Matrose mit einem Seil am Schwanz eines gefrorenen Thunfischs befestigte.

Ein Thunfisch nach dem anderen wurde nun so an Deck gehievt, wo sie stahlgrau schimmernd in der tropischen Hitze allmählich auftauten. Die Szene war wie ein Omen für das Schicksal des Schiffes, eine letzte Inventur, bevor wir schließlich alle an Land gebracht werden sollten. Rolly dachte dasselbe.

„Meinst du, die wollen den Fisch verkaufen?", fragte er.

„Weiß nicht", antwortete ich.

„Warum zählen sie ihn dann?"

Ich berichtete ihm von Akes' Vermutung, doch Rolly wollte nicht glauben, dass die Piraten in Wirklichkeit nach versteckten Wertsachen suchten.

„Michael, das wäre zu verrückt."

„Klar doch."

„Ich glaub' das nicht."

Wir sahen also weiter zu. Der Kran, an dem jeder Fisch einzeln an einem schaukelnden Seil nach oben gezogen wurde, schien nur schwer geeignet dafür, Tonne um Tonne welcher Ladung auch immer aus dem Bauch des Schiffes an Deck zu hieven. Ferdinand setzte sich zu uns und steckte sich eine Zigarette an. Er blickte auf den stetig wachsenden Haufen dampfender Thunfische, die hier nun stundenlang herumlagen, nur um danach wieder in den Gefrierkammern verstaut zu werden.

„Wenn die wirklich nach etwas Wertvollem suchen", sagte Tony, „dann sollen sie doch das hier nehmen."

„Den Fisch?", fragte ich.

„Klar!"

„Was ist der wert?"

„Verdammt viel Geld", murmelte Rolly.

Ferdinand sah sich um. „Zum Marktpreis im letzten Jahr? Als wir in Mauritius losgefahren sind?"

„Yeah!", ermunterte ich ihn.

„Der große Fisch dort: sicher 2 000 Dollar!"

„Wahrscheinlich wollen die den Fisch verkaufen", sagte Rolly wieder.

Wir überlegten, wie eine Thunfischfabrik wohl an den Fisch unserer Piraten kommen könnte. Zunächst schien uns das ausgeschlossen, denn vermutlich war es das Risiko nicht wert. Wollte man nämlich den Fisch hier abholen, musste man es zunächst schaffen, mit einem ausreichend großen Kutter unbehelligt die Küste Somalias entlangzufahren. Liest man allerdings UN-Berichte oder Jay Bahadurs Reportage *Deadly Waters*, dann weiß man, dass es zuvor durchaus Unternehmen aus Thailand gelungen war, nach der Zahlung eines Schutzgeldes in den Gewässern vor Puntland zu fischen. Besagtes Unternehmen hatte sogar vor Bosaso, einer somalischen Küstenstadt, eine schwimmende Dosenfabrik auf dem Meer eingerichtet. Mit im Paket war der Schutz einer vermeintlichen Küstenwache, die es sich auch nicht nehmen ließ, für das thailändische Unternehmen auf die verärgerten Fischer vor Ort zu schießen, denen die Fabrik mitten in der Zwölf-Meilen-Zone die Lebensgrundlage zu entziehen drohte. Für manche Teile Somalias galt: wenn Korruption, dann voll und ganz.

„Das wird schwierig", gab ich zu bedenken.

„Warum schwierig?", fragte Rolly.

„Hängt ganz davon ab, ob Ali Duulaay jemanden aus der Fischereiindustrie kennt", sagte ich.

Zwei Dutzend riesige Thunfische türmten sich inzwischen vor uns in einer schattigen Ecke des Decks auf. Dort war der Fisch etwas länger vor dem Auftauen geschützt. Doch immer noch zerrten die Piraten weiter den Fang der NAHAM 3 auf das Deck. Allmählich drangen sie auch in die eher inoffiziellen Ecken der Kühlkammern vor. Die gesamte Meeresfauna des indischen Ozeans tauchte als Tiefkühlware vor uns auf: Blauflossenmakrelen, dunkle Spanische Makrelen, flache, rundliche Gotteslachse, die so groß waren wie die Abdeckungen der Luken an Bord, sogar einige Blauhaie, drei Meter, mit einem großartigen, verschlagenen Grinsen im Gesicht. Es tauchten auch mehrere Haifischflossen auf, die wie an einem Schlüsselbund der Reihe nach auf ein Seil gezogen worden waren.

„Warum die Flossen?", fragte ich Akes.

Er erzählte, dass einige der Crewmitglieder den Haifischen im Beifang die Flossen abschnitten. Damit hofften sie nach ihrer Rückkehr ihr Gehalt aufbessern zu können.

„Kleine Nebengeschäfte", sagte er.

„Verstehe."

Niedrige Löhne und der Appetit der Chinesen auf Haifischflossensuppe brachten die Mannschaften der Kutter wie der NAHAM 3 dazu, allmählich die weltweiten Haifischbestände auszulöschen. Auch die Crew trug ihre Schuld. Keiner von uns war unschuldig in diesem Spiel. Doch um die Frage der Schuld ging es hier längst nicht mehr.

Im August begannen die Generatoren zu stottern. Beinahe jeden Tag stiegen einige der chinesischen Bordmechaniker zu den Maschinen im Heck des Schiffes hinab. Die Kräfte der NAHAM 3 schienen erschöpft.

Im gleichen Monat hatten wir die Reisvorräte an Bord aufgebraucht. Zwar schafften die Piraten über das Wasser etliche zehn Kilogramm schwere Reissäcke von Land heran, doch die Crew haderte mit ihrem Schicksal. Beim Reis machten sie nur ungern Kompromisse. Die Mannschaft bevorzugte den luftigen, kleinkörnigen, weißen Reis, wie er in Südostasien wuchs. Die Piraten hatten ihnen jedoch bräunlichen Basmatireis aus Pakistan besorgt. Angeekelt verzog Nguyen Van Ha sein Gesicht, als er seine erste Schüssel des Reises vorgesetzt bekam, und schüttelte verzweifelt den Kopf.

Ende August wurde das Meer wieder wärmer. Wir konnten es mit jeder Salzwasserdusche spüren. Die Monsunwinde hatten gedreht. Unser Übersetzer Abdul kam eines Tages im Auftrag der Piratenbosse zu uns an Bord, um mit Li Bo Hai die Lage zu besprechen. Wieder wurde ich zufällig Zeuge des Gesprächs. Wie lange hielten die Generatoren noch durch? Wie viel Öl, wie viel Diesel war noch in den Tanks? Für einen Monat noch, war die Antwort. Wir bekamen also noch eine Galgenfrist. Doch der Frage, ob die Bosse nach diesem Monat das Schiff aufgeben wollten, wich Abdul aus.

Etwas später am selben Tag brachte Abdul ein Gerät mit einem rundlichen Bildschirm von der Brücke herab. Die Anschlusskabel zog er hinter sich her. „Repariert das", befahl er, „wenn ihr Ersatzteile braucht, finden wir die sicher dort drüben." Er zeigte auf die gestrandete SHIUH FU 1 am Strand. „Ohne funktionierenden Radar können wir hier nicht bleiben."

Einer nach dem anderen aus der Crew untersuchte nun in einer schattigen Ecke des Arbeitsdecks das farbenfroh verdrahtete Innere des Radarbildschirms. Taso und Cao Yong hielten sich am längsten damit auf. Doch allmählich schwand auch bei ihnen die Zuversicht. Es war das erste Mal, dass Abdul das Schiff am Strand erwähnt hatte. Damit hatte er unsere schlimmsten Befürchtungen ausgesprochen. Die Stimmung an Bord war nun im Keller. Niemand konnte das Radargerät wieder in Gang setzen und Arnel versuchte Abdul das Problem zu erklären. Zu guter Letzt landeten die

Einzelteile in einer Pappschachtel und verschwanden irgendwo in einem Schrank.

Schon am nächsten Tag hieß es, dass die Generatoren abgeschaltet werden sollten, um Sprit zu sparen. Beim Frühstück sprach niemand ein Wort. Im Anschluss kochten wir so viel Tee und Kaffee, wie wir konnten, und füllten ihn in Thermoskannen ab. Etwa um acht Uhr wurden die Motoren abgestellt. Tief unten im Schiffsrumpf war ein letztes Rumpeln und Rattern zu hören, dann wurde es still. Mir wurde erstmals die Stille bewusst, die nicht nur in der Wüste, sondern auch hier draußen auf dem Meer herrschte. Die Generatoren hatten nicht nur jede Menge Elektrogeräte versorgt, wie die Fernseher, die Wasserkocher, die Pumpen für unsere Meerwasserdusche oder die Platten für unsere Woks. Ihr Lärm hatte auch stets das Stimmengewirr der Somalier auf dem Oberdeck übertönt. Nachdem nun nichts mehr ihre Stimmen überdeckte, wurde uns unablässig vor Augen geführt, wie abhängig wir von unseren Geiselnehmern dort oben waren. Wir versuchten es mit Karten spielen, doch letztlich konnte uns in der Hitze eines Tropennachmittags nichts mehr von unserem Geiselschicksal ablenken. Nichts konnte uns auch ablenken von der Tatsache, dass unter uns Tonnen von Fisch zu tauen begannen – neben der Leiche des Kapitäns. Würde er dort unten verwesen? Von den Gittern, über denen die Mannschaft ihr Geschäft ins Meer verrichtete, wehte bereits ein ungesunder Gestank herüber.

Um vier Uhr nachmittags ließ Abdul die Generatoren wieder einschalten. Vermutlich hatte er Lust auf eine Tasse Tee. Doch der Schrecken der Stille ließ die Crew nicht mehr los. Die Piraten hatten uns vor dem Leben an Land warnen wollen. Gleichzeitig verfestigte sich nach dem Nachmittag ohne Strom unter der Mannschaft die wilde Hoffnung, die Piraten würden uns Geiseln endlich freilassen. Das Gerücht war schon seit Tagen im Umlauf.

Woher es genau kam, war nicht mehr festzustellen. Ich erinnerte mich nur, wie Ferdinand vor wenigen Tagen beteuert hatte: „Ich bin mir ganz sicher! Ende des Monats sind wir frei!"

„Jetzt im August?", hatte ich gefragt.

Der August war in ein paar Tagen vorbei.

„Spätestens September. Ich glaube, die Piraten verhandeln gerade mit dem Reeder."

Später erzählte mir Nguyen Van Xuan, ebenfalls Vietnamese und ein Freund Has, dass die Piraten ihm versichert hätten, der ganze Kutter könne in fünf Tagen frei sein.

„Wir alle?", fragte ich. „Mit Rolly und Michael?"

Auch ich sehnte mich nach neuer Hoffnung, wie jeder an Bord. Xuan war bescheiden. Er trug abgetragene Schuhe mit Quasten daran. Er hatte ein freundliches Gesicht mit weit auseinander stehenden Augen. Einen Augenblick lang verfinsterte sich seine Miene, dann strahlte er mich fröhlich an. In brüchigem Pidgin-Englisch antwortete er: „Piraten gesagt, all ship! Michael und Rolly okay!"

Drei Stunden lang hatte ich Hoffnung, obwohl mir klar war, dass dieses Gerede nichts zu bedeuten hatte. Es war wie Fastfood für einen Verhungernden. Ich verstand jedoch allmählich den Sinn des Ganzen. Ging es nach den Gerüchten unter der Mannschaft, dann hätten uns die Piraten einen Tag nach dem Abschalten der Generatoren freilassen müssen. Doch der nächste Tag verging, ohne dass irgendwer freigelassen worden wäre. Das Abschalten der Generatoren sollte uns lediglich einschüchtern. Und tatsächlich begann Abdul wieder damit, die Matrosen zu Telefongesprächen nach Asien zu zitieren. Einer nach dem anderen stiegen sie zur Brücke hinauf, um dort am Bordtelefon ihr Schicksal zu verhandeln, getragen von einer Welle der Hoffnung. Geschockt von der verzweifelten Hilflosigkeit ihrer Familien, kletterten sie danach wieder die Stufen nach unten, den Spott der Piraten im Nacken. Jedem einzelnen Matrosen warfen sie vor, nur der Sturheit seiner Familien sei es geschuldet, dass er nicht freikam und weiter an Bord festsaß.

Auch Korn Vanthy kam nach einer Weile von oben zurück. Er warf sich auf meine Matratze und bedeckte sein Gesicht mit einem Arm. Auf Pidgin-Englisch erklärte er mir: „Meine Eltern können nicht zahlen. Ich muss sterben."

„Wer sagt das?"

„Abdul, der Übersetzer."

„Korn Vanthy, hör mir zu …"

„Er sagt, die Piraten erschießen mich."

„Korn Vanthy, hai dao bow-wow sa-sa, die Piraten reden nur Mist! Niemand wird erschossen, mach dir keine Sorgen."

Ganz sicher war ich mir dabei jedoch nicht. Der Grund dafür lag tot im Tiefkühlraum im Bauch des Schiffes. Trotzdem ließ ich mir vor Korn Vanthy meine Zweifel nicht anmerken. Allmählich beruhigte er sich wieder.

Nach den ergebnislosen Telefonanrufen sprach niemand mehr von unserer baldigen Freilassung. Ein neues Gerücht fesselte unsere Aufmerksamkeit. Angeblich war ein riesiger Fisch neben der NAHAM 3 gesehen worden. Am Rumpf des Schiffes waren mit der Zeit jede Menge Algen und Seegras gewachsen. Sie zogen eine reiche Fauna an, die sich davon ernährte. Diese wiederum war eine gute Beute für Raubfische, die nun immer öfter und in immer größerer Gestalt rund um das Schiff auftauchten. Der *Spiegel* berichtete einmal über einen entführten deutschen Frachter. Als dieser nach vier Monaten des Stillstands vor der somalischen Küste freikam und sich wieder in Bewegung setzte, folgten ihm die Haie einfach nach. „Wenn das Schiff schließlich irgendwann freigelassen wird, kann es nur noch sehr langsam fahren, weil unzählige Muscheln bremsen. So kann die ganze Nahrungskette folgen, und auch die Haie schwimmen hinterher."

Schon am nächsten Tag sahen wir den Fisch. Zunächst entdeckten wir nur einen dunklen Schatten in den Wellen. Glaubte man Ha, war es kein Hai, sondern ein riesiger Mondfisch, vielleicht sogar ein kleiner Wal. Die ganze Crew war nun auf den Beinen, um den Fisch zu sehen. Der Schatten verschwand und unser Schiff begann zu schlingern. Dabei kann ich nicht sagen, ob die Bewegungen des Schiffes von den Matrosen kamen, die mit einem Mal in Richtung Ankerkette aufs Vordeck gestürmt waren, oder ob tatsächlich das riesenhafte Wesen unter uns beim Abtauchen gegen die rostige Kette gekommen war und uns so ins Schlingern brachte. Die Crew war sich sicher, dass es der Fisch gewesen sein musste. Ich hatte mich gerade wieder zu Rolly auf eine der Werkbänke gesetzt, da hörten wir einen beunruhigenden dumpfen Schlag gegen den Rumpf.

„Was war das?", fragte Rolly. „Ankerkette gebrochen?"

Hobyos Strand und das Wrack der SHIUH FU 1 drifteten gen Süden aus unserem Sichtfeld. Mit der Strömung trieb unser Schiff zügig in Richtung Küste. Dann drehte es sich.

„Du hast recht", sagte ich.

Mit der Drehung verschwand das Land aus unserem Sichtfeld, stattdessen hatten wir nun freien Blick auf die offene See. Ein halbes Dutzend Chinesen war aufgesprungen und machte sich auf den Weg in den Maschinenraum. Die übrige Crew zog Arbeitshandschuhe an und holte das ein, was von der Ankerkette noch übrig war. Rolly und ich beobachteten das Treiben vom Arbeitsdeck aus. Auch Tony war bei uns, dem als Koch die schweren Arbeiten an Bord erspart blieben.

Je nach Strömung drehte sich das Schiff mal hierhin, mal dorthin. Die NAHAM 3 hatte einen verhältnismäßig großen Tiefgang und bot der Strömung unter Wasser eine große Angriffsfläche. Wie eine Kurbel drehten wir uns nun in großen, schlingernden Kreisen um uns selbst. Ich überlegte, ob ich auf der Stelle von Bord springen sollte, bevor noch Schlimmeres passierte. Doch überall an Deck schrien nun die Piraten, mit gezückten Waffen in den Händen, der Mannschaft ihre Befehle entgegen. Immer wieder sahen wir die Küste an uns vorbeiziehen und gleich darauf wieder verschwinden und ich wusste nicht, ob mir nun schlecht oder schwindlig war oder ob ich einfach nur Angst hatte. In jedem Augenblick konnten wir stranden. Ich hätte ungern die Chance verschenkt, ins Wasser zu springen. Allerdings hatte ich genauso viel Angst davor, diese Chance zu vermasseln. Wollte ich springen, musste ich den richtigen Augenblick abwarten. Alles hing von der Strömung und der Drehung des Schiffes ab.

Während ich noch über meine Möglichkeiten nachdachte, tauchte plötzlich wieder das zweimotorige Flugzeug über uns auf und flog in engen Kreisen um das Schiff. „Da!", rief Rolly und Adrenalin durchströmte meinen Körper. Big Jacket stand plötzlich mit einem Gewehr vor uns und befahl uns, eine Decke über den Kopf zu ziehen und in unseren Kabinen zu verschwinden. Mehrere Somalis stürmten mit ihren Waffen auf das Oberdeck.

In diesem Moment schien es mir klüger, Big Jackets Befehlen zu gehorchen, als den Sprung über die Reling zu wagen. Ich stieg mit Rolly die Treppe nach oben und lief über das Oberdeck. In meiner Kabine legte ich mich auf den Boden und sah, wie sich der Horizont immer weiter drehte. Mir war schlecht und ich fühlte mich niedergeschlagen. Das war meine Chance und ich hatte sie verpasst. Doch ein Fluchtversuch wäre Selbstmord gewesen. Nie zuvor hatte ich die Piraten derart in Panik erlebt. Keine Sekunde hätten sie in diesem Zustand gezögert, von ihren Waffen Gebrauch zu machen.

Weder verstand ich in diesem Moment, was mit uns geschah, noch wusste ich einen Ausweg. Meine Gedanken drehten sich unaufhörlich im Kreis. Genau wie das Schiff, auf dem ich festsaß. Ohne Halt drehten wir nun auf der NAHAM 3 unsere Kreise am Rande des Indischen Ozeans. Eine Stunde lang trieben wir in Richtung Norden, zu kurz jedoch, um den schwerfälligen Kutter an Land zu spülen. Am Ende brachten die Mechaniker den Motor wieder zum Laufen. Er rumpelte dreimal so laut wie die Generatoren, mit einem tiefen, rauen Dröhnen. Langsam stampften wir nun wieder gegen die Strömung südwärts. Bei Sonnenuntergang erlaubten uns die Piraten, nach unten zum Abendessen zu gehen. Mürrisch saß die Mannschaft bei stetem Monsunwind an Deck.

„Was machen wir jetzt?", fragte ich Hen, der mit seiner Schüssel Reis etwas abseits saß. „Legen wir in Hobyo an?"

„Hobyo!", stieß er knapp hervor und man konnte seinen tiefbraunen Augen die Wut und die Verärgerung ansehen. Die Ankerkette! Wer hätte gedacht, dass ausgerechnet sie unser Schicksal besiegeln sollte.

Ich konnte ihn verstehen. Die Sonne ging hinter einem grauorangen Schleier unter. Es war wohl unsere letzte Nacht auf See. Ich hatte es nicht eilig damit, Hobyo wiederzusehen, und kehrte in die Kabine zurück. Ich war nervös und angespannt. Dort draußen waren sicherlich Drohnen in der Luft. Jemand musste mitbekommen haben, dass unser Schiff in Schwierigkeiten steckte, und daraufhin schnell das Flugzeug zu uns geschickt haben. Vielleicht stand ja dort draußen, nicht weit von uns, irgendwo sogar ein Flugzeugträger. Unser Kutter fuhr mit einer amerikanischen Geisel an Bord zu einem unbekannten Ziel. Das konnte der amerikanischen Marine doch nicht gleichgültig sein.

Der Schiffskoller, die Müdigkeit und die Niedergeschlagenheit hatten meinen Verstand angegriffen. Nach fünf Monaten auf See fehlte mir ein gutes Stück meiner Urteilskraft. Ich wollte keinesfalls nach Hobyo zurück. Also wickelte ich mein LED-Feuerzeug in eine Plastiktüte und dichtete diese so gut es ging mit ein paar Gummibändern ab. Danach legte ich mich ins Bett und ging noch einmal den genauen Ablauf durch, den ich mir in den vergangenen Stunden zurechtgelegt hatte. Wer immer uns das Flugzeug geschickt hatte, konnte genauso gut und vielleicht genauso schnell einen Rettungshubschrauber schicken. Wenn ich also mit meinem LED-Feuerzeug ins Meer sprang, dann konnte ich mich damit vom Wasser aus den Aufklärungsdrohnen am Himmel bemerkbar machen. Die NAHAM 3 würde nicht anhalten, schließlich hatte man gerade erst mit Müh und Not die altersschwachen Motoren zum Laufen gebracht. Eine Rettungsaktion, selbst im Dunkeln, war nicht aussichtslos, sobald es mir gelang, außer Schussweite der Piraten zu schwimmen.

Nein, warte, das ist doch irrsinnig.

Geschähe nur ein kleiner Fehler, würde ich dabei umkommen. Hielt ich es dagegen weiter an Bord aus, standen die Chancen gut, dass ich irgendwann lebend das Ufer erreichte.

Ich hatte Angst, war gestresst und deprimiert. Ich war bereit alles zu tun, nur um das hier zu beenden.

Ich lag auf dem Rücken in meiner Koje und überlegte. Was würde passieren, wenn ich einfach stillhielt? Vermutlich weckte mich Abdinasser irgendwann mitten in der Nacht. Ein paar der Versorgungsboote brächten uns dann nacheinander an einen finsteren Strand. Danach gäbe es wieder Ziegenleber und Dosenthunfisch zu essen und keine Möglichkeit mehr für eine Flucht.

Um acht Uhr abends stieg ich aus meinem Bett. Ich bat die Wache, auf die Toilette gehen zu dürfen. Auf der Brücke sah ich Abdiwali, einen der Übersetzer, mit seinem zerfransten grau-weißen Bart.

„Was ist los?", fragte er.

„Habt ihr Klopapier?"

„Gibt's nicht."

Ich ging ihm ein paar Schritte entgegen. „Unten auf dem Deck gibt's noch Klopapier", sagte ich, „Rolly und ich haben noch eine Rolle in einem Schrank."

„Du darfst aber jetzt nicht mehr nach unten."

„Ich brauche es aber", protestierte ich, „es geht nicht ohne."

Abdiwali wandte sich einen Augenblick ab, um sich mit einem anderen, etwas hinfälligen Piraten zu beraten, der kein Wort Englisch sprach.

„Wir besorgen dir morgen welches!", meinte Abdiwali.

„Ich brauche es aber jetzt!"

Abdiwali schien etwas genervt. Wieder besprach er sich mit dem anderen Piraten.

„Okay, dann mach schon."

Unten hatte die Crew im Schein der Decklampen bereits die Matten für die Nacht ausgebreitet. Einige sahen fern oder standen rauchend herum. Abdiwali hatte kein Gewehr, das war gut. Unbewaffnet wartete er auf mich am Fuß der Treppe.

Ich lächelte den anderen Geiseln zu, fand im Schrank tatsächlich irgendeine Plastiktasche und begann darin herumzusuchen. Am Ende tat ich so, als steckte ich mir etwas daraus in meine Hosentasche. Ich war gerade den halben Weg über Deck zurückgegangen, als sich Abdiwali umdrehte und die Treppe hinaufstieg. Konnte es eine bessere Möglichkeit geben? Ich schleuderte meine Sandalen von den Füßen und rannte los, dorthin wo die Reling ihre Aussparung hatte. Mit einem nackten Fuß stieß ich mich vom Bordrand ab und tauchte – Fingerspitzen voran – nach sechs Metern in das finstere, aber überraschend warme Wasser ein. „Michael!" hörte ich Abdiwalis Stimme irgendwo über mir rufen. Genau diese Szene hatte ich in den vergangenen Monaten immer wieder in Gedanken durchgespielt und nun war mein Traum Wirklichkeit geworden. Ich verspürte einen kurzen Hoffnungsrausch. Als ich an die Oberfläche kam und Luft holte, merkte ich, wie leicht mich das Wasser trug. Und wie viel Angst ich hatte.

Ich tauchte wieder unter, denn ich fürchtete die Gewehrsalven von Bord. Piraten sind miserable Schützen, versuchte ich mich zu beruhigen. Die NAHAM 3 fuhr einfach weiter, während ich in der Strömung seitwärts von ihr in Richtung Heck davontrieb. Ich versuchte, wie ein Delfin meinen Kopf unter den Wellenkämmen zu halten und dabei zu atmen. Tagelang hatte ich mir ausgerechnet, wie lange es dauerte, bis ich außerhalb des Schussfeldes der Piraten war. Es dauerte keine Minute und der riesige Schiffskörper hatte mich passiert. Die Geschwindigkeit, mit der er durchs Wasser fuhr, und die Strömung, die mich nun in Richtung Land trieb, waren auf meiner Seite. Ich sah die Somalis aufgeregt an Deck hin und her laufen und mit zwei großen Suchscheinwerfern die Wasseroberfläche absuchen.

Niemand schoss auf mich.

Das Schiff war bald schon eine Schiffslänge, etwa 50 Meter, von mir entfernt. Die Dünung war sanft und langsam. Das Wasser schmeckte salziger, als ich es von anderen Meeren kannte, und der hohe Salzgehalt machte es leicht, sich über Wasser zu halten. Ich fror auch nicht. Aber ich hatte unglaubliche Angst.

Schon vor meinem Sprung wusste ich, dass ich kaum eine Chance hatte, hier draußen zu überleben. Auf diese Weise entkommen zu wollen war Wahnsinn, war Selbstmord. Ich war in vollem Bewusstsein gesprungen, dass ich wahrscheinlich sterben würde. Doch ich wollte entweder frei sein oder wenigstens beim Versuch mich zu befreien sterben. Furcht und Verzweiflung trieben mich schließlich von Bord. Furcht und Verzweiflung sind eine unerschöpfliche Kraft, wer sie gut zu nutzen versteht, kann Großes vollbringen. Mein Gefühl sagte mir, dass ich alles richtig gemacht hatte. Ich fühlte mich prächtig. Ich hatte nicht mehr länger vor zu sterben.

Ich tauchte und schwamm weiter, getragen vom Rhythmus der Dünung, die mich mit ihren dunklen, warmen Wellenbergen davontrug. Als ich knapp 200 Meter vom Schiff entfernt war, hielt ich inne. Die Suchscheinwerfer irrten weiter über das Meer und ich beschloss, meine kleine LED-Lampe auszuprobieren. Ich wollte mein SOS-Signal in den Himmel schicken und hoffte, dass es dort oben irgendetwas gab, das es tatsächlich entdecken konnte. Eine Drohne würde sicher mein Signal auffangen und irgendwer konnte daraus schließen, dass dort eine Geisel im Meer trieb. Dank meines SOS-Signals würden sie wissen, dass es sich um mich handeln musste. Wer sonst hatte in den vergangenen Monaten regelmäßig SOS in den Nachthimmel Somalias gemorst? Andererseits hatte ich vielleicht bereits meinen Verstand verloren.

Ich angelte in meinen Hosentaschen nach dem eingewickelten Feuerzeug. Ich wartete, bis das Schiff hinter einem Wellenkamm verschwunden war, und hoffte, dass die dunklen Wassermassen auch den Widerschein meiner Lampe verbargen. Ich richtete die kleine Taschenlampe in den Himmel und knipste den Schalter an. Nichts.

Warum auch?

„Fuck!", schrie ich und schleuderte das Feuerzeug ins Meer.

Nun hatte ich drei Möglichkeiten zur Auswahl. Ich konnte weiter hier herumpaddeln, dabei versuchen, den Lichtkegeln der Scheinwerfer auszuweichen, Wasser treten und auf einen Hubschrauber warten. Ich konnte versuchen zum Strand zu gelangen. Oder aufgeben und ertrinken.

Das Schiff hatte inzwischen die Fahrt verlangsamt. Die Suchscheinwerfer wanderten unaufhörlich über das Wasser. Noch hatte ich mich nicht entschieden, ob ich noch eine Weile hier herumtreiben wollte oder versuchen sollte, den Strand zu erreichen. Die anderthalb Kilometer bis dorthin waren zu schaffen. Ich fürchtete jedoch die Maschinengewehre an Bord. Was, wenn mich einer der Piraten entdeckte, wie ich mit dem Rücken zum Schiff in Richtung Strand schwamm? Er hätte vermutlich das Wasser mit seinen Gewehrsalven durchpflügt.

Ich lehnte mich zurück, um meinen Kopf bei der sanften Dünung so wenig wie möglich aus dem Wasser zu strecken. Schließlich ließ ich mich auf dem Rücken treiben, was im Salzwasser erstaunlich wenig Kraft kostete. Sobald sich mir ein Lichtkegel näherte, tauchte ich ab und genoss dabei die trägen, warmen Wassermassen um mich.

Ich kniff die Augen zusammen und suchte den Himmel nach einem Hubschrauber ab. Langsam fuhr nun auch die NAHAM 3 weiter. Irgendetwas in mir glaubte fest an die Allwissenheit und Pedanterie der amerikanischen Marinebürokratie. Allwissend und pedantisch genug, um einen winzigen, verzweifelten Körper hier draußen aufzuspüren, meine Absichten zu erraten, um dann entschlossen jede noch so winzige Chance meiner Rettung zu nutzen, mich aus dem Wasser zu ziehen, sobald ich mich nur weit genug von dem Piratenschiff entfernt hatte. Wir hatten dafür doch alle Zeit der Welt. Die Piraten würden lange brauchen, bis sie die Schnellboote von Hobyo hierhergebracht hatten. Der Ort war noch weit entfernt. Außerdem konnte ich mich immer noch selbst ersäufen.

Doch die NAHAM 3 fuhr nicht wie erwartet weiter. Sie drosselte die Fahrt und lehnte sich etwas zur Seite. Ein Lichtkegel erwischte mich, wanderte aber auf der Wasserfläche unsicher hin und her. Es gelang mir, ihm unter Wasser auszuweichen. Doch das Schiff drehte nun bei und kam über die Wellen auf mich zu. Ein atemberaubender Anblick! 200 Tonnen Stahl, mit Scheinwerfern und Deckbeleuchtung, Wassertanks und immer noch kreisenden Radarantennen, drei Decks hoch, die gesamte Mannschaft an der Reling, schwankten wie eine riesige Ölplattform und stampften unaufhörlich auf mich zu.

Ich wischte mir über die Augen, suchte irgendwo im Himmel die Lampen eines Hubschraubers, lauschte nach dem Rotorengeräusch. Ich war wie von Sinnen. Die NAHAM 3 hatte in den Wellen Fahrt aufgenommen. Ich überlegte, ob ich nicht hinter ihrem Heck in der Dunkelheit entkommen konnte, ob ich weiter aufs Meer hinausschwimmen sollte oder doch besser in Richtung Ufer. Ich war nun fast seit einer halben Stunde im Wasser. Der Anstrengung fühlte ich mich absolut gewachsen, doch musste ich voller Schrecken einsehen, dass das riesige Schiff mich in jedem Fall einholen würde. Ich kannte die alte Surferweisheit: je größer das Fahrzeug, desto größer der Schwung, egal bei welchem Wellengang. Ob ich mich nun einfach treiben ließ oder mit aller Kraft in Richtung Ufer schwamm, ich drohte unter den muschelbewachsenen Kiel des Kutters zu geraten.

Wieder erwischte mich einer der Suchscheinwerfer und wieder drehte das Schiff bei. Vielleicht konnte ich entkommen, wenn ich bei langsamer Fahrt immer hinter dem Heck Richtung offenes Meer davonschwamm.

Außerdem konnte ich mich immer noch selbst ersäufen.

An Deck hörte ich jetzt die Crew nach mir rufen.

Scheiße.

Das Schiff war nun ganz nah, überall waren Scheinwerfer. Jemand warf einen Rettungsring an einem Tau vor mir ins Wasser. Ich musste mich jetzt entscheiden: abtauchen hinter dem Heck oder den rettenden Ring ergreifen.

Ich schwamm zu dem Tau und klammerte mich fest an den Ring. Oben zogen die Männer und während ich den Bootsrumpf entlangschrammte, überlegte ich mir eine Ausrede für meinen kleinen Ausflug.

„Was fällt dir ein", schrie Abdul mir voller Zorn entgegen, die Augen weit aufgerissen, „warum springst du Arsch von Bord?"

Vier Männer führten mich zu einer der Arbeitsflächen, ein anderer legte mir eine warme Decke um. Taso reichte mir eine Schüssel warmen Wassers, für den Fall, dass ich mich im Meer unterkühlt hatte. Hen reichte mir ein Desinfektionsmittel für meine Zehen, die aus irgendeinem Grund gerade bluteten. Zuletzt gab mir Tony meine Sandalen zurück, die ich vor meinem Sprung von mir geschleudert hatte. Ich bat um Verband und Klebeband.

Meine Ausrede war einfach. „Garfanji", gestand ich Abdul, „al-Shabaab." Ich erklärte ihm, dass ich Panik davor hatte, nach unserer Rückkehr an Land an die Terroristen verkauft zu werden, ich wollte nicht wie Rolly von einem Ast baumeln. Die Gefahr hatte vielleicht im Mai noch bestanden, jetzt, vier Monate später, war sie kaum mehr glaubwürdig. Doch hatte uns nicht Garfanji selbst damit gedroht? Warum sollte ich ihn jetzt nicht daran erinnern?

„Wer hat das behauptet?", fragte Abdul.

„Jeder, sogar Garfanji selbst."

Bakayle – Mr. Fifty Million – saß ein paar Meter weiter auf einem der Tische. Ich zeigte auf ihn.

„Er hier auch!"

„Okay", antwortete Abdul.

Als sich die allgemeine Aufregung gelegt hatte, begleiteten mich zwei Piraten bis zu meiner Kabine. Immer noch pochte mein Herz und ich konnte nicht schlafen. Morgens durfte ich nicht mehr an Deck zu den anderen. Ich war zu drei Wochen Einzelhaft in meiner Kabine verdonnert. Während dieser Zeit wurde die NAHAM 3 mit einem entführten Frachtschiff vertäut, der MV ORNA, die eine stabile Ankerkette besaß.

Ich empfand einen ungestümen Freiheitsdrang und zugleich ein Gefühl der Fremdheit, wie ein wildes Tier im Käfig. Wie viel brodelnden Grimm, wie viel nagendes Bedauern hielt das menschliche Herz aus? Meine Schwimmrunde im Meer jedoch war fantastisch gewesen. Sie war belebend, genau das Gegenteil eines Selbstmords. Sie lehrte mich, wieder an die Freiheit zu glauben.

KEIN GOTT NEBEN MIR

Drei Wochen später fand ich mich in einem Raum mit sehr hohen Decken wieder. Die Neonleuchten waren schmutzig und über meinem Bett hing ein Moskitonetz. Zusammen mit den blau gestrichenen Wänden verbreitete all das ein beinahe städtisches Flair. Auch war das Klima anders als an der Küste. Die Luft war schwülwarm und schien voller Malariamücken, so wie ich sie aus Galkayo in Erinnerung hatte. Ich hatte schlecht geschlafen unter meinem Moskitonetz. Bei Sonnenaufgang weckte mich der Lärm eines Flugzeugs, das in niedriger Höhe über die Blechdächer der Häuser hinwegdonnerte.

Außer dem Bett gab es in meinem neuen Zimmer nur noch ein kleines Kosmetiktischchen mit Spiegel, das überquoll von Schönheitscremes, Tuben und Döschen. Es sah hier beinahe so aus wie in Budbud, als wir auf dem Weg nach Hobyo bei Digsis Schwester im Schlafzimmer übernachten durften. „Wo um alles in der Welt sind wir hier gelandet?", hatte Ashwin damals Hamid gefragt, spöttisch, doch ohne die Miene zu verziehen. Mein neues Gefängnis wirkte wie eine Mischung aus Bordell und Besenkammer.

Auf dem Boden dösten vier Piraten auf ihren Matratzen. Sobald wieder ein Flugzeug im Landeanflug zu hören war, beobachteten zwei von ihnen argwöhnisch jede meiner Bewegungen. Wir hatten die Nacht in der Nähe eines Flughafens verbracht. Mein Bewacher Issa war ein großer, eher entspannter Somali, der mich schon vorher auf der NAHAM 3 und auf Mussolinis Bauernhof bewacht hatte. Danach zu urteilen, wie er bei Gesprächen mit den anderen Piraten bisweilen in Lachen ausbrach, hatte er durchaus Humor. Jetzt jedoch starrte er mich mit versteinertem Gesicht an.

In der Tür hing ein schäbiger rosafarbener Vorhang. Durch ihn hindurch sah ich draußen allmählich die Sonne aufgehen. Schnell wurde es heiß und stickig im Zimmer, sodass Issa einen verstaubten Ventilator in Gang setzte. Er schob ihn mitten in die Tür und richtete ihn auf mein Bett. Ich musste husten.

„Okay, Michael?", fragte er.

„Nicht ganz."

Die restlichen Piraten wachten nun auch auf. Issa schüttelte die Hand eines neu dazugekommenen Mannes, der mir irgendwie bekannt vorkam. „Yoonis" riefen die anderen und zeigten auf ihn. Und allmählich erinnerte ich mich wieder an den Übersetzer, den ich an meinem ersten Abend in unserem Versteck in Mohammed Tahliils Haus in Hobyo kennengelernt hatte. Auch das Moskitonetz musste noch aus diesem Haus stammen, fiel mir nun auf.

„Hallo, Yoonis", begrüßte ich ihn. Doch anders als ich ihn in Erinnerung hatte, schien er voller Herablassung und Verachtung.

„Ich heiße jetzt nicht mehr Yoonis", teilte er mir mit, „du darfst mich nur noch mit meinem arabischen Namen anreden. Ab heute nennst du mich Faisal."

„Wie?"

„Du musst mich Faisal nennen. Das ist jetzt mein Name, mein Moslemname!"

„Verdammt kompliziert!"

„Trotzdem, du musst!"

Ich erinnerte mich an ein Gerücht, das noch auf der Naham 3 die Runde gemacht hatte: Angeblich war Yoonis erschossen worden.

„Ich dachte, du wärst tot!"

„Wie?"

„Keine Ahnung, mir hat ein Pirat auf dem Schiff erzählt, dass al-Shabaab dich erwischt hätte."

„Stimmt aber nicht", lachte er.

„Das seh' ich."

Eine ganze Weile später öffnete ein Unbekannter das Tor zu unserem Grundstück und trat durch den Vorhang zu uns ins Zimmer. Er hatte zwei Thermoskannen mit Tee dabei und außerdem eine Plastiktasche mit Aluschalen voll gewürztem Reis und Fleisch aus einem Restaurant. Das Essen roch hervorragend. Der Pirat reichte mir eine Schale herüber und ich stellte sie auf dem Schminktisch ab. Auf ihrem Deckel klebte ein Aufkleber mit dem Namen eines Restaurants samt Adresse: „Galkacyo, Somalia".

Eine nützliche Information.

Schon auf der Überfahrt von der NAHAM 3 vor drei Tagen hatte Bashko, ein Wärter, mir erklärt, dass es nun nach Galkayo gehe. Wir hatten das Schiff im Dunkeln verlassen und ich hatte ein letztes Mal auf den rostigen Rumpf unseres Gefängnisses geblickt. Neben der ORNA, die im Scheinwerferlicht wie eine riesige Industrieanlage voller Container mit rostbraunem Rumpf vor Anker lag, sah unser Kutter, der mit ihr vertäut war, auf einmal winzig aus. Zehn Piraten hatten sich mit mir in das Boot gequetscht, das sich schließlich auf den Weg zum Strand machte. „Michael", flüsterte Bashko und beugte sich zu mir, um beim Dröhnen des Außenbordmotors und das Schlagen der Wellen gegen den Rumpf gehört zu werden, „no problem! Morgen Galkayo!"

„Oh, toll!"

Er ahmte mit seinen Händen ein Flugzeug nach: „Adiga, frei!"

Der Steuermann brachte das Boot langsam und vorsichtig über Wasser und Wellen. Vielleicht hatte auch er noch von Captain Tuure seine Befehle erhalten. Wir mussten irgendwo südlich von Hobyo sein, vielleicht vor Harardhere. An Land war weit entfernt über dem Horizont ein Blinken zu sehen, ein Mobilfunkmast vielleicht oder die Positionslichter einer Drohne. Mein erster Impuls war, über Bord zu springen – manche Gewohnheiten legt man nur schwer ab. Die Piraten saßen angespannt und schweigend da. Doch schwiegen sie vermutlich nicht grundlos, mir schien, sie hatten vor allem Angst davor, entdeckt zu werden.

Abrupt lief das Boot auf den Strand auf und die Wärter scheuchten mich über den Sand zu zwei wartenden Autos. Danach fuhren wir zwei Stunden über dunkle Pisten in Richtung Norden. Als wir bei einem verfallenen Haus ankamen, nahm ich erstmals wieder die typischen Gerüche der verdorrten Landschaft Somalias wahr, den Staub, die leichte Brise vom Meer, den säuerlichen Geruch, den einige der Insekten hinterlassen. Und immer noch hatte ich den Duft der Freiheit in der Nase.

Zu erkennen, was sich hinter den Manövern und Lügen der Piraten – nicht zu vergessen meine eigenen Selbsttäuschungen –

verbarg, war eine der schwierigsten Aufgaben meines Geiselalltags. Von dem verfallenen Haus in Küstennähe waren wir stundenlang ins Landesinnere unterwegs gewesen, bis wir schließlich in diesem kleinen Besenkammerbordell angekommen waren. Mustaf, der Bote, hatte etwas Städtisches an sich und wartete neben mir. Während ich am Schminktischchen mein Frühstück zu mir nahm, begann er eine der Schubladen zu durchwühlen. Als ein weiteres Flugzeug im Landeanflug auf den Flughafen – in Galkayo, wie ich annahm – über unser Haus hinwegdonnerte, beobachtete mich Issa wieder mit misstrauischem Blick. Dann kicherte er und flüsterte einem der Wärter etwas zu.

Irgendetwas stimmte hier nicht.

„Entschuldige", sprach ich Mustaf an, „was ist los? Lasst ihr mich jetzt frei?"

„Inschallah", antwortete er etwas gestelzt, „so Allah es will."

„Wo sind wir hier?"

„Kennst du Harardhere?", fragte er.

„Klar."

„Wir sind in Harardhere!"

Ich sah ihn zweifelnd an.

Bashko hatte unseren Wortwechsel sichtlich nervös verfolgt. Offenbar hoffte er inständig, dass ich unser Gespräch bei der Überfahrt bereits vergessen hatte. Hatten die Piraten die Aufkleber auf unserem Essen selbst gar nicht bemerkt?

„Tatsächlich?", fragte ich nur.

„Ja", meinte Mustaf, „wir müssen leise sein, hier sind überall Al-Shabaab-Milizen in Harardhere, die dürfen uns nicht hören!"

„Verstehe", sagte ich und legte mir gehorsam den Zeigefinger auf die Lippen, „schhh!"

„Yes, yes!"

„Harardhere, okay!", sagte ich.

„Yes."

Das Besenkammerbordell, in dem ich nun lebte, war nicht viel größer als meine Kabine auf der NAHAM 3, in der ich drei Wochen lang völlig allein eingesperrt war. Immer wieder, wie ein Kassettenrekorder, den man zurückspult, tauchten die Szenen an Bord des Kutters vor meinem inneren Auge auf.

Du hast einen Fehler gemacht. Doch das ist nur menschlich.

Ich versuchte, mir mit Liegestützen und Yogaübungen die Zeit in der Kabine zu vertreiben. Li Bo Hai hatte mir ein Notizheft überlassen, das er irgendwo im Bauch des Schiffes aufgetrieben hatte. Das Schreiben half mir, die teils wahnhafte Unruhe in mir zu beruhigen, die mich nach meinem gescheiterten Fluchtversuch befallen hatte.

Du hast einen Fehler gemacht. Doch das ist nur menschlich.

Am Tag nach meinem Fluchtversuch hatten wir irgendwo vor der Küste gelegen. Das Ufer erschien weiter entfernt und vor einem Bullauge am Ende des Gangs, das in Richtung Küste zeigte, tauchte immer wieder ein Frachtschiff auf. Wir hatten inmitten der starken Strömung irgendwo festgemacht und uns je nach Wind gedreht. Blickte ich aus dem Bullauge meiner Kabine, sah ich den rostigen Rumpf der ORNA. Knapp 50 Meter von uns entfernt schwankte eine salzverkrustete Stahlwand in den Wellen, und wenn ich meinen Hals verrenkte, konnte ich sogar die Stahltrossen sehen, mit denen die NAHAM 3 mit dem Frachter vertäut war. Sobald sich die Trossen spannten, ging ein Ruck durch unser Schiff.

Wir hatten nicht an Land festgemacht, sondern mitten in einer Flotte gekaperter Schiffe.

Ali Duulaay war an diesem Tag in der Tür meiner Kabine aufgetaucht. „Eh?", sagte er, als verdiente er eine Erklärung für die Ereignisse am Vortag. Er baute sich neben meinem Bett auf und schlug mit der Faust auf meine Brust ein. Meine Muskeln waren dünn und schlaff und ich bemerkte, wie eines der Bänder dort riss. Mich durchzuckte ein Schmerz, der mich in den kommenden Wochen begleiten sollte. Immer wieder schlug er mit einer vollen Wasserflasche auf mich ein und rief: „No, no, no!" Dabei hielt er seine salzverkrusteten Finger direkt vor mein Gesicht und rieb sie aneinander: „Money, money, money", schrie er, die Augen voll blinder Wut. Dann stürmte er aus meiner Kabine.

Abends leisteten mir manchmal Rolly und Ha Gesellschaft. Rolly erzählte mir, dass Ali Duulaay ihm als Strafe für meinen Fluchtversuch mit dem flachen Messer auf die Fußsohlen geschlagen hatte. Ich schämte mich und fühlte mich schuldig. Ich hätte wissen sollen, dass meine Flucht auch Rolly treffen konnte. Sein Bericht über Duulaays Misshandlungen traf mich härter und schmerzhafter als dessen Schläge.

In den drei Wochen, die ich in meiner Kabine auf der NAHAM 3 eingesperrt war, wusste ich nicht, was auf mich zukommen würde, aber ich ahnte, dass meine Tage an Bord des Schiffes gezählt waren. Ich gab Ha einen Stapel sauber gefalteter Wäsche zurück, die ich mir bei verschiedenen Crewmitgliedern ausgeliehen hatte. Auf kleinen Kartonstückchen tauschten wir danach unsere Adressen aus.

Zweimal am Tag brachten mir entweder Tony oder Big Jacket mein Essen in die Kabine. Big Jacket schien erschöpft und resigniert, er schenkte mir nur ein müdes Lächeln. Ganz so, als hätte ich mit meinem Sprung über Bord auch seine Rolle als Anführer unserer Bewacher in Frage gestellt. Und tatsächlich war er nach wenigen Tagen von Bord verschwunden. Ich sollte ihn nie wiedersehen.

Tony versuchte mich aufzumuntern: „Wenn du etwas brauchst, frag mich einfach!" Beinahe jeden Tag gab es Thunfisch aus den Kühlkammern, mal war er gedämpft, mal frittiert. Frischen Fisch gab es nicht mehr, schließlich lagen wir nicht länger über einem Riff vor Anker.

Eines Tages kam Bashko zu mir und brachte mir Seife und Shampoo. Er bemühte sich um Freundlichkeit. Er lächelte mich fröhlich, vielleicht ein wenig spöttisch an, und als ich ihm nochmals die Gründe für meine Flucht erklärte, Garfanji und al-Shabaab, nickte er verständnisvoll. „No al-Shabaab, no Garfanji, finished!", versicherte er und machte eine ausladende Geste mit der Hand, als wollte er alle meine Sorgen für immer wegwischen.

Ich verstaute das Shampoo und die Seife in einem Schrank voll mit alten Kleidern und anderem Müll. Die Schranktür klappte mit den Bewegungen des Schiffes auf und zu, denn die Piraten hatten das Schloss beschädigt.

Du hast einen Fehler gemacht. Doch das ist nur menschlich.

Eines Nachmittags tauchte Dag, einer der Wächter, in der Sonne vor meinem Bullauge auf. „Michael", sprach er mich an. Ich ließ schnell mein Notizbuch unter dem Kissen verschwinden.

„Kennst du mich noch? Ich bin's, Dag."

„Hallo, Dag."

Er wirkte benommen, vielleicht betrunken, in jedem Fall nicht besonders wach und aufmerksam. Er war der Inbegriff eines gierigen Piraten. Die grünen Fasern zwischen seinen Zähnen verrieten mir, dass er Khat gekaut hatte. Ich hätte mich nicht gewundert, wenn er durch einen kleinen, freundschaftlichen Klapps durchs Fenster aus der Balance geraten und über die Reling gekippt wäre.

„Wir brauchen dein Geld", sagte er.

„Ich weiß. Aber ich hab' kein Geld."

„Du bist doch Schriftsteller."

„Ja, und Schriftsteller sind arm."

„Aber deine Mutter …"

Beinahe hätte er jetzt wirklich das Gleichgewicht verloren.

„Was ist mir ihr?"

„Deine Mutter …"

„Die hat auch kein Geld", antwortete ich.

Er schwankte wie ein betrunkener Matrose und klammerte sich an seine Kalaschnikow.

„Michael", raunte er, als wollte er mir etwas gestehen, „ich will einfach nur reich sein."

Seine Maske war gefallen, er war kein armer Fischer und versuchte noch nicht einmal mehr, so zu tun. Hinter der Maske konnte ich den einfachen Söldner erkennen, der davon träumte, so zu leben, wie er es im Fernsehen gesehen hatte.

„Dag, ich bin aber nicht reich", sagte ich, „ihr habt den Falschen entführt."

Die Piraten in unserem Besenkammerbordell achteten peinlich darauf, mich nie allein zu lassen. Selbst wenn ich zur Dusche ging, reihten sie sich auf und standen mit dem Gewehr in der Hand Spalier. Im spärlich bewachsenen Vorgarten stand ein kleiner, heruntergekommener Schuppen, in dem ich meine Sachen aufbewahren konnte. Ich musste um ihn herumgehen und mir meinen Weg vorbei an verrosteten Autoteilen, Felgen und alten Gummireifen bahnen, um zur Dusche in einer Wellblechhütte zu gelangen. Das erste Mal mitten in der Nacht. Ich schloss die Tür nur zur Hälfte und zog mich im Dunkeln aus. Man hatte mir aus welchem Grund auch immer befohlen, nicht nach oben zu sehen. Ich seifte mir die Haare ein und wartete, bis ich mir sicher war, dass mich niemand beobachtete. Dann blickte ich über mich. Die Dusche hatte kein Dach, doch sah ich dort oben nichts außer ein paar verschwommenen Sternen und einer grob verputzten Hauswand. Einer der Wärter bemerkte, dass ich mich den Anweisungen widersetzte, und löste ein Geschrei und Durcheinander aus, das sich erst beruhigte, als ich wieder sicher in mein Zimmer zurückgekehrt war. Allerdings hatte ich jetzt eine Kette um meine Fußgelenke, die mit einem Vorhängeschloss gesichert war.

„Was soll das?", fragte ich.

„Befehl vom Boss: Michael, Ketten!", erklärte mir Bashko.

Wie es aussah, hatte einer der Wärter bei seinem Boss angerufen, um mich anzuschwärzen. Irgendwer wollte, dass ich bestraft wurde. Ich hatte Rollys Ratschlag noch im Ohr: „Mach sie nicht wütend!" Seit meinem Sprung von Bord der NAHAM 3 hatte ich allerdings immer weniger auf diesen Ratschlag gegeben.

„Bashko, Notizblock!", bat ich nach einer Weile.

„Halt's Maul!"

Bevor wir von Bord der NAHAM 3 gingen, durchsuchten die Piraten meine Taschen und entdeckten dabei meinen Notizblock. „No, no!", tadelte mich Issa, als hätte ich ein Verbrechen begangen. Er nahm den Block und ich spürte die Verzweiflung in mir aufsteigen. Das zweite Mal während meiner Gefangenschaft wurden mir meine Notizen weggenommen. Genau genommen war es das dritte Mal – denn auch am Tag meiner Entführung hatte man mir ja den Rucksack mit meinem Schreibheft gestohlen.

Es gab nichts mehr, worauf ich meine Gedanken festhalten konnte. Außerdem konnte ich mich kaum mehr bewegen, denn eine brandneue Fahrradschlosskette wetzte mir die Haut an den Fußgelenken ab.

Anfang Oktober wurde ich eines Nachts in einen Toyota Surf geladen. Nach einiger Fahrt stieß außerhalb von Galkayo neben einem einsamen Baum ein weiterer Geländewagen zu uns. Zwei Stunden lang fuhren die beiden Wagen nun durch eine mondbeschienene Wildnis. Vorsichtig umkurvten die Fahrer dabei Felsbrocken, Akazienbäume und Dornbüsche. Ab und zu erschien ein Kamel im Lichtkegel der Autoscheinwerfer und ich dachte jedes Mal an Geschichten aus dem Alten Testament. Ich dachte an Stammesälteste und Patriarchen, verfeindete Brüder, gefangen in einem Teufelskreis aus Mord und Rache, als plötzlich tatsächlich rechts vor unserem Auto ein brennender Dornbusch auftauchte. Vermutlich hatten ihn Nomaden hier draußen in Brand gesteckt, den Piraten war er noch nicht einmal aufgefallen.

Auch im Koran gibt es die Geschichte vom brennenden Dornbusch. All diese Geschichten aus der Wüste, von Schlangen, Propheten und verfeindeten Volksstämmen, vom Turmbau zu Babel und vom Garten Eden, kommen in den jüdischen ebenso wie in den christlichen und muslimischen heiligen Schriften vor. Alle drei monotheistischen Religionen beziehen sich auf einen Schatz von Mythen aus dem Zweistromland. Die Geschichten von Adam, Noah und Moses hatten dort unter verschiedensten, noch älteren Namen schon seit Jahrhunderten die Runde gemacht. „Wir gehören alle zusammen", versicherte Rolly einmal den Piraten, als sie misstrauisch sein Kreuz begutachteten. „Wir glauben alle an denselben Gott." Es überzeugte sie nicht.

Wir hielten an und meine Wächter brachten mich zu einer Sandfläche, wo ein dicker Mann auf einer Decke saß. Er war höflich und sprach ordentliches Englisch mit einer hohen, beinahe weiblichen Stimme. Es war nicht Garfanji. Mein Gegenüber stellte sich mir als Fuad vor.

„Schön, Sie kennenzulernen", sagte er. „Sie müssen keine Angst haben, solange Ihre Familie macht, was wir sagen. Sie sind jetzt wieder in der Obhut der Familie, die Sie ursprünglich entführt hat."

„Okay."

„Ich gehöre zu einem der Klans dieser Familie. Ich kenne Europa, ich habe dort eine Weile gelebt. Ich soll jetzt in Ihrem Fall vermitteln und bin dafür nach Galkayo gekommen. Ich will allerdings nicht länger als 30 Tage hier bleiben. Also muss ich Ihren Fall vorher abschließen."

Während er sprach, fischte er Nüsse aus einem kleinen Päckchen und steckte sie sich in seinen schwülstigen Mund.

„Sie gehören zu den Sa'ad?", fragte ich.

„Genau."

„Meine Entführer wollen zu viel Geld", erklärte ich. „Es sind vermutlich immer noch 20 Millionen Dollar, oder?"

„Ja, ich glaube schon."

„Vielleicht können Sie meinen Entführern erklären, dass mein Fall nicht dasselbe ist wie die Entführung eines Frachters."

Für einen kurzen Augenblick verlor Fuad die Fassung und lachte unwillkürlich laut auf. Dann holte er sein Handy hervor – wieder so ein elegantes, orangefarben leuchtendes Samsunggerät. Wir waren also zwei Stunden hier hinausgefahren, um uns an einem Funkmast, der möglichst weit von Galkayo entfernt lag, in das Mobilfunknetz einwählen zu können.

„Hallo?", meldete sich meine Mutter.

„Mom, ich bin's."

„Hallo Michael, wie geht's dir?"

Ihre Stimme klang sicher und klar. Wir hatten hier draußen guten Empfang. Ich wusste nicht, wie viel sie über meine Abenteuer in den vergangenen Wochen wusste, doch schien sie gefasster als in den Gesprächen zuvor.

„Bist du noch auf dem Schiff?", fragte sie mich.

„Nein", murmelte ich nur und mir wurde flau im Magen. Zum zweiten Mal während meiner Gefangenschaft fürchtete ich, dass all die sinnlos verstrichene Zeit, all die Monate voll Schrecken, Hunger und Entbehrungen mich keinen Schritt weitergebracht hatten. Neun Monate lang hatten weder Abdul noch Garfanji irgendetwas erreicht. Wieder schienen die Verhandlungen von vorne loszugehen, wenn sie überhaupt jemals angefangen hatten. Die dunklen Schatten der Savanne begannen sich um mich zu drehen und ich wusste nicht mehr, was ich sagen sollte. Ich wollte einen Hinweis auf meinen Aufenthaltsort geben, doch wusste ich nicht, ob wir nach dem Gespräch tatsächlich wieder nach Galkayo zurückkehren würden. Außerdem: Hätte ich am Telefon den Namen der Stadt gesagt, ich wäre sicher bestraft worden. Ich sagte auf Deutsch: „Ich bin da geblieben, wo ich gefangen worden bin."

„Verstehe", antwortete meine Mutter. Fuad hatte die deutschen Sätze noch nicht einmal bemerkt.

Nach dem Telefongespräch wurde ich wieder ins Auto gesetzt und wir fuhren etliche Stunden lang ohne Licht durch die Savanne. Wir kamen schließlich zu einer pastellfarbenen Villa. Es war eines jener Piratenhäuser, über die ich bei meinen Recherchen daheim gelesen hatte. Auf dem Boden lagen eine neu verpackte Schaumstoffmatratze und ein brandneues Moskitonetz. Während ich die Plastikverpackung entfernte, luden die Piraten riesige Säcke voll Bohnen und Zucker aus den Autos, neben etlichen Kartons mit Nudeln, Zigaretten und Mangosaft.

Das Haus war leer und unbeleuchtet, bis auf ein paar schwache Neonröhren an der Decke. Einer der Piraten legte sich vor meiner Tür auf eine verschlissene Matte und behielt mich von dort im Auge. Die Neonröhre über seinem Kopf flackerte und erhellte bei jedem Aufflackern wie ein Blitz ihn und das Zimmer, in dem er lag. Irgendwann setzte sich Bashko in den Türrahmen und ich fragte ihn: „Wem gehört das Haus hier?"

„Bur'ad", war seine Antwort.

Ein Pirat also!

„Verstehe! Danke!" Ich sah mich um. „Sind wir immer noch in Harardhere?"

„Haa."

„Okay."

Also waren wir wieder in Galkayo.

Das war aus mehreren Gründen wichtig. Denn solange die Piraten mir noch die Geschichte mit Harardhere auftischten, hatte ich noch die Möglichkeit, am Telefon unbemerkt meinen wirklichen Aufenthaltsort preiszugeben. Außerdem verriet mir unser Aufenthaltsort, welche Piratengruppe gerade für mich verantwortlich war. In Galkayo hatte der Sa'ad-Klan das Sagen, zumindest solange wir uns im Süden der Stadt aufhielten. „Die Familie, die dich entführt hat", wie Fuad es ausdrückte.

Vor einigen Tagen, noch in dem Besenkammerbordell, war ein neuer Piratenboss in mein Zimmer gekommen und hatte es sich auf einem Plastikstuhl an meinem Bett gemütlich gemacht. Er hatte eine etwas gedrungene Gestalt und weit auseinander stehende Augen. Er rauchte, während er sich die ausschweifenden Erklärungen der Wächter anhörte. Ab und an sah er durch das Moskitonetz zu mir herüber. Einmal nickte er kurz. Offenbar hatte er gerade alles über meinen Aufenthalt an Bord der NAHAM 3 erfahren. Mir schien er abstoßend und wenig vertrauenswürdig und ich vermutete, dass er zu einer anderen, mir unbekannten Gruppe Piraten gehörte. Ich war mir nun sicher, dass Fuad die Wahrheit gesagt hatte. Ich war in der Hand der Sa'ad, desselben Klans, zu dem auch Digsi und Gerlach gehörten, und nicht mehr in der Hand der Piraten in Hobyo. Wir waren wieder in Galkayo. Vielleicht hatte ich Glück und Fuad hatte auch nicht gelogen, als er behauptete, ich käme bald frei: „In 30 Tagen."

Das leere Haus war jeden Morgen voller Licht, aber das kalte Wetter verhinderte, dass es darin warm wurde. Die Pastellfarben an den Wänden strahlten je nach Zimmer blau, grün oder rosa in der grellen afrikanischen Sonne. Das Zimmer, in dem ich schlief, war groß und geräumig, wenn auch voller Staub und Schmutz. Ich hatte schon mehrere Wochen meine Übungen versäumt, also verlangte ich nach einer Yogamatte.

„Bashko", rief ich zu meinem Aufpasser hinüber, der wieder im Türrahmen saß, „ich brauche eine Matte!"

„Hä?"

„Salli!", sagte ich. Es war das somalische Wort für „Matte". „Aniga", ich zeigte auf mich und danach auf den Boden. „Exercise."

Bashko verstand.

„Okay", sagte er und streckte mir den Daumen entgegen.

Er und Issa hatten sich an diesem eiskalten Morgen dick in Decken gewickelt und versuchten sich an einem Kohlefeuer zu wärmen. Dafür hatte Bashko ein paar glühende Kohlestücke aus der Küche geholt und sie in einer leeren Milchpulverdose auf den Boden in der Eingangshalle platziert. Sei es aus Spaß oder weil er damit die Fliegen vertreiben wollte, gab er noch ein paar Körner Weihrauch auf die Kohlen. Nun zogen dichte weiße Wolken durch den Türrahmen in mein Zimmer.

In der Piratenvilla roch es mit einem Mal wie in einer katholischen Kirche.

„Bashko, was machst du da?"

Er packte die Blechdose mit einem Lumpen und brachte sie zu mir ins Zimmer. Demonstrativ schnüffelte er an den dichten Rauchschwaden, die daraus emporstiegen. Sie rochen intensiv und stechend nach Seife und Gewürzen. Er stellte das Gefäß auf dem Boden ab und hielt mir ein Stück Weihrauch unter die Nase, einen Brocken getrockneten Harzes des somalischen Weihrauchstrauchs.

„Somalia, überall!", erklärte er.

Es gibt nicht nur eine Strauchart in Somalia, die sich zur Weihrauchproduktion eignet. Der eigentliche Weihrauchbaum, „Boswellia carterii", ist ein knorriger Strauch, daneben gibt es noch das weißliche Dornengestrüpp, „Commiphora myrrha", aus dem Myrrhe gewonnen wird. Beide Arten wachsen überall von Oman über den Jemen bis ans Horn von Afrika. Ihre getrockneten Äste machten die Region einst reich. Das Horn von Afrika und die Arabische Halbinsel lagen an der Gewürz- oder auch Weihrauchstraße. Einige historische Überlieferungen behaupten, dass die neutestamentlichen Weisen aus dem Morgenland Händler aus dem vormuslimischen, arabischen Raum waren, die mit den Juden in engen Geschäftsbeziehungen standen.

„Du könntest das Zeug ja an Kirchen verkaufen", riet ich Bashko und rieb meinen Daumen an Zeige- und Mittelfinger. „Business, business!"

„Okay", lachte er.

Es gab tatsächlich kleine Mengen Weihrauch- und Myrrheexporte aus Somalia. Und Bashko war durchaus intelligent, sodass er wahrscheinlich einen guten Geschäftsmann abgegeben hätte. Vielleicht diente ja ein Teil meines Lösegelds, wenn es denn bezahlt werden sollte, als Grundstock für Bashkos Weihrauchunternehmen. Doch war das wohl etwas zu optimistisch. Bashko war süchtig nach Khat. Eine Abhängigkeit, die ihn gut und gern monatlich 600 Dollar kostete – den Gegenwert eine Monatsmiete in so mancher westlichen Stadt.

Er trug die Dose mit den Kohlen wieder zurück in den Flur und verwedelte die Rauchschwaden mit einem Übungsheft im Raum. Ich hatte diese Hefte häufiger bei den Piraten gesehen, sie lernten daraus Englisch.

Ich zeigte darauf. „Aniga, okay?", fragte ich. „Darf ich mal reinschauen?"

„Haa!"

Bashko gab mir das Heft. Als ich von Bord der NAHAM 3 gegangen war, hatte ich weder eine Bibel noch sonst irgendein Buch mitgenommen. Ich verschlang also das Heft wie einen spannenden Roman und entdeckte darin einige aufschlussreiche Übungen:

Was ist der Sinn des Lebens? – Der Sinn des Lebens ist es, Allah zu dienen.
Wer hat Somalia zerstört? – Somalia wurde von den Somalis zerstört, aber vor allem durch die Warlords.

Dann fiel mir die kleine Zeile am Fuß jeder Seite auf, der zufolge das Buch einer Privatschule in Galkayo gehörte, in der ein Mann namens Abdurrahman unterrichtete. Der Name war im Haus schon öfters gefallen, und zwar immer wenn Mustaf, der junge Bote, unser Essen brachte.

Ich sprach Bashko an und beschrieb ihm Mustaf. „Maga'iid?", fragte ich ihn. Das Wort hatte ich aus dem Heft, es bedeutete so viel wie „Familienname".

„Abdurrahman", antwortete Bashko zögernd.

„Der Übersetzer?"

„Ja", bekräftigte Bashko.

Das war interessant.

Soweit ich es mitbekommen hatte, waren Abdurrahman und Fuad derzeit für meine Lösegeldverhandlungen verantwortlich und arbeiteten zusammen. Fuads Auftauchen schien jedem hier neue Hoffnung gegeben zu haben. Die Wärter hielten ihn für einen Profi, immerhin sprach er verständliches Englisch und behauptete von sich, als somalischer Auswanderer irgendwo in Europa zur Schule gegangen zu sein. Das FBI in Kalifornien hielt ihn, wie ich später herausfand, für einen durchaus vernünftigen Mittelsmann, verglichen zumindest mit all den anderen davor. Sein schriftliches Englisch jedoch war von durchwachsener Qualität, mal gut, mal schlicht unbrauchbar. Der Inhalt der Mails wechselte zwischen klugen Vorschlägen und komplettem Unsinn. Einer der Gründe dafür lag vermutlich darin, dass sich Fuad und Abdurrahman bei ihren Telefon- und E-Mail-Diensten abwechselten. Abdurrahman schrieb das bessere Englisch. Einer der beiden erklärte meiner Mutter in einer E-Mail:

Wer bei uns mit der Waffe umgehen kann, ist ein Gewinner, wer zur Schule geht, gehört dagegen zu den Verlierern. [...] Wir müssen Ihnen leider mitteilen, dass die Piraten, die Ihren Sohn gefangen halten, höchst ungebildet sind und rein nichts mit zivilisierter Piraterie (der Sinn dieser Bemerkung ist mir schleierhaft) zu tun haben, wie wir sie kennen. [...] Um Ihren unschuldigen Sohn, der völlig zu Unrecht entführt wurde, befreien zu können, versuchen wir so eng wie möglich mit Ihnen zusammenzuarbeiten, um jedes Mittel auszuschöpfen, das seine Befreiung beschleunigt.

Auf meinen Anruf aus dem Busch folgten ein oder zwei hoffnungsfrohe Wochen einer wenn auch etwas lückenhaften E-Mail-Korrespondenz. Gegen Mitte Oktober deutete Fuad dann erstmals ein Nachgeben bei den Lösegeldforderungen an. Er schrieb:

Schließlich einigten sich die Bosse darauf, die Lösegeldforderungen auf nunmehr 19. 800 000 Dollar zu senken.

Dass die Nachrichten unseres kriminellen somalischen Zweiergespanns trotz dieser immer noch absurden Forderung in Kalifornien einen Funken Hoffnung wecken konnten, zeigt, wie trostlos die Lage während des Jahres 2012 geworden war. In ihrer Antwort bat meine Mutter, direkt mit den Bossen verhandeln zu dürfen.

Fuad antwortete ihr:

Hi marlis, ich freue mich ebenfalls das wir nun in Kontakt sind. Glauben Sie mir als mensch kann ich viel deine Sorgen nachvollziehen. Ich kann dir auch ihre Telefonnummer geben. Aber, spricht keiner von ihnen Englisch. [...] Wenn sie Somali verstehen oder jemand kennen in amerika, der spricht Somali gebe ich natürlich gern ihren Kontakt zu den Bossen weiter. Es ist ganz und gar ihre Entscheidung! Danke Byeeeeeeeeeeee.

Mein Sahib Abdinasser brachte mir eines Morgens im Oktober eine in Folie verpackte Matte aus geflochtenem, grünem Plastik. Er warf sie mir vor die Füße und schlug sich als Zeichen brüderlicher Verbundenheit mit der Faust auf die Brust. Mit tiefer Stimme sagte er: „Sahib! Salli, adiga!"

„Danke, mein Sahib!"

„Okay."

Ich bat ihn um einen Besen und kehrte damit den Betonboden. Dann breitete ich die Matte vor dem Fenster aus und begann darauf Liegestützen zu machen. Als ich damit fertig war, standen drei Wächter in der Tür und beobachteten mich.

„Exercise!", erklärte ich ihnen.

Da ich annahm, dass der Anblick eines Mannes beim Yoga die Piraten ziemlich befremden würde, wartete ich damit bis zum Nachmittag, wenn vielleicht keiner von ihnen direkt in meiner Tür saß. Doch ich stand hier unter Dauerbeobachtung. Die Männer mussten Befehle erhalten haben, mich Tag und Nacht im Auge zu behalten.

Ich stellte mich auf die Matte. Dann begann ich mit tiefen, langsamen Atemzügen meinen Puls zu beruhigen. Ich hatte in Berlin Yogakurse besucht, um für das Surfen gelenkig und fit zu bleiben. Dabei mochte ich eher die anstrengenden Klassen, in denen man schwitzte und der Kreislauf in Schwung kam. Der meditative Aspekt beim Yoga hatte mich nie interessiert. Doch hier in Somalia war ich ständig gestresst und so hatte die halbe Stunde geistiger Konzentration eine große Wirkung auf mich. Noch Stunden nach den Übungen war ich gelassen und ruhig.

Ich absolvierte ein paar Yogastellungen und sah, wie die Piraten im Türrahmen feixten und lachten.

„Exercise!", sagte ich wieder.

„Exercise!", bekräftigte mich Abdinasser.

„Exercise!", wiederholte auch Bashko und hob wenig überzeugt den Daumen.

Am nächsten Tag, als ich wieder mit den Übungen begann, kamen beide jedoch in mein Zimmer, warfen jeder ein Stück Karton auf den dreckigen Boden und ahmten meine Yogastellungen nach. Sie grinsten begeistert und ich dachte zunächst, sie machten sich über mich lustig und alberten nur rum. Nach einer Weile nahmen sie ihre Kartonmatten und ließen mich allein. Doch schon am nächsten Tag waren sie wieder da, genauso am übernächsten und so fort. Zu meiner großen Überraschung wollten die Piraten Yoga lernen.

„Stell die Füße anders", erklärte ich, „so wie ich. Du musst deinen Rücken drehen!"

„Okay, sahib!"

Die anderen Piraten fanden unsere Stunden eher peinlich. Doch regelmäßig erschienen nun Bashko, Abdinasser und bisweilen Issa zu unserem kleinen Kurs. Sie hätten sonst keine Gelegenheit für „Exercise", sagten sie mir. Auch sie waren Gefangene in unserer Piratenvilla.

Ich stellte mir ein Yogastudio in Galkayo vor, mit einem unerschrockenen Yogalehrer, der in die Stadt kommt, um den Somalis die unbekannte meditative Lehre beizubringen. Da Yoga aus Indien stammt, würde er damit wohl zunächst auf Spott oder sogar Hass stoßen. Dabei schienen durchaus einige Inder oder Pakistaner in Galkayo zu leben. Die Piraten gaben mir bisweilen Samosas zu essen, die sie bei einem Imbiss orderten. Die fettigen Teigtaschen, die man hier im Osten Afrikas meist „Sambusi" nannte, waren bei der Lieferung in Zeitungen auf Urdu, Arabisch oder Singhalesisch gewickelt, manchmal sogar in eine englische Zeitung.

„Sahib – exercise!", bat Bashko, wenn er Hilfe mit einer Stellung brauchte.

„Versuch's mal so", erklärte ich. „Und gleichmäßig atmen!"

Meist brachen sie die einzelnen Stellungen vorzeitig ab und machten so kaum wirkliche Fortschritte. Sobald sie eine Stellung langweilte, gingen sie einfach zu eher militärischen Fitnessübungen über. Sie vollführten aberwitzige Marschbewegungen oder ruderten bei merkwürdigen Rückbeugen wild um sich.

„Askari exercise?", fragte ich sie einmal mit dem somalischen Ausdruck für „Soldat" und voller Stolz lächelte mich Bashko an.

„Yes, askari!", sagte er.

„Aber du bist doch shifta!", zog ich ihn auf. „Shifta" war das Wort für „Dieb".

„Haa, yes", sagte er und schien tatsächlich etwas kleinlaut dabei.

Ich wollte wissen, wie er Pirat wurde. Bashko erzählte, er gehöre zum Sa'ad-Klan aus Mogadischu und habe nie als Pirat auf dem Meer gearbeitet, sondern als Soldat in Somalia und im Auslandseinsatz in Russland gedient. Dieses Detail seiner Geschichte überzeugte mich nicht so recht. Zwar klang sein Spitzname nach einer slawisch eingefärbten Koseform von Bashiir, auch unterhielt Somalia unter Siad Barre tatsächlich enge politische Verbindungen zu Russland. Nur sprach Bashko kein Wort Russisch und erzählte nur vage von dort. Kein einziges Mal erwähnte er den russischen Winter und den Schnee. Er brüstete sich außerdem mit einer Ausbildung für Spezialeinsätze, die er in Pakistan absolviert haben wollte. Das klang schon etwas glaubwürdiger, vielleicht hatte er dort sein Englisch aufgeschnappt.

Er wusste durchaus mit seiner Waffe umzugehen und musste das irgendwo gelernt haben. Außerdem war er sichtlich stolz darauf, wenn ihn jemand als „Askari" bezeichnete. In ostafrikanischen Ländern hatte das Wort meist einen leicht bitteren Beiklang. Askari waren zu Kolonialzeiten einheimische Männer, die von den Briten, Deutschen oder Italienern zu Soldaten ausgebildet wurden. Gerlach hatte das Wort oft als Beiname gebraucht, ähnlich wie in Amerika „Onkel Tom". Doch für Bashko schien es nichts anderes zu bedeuten als einfach nur „Soldat", was jedenfalls weniger ehrenrührig war als „Dieb".

Bashko und Abdinasser ahmten meine Yogastellungen nach wie Hausfrauen ein Fit-und-Schlank-Gymnastikvideo. Sie wurden durch diese kleinen Yogastunden in der Piratenvilla zu meinen „Sahib". Sobald ich etwas brauchte, waren sie zur Stelle. Und Bashko hielt mit seinen Gerüchten über das Voranschreiten der Verhandlungen meine Hoffnung auf eine baldige Freilassung am Leben. Für ein wenig Hoffnung war ich bereit, seine Lügen zu glauben. Aber Hoffnung ist wie Heroin für eine Geisel. Wird sie enttäuscht, wirkt sie zerstörerisch.

„Wir drehen heute Nachmittag ein Video für die Vereinten Nationen", erklärte mir Yoonis eines Tages Anfang November, „die verhandeln jetzt deine Freilassung."

„Echt?"

Ich richtete mich auf meiner Matratze auf. Yoonis Gestalt ragte unmittelbar vor mir hoch und schien bei diesen kaum glaubhaften Worten ins Schwanken zu raten.

„Was wollt ihr denen sagen?", fragte ich.

„Die wollen wissen, was du brauchst, ob du gesund bist."

Yoonis hatte eine hohe Stirn und etwas Bartansatz am Kinn. Bei unserer ersten Begegnung in Hobyo hatte sein Gesicht mit den großen ernsten Augen noch etwas Freundliches gehabt. Jetzt schien er sich eher als Gangsterboss inszenieren zu wollen.

„Du musst drei Sachen sagen, wenn wir drehen", befahl er. „Du musst deinen Namen sagen, du musst sagen, wie's dir geht, und du musst eine Botschaft an die Vereinten Nationen richten."

Ich nickte nur.

„Und du darfst nicht verraten, wo wir gerade sind", warnte er mich.

„Ich sage nicht, dass wir in Harardhere sind."

„Yah!", machte er nur und lächelte.

Nach dem Mittagessen kam auch Abdurrahman, der sich immer noch „Mustaf" nannte. Er trug einen weißen Kaftan und einen Turban auf dem Kopf. Offensichtlich eine Verkleidung, es sei denn, er arbeitete nebenbei als Ölscheich. Er hatte eine Digitalkamera mitgebracht. Er zog den Kaftan aus und hängte ihn über eine Tür, um den Piraten im Nebenraum bei ihren Arbeiten zu helfen. Ich hörte, wie Bashko im Flur laut und aufgeregt mit jemandem sprach. Schließlich stand er in meiner Tür: „Michael, news!", sagte er und ahmte mit den Händen ein Flugzeug nach, „Rolly und Marc, Seychellen!"

Ich setzte mich schnell auf.

„Wirklich?"

„Free!", sagte Bashko.

„Für wie viel?", fragte ich zurück.

„Vier Millionen."

Eine unglaublich hohe Summe und wahrscheinlich durch die somalische Gerüchteküche um einiges vervielfacht – die Piratenbosse machten meine Wächter glauben, dass zwei einfache, arme Fischer bereits riesige Summen einbrächten. Jemand wie ich musste also nach dieser einfachen Logik mindestens acht oder zehn Millionen Dollar einbringen. Alle waren aufgeregt und begannen bereits darüber zu spekulieren, wofür sie ihren Anteil der Beute ausgeben könnten. Die meisten wollten weg aus Somalia und in Nairobi, Dubai oder auch Europa ein neues Leben anfangen. Bashko machte wieder ein Flugzeug nach. „Ahmed Dirie, London!", sagte er.

„Wirklich?" antwortete ich.

„Haa!"

„Wie das?"

Doch schien das Gespräch zu Ende. Statt meiner langen Hosen musste ich nun einen knallbunten somalischen Sarong anziehen. Danach führte mich Yoonis in den Nebenraum. Die Piraten hatten ihn in ein Filmstudio verwandelt und eine orangefarbene Pappe über eine Schnur gehängt, die sie zwischen zwei metallenen Fensterläden gespannt hatten. In dieser orangefarbenen Zeltkulisse hatten sie neben einem rußigen Wasserkessel und einer Tasche, aus der einige Wäschestücke quollen, eine schmutzige Matratze ausgebreitet. Die Szenerie wurde durch das Tageslicht in einem der Fenster ausgeleuchtet.

„Verstehe, ein Buschcamp", sagte ich.

„Yaah", machte Yoonis.

Ein weiterer Akt in unserem Piratenstück. Ich musste mich auf die Matratze knien, nachdem mir einer der Piraten die Ketten, mit denen ich auch schon in dem Besenkammerbordell gefesselt worden war, um die Handgelenke gewickelt und um den Hals geschlungen hatte. Bashko, Issa und zwei weitere Wächter verhüllten ihre Gesichter mit Palästinensertüchern, stellten sich neben mich und richteten ihre Gewehre auf mich.

Yoonis stellte die Fragen und Abdurrahman bediente die Kamera.

„Wie heißen deine Eltern?"

„Marlis Saunders und Bert Moore", antwortete ich. „Mein Vater ist schon gestorben", erklärte ich nur für den Fall, dass sie hofften, auch ihn um Lösegeld erpressen zu können.

„Dein Vater ist tot?", sagte Yoonis, der das anscheinend noch nicht wusste.

„Richtig."

„Bist du krank?"

„Nicht dass ich wüsste."

Ich musste noch einmal die genauen Umstände meiner Entführung erklären und dann fragte Yoonis: „Welche Botschaft hast du für die Vereinten Nationen?"

„Die Männer hier sagen, dass ich bald freikomme", sagte ich. „Ich hoffe, das stimmt, denn ich war schon zu lange hier in Somalia und ich habe keine Brille oder Kontaktlinsen mehr. Ich sehe sehr schlecht. Vielleicht kann mir jemand eine Brille schicken."

Es war ein merkwürdiges Interview. Ich ging danach wieder in mein Zimmer und setzte mich auf meine Matratze. Ich war voller Zuversicht. Es war Anfang November, das Wetter warm und sonnig. Mir schien, dass nach dem Gerede und der Aufregung über das Video für die Vereinten Nationen tatsächlich Bewegung in die Verhandlungen über meine Freilassung gekommen war. Nur die Tatsache, dass ich vor Yoonis über den Tod meines Vaters geredet hatte, störte mich etwas. Ich fragte mich, ob es womöglich ein Problem für ihn war, dass es bei mir nur noch einen Elternteil gab, den er ausrauben konnte.

Mein Vater hatte einmal einen „Smaragd" gekauft, ein Schnäppchen für 24,95 Dollar, das in einer billigen Plastikschachtel geliefert wurde und dann schnell in einer Schublade verschwand. Der blassgrüne Klumpen darin war natürlich auch aus Plastik. Mit seiner Schwäche für Werbeversprechen à la „In wenigen Schritten zum Millionär" hatte mein Vater ihn auf eine Anzeige im hinteren Teil der *Los Angeles Times* hin bestellt. Während meiner Geiselhaft malte ich mir die Gründe aus, warum ausgerechnet mein Vater auf einen derartigen Betrug hereingefallen war. Vielleicht war er einfach zu betrunken gewesen, vielleicht hatte er sich auch nur Sorgen um unser Familieneinkommen gemacht oder aber ihn hatte schlicht die Neugier geplagt. Der Stein wurde nie wieder erwähnt und blieb in seiner Schublade in Vaters Büro, wo er und ich an manchen Tagen zusammensaßen und Modellflieger oder -schiffe bastelten. Wir klebten Flügel und Leitwerk an einen Rumpf und bemalten dann alles mit bunten Emailfarben aus kleinen quadratischen Fläschchen. Beim Öffnen der Schubladen klapperten die Flaschen wie kleine Glaswürfel.

Der Vater, den ich während meiner Kindheit gekannt hatte, war stark und voller Tatendrang. Noch bevor ich in die Pubertät kam, war aus ihm ein ängstlicher, besorgter Mann geworden, der seine Unruhe und Anspannung hinter Plastiksonnenbrillengläsern zu verbergen versuchte und die Welt viel zu ernst nahm. Ich erklärte mir seine Gemütsveränderung als eine Art psychische Schlechtwetterfront, eine Störung der chemischen Reaktionen in seinem Hirn. Während meiner Geiselhaft fürchtete ich, dass das womöglich erblich war und ich die Veranlagung dazu in mir trug. Eine Furcht, die umso schlimmer für mich war, als die Umstände nun allzu oft plötzliche Stimmungsschwankungen und Ängste mit sich brachten. Als Zwölfjähriger hätte ich solche Umschwünge nicht verstanden, in dem Alter bezieht man alles auf sich selbst. Ein Erwachsener, der einfach so aus deinem Leben verschwindet, kann dich nicht geliebt haben. Deshalb war ich meiner Mutter dankbar für ihre Lügen. Denn hätte ich damals schon die ganze Wahrheit gekannt, hätte sie meiner Seele tiefe und unheilbare Wunden zugefügt.

Doch jetzt in Somalia konnte ich nicht all diesen Gedanken Raum geben und gleichzeitig meinen Vater als Gegner sehen. Natürlich wären wir aneinandergeraten, als ich größer wurde, aber das wäre normal gewesen. Söhne stritten immer mit ihren Vätern. Was sich verkehrt anfühlte, war das Fehlen eines Vaters, an dem ich mich hätte reiben können. So sehr ich es hasste, wenn er betrunken war, ihn selbst konnte ich nicht hassen. Ihn selbst vermisste ich.

Daniel Pearl, einen Journalisten des *Wall Street Journal*, hatte al-Qaida in Pakistan enthauptet, nur weil er zuvor eine einzige falsche Entscheidung getroffen hatte. Er war nicht weit von meinem kalifornischen Zuhause in Encino aufgewachsen. Während ich in Galkayo auf meiner Matratze lag, fragte ich mich, ob nicht vielleicht die Trostlosigkeit der Vororte rund um Los Angeles die Menschen dazu brachte, als Journalisten an den gefährlichsten Orten der Welt ihr Leben zu riskieren. Vielleicht war es aber auch nur das Risiko eines jeden weißen Autors, der glaubte, die Welt sei nur dazu da, von ihm entdeckt zu werden. Reisen war immer ein Privileg. Die Pauschalreisen, die Europäer und Amerikaner in Entwicklungsländer führten, waren ein letzter Überrest des Kolonialismus. Der Tourismus aus Drittweltländern in umgekehrte Richtung spielte dagegen kaum eine Rolle. Auch die Tradition europäischer und amerikanischer Reiseliteratur, die Berichte von Gerald Hanley, Graham Greene oder Paul Theroux, fußte auf demselben Privileg. Allerdings erforderte es keine besonderen Voraussetzungen, um in diesem Metier seine Sache gut zu machen, und es widersprach allen meinen Prinzipien und Überzeugungen, dass nicht jeder, egal woher und wohin, reisen und auch darüber schreiben sollte.

Aber ich war zu weit gegangen. Ich hatte mein Privileg missbraucht und war für ein Buch nach Somalia gereist. Dabei hatte ich das Risiko sträflich unterschätzt.

Andererseits haben die Weltmächte immer schon Menschen auf Reisen geschickt. Ibn Battuta verfasste im 14. Jahrhundert, zur Zeit der Osmanen, die erste und immer noch gültige Beschreibung Somalias. *Barbara* heißt sein Bericht, der nach einem Besuch der Königsstadt Maqdashaw, des heutigen Mogadischu, entstand. Der Sultan hieß Ibn Battuta mit einem Mahl aus Reis und eingelegten Mangos willkommen. „Die Menschen in der Stadt aßen allein so viel, dass es bei uns für eine ganze Mannschaft gereicht hätte", hielt er fest, „dabei waren sie feist und extrem fett."

Reisende haben sich immer schon geirrt, aber es ärgerte mich, dass ich nun selbst eine solche schlichte Geschichte des Irrtums zu erzählen hatte – die Geschichte einer Gefangenschaft. Vorausgesetzt, ich käme eines Tages frei. Dabei hatte ich doch etwas viel Besseres schreiben wollen, etwas Abgeklärteres, Einfallsreicheres, ein Stück voller Menschlichkeit. Ich hasste den Gedanken, dass ich als Schreiber dazu verdammt war, nur das festhalten zu können, was ich ohnehin schon vorher gewusst hatte.

Aber, aber, aber.

Diese Gedanken ließen mich lange nicht mehr los. Ich hatte ja auch genug Zeit, darüber nachzugrübeln.

Ich hatte einen Fehler gemacht. Doch war das nur allzu menschlich.

Ein oder zwei Tage nach dem Videodreh sprach ich Madobe an, einen der Wärter, der im Türrahmen auf mich aufpassen sollte: „Kadi", sagte ich, denn ich wollte auf die Toilette.

Madobe war der frommste unter den Piraten. Fünfmal am Tag verrichteten die Männer vor meinem Zimmer ihr Gebet in Richtung Mekka. Madobe war dabei stets besonders pünktlich und achtete peinlichst darauf, alles möglichst vorschriftsmäßig auszuführen. Er war groß und feingliedrig, hatte ein hübsches Gesicht, doch war er vermutlich Analphabet und verhielt sich meist furchtbar herrisch und herablassend. Solange er nicht betete, alberte er mit den anderen herum, als hätte er etwas ausgefressen. Immer fragte er mich voller Spott, ob ich nicht etwas Schinken wollte. Er hatte eine etwas dunklere Hautfarbe als die meisten anderen Männer in Somalia, was ihn durchaus zum Außenseiter machte. Er hieß Abdisalaan Ma'alin Abdullahi. „Madobe", sein Spitzname, bedeutete auf Somali nicht viel mehr als „schwarz" und war natürlich eine Anspielung auf seine dunkle Hautfarbe. Außerdem gehörte er zu einem anderen Klan und so muss er sich innerhalb der Piratengruppe wie ein Fremder gefühlt haben.

„Kadi", sagte ich ein zweites Mal.

Doch er blickte noch nicht einmal auf. Wieder sagte ich „Kadi" und hielt ihm die leere Wasserflasche entgegen, in der meine Zahnbürste steckte. Schließlich wollte ich mir die Zähne putzen.

Er gab keine Antwort und regte sich auch sonst nicht weiter.

„Kadi", sagte ich noch einmal und stand nun auf.

Jetzt sprang auch er auf die Beine, schrie etwas auf Somali und fuchtelte mit dem Gewehr herum. Die anderen Piraten kamen ihm zu Hilfe. Als ich protestierte, schrien sie auf mich ein, als hätten sie mich gerade bei einem Fluchtversuch über die Grundstücksmauer erwischt. Selbst Bashko zückte nun die Pistole und hielt sie mir unter die Nase, so wie damals Ali Duulaay vor dem Abhang. Ich musste mich wieder setzen. Doch offenbar genügte das Madobe noch nicht, der zu mir herüberkam und mir mit einem Fußtritt Flasche und Zahnbürste aus der Hand schlug.

„Bullshit", murmelte ich vor mich hin, denn das war ein Wort, dass fast jeder in Somalia verstand, „Somali bullshit."

„Shut up!", befahl mir Bashko.

Wut und Gewalt versetzten die Piraten jedes Mal in einen ekstatischen Zustand. Bisweilen brüteten sie tagelang über ihrem Zorn, bis sie endlich einen Anlass für einen wütenden Ausbruch fanden. Bei Hanley hatte ich einmal folgenden Satz gelesen: „Wer Gewalt erlebt, wird sie augenblicklich hassen, weil er erlebt, wie sie unseren etwas scheinheiligen Glauben an Frieden und das Gute im Menschen in nur einem Augenblick zerstört. Denn viel lieber kämpfen wir, obwohl wir gleichzeitig ahnen, dass es schlecht für uns ist. Heuchelei ist der Schlüssel zu jeder Form von Zivilisation und wir sollten sie achten und ehren."

Erst in Galkayo begann ich, die tiefere Wahrheit dieser Worte zu verstehen. Bis zu meiner Abreise aus Berlin war ich mir sicher, dass Widersprüche in einer Gesellschaft offen benannt und korrigiert werden sollten. Der westliche Wohlstand dämpfte wie ein Polster all die Gewalt und Ungerechtigkeit ab, die jeder Zivilisation zu Grunde lag. Dagegen wollte ich etwas tun. Ich war mir sicher, dass ein ernstzunehmender Autor sich unerschrocken und verständnisvoll dieser rauen Wirklichkeit zu stellen hatte, genauso wie jeder Art von Chaos und Gewalt. Das konnte man so gelten lassen, doch war mein Alltag als Gefangener nun tatsächlich eine einzige Erfahrung von Chaos und Gewalt. Sie war meine Strafe für ein Übermaß an Neugier.

Wie war ich nur auf die Idee gekommen, während meiner Reise nach Somalia irgendetwas Sinnvolles erfahren oder lernen zu können? Ich hätte mich selbst ohrfeigen können. Für einen Autor in einem Kriegsgebiet gilt so etwas wie die quantenmechanische Unschärfegleichung. Selbst während meiner vergleichsweise angenehmen Tage auf der türkischen Fregatte vor Dschibuti bekam ich das zu spüren. Während wir im Golf von Aden kreuzten, hatte ein anderes NATO-Schiff ein Piraten-Mutterschiff aufgebracht. Es war eine Dau voller Fischer, die von den Piraten an Bord als Sklaven gehalten wurden. Die Rettungsaktion hatte jedoch im eigentlichen Hoheitsgebiet meines Schiffes, der GEDIZ, stattgefunden, also fragte ich Yaşar, der für uns an Bord zuständig war: „Ihr habt nicht extra wegen uns eure Hoheitsgebiete getauscht, oder?"

„Doch, haben wir", sagte er.

„Wirklich?"

„Klar", sagte er lächelnd, „manchmal braucht man einfach ein paar ruhige Tage."

Die Unschärfegleichung hatte dafür gesorgt, dass das Kriegsschiff wegen der Anwesenheit von uns Journalisten an Bord seinen Standort veränderte. Quantenphysiker, Autoren, Feldforscher, Anthropologen,

Eltern, alle folgen den Gesetzen der Unschärfe. Sie gelten für jeden, dessen Beobachtungsgegenstand sich gerade dadurch verändert, dass er beobachtet wird. Was in drei Teufels Namen hatte ich hier zu suchen: Ein groß gewachsener weißer Mann, der plante, ein Freund der Piraten zu werden? Schon an meinem ersten Tag in Galkayo war mir bewusst geworden, wie hell meine Haut auf die Somalis wirken musste. Mir war bewusst, dass ich das Leben in Afrika mit den Augen eines privilegierten Fremden beobachtete. Lange vor Richard Francis Burtons Ausflug ans Horn von Afrika im 19. Jahrhundert war der Landstrich für seine Gewalttätigkeit und Ablehnung gegenüber Fremden bekannt. Die Leute in Galkayo waren durch die Anwesenheit von uns Fremden förmlich elektrisiert. Anders als der Besatzungssoldat Gerald Hanley hatte ich außer meinen journalistischen Recherchen keinen handfesten Grund für die Anwesenheit in Somalia. Die lyrischen Anflüge in seinen Texten und die dramatische Überhöhung seiner Erlebnisse stießen mir, wo ich nun selbst als weißer Autor in Afrika war, mit einem Mal sauer auf. Jedem seiner Gedanken wäre ich gefolgt, doch ertrug ich kaum mehr den Schwulst seines Stils. Der hohe Ton seiner Prosa stand in einem krassen Gegensatz zu seiner Enttäuschung über die menschliche Zivilisation und die Gewalt. Die aufgesetzte Dramatik, sein aufgeregter Stolz, als Weißer über Afrika zu schreiben, hinterließen bei mir einen faden Beigeschmack.

Ich wollte zurück in das gepolsterte Gehäuse meines Lebens in Europa und Amerika. Zurück zu all den Banalitäten, die es mit sich brachte, der Verkehr, die neonhellen Supermärkte als innerster Kern meiner Kindheit. Nichts davon konnte ich ablegen und zurücklassen, ohne auch meine Familie zu vergessen. Und wenn ich eines vermisste, dann war es meine Familie. Ich vermisste jeden, an den ich mich erinnern konnte. Mein Bruch mit Hanleys wortgewaltigen Texten brachte die Sehnsucht nach all jenen zurück, die mir einmal etwas bedeutet hatten. Es gab keinen Widerspruch, Liebe bedurfte nicht der Dramatik oder des lyrischen Klangs. Sie verlangte lediglich nach Achtsamkeit, Aufmerksamkeit und etwas Zeit. Die drohte mir hier allerdings abhanden zu kommen.

Yoonis tauchte kurz auf und verschwand gleich darauf wieder, nicht ohne mir wolkige Versprechungen eines Engagements der Vereinten Nationen und des Internationalen Roten Kreuzes zu machen. Er klang, als hätten diese internationalen Vereinigungen nur auf unser kleines Video gewartet, um sich endlich mit den Piraten zu intensiven Beratungen über meinen Fall an einen Tisch zu setzen. Doch einen Tag vor dem Ablauf des Ultimatums war Yoonis auf einmal verschwunden. Als Bashko nach Neuigkeiten fragte, meinte er nur: „No news!" Auch als ich ihn bat, mit Yoonis sprechen zu dürfen, wich er aus: „Yoonis kommt bald."

Doch Yoonis kam gar nicht. Sechs Wochen lang hatten seine diffusen Versprechungen, das angebliche U.N.-Video und Fuads 30-Tage-Ultimatum mich hoffen lassen, wenngleich auf eine fiebrige, betäubende Art. Nach Ablauf der vermutlich frei erfundenen Frist schmolzen diese Hoffnungen dahin wie Schnee in der Sonne.

Es wurde Abend. Mit der kühleren Luft kamen auch die Mücken in die Stadt. Noch bevor die Sonne ganz verschwunden war, sang draußen vor der Tür ein Chor aus Abertausenden dünnen Stimmchen sein sirrendes Abendlied. Auf der NAHAM 3 hatte ich mir keine Sorgen über Krankheiten und Insekten machen müssen. Hier wurden sie jedoch zum ernsten Problem. Nur das Moskitonetz und mein eigenes Immunsystem schützten mich jetzt vor Infektionskrankheiten. Jeden Abend breitete ich sorgfältig den Schleier über meinem Bett aus, der wie ein schlaffer Lampenschirm dort hing.

Auch hatte die Ernährung auf der NAHAM 3 dazu beigetragen, dass ich in verhältnismäßig guter gesundheitlicher Verfassung nach Galkayo gekommen war. Doch als ich jetzt anderthalb Monate später beim Sirren der Mücken unter meinem Moskitonetz lag, bemerkte ich, wie sich allmählich eine fiebrige Hitze in meinem Körper ausbreitete. Ich schlief ein, doch fühlte ich mich benommen und überreizt. Den gesamten nächsten Morgen verschlief ich beinahe, doch immer noch war mir schwindlig. Ich aß etwa die Hälfte meiner Bohnenration und machte mich mit schweren Beinen auf den Weg zu Toilette.

„Michael, problem?", fragte mich Bashko bei meiner Rückkehr.

„Aniga krank!"

Malaria macht die Beine schwer, das Blut fließt wie Blei durch die Adern. Ich schlief wieder ein, doch wachte ich bald darauf schweißgebadet wieder auf.

Ich kannte die Geschichte der Französin Marie Dedieu, die 2011 in ihrem Feriendomizil auf einer Insel im Norden Kenias von somalischen Piraten entführt worden war. Die Piraten hatten erkannt, dass sie mit ihren Schnellbooten gut auch die Urlaubsressorts reicher Europäer und Amerikaner außerhalb des somalischen Hoheitsgebiets erreichen konnten. Marie Dedieu hatte sich als Journalistin dort zur Ruhe gesetzt. Sie war querschnittsgelähmt und aufgrund einer Herzerkrankung auf Medikamente angewiesen. Ihre Entführer hatten darauf keine Rücksicht genommen und Marie Dedieu starb knapp einen Monat nach ihrer Entführung.

Zum Mittagessen bat ich um etwas Fleischbrühe anstelle der sonst üblichen Nudeln. Dieser Wunsch und wohl auch meine offensichtliche Erkrankung lockten schließlich Yoonis zurück in unser Haus. Er brachte eine riesige Ziegenschulter mit. Während die Wärter das Fleisch zubereiteten, wich Yoonis all meinen Fragen über die versprochene Freilassung aus. Schließlich brachte er mir einen Teller Ziegenfleisch.

„Ich kann das nicht essen", sagte ich und setzte mich auf. „Nur Brühe!" Ich schob den Teller beiseite und Yoonis blickte mich mit gespielter Überraschung an.

„Du willst nicht?"

„Nicht wollen, Yoonis, können! Ich bin krank, ich kann das nicht essen!"

„Ich glaube nicht, dass du krank bist!"

„Glaub, was du willst!"

Es mochte gut sein, dass all die Aufregung um die versprochene Freilassung zu viel für mich war. Allerdings war ich tatsächlich krank und die Geschichte vom Tod Marie Dedieus machte mir gehörig Angst.

„Das ist nur der Stress", sagte Yoonis.

„Ein Scheiß ist es! Ich brauche einen Arzt!"

„Warum?"

„Ich brauche einen Arzt. Verhandelst du nicht mit dem Roten Kreuz?"

„Ha!", er lächelte, als hätte er mich bei einer Lüge erwischt. „Wusste ich's doch. Es ist nur wegen dem, was ich dir gesagt habe! Alles nur Einbildung!"

„Verpiss dich!"

Am nächsten Morgen konnte ich noch nicht einmal mehr einen Schluck Wasser bei mir behalten. Ich war auf der Toilette gewesen und bei meiner Rückkehr unter das Moskitonetz hatte ich gehofft, ein Schluck aus der Wasserflasche könnte meinen schwindligen Kopf beruhigen. Stattdessen hatte ich auf nüchternen Magen das Wasser sofort wieder ausspucken müssen.

„Problem!", befand Bashko.

„Yeah, problem!", stimmte ich ihm zu.

Mit einem alten T-Shirt half mir mein Sahib Abdinasser, das Wasser und die Magensäure auf dem Boden aufzuwischen. „Kiniin", bot er an. Ich dachte zunächst, er meinte Chinin, doch dann hielt er mir einen Stift und ein Stück Papier unter die Nase und ich verstand. „Kiniin" bedeutete Medizin und er bat mich, mir selbst eine Diagnose zu stellen, sodass er oder einer seiner Kollegen am Telefon die Medizin für mich bestellen konnte.

„Das bringt nichts", sagte ich ihm, „ich brauche einen Arzt!"

Ein Bote brachte schließlich etwas Chloroquin, ein Medikament gegen Malaria, doch es war weitgehend wirkungslos. Am nächsten Morgen musste ich mich wieder übergeben. Ich fühlte mich träge und überhitzt wie ein Brennstab in einem Kernkraftwerk.

Derselbe Bote kehrte am Abend mit Yoonis zurück und brachte mir die Teststreifen eines Bluttests. Offensichtlich wollte er mir Blut abnehmen. Das Haus starrte nur so vor Dreck und auch ich hatte mich zwei Tage lang nicht gewaschen. Unter diesen hygienischen Bedingungen hätte ich niemals eine Nadel angefasst. „Habt ihr auch Desinfektionsmittel dabei?", fragte ich.

„Braucht's nicht!"

„Oh doch, das braucht's! Ich muss zum Arzt. Schick mir einen Arzt, Yoonis, jemand vom Roten Kreuz!"

Kaum hatte ich erneut das Rote Kreuz erwähnt, wurde Yoonis wütend. Er musste irgendwo einen Kurs belegt haben, wie man andere einschüchtert, denn er war ab sofort für kein vernünftiges Argument mehr zugänglich.

„Wenn du jetzt nicht gleich den Test machen lässt", drohte er, „dann gibt's auch keine Behandlung für dich!"

Er kniete nun neben dem Boten, einem gutmütigen Mann, der die Pistole in den Bund seines Sarongs gesteckt hatte, neben meiner Matratze. Ich bestand darauf, mich mit etwas Haarshampoo waschen zu dürfen, wenn wir schon keine Seife zur Verfügung hatten. Der Bote erwies sich als vorsichtig und gewissenhaft. Er nahm mir eine kleine Blutprobe ab und ging damit aus dem Zimmer. Einen ganzen Tag lang lag ich daraufhin in Fieberträumen wie gelähmt da. Am Abend brachten mir Yoonis und der Bote schließlich eine Überraschung. Ein Arzt hatte mein Blut untersucht und darin sowohl Malaria- als auch Typhuserreger entdeckt. Yoonis brachte mir eine ganze Tasche voller Medikamente. Genau erklärte er mir, wie, über welchen Zeitraum und in welcher Reihenfolge und Dosierung ich die Medikamente einzunehmen hätte. Ein Apotheker musste ihm das erklärt haben und ich war zunächst beeindruckt. Sie hatten ein Krankenhaus in Galkayo aufgesucht, denn immerhin war eine Geisel auch ein Investment, das nur so lange Erlöse versprach, wie sie auch am Leben blieb.

Ich zitterte unter der Decke und zugleich sickerte mein kalter Schweiß in den Schaumstoff meiner Matratze. Cotexin, eines meiner Medikamente, ließ mich zumindest zeitweilig aus meinen Fieberträumen aufwachen. Doch nichts zerstört nachhaltiger jede geistige Widerstandskraft eines Gefangenen als eine schwere Krankheit im Gefängnis. War ich gesund und bei klarem Verstand, war ich stur und klug genug, um mich gegen den alltäglichen Wahnsinn des Geisellebens wehren zu können. Genauso gelang es mir, die Hoffnung auf meine baldige Freilassung am Leben zu halten. Doch als Malariapatient wollte ich nur noch sterben.

Allmählich kam jedoch der Appetit zurück und ich nervte meine Wärter mit meinen Forderungen nach besserer Verpflegung. Inzwischen hatte unser Bote einen Wochenvorrat an Bananen und Limetten ins Haus geschafft. Alle zwei Tage gab es frische Ziegenbrühe und -schulter. Nachdem ich allmählich wieder zu Kräften gekommen war, erhielt ich jedoch wie vorher nur noch eine Schüssel voll Bohnen mit etwas Zucker am Morgen, beinahe trockene Spaghetti zum Mittagessen und abends wieder eine Schüssel voll Bohnen. Die aß ich, während es draußen dunkel wurde und der Moskitochor im Hof sein dünnes Liedchen anstimmte.

Eine Malariainfektion kann durchaus tödlich enden, mir hatte die Krankheit meine Grenzen aufgezeigt. Erst allmählich sollte ich im Alltag wieder Ordnung in meinen Kopf bekommen. Ich vermisste Rolly und Marc und stellte mir vor, wie ihr Leben nach ihrer Rückkehr auf die Seychellen zu ihren Familien, dem Mangobau und den röhrenden Schildkröten aussah. Doch mir blieben Zweifel an der Geschichte ihrer Freilassung.

Auf der NAHAM 3 hatte ich mir alle Namen der Crewmitglieder auf einem Stück Pappkarton notiert, um sie richtig buchstabieren zu können. Sie standen dort neben den kreolischen Namen verschiedener Fische, die mir Rolly genannt hatte. Ich schrieb diese Liste aus meinem Gedächtnis auf einen Fetzen Papier, den ich in meiner Hosentasche aufbewahrte. Als ich eines Abends daran arbeitete, schlich sich Madobe an mich heran und zischte plötzlich. Ich sprang erschrocken hoch und hätte beinahe geschrien. Er steckte die Blätter ein und ich machte ein Mordstheater, verglich Madobe mit Somalias einstigem Diktator. „Bur'ad, Siad Barre – same-same!",
schrie ich. Die Somalis wurden nur äußerst ungern auf die Zeiten der Diktatur angesprochen, viel lieber ließen sie sich als Freiheitskämpfer feiern.

Ich war überfordert und musste dringend bessere Wege finden, um mit all dem unterschwellig vorhandenen Stress fertig zu werden. Ohne meine Notizen begann ich die Namen der Crewmitglieder und Fische jeden Morgen auswendig vor mir herzusagen, um sie im Gedächtnis zu behalten. Auf meinem Schreibtisch in Berlin lagen noch zwei Buchmanuskripte, an denen ich gerade arbeitete, und so entwarf ich im Kopf weitere Kapitel für meine Bücher. Sobald ich auf diese Weise eine imaginäre Seite formuliert hatte, begann ich sie auswendig zu lernen, so wie ein Schauspieler seinen Text lernt. Bald wurde daraus ein zweistündiges geistiges Übungsprogramm. Und es wirkte. Die Idee war nicht von mir, sie stammte ursprünglich von Pramoedya Ananta Toer, einem indonesischen Schriftsteller, der nach dem Militärputsch in den 60er-Jahren 14 Jahre im Gefängnis saß. 2004 hatte ich ihn für ein Interview in Jakarta besucht. Er war ein überaus freundlicher alter Mann mit Brille, der permanent seine Nelkenzigaretten rauchte. Zehn Jahre lang hatte er während seiner Gefangenschaft auf der Urwaldinsel Buru geschuftet, wo die Gefangenen den dichten Wald roden mussten, um für sich selbst Wege und Baracken bauen zu können.

„Sobald wir bei unserer Zwangsarbeit Pause machen durften, kamen die anderen Männer zu mir, um meine Geschichten anzuhören", erzählte Pramoedya. „Sobald sie danach ihre Arbeit anderswo fortsetzen mussten, erzählten sie dort ihren Freunden meine Geschichten weiter." Seine Mitgefangenen konnten schließlich durchsetzen, dass er ein paar Stunden am Tag von der Arbeit freigestellt wurde, um an einem Schreibtisch seine Geschichten festzuhalten. Sich Geschichten auszudenken, sie seinen Kollegen zu erzählen und sie schließlich auf Papier festhalten zu dürfen, hatte ihn damals geistig am Leben gehalten. Ich hatte also Hoffnung, dass auch ich, wenn ich im Kopf meine eigenen Geschichten wiederholte, bei Verstand bleiben könnte.

Wenn ich mit der Gedächtnisübung fertig war, begann ich mit den Yogaübungen. Vor meinem Fenster ging dann allmählich die Sonne auf und erhellte die Betonzelle um mich. Blickte ich aus dem Fenster, sah ich die Wärter im gelblichen Gestrüpp des Gartens ihre Arbeit verrichten. Ich sah ihnen zu, wie sie die Bäume gossen oder das Geschirr aus der Küche spülten. An Flucht war hier nicht zu denken. Um zu einer der beiden Ausgangstüren zu kommen, hätte ich an den Piraten vorbeigemusst, die vor meinem Zimmer wachten. Trotzdem beobachtete ich das Treiben dort in unserem Hof mit verschwommenem, jedoch durchaus noch optimistischem Blick. Vielleicht gab es ja doch eine Möglichkeit zur Flucht.

Manchmal hielten sich die Piraten vor dem Tor auf und spähten durch einen kleinen Spalt auf die Straße davor. Auch sie waren eingesperrt an diesem Ort.

Gegen Mittag klingelte für gewöhnlich das Telefon und ein Bote öffnete daraufhin das kleinere Seitentor mit einem Schlüssel. Er reichte eine Plastiktüte voll Khat herein, die von den Piraten sofort ins Haus gebracht wurde. Wie ein Haifischschwarm versammelten sie sich jedes Mal um die Tüte und durchwühlten sie nach möglichst roten Stängeln. Das Rot verriet die Reife der Pflanze und verhieß einen lang andauernden Rausch.

Am schlimmsten waren die Nachmittage. Die Hitze wurde unerträglich und die Fliegen spielten verrückt. Wenn es besonders schlimm wurde, verkroch ich mich unter mein Moskitonetz und vergrub mein Gesicht unter verschränkten Armen. Das Krabbeln und Kratzen ihrer haarigen Beine auf meiner Haut war reine Folter. Sie setzten sich auf die Lippen, flogen in die Nasenlöcher und versuchten auf den Augäpfeln zu landen. Zu Hause wich eine Fliege wie von Geisterhand gelenkt beinahe jedem Schlag der Hand aus. Doch Hunger und Nahrungsmangel hatte die Fliegen hier verbissen und aggressiv gemacht. Es war ihnen egal, ob sie getroffen wurden. Immer wieder versuchten sie auf demselben Fleck zu landen, als ob sie die Kraft und den Willen ihres Opfers brechen wollten. Sie zu töten wurde zu einer Art Spiel, das ich oft nachmittags im immer gleichen Rhythmus und mit leerem Blick zu spielen begann:

Klatsch.

Die schon wieder.

Klatsch.

Die schon wieder.

Klatsch.

Die schon wieder.

Klatsch.

Eine Fliege fiel tot zu Boden.

Ab und zu wurde die Monotonie durch das Knattern von Gewehren durchbrochen, so wie der Kuckuck bisweilen aus einer

Schwarzwälder Uhr hervorkommt. Es war nicht ungewöhnlich, dass Leute auf der Straße eine Salve in die Luft schossen. Doch war ich mir nie sicher, ob nicht vielleicht doch jemand verletzt oder getötet worden war. „Denen geht's gut", versicherte mir Bashko stets. Doch begriff ich allmählich, dass ich mit meinem nutzlosen Herumsitzen und meiner ständigen Angst niemandem außer vielleicht ein paar namenlosen Investoren nutzen konnte. George Bernard Shaw hat einmal geschrieben – wenn auch in einem etwas anderen Kontext: „Die wirkliche Tragödie des Menschen ist, dass er von anderen, meist selbstsüchtigen Menschen dazu genutzt wird, Ziele zu verfolgen, von denen er sicher weiß, dass sie falsch sind. Jedes andere Schicksal ist dagegen nur bloßes Pech oder der erwartbare Tod. Nur allein diese Tatsache stürzt einen Menschen ins Elend, macht ihn zum Sklaven oder sein Leben zur Hölle."

Klatsch.

Die schon wieder.

Fünfmal am Tag rief in der Ferne ein Muezzin zum Gebet. Fünfmal am Tag fegten die Piraten die Khatreste von ihren Matten am Boden und breiteten darauf ihre Sarongs oder andere Stofffetzen aus. Sie richteten sich nach Norden, überkreuzten die Arme und beteten: „Allahu akbar". Dann begannen sie sich in einem fließenden, gleichmäßigen Rhythmus hinzuknien und niederzuwerfen.

Die somalischen Bananen hatten eine intensive und süße Würze. Im Dezember bettelte ich so lange bei meinen Wärtern, bis sie mir einen Vorrat an Limetten und Bananen besorgten, vom dem ich nun essen konnte – statt meiner zweiten, eher ekelhaften Schüssel des gesüßten Bohnenbreis. Sonst gab es kein Obst. Ich bestand auf einer ausgewogeneren Ernährung.

„Banana zu teuer", befand jedoch Bashko.

„Banana gesund", erklärte ich, „Banana liin, Vitamine, gesund!"

„Liin" war das somalische Wort für Limetten und ich hatte während meiner Gefangenschaft definitiv einen Mangel an Vitamin C. Im Vergleich zu den Millionen, die die Piraten von meiner Familie forderten, hielt ich die Ansprüche an mein Essen für eher bescheiden. Bashko bestellte tatsächlich einmal noch Bananen bei unserem Boten, mehr jedoch nicht. Als ich sie aufgegessen hatte, begann zwischen uns ein hartnäckiger Streit. Ich wollte mich nicht damit abfinden, dass die Piraten eher bereit waren, zweimal am Tag für mich Bohnen zu kochen, als ab und an ein bisschen billiges Obst für mich zu besorgen. Ich borgte mir also einen Stift und malte auf ein Stück Papier fein säuberlich folgende Sätze:

Dagir (die Bohnen am Morgen)
Baasto (trockene Spaghetti zu Mittag)
Dagir (die Bohnen am Abend)

„Somali, no problem!" (wenig Arbeit), fügte ich mit einem ärgerlichen Tintenschnörkel hinzu. Daneben stellte ich ihnen meinen etwas ausgewogeneren Speiseplan vor, der immer noch unzureichend sein mochte, doch den Piraten weniger Mühe bereiten würde:

Dagir (Bohnen)
Baasto (Nudeln)
Banana, Liin (Bananen und Limetten)

„Somali, problem full!" (viel Arbeit), schrieb ich dazu. Bashko nahm das Stück Papier, las es und begann zu lachen. Er reichte es unter den Wärtern herum, die nun alle etwas zu kichern hatten.

„Somali no money", erklärte mir Bashko.

„Somali bullshit", antwortete ich.

Am nächsten Tag saß Bashko auf einem Plastikstuhl im Flur. Er hatte ihn zuvor in einem der Nebenräume entdeckt und nun mitten auf einer der mit Khat verklebten Kunststoffmatten platziert. Zu seinen Füßen lagen Issa und Abdul wie zwei Hunde zusammengerollt. Es waren die letzten zähen Minuten am Nachmittag, bevor eine frische Khatlieferung die Geister belebte. Bashko wollte unser Geplänkel fortsetzen.

„Michael", fragte er mich mit einem Grinsen, „Somalia, money full?"

Ich setzte mich auf und grinste ihn meinerseits an. „Nein", stellte ich klar, „Bur'ad, money full."

Somalia mochte arm sein, die Piraten waren es nicht. Bashko wiederholte den Satz und lächelte. „Bur'ad, money full."

„Sicher", sagte ich. „Issa hat ein Haus in Galkayo, sagt er selbst. Ich besitze kein eigenes Haus."

„Adiga kein Haus?", fragte er sichtlich überrascht.

„Nein."

Issa wurde etwas wacher und erinnerte sich daran, dass mein Vater bereits tot war.

„Dein Vater hatte aber ein Haus."

„Das gibt es nicht mehr", sagte ich und sah ihn fest an. „Ich habe auch kein Auto, Issa schon. Sagt er zumindest."

Jetzt waren beide überrascht: „Adiga kein Auto?"

„Nein, wozu auch in Berlin?"

„Und davor?"

„Hab ich schon mal ein Auto besessen, ja", antwortete ich.

„Ah, okay!"

Bashko richtete sich in seinem Plastikstuhl auf. „Okay – adiga, aniga, no problem" (wir verstehen uns), erklärte er. „Aber Amerika hat viel Geld, Europa hat viel Geld. In Somalia hungern die Menschen."

„Das stimmt", sagte ich und sah ihm fest in die Augen. „Das ist nicht gut."

2011 und 2012 hatte eine ungeheure Hungersnot in einigen Teilen Somalias Tausende Menschenleben gekostet. Ich war mir allerdings nicht sicher, ob Bashko mit dem Hunger nicht vor allem den eigenen Hunger meinte. Viele Menschen waren damals vor dem Hunger in die Region Galmudug geflohen, die einen vergleichsweise großen Wohlstand genoss.

„Auch Amerika war einmal arm", versuchte ich zu erklären, „Europa genauso. Es ist eine Frage der Zeit. Slow-slow", sagte ich und stieg mit den Händen eine imaginäre Treppe hinauf.

Unsere Sprachkenntnisse setzten solchen Gesprächen leider enge Grenzen, weder konnten wir über die somalische Kolonialgeschichte reden noch über das Wetter oder die vielen anderen Probleme im

Alltag. Meist waren deshalb unsere Unterhaltungen nicht viel mehr als kleinliche Streitereien.

„Auch Indonesien ist arm“, begann ich wieder, „mit vielen Moslems, Sufis, wie hier. Doch schießen die dort nicht aufeinander.“ Das stimmte nur halb, denn auch in der Provinz Aceh auf Sumatra gab es Piraterie. „Es gibt dort Straßen, ordentliche Geschäfte. Viele Menschen dort haben kein Auto, sondern nur Motorroller. Man kann dort in Frieden leben“, sagte ich und zuckte mit den Schultern. „Es ist schön da.“

„Moslems?“, erkundigte sich Bashko.

„Ja.“

„Moslems sind gut.“

„Klar!“

Bashko war überrascht, als ich ihm zustimmte. Bis dahin hatte er mich wohl als eine Art Gefangenen in einem weltweiten Krieg betrachtet. Als Angehörigen eines nur äußerst entfernt verwandten Klans, der, wie jeder wusste, Moslems hasste. Doch hatte ich keinen Grund, Moslems zu hassen. Allerdings bot sich mir in diesem Augenblick die Möglichkeit, eine Frage zu stellen, die mir schon das ganze Jahr über auf den Nägeln brannte.

„Bashko“, fragte ich, „du bist doch ein Moslem.“

„Natürlich.“

„Aber du bist auch ein Dieb, oder?“ Ich stieß die Finger meiner Hände gegeneinander, eine Geste, die inzwischen von den Piraten verstanden wurde. Etwas passte nicht zusammen: „No same-same.“

Ein Lächeln erhellte sein Gesicht, als er die Absicht meiner Frage bemerkte. Er lachte und übersetzte meine Frage für seine Kumpels.

„Hmm“, machte Issa. Bashko setzte sich wieder aufrecht in seinen Plastikstuhl und tippte sich an die Brust.

„Ich bin Moslem“, erklärte er, „aber auch Dieb. Warum? Weil es in Somalia ein Hungerproblem gibt.“

Als ob Allah Diebstahl verachtete, jedoch bei somalischen Piraten gern eine Ausnahme machte: Schon in Ordnung, ihr Somalis, ihr seid ja arm. Stehlt erst einmal genug Geld, danach könnt ihr immer noch gute Moslems werden.

„Ich glaube, der Islam will etwas anderes."

Bashko war nicht dumm, sondern verfügte über einen lebendigen, streitlustigen Verstand und so beschäftigte ihn mein kleines theologisches Dilemma die ganzen nächsten beiden Wochen. Eines Morgens, ich aß gerade meine gezuckerten Bohnen, kam er darauf zurück. Er war zu faul gewesen, sie ordentlich zu kochen, und ich hatte ihm damit gedroht, in Hungerstreik zu treten. Er hatte unser kleines Wortgefecht verloren und brachte mir nun die Bohnen mit kaum verhohlener Verachtung, als fütterte er einen Hund.

Er beobachtete mich mit Zorn in den Augen.

„Michael."

„Was?"

„Moslem, kein Essen", erklärte er mit schiefem Lächeln, „no problem."

„Aha?"

„Christ, kein Essen, problem full."

Ein Moslem war Hunger durchaus gewohnt, wollte er wohl sagen, anders als ein gewisser Christ hier im Raum.

Ich wischte mir an einem Stück Klopapier die Finger ab. Ich konnte viel ertragen, doch zu hungern, nur um ein paar nichtsnutzigen Piraten das Leben leichter zu machen, fiel mir im Traum nicht ein.

„Bashko", sagte ich in unserer gemeinsamen Pidgin-Sprache, „vor einer Woche hast du mir noch gesagt, Moslems dürfen Piraten werden, wenn sie hungern."

Er nickte.

„Und jetzt sagst du mir, dass ein guter Moslem Hunger aushalten muss?" Auf Pidgin: „Muslim no chum-chum, Muslim no problem – because Islam?"

Er nickte.

Wieder stieß ich die Fäuste gegeneinander: „No same-same."

Bashko lachte auf und streckte mir immer noch lachend seinen Daumen entgegen. Ich hatte ihn erwischt. „Gut!", gestand er und übersetzte meine Antwort für seine Freunde. Es begann eine laute Diskussion. Ich hatte es gewagt, eine Religion zu kritisieren, deren

Gebete ich fünfmal am Tag beobachten konnte. Abdul, der eher androgyne Wärter, schien am heftigsten seinen Glauben zu verteidigen. Er sei nur hier, so erklärte er, weil er gehört hatte, dass ein Ausländer entführt worden war. Es sei seine Pflicht als Moslem, mich als Fremden in einer feindlichen Umgebung zu schützen. Ob ich wohl glaubte, dass Ali Duulaay, Ali Tuure oder gar Garfanji Moslems wären? Ob ich je den Koran gelesen hätte? „Ah, ah!" machte er und fuchtelte mit dem Zeigefinger hin und her, um gleich selbst die Antwort zu geben. Diese Leute waren die wirklichen „Kuffar", die waren die Ungläubigen.

Ich kannte die Art von Argumenten bereits. Es war durchaus möglich, dass einige der Wärter noch nie ein Schiff entführt hatten. Allerdings passten sie schon seit Anfang des Jahres auf mich auf und genossen sicher das Vertrauen der Piratenbosse.

Bashko kam jedoch später noch einmal auf das Thema zu sprechen, mit einer ganz eigenen Rechtfertigung für sein Tun. Er gab sich sachlich und ernst, als wir uns in meinem überhitzten Zimmer gegenübersaßen. Der Koran, so erklärte er mir, verlangte von ihm den Kampf gegen die Ungläubigen. Da ich nun mal kein Moslem war, war das, was er tat, kein Diebstahl.

„Was?"

„Juden, Christen, Buddhisten", – die durfte er also beklauen –, „Moslems nicht."

„Aber auf der Naham 3 waren vier Moslems", gab ich zu bedenken.

„Das stimmt", gab er zu. Er saß betont aufrecht im Schneidersitz vor mir und versuchte möglichst sachlich zu wirken. „Wir dürfen nichts von ihren Familien stehlen."

Der Unterschied lag für ihn darin, dass die Piraten ihr Lösegeld von Regierungen oder den Schiffseignern forderten. Nach seiner Lesart des Korans wären die Lösegeldforderungen nur dann ein Problem, wenn sie direkt den Familien der Moslems gestellt worden wären.

„Und was ist mit dem Kapitän?", fragte ich ihn. „Ihr habt ihn erschossen."

„Er war nur Christ", platzte es aus ihm heraus.

„Er war Buddhist", korrigierte ich und sah ihn dabei direkt ins Gesicht. „Steht denn im Koran, dass ihr alle Nicht-Muslime töten sollt?"

Wieder wünschte ich mir nichts sehnlicher als ein ausführliches Interview mit Bashko gemeinsam mit einem Übersetzer. Unser gemeinsamer Wortschatz aus Brocken von Pidgin-Englisch und einzelnen Worten auf Somali reichte nur für eine sehr oberflächliche Auseinandersetzung.

„Nein", erklärte er und gab sich wieder ganz fromm. „Allah sagt, jedes Leben ist gut."

Genau dieser Gedanke, dass jedes Leben vor Allah gleich viel wert sein konnte, unterschied die Piraten von den Milizionären der al-Shabaab, erklärte mir Bashko. Die Wahhabiten in Somalia interpretierten die entsprechenden Suren als unbedingten Aufruf zum Vernichten der Ungläubigen. Die Piraten, die mehrheitlich dem Sufismus anhingen, verstanden diese Verse anders.

„Und Allah gefällt es", so fragte ich weiter, „wenn ihr etwas von Menschen mit einem anderen Glauben stehlt?"

„So steht es im Koran", behauptete er und lächelte mich siegessicher an. Was konnte er schon machen, das Buch hatte gesprochen und galt die Wahrheit des Korans nicht für ihn genauso wie für mich?

In Zeiten des Krieges werden viele Suren des Korans von Gelehrten als „Suren des Schwerts" apostrophiert. Doch in Sure 9,5, dem eigentlichen Vers des Schwerts, beschäftigt sich der Koran mit Entführungen.

„Wenn nun die Schutzmonate abgelaufen sind", heißt es dort, „dann tötet die Götzendiener, wo immer ihr sie findet, ergreift sie, belagert sie und lauert ihnen aus jedem Hinterhalt auf! Wenn sie aber bereuen, das Gebet verrichten und die Abgabe entrichten, dann lasst sie ihres Weges ziehen! Gewiss, Allah ist allvergebend und barmherzig."

Die genannte Abgabe ist eine Steuer für Arme. Ich konnte verstehen, dass ein Pirat, der in Somalia in einem der ärmsten Länder

der Welt lebte, das Lösegeld aus dem reichen Westen als eine Art Armensteuer interpretierte. Der spirituelle Gedanke, dass einem in jedem Fremden Gott selbst begegnen könnte, dürfte in den abgeschiedenen Weiten der somalischen Wüste nicht weit verbreitet sein.

Ich erinnerte mich an einen Satz aus den Piratenprozessen in Hamburg: „Qof aan loo ooyin." Was so viel bedeutete wie: „All jene, um die niemand weint." Der Satz war auf die Minderheiten in Somalia gemünzt, die außerhalb der überlieferten Klanstrukturen leben mussten. All jene Ungläubigen, die auf Frachtern voller wertvoller Güter vor der Küste Somalias vorbeifuhren, durften demnach wohl kaum auf größere Anteilnahme hoffen, geschweige denn auf irgendeine Form religiöser Nächstenliebe. Selbst die großartigen Lehren des Sufismus schafften es nicht, die Somalis von ihrem Klandenken abzubringen. In diesem Sinne waren sie selbst Fundamentalisten. Zwar folgten sie den Buchstaben des Korans, doch darüber hinaus wollten sie nichts weiter wissen. Für Bashko wäre es eine tödliche Beleidigung gewesen, hätte jemand bestritten, dass er Moslem sei. Er reihte sich damit ein in die große Gruppe jener Menschen mit nur geringer Bildung, bei denen ihr Glaube, der Islam, die Angst vor jedem Fremden verstärkte und nicht minderte.

„Du hast einen komischen Glauben", sagte ich.

EIN KOCHBUCH FÜR GEISELN

Kurz vor dem Jahreswechsel wurde ich unsanft von Abdurrahman, unserem Übersetzer aus der Stadt, geweckt. Ich schlief bereits tief und fest, als er plötzlich das Neonlicht in meinem Zimmer in der Piratenvilla anknipste. Auf einem Zettel brachte er mir eine Nachricht seines Chefs:

Lieber Michael, ich heiße Fuad. In der Angelegenheit Deiner Freilassung benötigen wir den Namen Deiner Großmutter. Schreib ihn bitte auf. Mustaf.

„Was soll das?", fragte ich Abdurrahman.

„Wir lassen dich frei, wir müssen deinen Leuten nur beweisen, dass du wirklich hier bist."

„Meinen Leuten?", ich rieb mir das Gesicht. „Und heißt du wirklich Mustaf?"

„Natürlich!"

Ich starrte ihn an.

„Und warum willst du den Namen meiner Großmutter wissen?"

„Für deine Mutter, Michael!", sagte er und legte mir beruhigend seine Hand auf die Schulter. „Dann weiß sie, dass du noch am Leben bist!"

Er setzte schnell ein schmieriges Lächeln auf. Seine Haut war hellbraun und ein kleiner, gut gepflegter Bart wuchs um seine Lippen. Er trug dunkle Stoffhosen und ein Hemd. Wie gern hätte ich geglaubt, dass ich frei käme. Doch war es zu spät am Abend für so eine übereilte Entscheidung.

„Und du sagst die Wahrheit?", fragte ich.

Er nickte: „Wenn Allah es will, kommst du heute frei", sagte er.

„Was heißt das?"

„Wenn Allah zustimmt, lassen wir dich frei. ‚Inschallah‘ auf Arabisch."

Noch eine muslimische Spitzfindigkeit: „Inschallah" bedeutete so viel wie „Wenn es Gott will", allerdings hatte ich das Wort von den Piraten schon zu oft mit einem spöttischen Unterton gehört.

„Komm, verpiss dich! Ich weiß genau, was ‚Inschallah‘ bedeutet!" Ich war viel zu müde, um meinen Ärger zurückzuhalten. „Du weißt schon, dass Allah alles hört, was du sagst. Er weiß genau, dass du lügst!"

„Ja, unser Herr schaut immer auf uns herab", säuselte Abdurrahman. „Er hört auch deine Lügen!"

„Übrigens bist du nicht Mustaf, du heißt Abdurrahman."

Der letzte Satz ärgerte ihn. „Ich heiße Mustaf", beharrte er.

„Bist du nicht!"

„Bitte schreib den Namen deiner Großmutter auf."

„Und wenn nicht?"

„Dann lassen wir dich nicht frei."

Noch träge im Kopf, begann ich die einzelnen Möglichkeiten abzuwägen. Vielleicht versuchten ja tatsächlich Unterhändler aus Europa oder Amerika mit mir in Kontakt zu treten. Allerdings war es auch möglich, dass die Piratenbosse gerade versuchten, sich Zugang zu einem meiner Bankkonten zu verschaffen. Ich überlegte kurz. Hatte ich jemals den Namen meiner Großmutter bei einer Bank als Passwort für ein Konto hinterlegt?

Das hatte ich nicht.

Ich blinzelte kurz und kratzte mich im Genick.

„Okay, ich geb' dir den Namen." Ich griff zum Stift und schrieb „Leny Yntema" auf das Stück Papier. Abdurrahman versuchte den Namen auszusprechen und es störte mich ungemein, etwas so Persönliches wie den Namen meiner Großmutter in diesem heruntergekommenen Zimmer zu hören. Dennoch korrigierte ich seine Aussprache. Er schien zufrieden und stand schließlich auf.

„Danke, Michael!"

„Dein Wort, ihr lasst mich frei! Ich vergess' das nicht!"

„Inschallah!", wiederholte er nur.

Er schaltete das Neonlicht wieder aus und ich legte mich zurück auf meine schweißnasse Matratze. Es war schwül draußen und ich konnte kaum schlafen.

Meine Großmutter lebte in einem Backsteinhaus auf dem Land in Linne, einer kleinen holländischen Stadt nahe der deutschen Grenze. Sie war eine spitzbübische alte Dame, ein Typus, wie man ihn in Romanen von Marcel Proust oder Gustave Flaubert findet, und gehörte zur kleinstädtischen Bourgeoisie. Als über 80-Jährige konnte sie sich noch gut an die Invasion der Alliierten während des Zweiten Weltkriegs erinnern. Ihr Gesicht war runzlig wie eine Dörrpflaume, und wenn sie aus dem Haus ging, zum Beispiel zum Einkaufen im Krämerladen, band sie sich ein Kopftuch um. Die Zeit schien in Linne stehengeblieben zu sein. Als die Leute in den 90er-Jahren begannen, E-Mails statt Briefe zu schreiben, schickte mir ihre Kusine Rhinny regelmäßig seltsame Nachrichten, die sie im Auftrag meiner Großmutter verfasste. Oma schrieb ihre Nachrichten an mich zunächst auf Briefpapier. Dann band sie ihr Kopftuch um und fuhr die gut drei Kilometer bis zu ihrer Kusine. Die schenkte ihr Schnaps und Kaffee ein, während die Damen darauf warteten, dass der Computer hochfuhr. Bis es so weit war, hatten sie ausreichend Zeit für Klatsch und Tratsch. Schließlich diktierte meine Oma Rhinny ihren Text. Der Computer war in ihren Augen vermutlich eine Art moderne Telegraphenstation für ihr Dorf.

Ich drehte mich auf meiner Matratze um und versuchte zu schlafen. Doch die Erinnerungen kamen und gingen. Meine Großmutter kochte typisch europäische Gerichte mit weichgekochtem Gemüse, mit großen Stücken von Rind- oder Schweinefleisch zu Gurkensalat mit schwerem Sahnedressing, Kartoffeln und Spargel an äußerst reichhaltigen Soßen. Allein beim Gedanken an diese traditionellen Gerichte lief mir das Wasser im Mund zusammen. Auch in der Küche und im Esszimmer mit den Spitzenvorhängen schien die Zeit stillzustehen. Überraschenderweise nannte meine Oma ihre Rezepte „katholische Küche". „Wir kochen hier im Süden nicht wie die anderen Holländer", erklärte sie stolz, „sondern wie die Belgier oder Franzosen, mit viel Sahne und Alkohol." Der Dreißigjährige Krieg lag Hunderte Jahre zurück, aber holländische Katholiken wie meine Oma pflegten in einer Mischung aus Dünkel und Verfolgungswahn immer noch die alten Ressentiments. Ihre Küche war ein Bollwerk gegen die Kargheit protestantischer Lebensart. Eines meiner Lieblingsgerichte aus Omas Küche war ein indonesisches Satay, Hühnchenspieße, die in Erdnusssoße gegart wurden. Ich muss acht oder neun Jahre alt gewesen sein, als sie es mir das erste Mal vorsetzte. Bis dahin waren mir Erdnüsse nur als salziger Snack bekannt, den wir zu den Sportübertragungen im Fernsehen herumreichten. Die Idee, mit Erdnüssen ein vollwertiges Gericht zu kochen, klang abwegig, aber spannend. Später begriff ich, wie privilegiert und wohlbehütet ich aufgewachsen war. Ich wusste nun mehr über die besonderen Beziehungen zwischen den Niederlanden und Indonesien – hatte von der blutigen Geschichte der holländischen East India Company gelesen, im Hafen von Amsterdam die Nachbauten der Frachter aus Kolonialzeiten besichtigt, war schließlich selbst durch die schwül-heißen Straßen Jakartas gestreift und hatte einen köstlichen Satayspieß von einem der Kohlegrills dort gegessen. Aber nie würde ich meine Überraschung vergessen, als ich das Gericht bei meiner Oma zum allerersten Mal vorgesetzt bekam.

Vor meiner Entführung führte ich als Autor und Reiseschriftsteller ein ebenfalls privilegiertes, wenn auch manchmal wirtschaftlich prekäres Leben. Mit dem Reisen ließ ich die gesellschaftlichen Hierarchien und Schranken daheim hinter mir. Wenn man es richtig anstellte, trug das Reisen dazu bei, Vorurteile zu beseitigen. Man musste der Welt nur aufmerksam und mit wachem Verstand begegnen. Die Reiseschriftstellerei war in Amerika ein wenig aus der Mode gekommen, doch wollte ich immer noch an eine Reiseliteratur glauben, die Grenzen einreißen konnte. Die Gattung war in vieler Hinsicht unzureichend, doch gilt das ja für Sprache generell. Unser Verständnis der Welt war immer schon unzureichend. Doch allein der Versuch, die engen Grenzen der eigenen Wahrnehmung hinter sich zu lassen, ist enorm wichtig. Ich liebte es, einen fremden Ort so unsichtbar wie möglich zu durchstreifen. Besonders reizte mich daran die Erfahrung der Brüche und Reibungen, die in den unvermeidlichen Momenten auftraten, wo sich doch einmal die Tarnung auflöste. In Somalia jedoch war alles anders. Ich trug hier ausschließlich das Etikett „Kalifornier" oder „Europäer", ob mir das gefiel oder nicht. Mich quälte diese sinn- und nutzlose Reduzierung. Mit Selbsterkenntnis hatte sie nichts zu tun.

Ein paar Nächte später wurde ich wieder geweckt. Diesmal von Bashko. Es sei Zeit aufzustehen, flüsterte er: „Telephone! No problem!"

Wir stiegen in einen Land Rover und hielten vor dem altbekannten Besenkammerbordell. „Schlafen", befahl man mir. Ich nahm an, dass wir nach wenigen Stunden Rast mitten in der Nacht wieder aufbrechen würden, um Fuad zu treffen. Ich konnte nicht sagen, ob mir diese Aussicht Hoffnung oder Angst machte. Als ich jedoch gegen zwei Uhr nachts aufwachte, hörte ich draußen im Garten nur die Wächter, wie sie high von Khat herumalberten. Issa war bei mir im Zimmer geblieben und saß auf einem Plastikstuhl. Aus seinem Smartphone drang Weißrauschen.

„Telephone?", fragte ich. „Fahren wir los?"

„Maya", antworte er, „nein."

Aus seinem Handy kam ein hoher, oszillierender Ton. Die Männer hörten in letzter Zeit nachts häufiger verschiedene Frequenzbänder mit ihren Handys ab. Ab und zu hörte man ein Ping, wie ein elektronischer Wassertropfen, oder ein fließendes Signal, ähnlich den pfeifenden Interferenzen beim Radioempfang.

„Problem?", fragte ich.

Issa deutete vage mit dem Finger in die Luft.

Drohnen? Kreiste ein Flugzeug über Galkayo? Hielt es nach unseren Geländewagen Ausschau? Oder hatte ich ihn missverstanden? Offensichtlich versuchten die Piraten, mit ihren Handys die verschiedenen Signale der Drohnen abzufangen. Ich konnte mir allerdings kaum vorstellen, dass diese Technik wirklich funktionierte, geschweige denn dass die amerikanischen Streitkräfte davon nichts wussten. Möglicherweise kreiste also eine Drohne in so niedriger Höhe über dem Haus, dass meine Entführer sie auch ohne Signalempfang bemerkt hatten. Aber was hätten die Amerikaner damit bezwecken wollen? Damit hätten sie doch verhindert, dass wir endlich losfuhren. Und wenn die Frage nach dem Namen meiner Großmutter tatsächlich ein ernst gemeinter Versuch gewesen war, mit mir in Kontakt zu treten, warum hätte das Militär versuchen sollen, diese Kontaktaufnahme nun wiederum zu unterbinden?

Es war natürlich auch möglich, dass die Technik der Piraten tatsächlich funktionierte.

Ich versuchte, meine augenblickliche Situation auf zwei Optionen herunterzubrechen. Entweder war die Aussicht auf meine Freilassung eine Lüge der Piraten und der ausstehende Telefonanruf nichts weiter als ein erneuter nutzloser Versuch, an Lösegeld zu kommen. Vielleicht wollte die Armee genau das verhindern, aus Gründen, die den Verhandlungen dienen konnten: Für die Piraten war jeder Anruf ein großer Aufwand, umso höher stiegen jedes Mal ihre Erwartungen. Oder die Frage nach Omas Name war in Wirklichkeit eine List der Amerikaner gewesen und ihre Flugzeuge versuchten uns jetzt aufzuspüren.

Andererseits: Vielleicht war es auch ganz anders.

Zu guter Letzt schlief ich völlig erschöpft von meinen Gedankenspielen ein. Am nächsten Tag kehrten wir in die stickige Piratenvilla zurück. Während der folgenden zwei Wochen nährten die Piraten mit Gerüchten über einen erneuten Telefonanruf beständig meine Hoffnung auf die baldige Freilassung. Es sollte ein letztes Gespräch geben, in dem sie meinen Fall abschließen und damit allen in unserer Villa die Freiheit wiedergeben wollten. Währenddessen kreisten beinahe jeden Tag Orion-Aufklärer dicht über den Dächern von Galkayo. Ich wurde jedoch das Gefühl nicht los, dass die Piraten erst abwarten wollten, bis die Flugzeuge verschwunden waren. Mir schien es tatsächlich, als ob die Flieger die Piraten zermürben wollten, als ob irgendjemand in der Armee unseren ungefähren Aufenthaltsort kannte und man nun für die genaue Identifizierung den Moment abzupassen versuchte, wo wir das Versteck verließen. Oder aber man wollte uns zwingen, an Ort und Stelle zu bleiben.

Mitte Januar kam eines Morgens Yoonis in die Villa und fragte, ob ich mit meiner Mutter reden wollte.

„Wie, heute?", fragte ich.

„Wenn du es willst, dann kommen sie hierher."

„Wer kommt hierher?"

„Die ‚bad group', die Bösen. Die Piraten."

Die Bosse teilten ihre stetig wachsende Gefolgschaft für gewöhnlich in einzelne Zellen auf, denen sie spezielle Aufgaben zuteilten. Eine dieser Zellen war für die Telefonanrufe zuständig. Normalerweise fuhren wir hinaus in den Busch, um uns zu einem Telefontermin mit ihnen zu treffen. Doch verstand ich viele dieser Zusammenhänge nur sehr unzureichend und hielt mich oft tagelang mit Spekulationen auf. War das angekündigte Gespräch nun gut oder schlecht für mich? Ich konnte nicht einschätzen, ob der Anruf wegen der Militärflugzeuge über uns unterblieb, ob alles geplant war oder ob ich Yoonis' Vorschlag nicht einfach ablehnen sollte. Oder wäre es besser, dem Vorschlag zuzustimmen, weil dann erst die Drohnen das Funksignal des Handys in unserer Villa aufspüren konnten?

„Willst du oder nicht?", drängte Yoonis.

„Ich weiß es noch nicht."

„Ich sag' den Bossen, du willst nicht."

„Noch nicht!"

„Also willst du doch?"

„Lass mich einfach nachdenken, Yoonis. Fünf Minuten nur."

„Du willst nicht. Ich sag's ihnen."

Es war ein bemerkenswerter Erpressungsversuch, doch leider weigerte sich Yoonis, weitere Details preiszugeben. Außerdem schien ihm jede Antwort recht. Mir gefiel der Gedanke, dass wir überwacht wurden, und vielleicht hatte Abdurrahman ja recht, vielleicht stand meine Freilassung wirklich unmittelbar bevor. Vielleicht durfte ich bald nach Hause.

„Meinetwegen! Sag ihnen, ich bin einverstanden."

„Sehr gut."

Den Rest des Vormittags verbrachte ich mit Nachdenken, während meine Hoffnung von Minute zu Minute wuchs. Die vorsichtigen Planungen der Piraten, die ständige Luftüberwachung, alles wies darauf hin, dass beide Seiten meine Freiheit vorbereiteten.

Am Nachmittag öffnete sich schließlich das stählerne Tor zu unserem Grundstück und ein klappriger Jeep fuhr vor. Drei, vier mir unbekannte Somalis kamen in die Villa und begrüßten meine Wächter. Yoonis kam zu mir ins Zimmer und wollte mit mir die Einzelheiten des Anrufs besprechen: „Sag ihnen, dass du krank bist, aber nicht, wo wir sind!" Danach gingen wir in ein Nebenzimmer, wo Bashko bereits mit dem Gewehr in der Hand wartete.

Wir hockten uns auf eine sehr bequeme Matratze auf dem Boden. Ein Pirat fummelte mit einer SIM-Karte herum und wählte schließlich eine Nummer. Fuad meldete sich aus Mogadischu, und während wir telefonierten, lehnte sich Yoonis zu mir herüber, um mithören zu können.

„Ich verbinde dich jetzt mit deiner Mutter", sagte Fuad und ich spürte mein Herz rasen.

Meine Mutter fragte zuallererst nach meiner Gesundheit. Sie wollte wissen, ob ich Medizin benötigte. Laut und deutlich berichtete ich von meiner Malariainfektion, sodass Yoonis zufrieden sein konnte. Ich war gesund, sagte es ihr aber nicht, schließlich wollte Yoonis ja, dass ich mich beklagte. Auf Deutsch erklärte ich schließlich, dass ich noch dieselben Kleider wie damals auf der NAHAM 3 trug. Es waren dieselben grellbunten Kleider, die auf den Drohnenfotos an den Wäscheleinen der NAHAM 3 zu erkennen waren. Ich sagte, dass diese Kleider auch jetzt wieder vor der Piratenvilla im Garten hingen und versuchte ihr das Haus zu beschreiben. Meine Mutter hörte nur schweigend zu.

Zum Schluss fragte ich noch leise auf Englisch: „Wie kommen die Verhandlungen voran?" Ich wartete nervös und angespannt auf die Antwort meiner Mutter. „Wir sprechen immer wieder mit den Klanführern und einigen Anführern in der Stadt. Es gibt kleine Fortschritte, Michael, aber es wird noch lange dauern. Sie wollen immer noch Millionen. Ein paar Monate noch!"

Mir wurde schwarz vor Augen. Kleine Lichtpunkte begannen vor meinem Gesicht zu kreisen.

„Nicht aufgeben!", fügte sie schnell hinzu.

„Ich bin hier schon viel zu lange", stieß ich hervor. „Die Leute hier verhandeln nicht richtig!" Und setzte möglichst klar und deutlich auf Deutsch hinzu: „Ich kann mir immer noch eine Befreiungsaktion vorstellen."

Danach begann ich wieder auf Englisch über meine schlechte Gesundheit und die fehlende Brille zu lamentieren, damit Yoonis nicht dem eigentlichen Verlauf des Gesprächs auf die Schliche kam. Ich war entsetzt über das, was meine Mutter gesagt hatte, und mir wurde angst und bange bei dem Gedanken, was ich gerade von mir gegeben hatte. Ich hatte keine Ahnung, was bei diesem Telefonanruf auf dem Spiel stand. Ich wusste nicht, was die Piraten letztlich verstanden und was nicht. Ich konnte noch nicht einmal genau sagen, was ich gerade getan hatte oder was ich hätte besser machen können. Doch all die schönen Hoffnungen, die ich einen Nachmittag lang hegen durfte, waren nun wie Seifenblasen geplatzt. Fuad sagte schließlich etwas auf Somali. Danach war die Leitung tot.

Ich lebte nun bald ein Jahr in Somalia und erging mich in der abwegigen Hoffnung, dass irgendjemand den Jahrestag als Anlass für eine Befreiungsaktion nehmen würde. Diese vage Hoffnung wechselte mit Angstattacken und Panikschüben. Alles in mir wollte hier weg. Jede meiner schlaffen Sehnen, jede Faser meiner schwindenden Muskeln, alles in mir wollte endlich diese gottverdammte Villa verlassen. Doch jeder Morgen brachte die Gewissheit, dass meine Tage an diesem fliegenverseuchten Ort noch lange nicht gezählt waren.

Ich begann damit, mir die verschiedensten Arten des Selbstmords auszumalen. Ich wollte den Piratenbossen damit unbedingt ihre menschenverachtende Gier vor Augen führen. Gier war der Grund, weshalb ich immer noch in Somalia feststeckte, nicht etwa Armut. Ihr Gerede von den missachteten somalischen Fischrechten war bloß eine wohlfeile Ausrede. Ich stellte mir vor, wie ich mir mit dem messerscharfen Deckel einer Thunfischdose oder mit der kleinen Klinge meines Einwegrasierers die Pulsadern aufschnitt. Bevor mir die Sinne schwanden, würde ich ein Stück Klopapier in mein eigenes Blut tunken und damit das Wort „Gier" an die Wand malen, in Großbuchstaben. Unter diesem Fanal würde ich dann meinen letzten Atemzug tun und es den Piraten überlassen, die schreckliche Szene zu fotografieren und über die sozialen Netzwerke mit der ganzen Welt zu teilen.

Durch solche Nachmittage voller Niedergeschlagenheit und Verzweiflung bewegte ich mich Atemzug für Atemzug wie durch zähen Morast. Es gab nur ein Gegenmittel gegen die innere Qual: Yoga. Es beruhigte die Panik und half meinem Verstand zurück auf festen Grund. Außerdem gaben mir die schweißtreibenden Übungen den willkommenen Vorwand, regelmäßig meine Kleidung mit etwas Waschmittel in einem Eimer zu waschen. Auf der Wäscheleine flatterte sie wie eine Fahne im Wind gut sichtbar für die Drohnen über uns. Abwechselnd mussten die Wärter das gelbe Handtuch, meine hellgrünen Fußballshorts und das rote Manchester-United-Trikot zu den Leinen in der prallen Sonne im Hinterhof bringen. Sie ekelten sich davor, denn für sie waren die Kleider eines Ungläubigen unrein, selbst dann, wenn sie frisch gewaschen waren.

Die Wärter brachten mir Frühstück, wuschen das Geschirr, hängten meine Wäsche auf und kochten mir Tee. Es war für sie eine schwierige Herausforderung. Denn einerseits erhofften sie sich für ihre Dienste bei der Bewachung des Amerikaners einen ordentlichen Anteil des Lösegeldes als Lohn. Der Wärterdienst in der Villa war deshalb ein durchaus angesehener Job. Er brachte jedoch Schwierigkeiten mit sich. Denn während der Fremde auf seiner Matratze faulenzte, mussten ihn die Somalis bedienen. Ironischerweise sorgten sie selbst mit ihren Kalaschnikows dafür, dass Rollenmuster aus Kolonialzeiten in unserer Villa erneut auflebten. Die Eltern und Großeltern meiner Entführer hatten noch gegen Siad Barres Regime und die italienische Besatzungsmacht gekämpft. Sie kämpften nicht zuletzt wegen ihrer Kinder für Freiheit und Unabhängigkeit. Könnten sie diese Kinder jetzt sehen, sie wären entsetzt, wie sehr sich diese nun vor einem Fremden erniedrigen mussten. Während der langen Nachmittage in unserer Betonvilla wurde vermutlich auch dem Einfältigsten unter ihnen klar, dass Pirat zu sein nichts weiter bedeutete, als mit Gewehren zu betteln. Nach vielen langen Monaten kam jedem von ihnen die romantische Vorstellung, an einem wilden Gangsterleben teilzuhaben, abhanden. Nur Bashko hatte seinen eigenen Blick auf die Dinge. Er behauptete, genau wie ich in der Villa eingesperrt zu sein.

„Adiga, aniga – same-same!", sagte er und meinte damit, dass wir beide hier nicht so einfach wegkamen. Das war keine Lüge. Aber ich blickte ihm direkt in die Augen und sagte:

„Same-same – okay, sahib. Aniga Kalaschnikow?", und tat so, als wollte ich ihm seine Waffe wegnehmen.

„No", rief er, „fucking!"

Im Februar konnten wir beinahe drei Wochen lang jeden zweiten oder dritten Tag das Dröhnen eines Flugzeugs unmittelbar über dem Haus hören. Eines Nachts riss uns etwa um zwölf Uhr ein Orion-Aufklärer aus dem Schlaf, der durch die kühle Nachtluft kreiste. Die Wärter sprachen nur flüsternd, als wären sie auf der Flucht. Ich fuhr aus meinem Lager hoch, verwirrt, doch voll neuer Hoffnung. War es möglich, dass mein Trick mit der Wäsche funktioniert hatte? Würde im nächsten Augenblick ein Navy-SEAL-Kommando die Villa stürmen? Seit die Flugzeuge regelmäßig über unserem Haus kreisten, ließen mich die Bosse jeden Abend an den Füßen fesseln. Jeder Abend verlief seitdem nach dem gleichen deprimierenden Muster. Wenn es draußen dämmerte und die Moskitos ihr Lied anstimmten, ging ich noch einmal auf die Toilette und ließ ich mich dann auf meine Matratze fallen, breitete das Moskitonetz über mir aus und während draußen der Muezzin in der nahen Moschee zum Abendgebet rief, aß ich meine Schüssel mit braunen Bohnen und wartete darauf, dass einer der Somalis mit Taschenlampe in der Hand sich vor mein Lager kniete, mir eine Fahrradschlosskette um die Fußgelenke wickelte und sie fest mit zwei Schlössern sicherte. Elf Stunden lang blieb ich so gefesselt. Erst als wieder der Muezzin über den Dächern zu hören war, wurde mir gestattet, mich aufzusetzen und nach „Kadi" zu fragen. Ein Wärter kam dann mit klimpernden Schlüsseln aus dem noch dunklen Raum nebenan zu mir herüber.

Die Fesseln an meinen Füßen änderten meinen Blick auf Somalia. Ich war hierhergekommen, fest entschlossen, mich offen und ohne Vorurteile auf das Land einzulassen. Ich wollte wirklich wissen, was die Piraten antrieb und wie sie lebten. Doch mit den Ketten um meine Fußgelenke wachte ich jede Nacht voller Hass und blindem Zorn auf. Die Piraten hielten mich wie ein Stück Vieh. Wie die Nomaden draußen in der Wüste sich neben ihren Herden die Zeit vertrieben, so rauchten und scherzten die Piraten direkt neben mir, wenn sie nicht gerade voller Inbrunst ihre Gebete in Richtung Mekka verrichteten.

Während ich nachts grübelnd wachlag, fiel mir auf, dass Bashkos Einstellung gegenüber Ungläubigen der Logik der Barbary-Piraten folgte. Als die osmanischen Herrscher ihre Piratenflotten von den Küsten Nordafrikas losließen, war das bereits die Vorform eines Heiligen Krieges. Im südlichen Mittelmeer trafen Christen und Moslems aufeinander. Christen gefangen zu nehmen war im Sinne muslimischer Gesetze, es war „halal" und außerdem ein bequemer Weg, um an Geld zu kommen. Dabei machten beide Mächte Jagd auf die jeweils andere. „Am Ende des 16. Jahrhunderts durchstreiften sowohl christliche als auch muslimische Korsarenflotten das Mittelmeer. Zwischen Katalonien und Ägypten hielten sie Ausschau nach ihrer menschlichen Beute", schrieb Robert C. Davis in seinem englischsprachigen Werk *Christian Slaves, Muslim Masters*.

Miguel de Cervantes wurde fünf Jahre lang als Geisel in Algerien festgehalten, nachdem seine Galeere 1575 von Piraten überfallen worden war. Sein Bruder Rodrigo geriet ebenfalls in Gefangenschaft. Beide waren als Soldaten der spanischen Krone auf dem Rückweg nach Spanien. Miguel konnte seit der Seeschlacht von Lepanto seine linke Hand nicht mehr bewegen. Die Mauren verlangten damals eine enorme Summe Lösegeld für die beiden Cervantes-Brüder, denn Miguel hatte die Empfehlungsschreiben einiger sehr mächtiger spanischer Aristokraten im Gepäck. Doch vermochte die Familie die geforderte Summe kaum zu bezahlen und Miguel versuchte fünfmal sein Glück in der Flucht. Ihre Wärter hatten die Brüder im Untergrund von Algier in den sogenannten Bagnos angekettet, in den alten maurischen Badestuben unter der Erde, die sie als Kerker für ihre Gefangenen nutzten. Der Familie gelang es schließlich, die beiden Brüder einen nach dem anderen mit finanzieller Hilfe eines spanischen Ordenskonvents freizukaufen.

Diejenigen Gefangenen, deren Familien nicht die Lösegeldforderungen begleichen konnten, landeten auf den großen arabischen Sklavenmärkten entlang der afrikanischen Karawanenrouten zwischen Mombasa und Marrakesch. Wegen der Neigung osmanischer Sklavenhalter, ihre ungläubigen Gefangenen zu bekehren, wurde die Piraterie im Mittelmeer auch für die Kirche ein Thema. In ganz Europa hörte man im Gottesdienst Erzählungen von „türkischer" Gefangenschaft, Leid und Sklaverei, schließlich Rettung und Rückkehr in die christliche Heimat. Wenn es gelungen war, christliche Sklaven aus ihrer nordafrikanischen Gefangenschaft zu befreien, wurden beispielsweise in italienischen Städten ihnen zu Ehren Umzüge abgehalten und Lieder auf ihre Freiheit gesungen. Davis schreibt: „Diese Paraden begannen gewöhnlich am späten Vormittag, meist wurden sie von Soldaten angeführt, manchmal auch von Trompetern, Trommlern und einem Chor, der passende Psalmen anstimmte wie ‚In exitu Israel de Aegypto' (Als Israel aus Ägypten auszog) oder ‚Super flumina Babylonis' (An den Flüssen von Babylon)."

Auf meiner Schaumstoffmatratze liegend verfluchte ich Nacht für Nacht diese lange muslimische Tradition der Entführung. Ich hatte ja darüber gelesen, wie die U.S.-Marine um 1815 mit dieser Tradition und dem Barbareskenstaat aufräumte, und ärgerte mich, dass sie nicht zu meiner Rettung kommen wollte. 100 Jahre vor den Marineeinsätzen an der nordafrikanischen Küste waren die nordamerikanischen Kolonisten noch selbst als Piraten unterwegs. Es war nun mal ein schneller und probater Weg, an Geld zu kommen. Die Bewohner der nordamerikanischen Küste im 17. Jahrhundert lebten in Armut und Abgeschiedenheit so wie die Somalis in Hobyo oder Eyl heute. Keinen kümmerte es, wenn jemand zu den Piraten ging. Seeleute ohne Arbeit taten es, genauso ihre Kapitäne. Vor den Zeiten des atlantischen Sklavenhandels bekam eine weiße Unterschicht europäischer Dienstknechte die Härten des Lebens in den Kolonien besonders zu spüren. „Kriegsgefangene, verarmte Schuldner, Gefangene aus den Kerkern und junge Männer und Knaben aus den Gossen englischer Städte wurden damals über den Atlantik geschafft und in den Kolonien in Dienstknechtschaft verkauft", so beschrieb es George Francis Dow in seinem Werk zur Piraterie an der Küste Neuenglands zwischen 1630 und 1730. „Doch schon bald erwachte in all diesen Männern ihre Umtriebigkeit. Entflohene Knechte waren in den Kolonien bald so häufig wie Amseln." Manche dieser entflohenen Knechte schlossen sich berüchtigten Piratengruppen an.

Wir alle stellen uns Piraten gern als britische oder spanische Säbelkämpfer vor, die vor allem die Karibik unsicher machten. Amerikaner werden an Blackbeard aus Carolina denken, der sich Silvesterkracher in seinem Bart ansteckte. Doch das wirkliche Geschäft machten Piraten anderswo, und zwar weit entfernt im Roten Meer, wo sie regelmäßig reich beladene Schiffe aufbrachten. Henry Every, Thomas Tew oder William Kidd segelten von Amerika bis vor die afrikanische Küste, um dort zum Ärger der britischen Krone den voll beladenen Schiffen der Ostindien-Kompanie den Rückweg nach England abzuschneiden. Genauso überfielen sie dort die goldbeladenen Boote aus dem Mogulreich. Bei William Kidd sind sich die Historiker im Übrigen nicht ganz sicher: Zwar wurde ihm als Pirat der Prozess gemacht (er wurde gehängt), doch lässt sich nicht sicher belegen, dass er wirklich vor Madagaskar auf Raubzug ging.

Die Gouverneure im Nordosten Amerikas hatten häufig selbst die Piraten unter Vertrag. Ihr Jagdgebiet waren die internationalen Seewege zwischen Indien und dem Roten Meer. Das Jahr über lebten sie für gewöhnlich auf Madagaskar. „Es war hauptsächlich Madagaskar, wo die meisten von ihnen ein- und ausgingen", schrieb 1697 der Gouverneur von New York und Earl von Bellomont, Richard Coote. „All die Schiffe, die gerade auslaufen, stammen aus Neuengland, bis auf Captain Tew aus New York und Want aus Carolina. Die Schiffe werden alle in Neuengland gebaut, laufen jedoch unter dem Vorwand aus, zwischen den Inseln Handel treiben zu wollen.

Wenn sie zurückkommen, können sie nur noch in Providence auf den Bahamas anlegen oder in Carolina, New York, Neuenglandoder auf Rhode Island, wo man sie begeistert empfängt."

Das Ganze war nicht viel mehr als ein ausgestreckter Mittelfinger in Richtung englischer Krone und der Navigation Acts, jener englischen Gesetze, die den internationalen Handel beschränkten. Die Versorgung dieser Piratensiedlungen auf Madagaskar wurde für die amerikanischen Siedler mit der Zeit sogar zu einen einträglichen Geschäft. Während der Haddsch, der Pilgerfahrt der Muslime nach Mekka, überfielen die wagemutigsten Mannschaften vor dem Horn von Afrika bisweilen sogar die muslimischen Pilgerboote auf dem Weg über den Golf von Aden. „Jeder weiß, dass man im Orient mit Stil und Pomp zu reisen pflegt", schrieb zu dieser Zeit ein gewisser Captain Charles Johnson – möglicherweise eines der Pseudonyme von Daniel Dafoe – in seiner *General History of the Pyrates*. Er beschrieb darin den Überfall auf eines jener herrschaftlichen Boote, der Ganj-i-Sawai. „Sklaven, Diener, alle hatten sie mit an Bord genommen, alle Annehmlichkeiten des Lebens in Reichtum, alle Juwelen, Gefäße aus Silber und Gold und unschätzbare Summen an Geld, um an Land die Kosten ihrer Reise bezahlen zu können."

Auch William Penn ließ sich etwa um 1700 von dem Anteil beeindrucken, den die erbeuteten Schätze der Piraten zum Finanzhaushalt der Kolonien beitrugen. In barock verschachtelten Worten berichtete er nach London:

Was die Piraterie betrifft, so muss ich sagen, dass wir – abgesehen davon, dass Jamaika zu jenem Hort werden konnte, an dem die Piraten, nachdem sie zuvor an den Spaniern geübt hatten, zu Meistern ihrer Künste wurden, die anschließend das Rote Meer eroberten, in Madagaskar alle Jahre ihre Vorräte an Mehl, Brot und Munition aufstockten (geliefert von unseren Nachbarkolonien, die damit in zehn Jahren ungefähr eine Million verdient haben) und dann diese Leute zu uns zurückschickten, die jetzt unsere Küsten überschwemmen – eine reine Weste haben.

In etwas klareren Worten: 300 Jahre vor den somalischen Piraten waren aufsässige Untertanen des britischen Weltreichs in den amerikanischen Kolonien die Plage des Indischen Ozeans. Mochte ich auch hier im Dunkeln liegen und meine Entführer verfluchen – ich wusste aus meinen eigenen Nachforschungen nur zu gut, dass weder ich noch meine Vorfahren unschuldig waren.

Wer sich in den Dienst der Piratenbosse begab, der hatte oft keine andere Wahl. Meine Bewacher waren aus Armut zur Gruppe gestoßen. Doch selbst wenn die Bosse ihre Gangs mit brutaler Gewalt führten, so behielten die meisten von ihnen ihren ganz eigenen Sinn für Recht und Gerechtigkeit. Keiner von ihnen jedoch widersprach, sobald es um gewaltsame Erpressung, Entführung auf See, Ketten an den Fußgelenken einer Geisel oder selbst um Folter draußen im Busch ging. Man führte diese Dinge als Pirat aus, doch lag es nicht in der eigenen Macht, sie zu ändern oder aufzuhalten. Bashko meinte, ich sei in Geiselhaft, weil Allah es so gewollt hatte. Ganz so, als spielte die Gewalt der Piraten nicht eine entscheidende Rolle dabei, dass Allahs Wille zu meinem Unglück und zu Bashkos Segen auch Wirklichkeit werden konnte.

Eines Februarmorgens hatte Bashko die Schlüssel für die Fesseln an meinen Füßen verbummelt. Seine Sorglosigkeit verärgerte mich dermaßen, dass ich mich weigerte, mein Frühstück zu essen.

„No problem", murmelte er, um mich aufzumuntern.

„Somali bullshit!", konnte ich dazu nur sagen.

Am Ende tauchten die Schlüssel in der Kleidertasche eines anderen Wärters auf und Bashko schimpfte fünf Minuten ungebremst auf ihn ein, bevor er mir endlich die Fesseln abnahm.

Ein paar Tage später ließ Bashko nach dem Aufschließen der Fesseln den Schlüsselbund neben meiner Matratze liegen. Noch mehr somalische Vergesslichkeit, doch dieses Mal klopfte mir das Herz bis zum Hals. Ich riss etwas Klopapier ab und wartete über zwei Stunden, bis ich mir sicher war, dass Madobe, der vor meiner Tür Wache schob, abgelenkt war. Schnell wischte ich mit dem Papier über den Boden und verstaute Papier und Schlüssel in einer der Keksdosen.

Als ich das nächste Mal auf die Toilette musste, stopfte ich mir das Klopapierbündel in die Hosentasche. Unsere Toilette war ein enger, hoher Raum mit bröckeligen hellen Putzwänden und einem kleinen Lüftungsfenster nahe der Decke. Die Kloschüssel wurde mit Wasser aus einem Blechkanister gespült. Ich warf das Klopapier mitsamt den Schlüsseln ins Klo, pinkelte voller Begeisterung darauf und spülte alles gründlich hinunter. Danach stellte ich den leeren Blechkanister zurück an seinen Platz neben der Tür. „Mahasanid", rief ich Madobe zu, der mit seinem Gewehr vor der Tür auf mich aufpassen sollte, „danke sehr!"

Es zeigt den Grad meiner Verzweiflung, dass derart nutzloser Widerstand mich für den Rest des Tages in Hochstimmung versetzen konnte. Sobald der Muezzin zum Abendgebet rief, begann Bashko verzweifelt nach den Schlüsseln zu suchen und ich hätte jubeln können. Er kam auch zu mir ins Zimmer und fragte mich nach ihnen.

„Aniga no!", antwortete ich und zuckte mit den Schultern. „Keine Ahnung, Boss!"

Er starrte mich halb spöttisch, halb ungläubig an. Doch was sollte er machen, auch er hatte die Geschichte mit den Schlüsseln vor ein paar Tagen nicht vergessen. Er ging nach draußen und schimpfte auf die anderen Wärter ein, die alle ihre Matratzen anheben mussten und den gesamten Boden absuchten.

„Michael!", rief Bashko noch einmal, „Schlüssel!"

Wieder zuckte ich mit den Schultern. „Keine Ahnung!"

„Steh auf!"

Er begann unter meiner Matratze zu suchen, sah auf dem Boden nach und öffnete sogar die Keksdose. Er riss all meine Kleider aus der Kunststofflledertasche, die mir als Koffer diente. Schließlich begann er wieder auf Somali zu schimpfen.

„Aniga no!", wiederholte ich.

Es war ein wunderbares Gefühl, an diesem Abend ohne meine Fesseln schlafen zu gehen. Doch lag ich dann die ganze Zeit wach, während die Piraten vor meiner Zimmertüre weitersuchten und Bashko wütend in sein Handy brüllte. Das ging so lange, bis uns ein Bote neue Schlösser brachte und man mir aufzustehen befahl. Diesmal wickelte Bashko mir persönlich die Ketten um die Fußgelenke.

Sobald am nächsten Morgen der Muezzin rief, setzte ich mich auf, schwang meine Füße aus dem Moskitonetz und ließ die Ketten über den Betonboden rasseln. „Kadi", rief ich, doch niemand kam, um mir die Fesseln abzunehmen. Die Piraten ließen sich alle Zeit der Welt, bevor sie aufstanden, um mich hinaus auf die Toilette zu begleiten.

Ich hob die Ketten auf.

„Fucking no!", schimpfte Bashko. „Come on!"

Gefesselt konnte ich einen Fuß höchstens zehn Zentimeter vor den anderen setzen. Und so nahm ich das überhängende Stück Kette in die Hand und schlurfte los. Die Kettenglieder schürften die Haut an meinen Fußgelenken auf, was die Wärter voller Befriedigung bemerkten. Hatte ich mir doch mein Elend selbst eingebrockt. Rot vor Zorn über die Aussicht, den ganzen Tag angekettet wie ein Geißbock verbringen zu müssen, kehrte ich zu meiner Matratze zurück. Ich spürte das Herz in der Brust pochen und versteckte mein Gesicht unter meinem Arm. Dabei versuchte ich die Ketten, die ich zuvor über den schmutzverkrusteten Boden geschleift hatte, von meiner Matratze fernzuhalten. Still zählte ich die Namen aller 50 Hauptstädte der amerikanischen Bundesstaaten auf. Danach versuchte ich, alle Romane Saul Bellows in chronologischer Reihenfolge aufzusagen.

Danach die Alben Bob Dylans.

Danach William Faulkner.

Als schließlich das Frühstück kam, hatte ich immer noch den Arm über dem Gesicht. Ich hörte, wie die Blechschüssel über den dreckigen Betonboden schabte.

Ich rührte mich nicht. Bashko war noch keine Minute aus meinem Zimmer, da steckte er seinen Kopf schon wieder durch den Türrahmen.

„Michael", bat er, „Digir."

„Nein", protestierte ich.

„No Digir?"

Ich schüttelte den Kopf und schickte ihn mit einer knappen Geste weg. Er kam und nahm die volle Schüssel mit.

„Fucking!", schimpfte er.

Ich drehte mich nicht nach ihm um, doch konnte ich seine Wut förmlich spüren, ohne dass ich gewusst hätte, wer verantwortlich war. Ich wusste nicht, ob mich die Piraten für meinen Widerstand schlagen oder auf andere Art bestrafen würden. Würden die Piraten mich nun womöglich verhungern lassen oder würde ich als Geisel das Essen aus der Hand der Piraten verweigern? Ich wusste nicht, wann und wie ich meinen Hungerstreik beenden sollte. Aber ich wusste, dass ich nur dann Bedingungen stellen konnte, wenn mir selbst klar war, was genau ich erreichen wollte.

Ich war unglaublich hungrig. Schon an einem gewöhnlichen Morgen während meiner Gefangenschaft in Somalia fraß mir das Hungergefühl ein Loch in den Bauch. Jetzt jedoch geriet mein ganzer Körper, jedes einzelne Organ bei jeder verpassten Mahlzeit in Panik: Wo bleibt das Essen? Während im Inneren meines Kopfes die Alarmsirenen schrillten, lag ich den ganzen Morgen über auf dem Rücken unter dem Moskitonetz und versteckte mein Gesicht unter meinem Arm.

Ich beschloss, erst dann wieder zu essen, wenn die Piraten mich nicht mehr fesselten. Doch wie lange würde das dauern? Wie lange würde ich durchhalten? Wie lange überlebt man ohne Essen und Wasser? Vor meiner Gefangenschaft hätte ich solche Dinge gewusst. In der Gefangenschaft wurde mein Gedächtnis immer schwächer und wo hätte ich mich hier über solche Dinge informieren können?

Sollte ich auch das Wasser verweigern?

In der trockenen Hitze Somalias wäre das ein schneller Tod gewesen. Mit Hungerstreiks kannte ich mich nicht aus und wusste nicht, wann mich die Piraten damit ernst nahmen. Verstohlen griff ich nach meiner Wasserflasche und nahm einen kräftigen Schluck. Das Wasser beruhigte und erfrischte mich etwas. Nach zwei weiteren Schlucken legte ich mich wieder hin und vergrub das Gesicht in meinem Arm, als ob mich die Piraten um mich herum nichts mehr angingen. Ich wartete darauf, dass sie aufgeregt die neue Situation diskutierten, doch nichts geschah. Ich wagte mich weiter vor und trank eine Tasse Tee. Köstlich. Mir ging auf, dass das zuckersüße Getränk in den kommenden Tagen eine wichtige Kalorienquelle für mich werden könnte.

Vormittags hörte ich aus der Küche geschäftiges Klappern. Bashko brachte mir eine große Schüssel Nudeln, angerichtet mit Zwiebeln und Kartoffeln.

„Michael – baasto, okay!", sagte er.

Immerhin hatte niemand die Absicht, mich verhungern zu lassen.

„Nein, danke", sagte ich nur.

„Fucking", rief Bashko und ging mit dem Essen hinaus.

Ich hörte, wie er in der Eingangshalle mit einem anderen Piraten stritt. Dann telefonierte er. Zum Mittagessen brachte dann ein Bote Plastiktüten voller Essen aus dem Restaurant mit fetttriefendem, gewürztem Reis und großzügigen Stücken Kamelfleisch. Es roch unglaublich lecker. Jemand richtete alles auf einem runden Metalltablett an, das die Männer für gewöhnlich für ihre gemeinsamen Mahlzeiten nutzten. Danach setzten sie sich in die Eingangshalle, dort wo ich sie gut sehen konnte, und begannen sich das Festmahl mit den Händen einzuverleiben. Ich musste an das Abendessen in Digsis Haus in Budbud denken, als mir der alte Mann neben den Bergen von Nudeln formvollendet etliche Stücke Ziegenschulter überreicht hatte.

Bald schon drehte sich Issa zu mir um und setzte eine betont zufriedene Miene auf. Er winkte mir zu und lud mich ein: „Michael, come on! Chum-chum!"

„Nein, danke", antwortete ich knapp.

„Gil! Adiga! Kamelfleisch für dich!", riefen nun alle.

„Nein."

„Warum nicht?", wollte Issa wissen.

Ich schüttelte nur den Kopf.

Die ganze Mannschaft saß nun beim Essen zusammen. Selbst die Nachtschicht war aufgestanden und ließ sich die Kamelfleischplatte schmecken. Danach kamen Bashko und Issa mit einer kleinen Schüssel voller Reste zu mir ins Zimmer und hockten sich neben meine Matratze.

„Michael, warum nicht chum-chum?", fragte Issa.

„Wegen der Ketten."

Sie berieten sich kurz.

„Keine Ketten, Michael wieder chum-chum?", wollte Issa wissen.

Ich dachte nach.

„Genau", sagte ich schließlich.

Bashko kramte die Schlüssel hervor und nahm mir die Fesseln ab. Mein Magen hüpfte vor Dankbarkeit, und als ich spürte, wie sich die Ketten von meiner Haut lösten, überlief mich ein Schauer der Freude und Erleichterung.

„Alles klar, Michael?"

Ich zuckte nur mit den Schultern, sprachlos angesichts meines schnellen Erfolgs. Was, wenn ich mir ein weitaus ambitioniertes Ziel für meinen Hungerstreik gesteckt hätte, besseres Essen oder gar meine Freiheit?

Ohne die Piraten eines Blickes zu würdigen, nickte ich und griff zur Gabel.

Im Frühjahr 2013 zogen wir in ein neues Haus, ebenfalls in Galkayo. Es gehörte Dhuxul, einem fettleibigen Glatzkopf mit totem Blick und einer fast tonlosen Stimme. Er hinkte beim Gehen wegen seiner Unterschenkelprothese – ein Piratenkapitän mit Holzbein. Angeblich hatten amerikanische Hubschrauber ihm bei einem Angriff in Mogadischu in den rechten Unterschenkel geschossen. Er war um die 40 Jahre alt, also war seine Geschichte von den Kämpfen mit den Black Hawks 1993 durchaus glaubhaft. Allerdings führte beinahe jeder Pirat die Narben an seinem Körper auf jene furchtbare Schlacht zurück.

Die anderen sprachen seinen Namen wie „Duhul" aus, was in Konturlosigkeit und Eintönigkeit des Klangs in etwa Dhuxuls Wesen entsprach. Er kam mir bekannt vor und das machte mir Angst. Den Großteil des Tages verbrachte er mit uns in im Haus, was mir für einen Piratenboss seltsam erschien. In seinem Schlafzimmer versteckte er Alkohol und einen Fernseher. Jeden Morgen startete er seinen Toyota Surf im Hof des Hauses und ließ den Motor laufen, bis das ganze Haus nach Dieselabgasen stank. Danach stieg er ein, fuhr davon und ging irgendwo dort draußen seinen Geschäften nach.

Meine Matratze lag in diesem Haus direkt hinter einer Tür, die sich nach Osten öffnete. Durch sie sah ich, wie Flugzeuge auf dem Flughafen in Galkayo landeten, und durch einen verzierten Bogen auf der Veranda verfolgte ich jeden Morgen, wie die Sonne aufging. Ich fragte Bashko, warum wir umgezogen waren, und er behauptete, dass über unserem bisherigen Versteck zu viele Drohnen unterwegs waren.

„Hier gibt es keine Drohnen?"

„Hier okay!"

Der Weg zwischen beiden Häusern war nicht weit. Zwar hatten mir die Männer während unseres nächtlichen Umzugs die Augen verbunden und waren eine Weile umhergefahren, doch konnte ich am Klang des Muezzinrufs erkennen, dass wir immer noch im selben Viertel Galkayos sein mussten.

Bei Dhuxul lernte ich auch zwei neue Aufpasser kennen. Einer war Farrah, ein gutmütiger, schlaksiger Kerl mit kräftigem Kinn und scheuem Blick. Der andere hieß Hashi und war ein junger Mann mit unschuldigen Kulleraugen und einem zarten Bartflaum über den Lippen. Er näherte sich mir, zumindest anfangs, in einer gebückten, demütigen Haltung und mir fiel auf, dass er dünne Notizhefte auf der Veranda herumliegen ließ. Seit Monaten hatte ich keines mehr in der Hand gehabt.

Hashi konnte niemandem etwas zuleide tun. Nie versuchte er, sich über mich lustig zu machen. Während Bashkos Fürsorglichkeit stark von seiner jeweiligen Laune abhing, war Hashi immer ausgeglichen und nett. Er und Farrah wurden bald meine Freunde. Derartige Freundschaften waren wichtig für mich, weil mich die meisten meiner Bewacher mit ähnlicher Gleichgültigkeit und Verachtung behandelten wie Madobe.

Eines Nachmittags, als ich gerade auf meiner Matratze saß und Kartoffeln aus meiner Schüssel aß, fiel mein Blick auf das Notizheft, das Hashi, der in meiner Nähe im Schneidersitz hockte, neben sich liegen hatte. Meine Bewacher notierten in diesen Heften ihre Schichten, Lohnforderungen, Khatschulden und Taschengeldausgaben. Jeder von ihnen bekam regelmäßig etwas Geld, wohl als Vorschuss auf die versprochene Beute am Ende des Einsatzes. Nach dem Besuch eines der Bosse sah ich die Piraten manchmal mit Bündeln somalischer Schillinge in der Hand herumlaufen. Man konnte mit diesen schmuddeligen, fast wertlosen Papierbündeln an den Straßenständen in Galkayo durchaus noch einkaufen. Selbst wenn es in Somalia keine Zentralbank mehr gab und seit 1991 keine Banknote mehr gedruckt worden war.

Es schien, als hätte Hashi ein Notizheft übrig, also bat ich ihn um eines.

„Okay!", sagte er nur.

Irgendwo in meinem Gepäck hatte ich noch einen alten Stift und so verzog ich mich nach dem Essen in einen dunklen Winkel des Zimmers und nahm das dünne Heft zur Hand. Es trug ein Logo der UNICEF.

Als Erstes kamen mir Rezepte in den Sinn, also notierte ich:

Grüne Salsa
Grüne Tomaten, Koriander, Limetten, Chilischoten, Zwiebeln,
Knoblauch
Gebratener Schinken mit Kürbispüree und Korianderpesto

Roter Schnapper mit Schalotten, Limetten, Chili und mexikanischem
Bohnenmus

Weiße Saubohnen
Den Knoblauch in etwas Sesamöl glasig andünsten, die Tomaten klein schneiden und mit dem Öl mischen, danach über die noch warmen Bohnen gießen und mit was auch immer servieren.

Diese Gelüste überraschten mich, vor allem weil sie so konkret und präzise waren. Nie hatte ich eines der Gerichte zubereitet, Schinken briet ich mir nur selten (also war das Rezept vielleicht ein kleiner Gruß meines Unterbewusstseins) und niemals zuvor hatte ich mir selbst Rezepte ausgedacht. Ich kochte gern, war dabei aber völlig unkreativ. Und nun tauchten solche Bilder vor meinem geistigen Auge auf, vollständig und ungefragt, als kleine, schillernde poetische Visionen.

Als mir die Piraten einmal einen Eintopf mit Lammnieren anstelle von Lammleber vorsetzten, erinnerte mich das entfernt an einen kräftigen, bräunlichen Kidney-Stew, den ich mal in England gegessen hatte. Ich notierte in meinem Notizbuch ein Rezept, das mit ein paar Pilzen, etwas Knoblauch, Schwarzwurzel, Maronen, Worcestershire-Soße und einem Schuss Guinness den trüben Fraß der Piraten aufbesserte. Ich hatte keinen Schimmer, wie man Nieren zubereitet. Allerdings fehlten meinem Körper Proteine und Eisen – offenbar reichte das meinem Verstand aus, um aus den Erinnerungen an einen Eintopf, den ich vor mehr als fünf Jahren einmal gegessen hatte, ein komplexes Gericht zu komponieren.

Diese Rezeptskizzen weckten in mir wieder die Freude, die mir das handschriftliche kreative Schreiben immer schon bereitet hat. Bald begann ich eine Kurzgeschichte zu skizzieren, die ich mir während der langen, ereignislosen Nachmittage in der Piratenvilla ausgedacht hatte. Ich saß dazu im Schneidersitz auf dem Boden, das Notizheft vor mir und beugte mich meiner Kurzsichtigkeit wegen zum Schreiben weit nach vorn, sodass mir schon nach der ersten Stunde Schultern und Rücken schmerzten. Doch organisierte ich nun meinen ganzen Tag um diese kurzen Schreibstunden herum. Niemand störte sich daran. Offensichtlich hatte sich etwas verändert, in mir genauso wie bei den Piraten. Es schien unmöglich, unter ein und demselben Dach zu leben und täglich 24 Stunden lang einen Groll gegen den anderen zu hegen. Diese Art von Feindschaft hielt niemand lange durch und so erlaubten es sich die Piraten, jenen Abend im vergangenen Herbst zu vergessen, als Madobe meine Notizen konfiszierte, das Schreiben also noch gegen die Regeln verstieß.

Eines Nachts musste ich früher als sonst, noch vor dem Morgengebet, auf die Toilette. Die Wärter der Nachtschicht draußen auf der Veranda protestierten lautstark, sobald ich mich zu rühren begann. Ich sollte gefälligst weiterschlafen, doch war meine Blase bereits prall gefüllt, also schob ich das Moskitonetz beiseite.

„Wuuriyaa", warnte mich Madobe und leuchtete mir mit der Taschenlampe mitten ins Gesicht.

„Kadi", bat ich.

„Sleeping", war seine Antwort.

Ich bewegte mich nicht, hielt ihm nur meine Ketten entgegen.

„Kadi", sagte ich so ruhig wie möglich.

Ich konnte im Dunkeln keine Gesichter erkennen, doch hörte ich die Stimmen von Hashi und Farrah. Madobe beugte sich vor und begann mir zu drohen. Eine Störung um diese Zeit war gegen die Hausregeln.

„Kadi", drängte ich.

Madobe holte aus und schlug mir mit den Knöcheln seiner Faust aufs Auge.

„Verdammt, was soll das?", schrie ich. Aufgebracht wegen des Lärms redeten Hashi und Farrah auf Madobe ein. Schlagen der Geiseln war auch gegen die Hausregeln. Sie flüsterten noch eine Weile, bis mir schließlich einer von ihnen die Schlüssel auf die Matratze warf.

Madobe hatte mich bereits einmal auf die gleiche Art geschlagen, als er mir abends die Fesseln anlegen sollte. Ihm rutschte schnell die Hand aus und ich wusste, dass mein Auge jetzt wieder tagelang schmerzen würde. Bebend vor Wut kehrte ich auf meine Matratze zurück und blieb dort wach liegen, bis die Sonne aufging. Hashi kam und nahm mir die Fesseln ab. Nach einer Weile brachte mir Bashko meine morgendliche Schüssel Bohnen.

Ich schüttelte den Kopf und schob sie weg.

„No chum-chum?", fragte er.

„Nein!"

„Warum?"

„Madobe hat mich geschlagen."

Als der Boss zum Duschen herauskam, berichtete ihm Bashko von den Vorfällen. Hashi und Farrah bestätigten die Geschichte. Ohne jede Regung hörte sich Dhuxul den Bericht an, gab dann träge ein paar Befehle und verschwand wieder.

Eine Thermoskanne voll Tee war mein einziges Frühstück an diesem Morgen. Ich hatte großen Hunger, doch wusste ich inzwischen, was mich erwartete. Auch wenn mein Hunger von Minute zu Minute wuchs, versetzte er mich nicht mehr in allzu große Panik.

Mittags kam Dhuxul zurück und brachte warmes Essen aus einem der Restaurants. Die Männer öffneten die Schalen mit gewürztem Reis und gedämpftem Ziegenfleisch und begannen zu essen. Ich rührte mich nicht. Schließlich kam Dhuxul zu mir herüber und stellte einen Teller voll Essen direkt neben mein Kissen. Im ganzen Raum roch es nun nach gewürztem Fleisch. Ich starrte Dhuxul an und versuchte mich zu erinnern, ob er nicht mit dem fettleibigen Piratenboss identisch war, der an meinem ersten Abend als Geisel in Galkayo, eine Zigarette rauchend, in dem Sessel in unserem Zimmer gesessen hatte, während ihm die Piraten von der Naham 3 berichteten. Ich war mir sicher, dass ich ihn außerdem noch bei einer weiteren Gelegenheit gesehen hatte, konnte mich jedoch nicht mehr erinnern, wann das gewesen sein sollte.

Er machte mir ein Angebot. Er wollte Madobe heute Abend bestrafen. Jetzt allerdings schlafe der, erklärte Bashko und fragte mich, ob ich unter diesen Bedingungen wieder etwas essen wollte.

Eine schwierige Frage, denn Dhuxuls Angebot abzulehnen konnte für mich eine Bestrafung nach sich ziehen. Es sofort anzunehmen konnte hingegen zur Folge haben, dass er unsere Abmachung bis zum Abend vergessen hatte.

Ja, erklärte ich Bashko, sobald Dhuxul Madobe bestraft hätte, würde ich wieder etwas essen. Danach, nicht davor, erklärte ich und schob demonstrativ den Teller zurück.

Dhuxul hob meine Fußfesseln vom Boden auf und verschwand damit in den Nebenraum. Ich hörte die Ketten klimpern. Hashi und Farrah warteten mit besorgten Gesichtern draußen auf der Veranda. Schließlich kam Dhuxul zurück und schob Madobe wie einen Sklaven, die Hände mit meinen Ketten auf dem Rücken gefesselt, vor sich her. Er schlug dem jungen Wärter auf den Kopf und verpasste ihm mit dem Knie einen Tritt in sein Hinterteil. Trotzig, doch voller Furcht blickte mich mein Peiniger von heute morgen an. Dhuxul spannte die Ketten und Madobe heulte vor Schmerz auf. Danach schubste ihn Dhuxul zurück in sein Zimmer.

Ich hatte Gewissensbisse, denn es war das erste Mal, dass jemand auf meinen Wunsch gefesselt und geschlagen wurde. Andererseits war Somalia wirklich kein Ort für Gewissensbisse. Die Piraten waren selbst bösartige Schläger, die mich hungern ließen, mich mit dem Tod bedrohten und mich den Gesetzen ihrer Gewalt unterwarfen. Die ganze Ordnung der somalischen Gesellschaft ruhte auf gewaltsamen, autokratischen Prinzipien. Die Anarchie im Land und die mit Gewalt erzwungene Disziplin waren zwei Seiten einer Medaille.

„Okay, Michael?", wollte Bashko wissen.

„Okay", antwortete ich.

Madobe schlug mich jetzt nicht mehr – zumindest eine Zeit lang.

Während der ersten Hälfte des Jahres 2013 sanken die Lösegeldforderungen der Piraten. Von acht Millionen fielen sie auf sechs – mit starker Tendenz in Richtung fünf. Meine Mutter hielt alles sorgfältig in ihren Notizheften fest und auch das FBI machte seine Aufzeichnungen. Es schien, als gäbe es Fortschritte bei den Verhandlungen. Meine Mutter verhandelte mit Fuad oder einem seiner Stellvertreter per E-Mail oder Telefon. „Ich erklärte ihnen, dass ich in Rente bin, also regelmäßige Einkünfte habe, und dass ich Immobilien verkaufen wollte, um so viel Geld wie möglich aufzutreiben", erzählte sie.

Um das Lösegeld aufzutreiben, hatte sie überall angefragt, in der Familie, bei Freunden, bei Verlagen, für die ich gearbeitet hatte, und bei verschiedensten öffentlichen Einrichtungen in Amerika und Deutschland. Doch noch war die Summe viel zu gering. Der Marktwert westlicher Geiseln ist nur schwer einzuschätzen. Ihr Wert wird durch jede Menge Spekulationen, durch weltweite Gerüchte, gezielte Falschinformationen oder bloße Fantastereien bestimmt, selten nur durch gut recherchierte Informationen. Was immer die Piraten vor einem Jahr für Rolly und Marc erzielt hatten, bestimmte nun auch meinen Preis. Die internationalen Reedereien trieben zudem die Preise nach oben, denn jedes der großen Frachtschiffe ließen sie mit riesigen Summen für den Fall einer Geiselnahme versichern. Außerdem bedeutete für einen Reeder jeder Tag, den eines seiner Schiffe vollgeladen mit Öl oder Stahl in der Hand der Piraten vor Somalia vor Anker lag, einen Verlust an Geld. Für die Reeder lohnte es sich recht schnell, den Piraten die geforderten Lösegeldsummen für Schiff und Mannschaft auf den Tisch zu legen, um letztlich das eigene Geschäft nicht zu gefährden. Doch galt diese Logik nicht für uns Geiseln an Land. Dummerweise war das den Piraten nur schwer begreiflich zu machen.

Anderthalb Jahre lang spielte sich das Leben meiner Mutter hauptsächlich an ihrem mit Apparaten, Notizen und Instruktionen vollgemüllten Küchentisch ab. Die meiste Zeit verbrachte sie damit, die Piraten davon zu überzeugen, endlich von ihren Forderungen von 20 Millionen Dollar abzurücken. Entsprechend zufrieden nahm sie nun die sinkenden Preise zur Kenntnis. Nach dem Telefongespräch im Januar hatte sie noch einmal um ein Telefonat mit mir gebeten. „Ich hab' denen einfach gesagt, dass ich mit dir sprechen will, dass ich wissen muss, ob du noch lebst", erzählte sie mir später. „Wir hatten es meist mit einem ‚Abdi Yare' zu tun, der mir sagte, dass er dich erst wieder ans Telefon holen will, wenn wir das Geld beisammen haben. Die vollständige Summe!" Danach gab es lange Zeit keinen Telefonkontakt mehr.

Später, der Frühling war schon fast vorbei, brachte Fuad – also Abdurrahman – einen gewissen Scheich Mohamud ins Spiel, einen geheimnisvollen Sa'ad-Ältesten, der meiner Mutter versprach, als Unterhändler die Verhandlungen zu führen. Mit seiner Hilfe purzelten schließlich auch die Lösegeldforderungen. „Es blieben immer noch anderthalb Millionen", erzählte meine Mutter, „und ich konnte ihm zusagen, dass wir es damit versuchen würden. Ich hatte das Geld zwar nicht, aber ich dachte, wenn ich mich anstrenge, kommen wir vielleicht zu einem Abschluss."

Zunächst blieb es bei den anderthalb Millionen. „Doch schon ein paar Tage später", erzählte meine Mutter, „rief er wieder an und sagte, dass alles ein Missverständnis war. Er wollte uns nur anderthalb Millionen nachlassen von den sechs Millionen, die sie davor gefordert hatten. Wir hörten also nochmals die Bänder ab und natürlich gab es da nichts falsch zu verstehen", sagte meine Mutter, „er hatte es klar und deutlich gesagt. Doch offenbar hat er seine Meinung geändert und als wir das nächste Mal sprachen, wollte er wieder fünf Millionen. Und dabei blieb es nun eine ganze Weile."

Seltsamerweise hatte ich im Juni 2013 eine beinahe identische Unterhaltung mit Abdurrahman gehabt. Er kam eines Nachmittags mit breitem Grinsen und unter dem Beifall der Wärter zu uns ins Haus und rief: „Michael, bald kommst du frei! Die wollen nur noch anderthalb Millionen. Noch eine Woche und du fliegst nach Nairobi!"

Die Nachricht kam derart unerwartet für mich, dass ich tatsächlich bereit war, ihm zu glauben. Acht Millionen waren lächerlich hoch, doch anderthalb – bei allem, was ich über Lösegeldverhandlungen mit Piraten wusste – waren nicht unmöglich. Zwar konnte ich mir nicht vorstellen, wo meine Mutter anderthalb Millionen Dollar auftreiben sollte, doch es war das erste Mal, dass mir Abdurrahman eine Geschichte auftischte, die nicht sofort nach einer Lüge roch. Ich erlaubte mir infolgedessen ein klein wenig mehr Zuversicht. Genug, um abermals von meiner Freilassung zu träumen. Immerhin schien alles in den Zeitplan zu passen. Hatte nicht meine Mutter bei unserem letzten Telefonat versichert, die Verhandlungen dauerten nur noch „ein paar Monate"? Ich war freundlicher zu den Piraten. Und beinahe alle waren freundlich zueinander, bis schließlich die sieben Tage vergangen waren und die erwartungsvolle Aufregung dahinschwand. Nichts deutete mehr auf eine baldige Freilassung hin, und als ich Abdurrahman das nächste Mal sah, wich er mir aus.

Als ich ihn nach den Forderungen der Piraten fragte, murmelte er: „Viereinhalb!"

„Aber du hast doch vor einer Woche gesagt, sie wollen nur noch anderthalb!"

„Nein, ich habe gesagt, dass sie anderthalb weniger wollen", behauptete er. „Du hast mich falsch verstanden."

Die Verzweiflung, die mich nun überfiel, war so unsinnig wie grausam. Unsinnig, weil ich es hätte besser wissen müssen, und grausam, weil es inzwischen ein seelisches Risiko für mich bedeutete, einer Hoffnung nachzugeben. Es war schlimmer, als sich nur im Kreis zu drehen, es war eine Abwärtsspirale. Jede Enttäuschung zog mich in einen psychischen Abgrund, in dem ich tagelang gefangen blieb. Ich musste mich wie ein Buddhist innerlich von meinem Wunsch nach Freiheit lösen, so wie ich mich bereits während meines Hungerstreiks von meinem Verlangen nach Essen befreit hatte. Um meine selbstzerstörerischen Gedanken im Zaum zu halten, musste ich mir angewöhnen, überhaupt nichts mehr von der Zukunft zu erwarten. Es war wie eine mönchische Askeseübung, nur ohne höheres Ziel. Es ging allein darum, mit den verschiedensten Formen der Würdelosigkeit leben zu lernen und ihnen nur gerade so viel stumme Abscheu entgegenzubringen, dass ich nicht den Verstand verlor.

Im Sommer stieß Farhaan, ein neuer Wärter, zu uns. Der rundliche, gut gelaunte Mann mit den trüben Augen und dem struppigen Kinnbart sprach etwas Englisch und stellte sich mit sanftem Händedruck vor. Dabei zeigte er auf eine kleine Narbe an seinem Handgelenk.

„Aus Mogadischu", erklärte er, „1993."

„*Black Hawk Down?*"

„Genau!"

Ich sah ihn fragend an. Bashko war etwa 25 Jahre alt und Farhaan schien nur wenig älter zu sein.

„Was ist passiert?", wollte ich wissen.

„Shooting, shooting", sagte er.

„Vor 20 Jahren", stellte ich nüchtern fest.

„Klar!", antwortete er und verließ das Zimmer.

Im Türrahmen saß Bashko mit seinem Gewehr. „Wie alt ist Farhaan?", fragte ich ihn. Und er zeigte mir die Zahl mithilfe seiner zehn Finger: 30.

„Dann war er zehn, damals in Mogadischu?", stellte ich fest.

Er lachte auf und rief Farhaan im anderen Zimmer etwas auf Somali zu. Die Antwort war ein wütender Redeschwall.

„35", korrigierte sich Bashko.

Die Schlacht von Mogadischu hieß in Somalia „Day of the Rangers". Für die Piraten hatte sie eine geradezu mythische Bedeutung. Die zweitägige Schlacht im Jahr 1993 ist ein Tiefpunkt in der Geschichte der U.S.-Armee, ebenso wie in der Geschichte der Vereinten Nationen. Die gut gemeinte Hilfe, mit der man Somalia in den Jahren unmittelbar nach dem Sturz Siad Barres versorgen wollte, sei „das größte Fiasko der Vereinten Nationen zu unseren Lebzeiten", sagte mir einmal ein Vertreter der UNICEF. Der Autor Aidan Hartley, der den Begriff „Warlords" für Somalias kriegslüsterne Exgeneräle und Stammesführer prägte, fand für die Katastrophe direkte und eindringliche Worte: „Die internationalen Streitkräfte ließen sich viel zu schnell auf Kämpfe mit den Warlords in Mogadischu ein und mit den blutigen Kämpfen wurden die hehren Entwicklungsziele schnell vergessen. Die Mission geriet zum Fehlschlag", schrieb er in einem Nachwort zu Gerald Hanleys Buch *Warriors*. „Am Ende schossen die Soldaten einer U.N.-Friedensmission aus Hubschraubern Zivilisten ab."

Mit der Schlacht trat die ganze Widersprüchlichkeit solcher internationalen Hilfseinsätze offen zu Tage. Lebensmittelhilfen sind nicht nur Großzügigkeit. Sie sind vor allem ein politisches Werkzeug, auf das sich Siad Barre und sein Regime verlassen hatten – zunächst von der Sowjetunion und danach von den Vereinigten Staaten. Mit dem Zusammenbruch des Kommunismus endete auch die Notwendigkeit, Diktaturen in afrikanischen Satellitenstaaten mit Lebensmittelhilfen am Leben zu halten. Die westlichen Hilfen an Somalia wurden eingeschränkt und die Generäle in der Armee wurden aufsässig. Einer der mächtigsten Emporkömmlinge dieser

Zeit war Mohamed Farrah Aidid, ein Anführer der Sa'ad und Angehöriger der Habar Gidir. Die Sa'ad sind eine Untergruppe der Habar Gidir, die ihrerseits zu den Hawiye zählen. Doch genau wie die politischen Führer hingen auch die Warlords von den internationalen Hilfslieferungen ab. Aidid schaffte es mit Kornvorräten der U.N. ganz nach oben.

Der Bürgerkrieg nach dem Sturz Siad Barres war blutig genug, um die Weltmächte auf sich aufmerksam zu machen. Ende 1992 schließlich landeten U.S.-Marines auf einem Strand vor Mogadischu mit dem Ziel, die politische Lage zu stabilisieren. Präsident George Bush senior wollte mit dieser Mission seiner ersten Amtszeit ein versöhnliches Ende geben. Er erwartete sehnlich die Berichte über die großzügige medizinische Hilfe des Westens und die Erfolge der internationalen humanitären Anstrengungen im Land. Er hoffte, dass mit dem – schon als Begriff widersprüchlichen – „humanitären Militäreinsatz" die zutiefst verfeindeten somalischen Warlords an den Verhandlungstisch zurückkehrten. Doch „Lastwagen voller Lebensmittel sind so gut wie Lastwagen voller Geld", wie es ein deutscher Rotkreuzmitarbeiter damals ausdrückte. Also ließ Aidid sie einfach umleiten. Es handelte sich schlicht und ergreifend um Korruption. Die ungerechte Verteilung der Hilfen sprach jedem hochtrabenden Gerede der U.N. von einem „Nationbuilding" Hohn. Und als die U.N. Aidids Zugriff auf ihre Kornlieferungen unterbinden wollten, waren sie auf die Unterstützung der amerikanischen Armee angewiesen.

Aidid verachtete die Vereinten Nationen. Er hätte gern an der Spitze einer somalischen Regierung gestanden, doch hatten ihn die Vereinten Nationen ohne jede Rücksicht auf die Macht und den politischen Einfluss seiner Klangruppe, den Habar Gidir, aus den Friedensverhandlungen gedrängt. In Folge eskalierte über mehrere Monate die Gewalt zwischen Habar-Gidir-Milizen und U.N.-Einheiten. In der Zwischenzeit kam ein neuer amerikanischer Präsident ins Amt. Im Oktober 1993, unter Präsident Bill Clinton, sollten schließlich amerikanische Spezialeinheiten zwei von Aidids Offizieren festnehmen. Doch die Mission schlug fehl. Über den

Straßen von Mogadischu schossen die Somalis zwei amerikanische Black-Hawk-Hubschrauber vom Himmel. Ein wütender somalischer Mob umzingelte die beiden Wracks und die internationalen Streitkräfte führten zwei Tage lang eine erbitterte Straßenschlacht um die eingekesselten Überlebenden. Die Kämpfe entwickelten sich für die U.S.-Streitkräfte zu dem blutigsten Gemetzel seit dem Vietnamkrieg. Hunderte Somalis verloren ihr Leben, Tausende wurden verletzt. Die U.S.A. verloren 18 Soldaten, darunter zwei Angehörige der Spezialeinheit Delta Force, deren Leichen, übertragen durch das somalische Fernsehen, nackt durch die Straßen der Stadt geschleift wurden.

Der ganze Schlamassel war tatsächlich eine Erklärung dafür, warum ich immer noch in Somalia festsaß. Der „Day of the Rangers" war immer noch unvergessen, vor allem unter den Sa'ad. Für sie war es der Tag des Verrats, des grundlosen Mordens, das sie bis heute nicht begriffen hatten. Aidid starb 1996, doch viele der Sa'ad unter meinen Wächtern befanden sich immer noch in einem Klankrieg mit den Vereinigten Staaten.

Einige der Piraten hielten auch Deutschland für nicht viel mehr als einen Unterklan der U.S.A. Manche unterstellten mir gar, ich wäre über meinen Klan mit den mächtigsten Köpfen Amerikas wie der Bush- und der Clinton-Familie verwandt. Zu diesem für die somalischen Piraten sicher hilfreichen Missverständnis trug auch bei, dass der Nachname in Somalia etwas anderes darstellt als im Westen. Somalis haben eigentlich nur drei „Vornamen": als Erstes einen individuellen Namen, als Zweites den Namen des Vaters und als Drittes den des Großvaters. Somalische Namen verraten also nur die direkte Abkunft von väterlicher Seite, nicht die Klan- oder Familienzugehörigkeit.

Das meiste, was die Piraten zu mir sagten, spielte auf den vermeintlichen Klankrieg mit den U.S.A. an. Ali Tuures Geschichten von Kannibalismus genauso wie alles, was Farhaan von sich gab. Dabei gehörte Farhaan noch nicht einmal zu den Habar Gidir. Das hielt ihn jedoch nicht davon ab, eines Morgens zu mir ins Zimmer zu stolzieren, um mir auf seinem Smartphone eine somalische

Dokumentation der Schlacht von Mogadischu zu zeigen. Immer wieder war darin Präsident George Bush zu sehen, der den Somalis im Fernsehen Versprechungen machte, dazwischen waren blutrünstige Sequenzen geschnitten, die durch U.S.-Hubschrauber verwundete oder getötete Somalis zeigten. Farhaan hockte neben mir und beobachtete mich, während ich den Film ansah.

„George Bush – criminal!", sagte er nach einer Weile.

„Nicht gut", murmelte ich und sah den Film mit düsterer Miene zu Ende. Es war jedoch schwierig für mich, die Kritik an diesem Einsatz von einem Piraten zu hören.

Nach einer eher linken Lesart entsprangen die internationalen Hilfen des Westens für die Entwicklungsländer in erster Linie einer neoliberalen Wirtschaftsagenda. Eine „sanfte" Form des Imperialismus, die ärmere Länder von den Almosen abhängig zu machen versucht, um dort weiterhin politisch das Sagen zu haben. Der „Day of the Rangers" ist dafür das beste Beispiel. Wer will, kann dazu Michael Marens Buch *The Road to Hell* lesen. Auch meine Piraten wollten internationale Hilfe, aber tieferes Nachdenken war nicht ihre Stärke. Bashko war der Überzeugung, dass die wohlhabenden Länder maroden Staaten wie Somalia helfen sollten, ohne jedes Wenn und Aber. Doch gab es immer Bedingungen für Hilfsgüter und -leistungen. Dass es am „Day of the Rangers" vor allem um diese Hilfen ging, konnte oder wollte Bashko nicht sehen.

Der Film war zu Ende und mich interessierte die Meinung meiner Wärter zu dem Gesehenen.

„Farhaan, warum?", fragte ich. „Warum sind die Amerikaner nach Somalia gekommen?"

„Öl!", krähte Bashko durch den Türrahmen.

„Genau, Öl", bestätigte Farhaan im Brustton der Überzeugung.

„Irakkrieg, same-same!", rief wieder Bashko dazwischen.

„Wartet mal", fragte ich nach, „1993 wollte Amerika Öl von Somalia?"

„Ja, ja!", ereiferte sich Bashko.

„Genau", bekräftigte Farhaan.

„Oje", seufzte ich.

Es war der Morgen des 29. Juli 2013, der erste Tag des Ramadan. Farhaan und Xalane – ein junger Pirat der mit vollem Namen Xalane Ma'lin Dare hieß, aber lieber „Mohammed" genannt werden wollte – sahen mir nach, als ich mich nach dem Aufwachen auf den Weg zur Toilette machte. Auf der Veranda brannte ein Feuer in einem kleinen Ofen. Farhaan brachte mir bald darauf eine Thermoskanne Tee und stellte sie betont höflich und vorsichtig neben meiner Matratze ab. Niemand schien sich jedoch um mein Frühstück kümmern zu wollen. Weit und breit keine Bohnen in Sicht.

„Digir?", fragte ich also und Farhaan raunte mit tiefer, von frömmelnder Selbstgerechtigkeit triefender Stimme, ich würde ja wohl verstehen: Ich sei hier in einem muslimischen Land.

„Michael, kein Essen heute Morgen!"

Aus einer Ecke beobachtete uns Xalane mit glühenden Augen. Wie konnte ein Ungläubiger es wagen, seinen Freund während des heiligen Monats nach Sonnenaufgang darum zu bitten, etwas zu kochen! Ich war nun ebenfalls verärgert und antwortete mit fester lauter Stimme, wie sie die Piraten nur ungern hörten: „Somali bullshit!", worauf Farhaan mit einer Geste zu beschwichtigen versuchte: „Okay, okay!"

Ohne Rücksicht darauf, ob er mich überhaupt verstehen konnte, beschwerte ich mich weiter: „Nur weil ihr Moslems seid, muss ich hier nicht verhungern", schimpfte ich aufgebracht auf Englisch. „Wenn euch das Kochen zu viel ist, dann lasst mich doch einfach frei!"

„Ramadan", antwortete Xalane.

Wieder trat ich in den Hungerstreik. Wenn ich schon hungern musste, dann wollte ich mich wenigstens selbst dazu entschließen. Ich hatte außerdem gute Erfahrungen damit gemacht, verpasste Mahlzeiten in eine wirkungsvolle Form des Protests umzumünzen. „Michael no chum-chum!", rief ich, „Michael no chum-chum!" Das war mehr als ein Refrain für mich, das war etwas, worüber die Piraten nachdenken sollten: „Wenn Micheal nichts zu essen bekommt, dann will er auch nichts zu essen."

Die Botschaft kam an. Farhaan lief aus dem Zimmer und Xalane starrte mich mit verletztem Blick aus seinen jugendlichen Augen an.

Er war noch ein Kind, doch hatte ihm Madobe beigebracht, mich wie ein Stück Vieh zu behandeln. „Ramadan", zischte er ein zweites Mal voller Leidenschaft und verletztem Stolz.

Eigentlich sollen Moslems während des Ramadan barmherzig sein gegenüber Armen und Unglücklichen. Um den Körper zu reinigen und den Gläubigen auf den rechten Weg zurückzubringen, ist den Moslems während der Fastenzeit zwischen Morgengrauen und Abenddämmerung jede Form von Genuss verboten – kein Essen, kein Trinken, keine Zigaretten, kein Sex. Essen zuzubereiten oder sich mit einem Ungläubigen im gleichen Raum aufzuhalten, der gerade isst, ist zwar nicht erwünscht, allerdings auch nicht explizit verboten. Ein gemäßigter Moslem hat mit diesem Widerspruch selten Probleme. Muslimische Köche oder Kellner erscheinen auch während des Ramadan selbstverständlich zur Arbeit. Büroangestellte sind während der Fastenzeit bei Arbeitsessen anwesend. Doch für die Piraten ging es gar nicht um göttliches Bewusstsein. Für sie war der Islam eine Frage der Gemeinschaftszugehörigkeit. Mit den Übungen, die sie fromm befolgten, fügten sie sich in ein gemeinsames Regelwerk. Der Islam, wie alle monotheistischen Religionen, breitete sich dort aus, wo er sich einer verfeindeten Klangesellschaft als einende Alternative anbot. Er war eine spirituelle Klammer für die vielfältigen und oft widersprüchlichen Botschaften der polytheistischen Kulturen im Nahen Osten. Für meine Piraten jedoch war der Islam eine Art eigener Klan.

Dhuxul war mit Abdirashid verwandt, einem fettleibigen jungen Mann mit vollen Lippen, der meist in militärischer Montur herumstolzierte, aber sich auch ab und zu mit einem knallgelben Sarong bekleidet irgendwo herumfläzte. Wegen seiner Verwandtschaft zu Dhuxul hielt er sich für etwas Besseres und verärgerte damit die anderen Piraten. Abdirashid war genauso fromm wie Dhuxul, beide liebten Gin.

Allerdings konnte Abdirashid gut kochen und so lösten die Piraten ihr Fastenproblem. Auf Dhuxuls Befehl hin kochte nun Abdirashid während des ganzen trägen Fastenmonats für mich. Das Essen war nicht schlecht, es gab Lammfleisch, das mit einer würzigen Soße angerichtet war. Als ich ihm sagte, dass ich gern scharf aß, zerstieß er die frischen Gewürze großzügig in einem Mörser. Die übrige Mannschaft beobachtete das Treiben mit einer Mischung aus vorsichtiger Neugier und großem Hunger. Solange die Sonne schien, mussten sie sogar auf ihr Khat verzichten. Entsprechend mürrisch beobachteten sie Abdirashid bei der Zubereitung der leckeren Mahlzeiten. Wenn die scharfen Chilischoten mich zum Schwitzen brachten, lachten sie mich aus.

Nach ein paar Tagen mit Abdirashids Kochkünsten schrieb ich das Rezept in meinem Notizbuch auf.

Knoblauch
Ingwer
Datteln
Zwiebeln
Tomaten
Kleine rote Chilischoten
Klein schneiden, in Brühe kochen und zu einem Brei verarbeiten
Mit Fleisch servieren

Zusätzlich zu dieser besonderen Geste der Barmherzigkeit ließ Dhuxul während des Ramadan auch seinen Fernseher in meinem Zimmer aufstellen. Schon seit Monaten hatte ich um ein Kurzwellenradio gebeten, mit dem ich die BBC hören wollte, und zwar möglichst ein kleines Taschenradio, das man schnell an- und ausschalten konnte. Ein großer, lauter Fernseher dagegen verkomplizierte die Lage. In dem Augenblick, in dem ich Dhuxuls Geschenk das erste Mal ausprobieren wollte, stürmten fünf der Piraten in mein Zimmer und machten es sich lautstark mit ihren Gewehren klappernd in einer Ecke gemütlich. Abdinuur, Farrah, Madobe, Hashi und Xalane saßen wie kleine Kinder da und starrten mit offenem Mund auf den flackernden Bildschirm. Dhuxul hatte arabisches und pakistanisches Satellitenfernsehen abonniert. Englische Nachrichten gab es in seinem Abopaket nur beim iranischen Propagandasender Press TV. Den hielt ich höchstens fünf Minuten am Tag aus, bestenfalls um die Schlagzeilen zu überfliegen. Aber kaum schaltete ich morgens den Fernseher an, saßen schon meine Wärter davor, um stundenlang Nachrichten oder andere Fernsehprogramme zu glotzen. Der Ramadan brachte so tagtäglich Streit um das Fernsehprogramm und die Fernbedienung. Teils waren die Kontrahenten bewaffnet.

Am liebsten mochte ich den Sender FTV India, eine eigene Ausgabe von FashionTV für den indischen Subkontinent. Gebannt verfolgte ich die Models. Seit 14 Monaten hatte ich keine Frau mehr zu Gesicht bekommen. Hier im Fernsehen stolzierten nun eine ganze Reihe eleganter, feingliedriger, langbeiniger, wenn auch etwas blutleerer Damen durchs Bild und trugen Kleider wie von einem anderen Planeten. Nie hatten mich vor meiner Gefangenschaft Modethemen fesseln können. Jetzt, wo mir jede Form der kreativen Betätigung fehlte, fiel mir nicht nur die Schönheit der Models ins Auge, ich bewunderte staunend die Schnitte der Kleider, die Farben, die stampfende Musik im Hintergrund, die ganze Inszenierung. Die Piraten gerieten außer sich. Bashko versuchte den steifen Gang der Models auf dem Laufsteg nachzumachen. Offenbar wusste er nichts über Stöckelschuhe. Gern hätte ich mit ihm gelacht. Doch mir erschienen die Modeschauen in Paris oder Mailand auf einmal als etwas unglaublich Zerbrechliches. Ich konnte mir nicht mehr vorstellen, dass diese Glaspaläste als Gegenentwurf zu meiner stinkenden Unterwelt überhaupt existierten. Sie waren der verlogene Schein der alten zivilisierten Welt, waren der überbordende Schaum einer sexualisierten Gesellschaft und ich vermisste genau das.

„Haltet das Maul!", rief ich. „Das hier ist verdammt gut."

Der Islam setzte der Grausamkeit der Piraten durchaus Grenzen, auch wenn es mir schwer fiel, das anzuerkennen. Eher ungläubige Bosse wie Dhuxul nutzten die Geschichten von den Ungläubigen, die unreines Schweinfleisch aßen, nur, um ihre Gefolgsmänner auf Linie zu halten. Dass wir tatsächlich Schwein aßen, spielte keine Rolle, die Geschichte diente nur dazu, um uns vor den Piraten weniger menschlich erscheinen zu lassen. Dabei behandelten uns einzelne Wärter durchaus menschlich. Bashko, Hashi, mein Sahib

Abdinasser hatten bisweilen ein offenes Ohr für meine Bitten. Sie besorgten mir neue Notizhefte oder Stifte. Wenn sie klar im Kopf waren, konnte ich sie sogar um Sambusa bitten, somalische Teigtaschen, die sie dann irgendwo mit Hilfe des Boten in dem indischen oder pakistanischen Laden in Galkayo für mich besorgten. Ich wusste zwar, dass jeder von ihnen nur auf mein Geld aus war, doch hatte der Schrecken meiner Gefangenschaft auch seine Grenzen. Niemand wollte mich, den Ungläubigen, foltern oder töten.

Die Wärter hielten sich sowohl an den Sufismus als auch an den Wahhabismus. Sie lauschten gemeinsam den Aufnahmen von Predigten auf ihren Smartphones und durchforschten den Koran, um herauszufinden, wer von ihnen gerade mit seiner These Recht hatte. Für junge Somalis boten sowohl die Piraten als auch die Al-Shabaab-Milizen zwei deutlich unterschiedliche, doch durchaus sichere und einträgliche Einkommensmöglichkeiten. Beide agierten in Somalia – einem Land beinahe ohne jede Berufsperspektive – wie zwei Wirtschaftsunternehmen. Wer als Kämpfer bei den Piraten oder den Terroristen einstieg, verdiente sein Einkommen, konnte Freundschaften außerhalb seines Klans schließen und gewann durch die militärische Ausbildung innerhalb der Gruppen Ansehen und Aufstiegsmöglichkeiten. Kaum ein somalisches Unternehmen konnte hier mithalten und ich hatte durchaus den Eindruck, dass meine Wärter, während sie in den trostlosen Räumen ihre Zeit totschlugen, miteinander darüber diskutierten, welche religiösen Ansichten Piraten und Milizen überhaupt trennten. Bashko war eines Nachmittags von den Nachrichten über einen Luftschlag der Amerikaner irgendwo auf der Welt derart erbost, dass er drohte, sich den Terroristen anzuschließen. „Amerika fucking!", stieß er hervor.

Die Herausforderungen, denen sich Somalia mit dem aufkeimenden Wahhabismus zu stellen hat, stammen erst aus jüngster Zeit. Sie entsprachen in etwa den Herausforderungen, denen sich das Christentum während der Reformationskriege zu stellen hatte. Der wahhabitische Fundamentalismus hat seine Wurzeln im 18. Jahrhundert. Er drängte die islamische Theologie zu einer sehr schriftgetreuen Auslegung des Koran. Sein Ziel war es, den Islam rein und frei von Fehlinterpretationen zu halten. Sein geistiger Vater war Muhammad ibn Abd al-Wahhab. Mit rationalistischer Schärfe versuchte dieser, alte Glaubenstraditionen auszulöschen, wie zum Beispiel den sufistischen Glauben an eine Fürsprache vor Gott durch die heiligenähnlichen Ahnen zu Gunsten der noch lebenden Nachkommenschaft.

Den Glauben jedoch, dass es sich beim Koran um das ausschließlich gültige und unwandelbare Wort Gottes handelt, ließ er unangetastet. Infolgedessen gelten noch heute für einige Muslime eine Reihe höchst gewaltverherrlichender Verse aus einer Schrift aus dem Jahr 632 als unverbrüchliche Wahrheit Gottes. Das Wort „Moslem" bedeutet nichts anderes als „der sich Gott ergibt" – genauso wie „Islam" lediglich „Unterwerfung" bedeutet. Aus diesem Blickwinkel ist es verständlich, dass einfältige Gläubige, wie meine Wärter es waren, nichts anderes in mir sehen konnte als jemanden, der sich weigerte, das Licht ihres allwissenden und allmächtigen Gottes anzuerkennen.

Das Bild des göttlichen Lichts ist dabei umfassender als selbst der Begriff „Gott". Eine Tatsache, die mir in Somalia als höchst bemerkenswert aufgefallen war. Der Gedanke von „Nefesh", „Ruach", „Neshamah", den Stufen menschlichen Seins im alten Judentum, findet sich so oder ähnlich auch im Christentum, im Hinduismus, im Buddhismus, im Sufismus und selbst im Platonismus eines Plutarch wieder. In jeder dieser religiösen Strömungen wird ein höheres Bewusstsein, eine höhere Stufe des Seins jeweils mit Licht und Glück assoziiert.

Die höchste Stufe der Erleuchtung im Buddhismus, aber auch im Hinduismus heißt „Körper der Glückseligkeit", eine Bewusstseinsstufe, die für ein Stück menschlichen Drecks, gefangen in einer finsteren Ecke in einem Piratenhaus aus Beton, unerreichbar schien.

Die Menschen haben einen angeborenen Hang zur Religion. Wir spüren, dass es etwas Größeres als uns geben muss, jeder kennt das Bedürfnis nach Frieden oder nach Erkenntnis. Allerdings bezweifle ich, dass es irgendeine Religion gibt, die unmissverständlich jene Kräfte benennen kann, die unser Schicksal als Menschen bestimmen. Bestenfalls gelingt das nur schemenhaft und oberflächlich. Während meiner Geiselhaft erfuhr ich diese Kräfte meist als etwas Schreckliches, jedoch bisweilen auch als etwas Barmherziges. Eine drakonische Strafe für meine Ignoranz, die vor nichts – außer vielleicht Mord – zurückschreckte. Ich war immer noch am Leben, doch nicht aus eigener Kraft und auf Grund des eigenen Willens. An manchen Tagen durfte ich sogar unerwartetes Glück empfinden. Mancher Morgen in Somalia konnte derart voll strahlender Wärme, voller Klarheit sein, dass auch mein Innerstes es ihm gleichtun wollte.

Das Herz der Gebildeten ist im Haus, wo man trauert, das Herz der Ungebildeten im Haus, wo man sich freut.

(KOHELET 7,4)

Nicht dass ich mich als besonders weise empfand, doch in der biblischen Sprache des Alten Testaments, in der Sprache Salomos, hatte ich anderthalb Jahre lang im Haus gewohnt, wo man trauert, und ich hatte es aufgegeben, mich um freudige Momente zu bemühen. Dabei gab es diese Momente durchaus. Sie kamen und gingen ohne mein Zutun. Vermutlich ist das der Grund, warum Menschen selbst in den unwürdigsten Umständen leben können: Sie schöpfen dieses Glück aus ihrem eigenen Inneren. Mir war jedenfalls in dieser Zeit nicht viel mehr als das geblieben. Nicht immer konnte ich an die Kraft dieser Idee glauben, ich musste mich dann anstrengen, um sie überhaupt zuzulassen. Nichtsdestotrotz kam die Kraft, die mich in den verzweifelten Momenten der Gefangenschaft in den stickigen, heruntergekommenen Verstecken am Leben hielt, aus meinem Innersten. Hätte ich mich allein von den äußeren Umständen um mich herum leiten lassen, ich wäre bald schon zugrunde gegangen.

In einem Aufsatz über die Grenzen der Sprache schrieb Richard Mitchell, ein Satiriker und einer der brillantesten amerikanischen Denker: „Für Hass und Liebe wie für eine ganze Reihe anderer abstrakter Begriffe gilt immer noch das, was Augustinus über die Zeit gesagt hat: Wir wissen genau, was sie bedeuten. Nur darf uns niemand bitten, ihre Bedeutung zu erklären. Das aber ist kein Versagen unserer Sprache, genauso wenig, wie man sagen würde, dass eine Uhr defekt ist, wenn sie nicht die Luftfeuchtigkeit misst. Unzählige solcher Begriffe markieren die Grenze zu einem unermesslichen Gebiet des Geheimnisvollen und Unsagbaren. Sie zeigen dorthin und schweigen."

Worte, genauso wie Religionen, zeigen und deuten nur. Sie sind die Grenzsteine zum Land des Unsagbaren. Niemals sind sie Gefäße für eine unverbrüchliche Wahrheit. Wer jedoch bei den Worten verharrt und sie über die hinter ihnen liegenden Geheimnisse stellt, der betreibt schlicht Götzendienst – etwas, das Moslems rundheraus ablehnen. Und dennoch gibt es unter ihnen Fundamentalisten, die an den Worten und Begriffen festhalten wollen und sei es, um einen Mord rechtfertigen zu können. Buchstabenglaube ist immer fatal, jedoch eine Falle, in die selbst Sufis gern tappen. Mich quälte die Tatsache, dass ich gefangen war in einem Haus, wo das Wort der muslimischen Religion alles war, meine Sprache, meine Worte dagegen nicht die geringste Bedeutung hatten. Es gab hier nichts, worauf sich mein Selbstwertgefühl hätte stützen können. Boodiin hatte Recht, ich hatte tatsächlich einen Fehler gemacht. Doch konnte es mich kaum trösten, dass solche Irrtümer menschlich sein sollten. Auch deshalb dachte ich fast jeden Tag über Selbstmord nach.

In Somalia zu sterben war leicht. Kalaschnikows lagen herum wie Abfall. Der Gedanke, mir ein Gewehr zu schnappen und damit zunächst ein paar Piraten und dann mich selbst zu töten, schien mir während meiner Tage in Galkayo durchaus verlockend. Nicht nur das, er schien mir sogar als eine moralische Pflicht, hätte ich doch so einer ganzen Menge Leute Stress und Aufregung ersparen können. Kein Soldat in einem Spezialkommando hätte für mich sein Leben riskieren müssen. Ich war mir sicher, dass meine Familie und viele meiner Kollegen versuchten, mich freizubekommen. Wenn ich an all das Geld und an die Umstände dachte, die dies verursachten, erschien mir Gewalt als gerechte Antwort. Der nagende Verdacht, dass jener ominöse Mustaf Mohammed Scheich, den wir damals in Hobyo befragt hatten, womöglich auch bei Rollys Folter anwesend gewesen war, machte mich zornig und wütend. Genauso wütend war ich darüber, dass die Piraten Rolly gequält hatten, nachdem ich über Bord der NAHAM 3 gesprungen war. Ich war wütend darüber, dass möglicherweise Digsi Gerlach hintergangen hatte, um mich entführen zu können. Vielleicht hatten jener Mustaf Mohammed Scheich und Digsi die Entführung von Anfang an geplant? Andere Journalisten vor mir waren schließlich unbeschadet von Galkayo nach Hobyo gereist. Nur Gott wusste, an welcher Stelle ich Mist gebaut hatte. Und Gott wusste sicher auch, dass ich besser erst gar nicht nach Somalia gereist wäre. Nun hatte ich genug Zeit, über meine Fehler nachzudenken wie ein Gefängnishäftling über sein Verbrechen.

Und trotzdem: Warum ausgerechnet ich?

„Selbstmord ist eine Bankrotterklärung, ein Mensch in einer Sackgasse", schrieb Alexander Solschenizyn in *Archipel Gulag*. Er fragte sich, warum dann aber so viele Gefangene in den Sowjetlagern überhaupt am Leben bleiben wollten. „Die Tatsache, dass all dieses hilflose, erbarmungswürdige Ungeziefer lieber am Leben blieb, als sich selbst auszulöschen, konnte doch nur bedeuten, dass in ihnen ein unbesiegbares Gefühl lebte, ein überaus mächtiger Gedanke."

An manchen Tagen durchdachte ich die Frage des Selbstmords mit kühler Logik. Ein Erwachsener, der Selbstmord begeht, hat dich offensichtlich nicht richtig geliebt; immer wieder dachte ich an den Selbstmord meines Vaters und kehrte zu diesem Satz zurück. Der Zusammenhang lag auf der Hand, auch wenn ich ihn nur widerstrebend anerkennen wollte. Brächte ich mich um, würde ich all jene zurückweisen, die mich liebten.

Ich erinnerte mich an die brennenden Mönche in Vietnam, ihre Abgeklärtheit und Weltverachtung, die erst mitten in den Flammen voll und ganz sichtbar geworden war. Ich dachte an die Bibel, an Hiob und die Evangelien. Und ich erinnerte mich an die eigene stoische Lebenshaltung, die ich nicht direkt über die klassischen Philosophen entdeckt hatte, sondern vermittelt durch einen Aufsatz Richard Mitchells über Epiktet. In einem Kapitel seines Buchs

The Gift of Fire untersucht er den klassischen und dennoch immer wieder verblüffenden Gedanken, dass ein Opfer nur in dem Ausmaß leidet, wie es sich in das eigene Leiden ergibt. Heulen und Selbstmitleid machen den Schmerz nur stärker. „Krank zu sein oder sonst wie zu leiden, ist für Menschen unvermeidbar", so Mitchell. „Vermeidbar ist jedoch die Verbitterung oder die Rachsucht, die unvernünftige Wut darüber, unschuldig und ohne eigenes Zutun Opfer einer derart bösartigen Welt geworden zu sein. Die einzige Antwort auf die Frage: ‚Warum ich?' kann nur sein: ‚Warum denn nicht ich?'"

Diese Überlegungen halfen mir sehr während meiner Zeit in Somalia. In den stickigen Zimmern der Piratenhäuser konnte man sich mit Opferdenken und Selbstmitleid so leicht infizieren wie mit einer ansteckenden Krankheit. Die Gedanken des Epiktet, selbst wenn ich sie nur aus zweiter Hand kannte, waren dagegen eine hervorragende Medizin.

Es wurde August und ich hatte schon seit mehr als sieben Monaten nicht mehr mit meiner Mutter telefonieren können. In der vergifteten Atmosphäre innerhalb der Mauern meines Piratengefängnisses empfand ich dies als Strafe und bösartige Willkür meiner Entführer. Mit Schrecken wurde mir klar, dass meine Mutter genauso gut gestorben sein konnte, während ich in meinem Betongefängnis dahinvegetierte. Viele Leute konnten in der Zwischenzeit bereits verstorben sein: Verwandte, Freunde, der Präsident oder der Papst. Von den Piraten gab es immer nur kleine Häppchen von Information über das Leben jenseits unserer Mauern. Doch die Tage waren heiß und ununterscheidbar an mir vorübergezogen. Mit ihrer Gleichförmigkeit verschwamm die Grenze zwischen Strafe und unvermeidbarem Leid, zwischen Wahrheit und Lüge, zwischen Tod und Leben. Ich hatte Bashko um ein Kofferradio gebeten. „Okay", hatte er gesagt, doch es passierte nichts. Ich bekam Krätze rund um meine Hüften. Zwar besorgte mir Abdinuur eine Salbe, doch half sie kaum dagegen. Nichts passte mehr zusammen, nichts ergab mehr einen Sinn. Auch wenn ich mit zweien oder dreien meiner Wärter so etwas wie Freundschaft geschlossen hatte, durfte ich dennoch keiner ihrer Aussagen glauben. Ausschließlich Lügen zu hören, kann einen auf Dauer so vor die Hunde bringen wie ausschließlich Fastfood zu essen.

Ende August zogen wir wieder in die Piratenvilla ein und dabei erfuhr ich, dass die Telefonsperre tatsächlich als Strafe gemeint war. „Wir erhöhen den Druck auf deine Mutter", erklärte Abdurrahman mit einem beiläufigen Lächeln, als sei das alles ganz richtig und vernünftig so.

Eines Nachmittags im September tauchten dann Dhuxul und Yoonis in der Piratenvilla auf. Bisher war Dhuxul noch nie dorthin gekommen, entsprechend unsicher fühlte ich mich während des ganzen Morgens. Er hatte es sich in der Eingangshalle, dort wo ich ihn gut sehen konnte, mit seinen Männern bequem gemacht. Er lag ausgestreckt auf der Seite und kaute Khat. Sein Holzbein lehnte gegen die Wand. Er war nicht ohne eine bestimmte Absicht hierher gekommen. So viel wusste ich und war kaum überrascht, als wir nach wenigen Stunden in einem Land Rover zu einer ausgedehnten Partie hinaus in den Busch aufbrachen.

„Wir drehen ein Video", erklärte mir Yoonis. „Aber diesmal müssen wir dich schlagen. Danach bist du frei."

„Na wunderbar", murmelte ich nur.

Wir waren eine ganze Stunde lang unterwegs. Lediglich Dhuxuls Gewaltfantasien unterbrachen die drückende Langeweile unserer Fahrt. Vor einigen Büschen und ein paar dornigen Bäumen hielten wir an. Die Somalis versteckten ihre Gesichter hinter ihren Palästinenserschals, führten mich um ein paar dornige Bäume herum und zwangen mich davor auf die Knie. Danach fesselten sie mir schmerzhaft die Hände auf den Rücken. Madobe band das Seilende an einen Ast fest und trat mir zum Festziehen der Schlinge heftig in den unteren Rücken. Ich schrie auf, während Abdurrahman alles mit seiner Kamera festhielt.

„Ihr seid völlig irre", sagte ich zu ihm.

Niemand sah mir während der ganzen Prozedur in die Augen. Yoonis begann mich zu befragen: „Wie heißt du?", „Wie hieß dein

Vater?" und so weiter. Als sie mich schließlich wieder losbanden, bebte ich vor Zorn. In der milden Herbstsonne warteten wir, bis es dunkel wurde. Dhuxul ließ mir durch Yoonis mitteilen, dass die Verhandlungen mit meiner Mutter kurz vor einem Abschluss ständen. Sie sei bereits in Europa, um mich dort abholen zu können: „Nicht mehr lang und das hier hat ein Ende." Auf dem Weg nach Galkayo hatte ich Zeit genug, über alles nachzudenken. Als wir schließlich in Dhuxuls Haus ankamen, war ich mir sicher, dass die Piraten mich kaum für ein derartiges Video in den Busch gebracht hätten, wenn sie nach erfolgreichen Verhandlungen mit meiner Mutter tatsächlich nur noch auf die Lösegeldzahlungen warteten.

Ich sparte mir also die Hoffnung auf eine baldige Freilassung.

Andererseits, warum war meine Mutter nach Europa geflogen? Sollte Dhuxul die Wahrheit gesagt haben, gab es dafür zwei Gründe. Möglicherweise war sie auf dem Weg zu einer Hochzeit. Wahrscheinlich hatte meine Cousine nach meiner Entführung in Somalia ihre Hochzeit mit ihrem langjährigen Partner verschoben. Möglicherweise war ihr die Wartezeit inzwischen zu lange erschienen und meine Mutter war nun auf dem Weg zu Sektempfang und Hochzeitsfeier.

Der andere Grund konnte ein Begräbnis sein. Oma war 89.

Ich wurde in den nächsten Tagen immer verzweifelter angesichts der Unklarheit, ob ich um meine Großmutter trauern sollte oder nicht. Mit tiefem Misstrauen beobachtete ich meine Entführer, wie ein Kind, das seine Eltern im Auge behält, die zwar freundlich sein können, aber manchmal unerwartet zuschlagen. Ich suchte in unserem Vorhof nach irgendwelchen konkreten Hinweisen. Ich untersuchte die Stacheldrahtrollen auf der Mauerkrone und blickte den landenden Flugzeugen im kobaltblauen Himmel über uns hinterher, immer auf der Suche nach einem versteckten Hinweis, der mich wissen ließ, ob meine Oma noch am Leben war. Mein Vorhaben, ein Buch über diese brutalen, lächerlichen Leute zu schreiben, erschien mir wie ein Pakt mit dem Teufel im Vergleich mit der möglicherweise verpassten Chance, noch ein paar schöne Stunden und Tage mit meiner Großmutter zu verbringen. Es war unsinnig von Anfang an. Die Unsicherheit darüber, ob ich sie noch einmal lebend sehen würde oder ob meine geliebte Oma bereits gestorben war, zerriss mir das Herz. Ich hatte sie nicht genug geliebt. Hatte ich überhaupt irgendjemanden genug geliebt? Nie würde es mir gelingen, all die Liebe, die ich während meines Lebens empfangen durfte, zurückzugeben. Was konnte ich jetzt und hier tun? Mich durch den Stacheldraht auf Dhuxuls Grundstücksmauer zwängen? Einen Piraten töten? Heulen und schreien? Dazu war mir durchaus zumute, statt nach dem Nachmittag mit dem grausamen Videodreh einfach nur stumm auf meiner durchgeschwitzten Matratze zu liegen. Dennoch tobte ich im Stillen, mit einer schwelenden Glut tief in meinem Herzen. Der Schmerz ließ meine geschwächten Muskeln verkrampfen. Stundenlang lag ich wach, unfähig, in den Schlaf zu finden, bevor mir irgendwann die Sinne schwanden.

Ich forderte erneut ein Radio, diesmal direkt von Dhuxul. Nach diesem Albtraum schuldeten mir diese Arschlöcher das einfach.

Der fettleibige Piratenchef murmelte jedoch nur mit schwacher Stimme vor sich hin und hinkte auf seinem Holzbein davon. Trotzdem schienen die Somalis etwas von meiner Not mitbekommen zu haben. Um ihre schlecht gelaunte Geisel ein wenig aufzumuntern, bestellten sie nun wieder das Essen bei einem der Restaurants. Wir aßen fettigen Würzreis mit Gemüse und Ziegenfleisch, manchmal auch Sambusi. Zufälligerweise wickelte der Sambusi-Laden seine Lieferungen jetzt meist in englischsprachige Zeitungen. Den ganzen Nachmittag über verbrachte ich damit, Zeitungsfetzen der *Gulf News* zusammenzupuzzeln. Zum ersten Mal seit anderthalb Jahren, seit man mir auf dem Weg zur NAHAM 3 das Radio abgenommen hatte, bekam ich wieder einen – wenn auch bruchstückhaften – Eindruck vom wenig ermunternden Schicksal unseres Planeten.

Das Fehlen jeglicher Nachrichten ist heute für mich kaum mehr vorstellbar. Vier Monate zuvor war meine Großmutter in ihrem Haus in Holland zu Bett gegangen, nachdem sie über Magenbeschwerden geklagt hatte. Vorher stellte sie sich noch ein Glas Wasser auf den Nachttisch, ließ die Rollläden herunter und verriegelte die Tür. Meine Tante, die im selben Haus wohnte, kramte am nächsten

Morgen nach dem Aufstehen erst einmal eine Stunde lang in der Küche herum, bevor ihr auffiel, dass etwas anders war. Eine andere Tante in Köln träumte am selben Morgen, dass meine Oma ihr ein offenes Fenster zeigte. „Das wird dir gefallen", sagte meine Oma im Traum zu ihr. „Die frische Luft tut gut!"

Meine immer fröhliche Großmutter war im Mai 2013 in ihrem Bett gestorben. Ich erfuhr nichts davon. Natürlich auch nicht davon, dass meine Mutter dann nach Holland flog, um sie auf dem Friedhof nördlich des Dorfes zu begraben, in demselben Grab, in dem bereits seit Jahren mein Großvater lag. Meine Mutter war drei Tage in Europa geblieben, ohne den Somalis eine Nummer zu hinterlassen, ohne ihnen überhaupt zu sagen, dass sie eine Weile nicht in Redondo Beach sein würde. Dass sie jetzt im September in Europa auf meine baldige Freilassung wartete – Ursache meines vielleicht wahnhaften, aber nicht gegenstandslosen emotionalen Zusammenbruchs –, war allein Dhuxuls Fantasie entsprungen.

Ein paar Tage später schrieb ich morgens in mein Notizheft:

Chicken Satay
Erdnüsse (zerstoßen), Kokosmilch, rote Chilischoten, Sojasoße,
Schalotten, Limettensaft Reis

Bashko brachte mir eine Schüssel langweiliger Bohnen und eine Tasse viel zu süßen Tees. Jemand hatte die Bohnen mit Brunnenwasser gekocht. Mit Magenkrämpfen legte ich mich zurück auf meine Matratze und träumte davon, meine Großmutter wiederzusehen. Die Zweifel, dass dies jemals wieder geschehen würde und der Schmerz über diese Ahnung kamen und gingen in langsamen Wellen.

Ich versuchte, vor den Wächtern keine Gefühlsregung zu zeigen, als Dhuxul ins Zimmer trat. Langsam humpelte er heran und überreichte mir ein ramponiertes Kurzwellenradio.

STÄRKER ALS SCHMUTZ

Anderthalb Jahre war ich nun gefangen. Ich hatte eine Papstwahl verpasst, die Wahl eines neuen französischen Präsidenten und eine neue Eskalationsstufe im Syrienkrieg. Auf dem Boston Marathon hatten junge Terroristen eine Bombe gezündet. Das Sturmtief Sandy hatte New Jersey und New York unter Wasser gesetzt. Philipp Roth hat angekündigt, keine Bücher mehr zu schreiben. Chinua Achebe, Margret Thatcher und Gore Vidal waren inzwischen gestorben. All das war irgendwo weit entfernt passiert, ohne dass ich es auf meiner Schaumstoffmatratze mitbekommen hätte. Es war zwar nicht wichtig, doch ist ein Autor zuallererst ein soziales Lebewesen. Unabhängig davon, ob ihm diese Rolle nun gefällt oder nicht. Ich ging also in meinem Zimmer auf und ab, hielt mir das kleine Radio ans Ohr und versuchte das schwache Signal der BBC zu empfangen.

Spätestens seit ich nicht mehr täglich Zeuge der Streitereien über die Kalenderblätter auf der NAHAM 3 wurde, war meine zeitliche Orientierung nur noch schwach. Dank des World Service der BBC wusste ich nun wieder das exakte Datum und konnte es mit den Schätzungen in meinen Notizheften abgleichen. Ich hatte 17 Tage danebengelegen.

Die BBC-Nachrichten waren für mich wie ein einstündiges morgendliches Ferngespräch. Manchmal konnte ich zusätzlich Radio Sultanate of Oman empfangen. Offenbar lebten in Oman so viele Ausländer, dass sich der Sender ein englischsprachiges Programm leistete. Es wurden Top-40-Hits gespielt und dazwischen las ein Sprecher namens „Fike on the Mike" mit nordenglischem Akzent Artikel aus der Lokalpresse vor. Man erfuhr auf diese Weise von Autos, die in einem Wadi von Wassermassen davongespült wurden, Zwillingen, die in einem Park in Muskat verloren gegangen waren, einem Stachelrochen, der einen Fischer auf dem Gewissen hatte, und natürlich von der unerschöpflichen Mildtätigkeit einiger

Prinzen des Sultanats, alles unterlegt mit der Titelmelodie von *Zwei glorreiche Halunken.*

„Fike on the Mike" schienen bei der Auswahl der Top 40 weder Stil- noch Epochengrenzen gesetzt zu sein. Gern scherte er zu den Hits der 70er- und 80er-Jahre aus, was nicht unbedingt eine einheitliche Playlist ergab, mich aber stark an zu Hause erinnerte. Dort standen damals Blondie, Donna Summer und die Band „M" mit ihrem einzigen großen Hit *Pop Muzik* ganz oben in den Charts. Und natürlich Rod Stewart, der so gut wie immer im Autoradio zu hören war, wenn ich von meiner Mutter aus der Schule abgeholt wurde. Mit den Songs auf der Kurzwelle meines Kofferradios kamen auch die Erinnerungen an das Los Angeles der 70er-Jahre zurück, an die kastenartigen Autos, den aufgerissenen Asphalt, die neongrellen Supermarkthallen und die Kinos mit den Colapfützen auf den klebrigen Fußböden.

In einem dieser Kinos sah ich mit meinem Vater kurz vor seinem Tod den Film *Auf dem Highway ist die Hölle los.* Eine Komödie über ein Straßenrennen quer durch die U.S.A., ein in jeder Hinsicht rückschrittlicher Film, von den Geschlechterrollen bis zur Starbesetzung. Mein Vater war begeistert. Er mochte Burt Reynolds und vermutlich auch die vielen Damen in hautengen Jumpsuits, die ihn etwas von seiner Sucht ablenkten. Auch mir hatte der Film gefallen. Und die Erinnerung daran während meiner Tage in Galkayo löste etwas in mir. Es schwand etwas von meiner Abneigung, meiner defensiven Haltung gegenüber dem in der Zeit stehen gebliebenen sonnenverbrannten Schauplatz meiner Kindheit, diesem unschuldigen, korrupten, unbehaglichen, hoffnungsvollen Vorort von Los Angeles.

An einer Wand in meinem Jugendzimmer klebte ein Astronautenposter. Ich liebte Modellraketen, besonders diese Papprollen mit den Kunststoffleitwerken und der Plastikkappe darauf, unter der sich ein kleiner Fallschirm verbarg. Auf einem mit Büschen bewachsenen Feld hinter unserem Haus in Northridge bauten wir kleine, wacklige Startrampen. Mein Vater sorgte vor jedem Start dafür, dass unser Startplatz frei von trockenem Gestrüpp war, damit wir nicht versehentlich einen Waldbrand entfachten. Die Rakete zischte beim Abheben wie ein Luftballon, aus dem die Luft entweicht, und stieg immer höher in den Himmel über Los Angeles. Auf dem höchsten Punkt der Flugbahn öffnete sie sich und sank ganz allmählich wieder zurück auf die Erde – aber nur, wenn wir die Schnüre des Fallschirms vorher gewissenhaft entwirrt hatten, sonst geriet die Rakete ins Trudeln und schlug hart auf dem staubigen Boden auf.

Ich weiß nicht, was mein Vater damals noch von seinem Leben erwartete, ich habe ihn nicht gefragt. Während er sich mit seiner Sucht zugrunde richtete, war ich damit beschäftigt, mich von ihm abzugrenzen. Es gab Vorwürfe und Streit, gleichzeitig pflanzte er dadurch seine Ziele und Träume in meine Seele. Er wollte, dass auch ich Naturwissenschaften studierte, und beinahe hätte ich ihm gehorcht. Vielleicht war es das instinktive Misstrauen, das ich seit meinem dreizehnten Lebensjahr gegenüber der Geschichte von seinem Herzinfarkt hegte, also der Verdacht, noch etwas anderes könnte meinen mir einst allmächtig erscheinenden Vater zerstört haben, was mich dann doch zum Bücherwurm werden ließ. Meinen Vater hätte meine Berufswahl sicher enttäuscht, er las keine Bücher. Seine letzten Briefe strotzten vor Rechtschreibfehlern und waren nur teilweise verständlich. Er muss sie unter Einfluss von Alkohol oder Schmerzen geschrieben haben. Bei aller Liebe, die er mir zweifellos zeigen wollte: Meine Karriere als Autor wäre ihm als Verrat an seinem Lebenstraum in Northridge erschienen.

Wahrscheinlich ist jeder Selbstmord auch eine Art persönliches, apokalyptisches Zeichen. Ein letztes Heulen in Richtung Mond. Sogar die disziplinierte Selbstopferung des vietnamesischen Mönchs Thich Quang Duc verriet sein Bewusstsein für dramatische Effekte. Ich selbst malte mir bisweilen meinen Abgang als großes Spektakel zwischen krachenden Maschinengewehren aus. Die Versuchung, jenseits der Grenze zu gelangen, von wo aus es kein Zurück mehr geben würde, war sehr stark. Doch ich wollte nicht, dass meine Mutter einen zweiten Mann in ihrem Leben durch Selbstmord verlor. Ein Erwachsener, der sich umbringt, hatte vor seinem Tod niemanden wirklich geliebt. Das war meine eigene Überzeugung.

Doch selbst diese einfache Erkenntnis musste ich mir bisweilen unter großer Anstrengung immer wieder vor Augen führen. Und nicht mehr alles an meinem Verstand war zu der Zeit noch gesund. An manchen Nachmittagen waren es nur diese wenigen Worte, die zwischen mir und einem selbst gewählten Tod standen.

Etwa um diese Zeit begann ich auch zu beten. Zwar hatte mich die Bibellektüre auf der NAHAM 3 nicht im eigentlichen Sinn zum Gläubigen gemacht. Aber mir halfen die Gebete dabei, mir meiner selbstzerstörerischen Absichten überhaupt bewusst zu werden. Das Gebet wurde zu einer Übung, mit der mein verwundeter Verstand sein Gleichgewicht suchte. Mit ihm machte ich mir bewusst, dass es höhere Mächte waren, die unser Schicksal bestimmten. Dank des Gebets konnte ich erst erkennen, was wirklich war und was nicht, was ich selbst tun konnte und was nicht.

Denselben Effekt hatte im Übrigen auch das Schreiben in meinen Notizheften. Es war Derek Walcott, der das Gebet mit der Schriftstellerei verglichen hatte: „Jeder ernsthafte Versuch, etwas Sinnvolles zu tun, ist auch Ritus", sagte er in einem Interview. „Wie entsteht ein Gedicht? Trotz des Geklappers der Schreibmaschine, trotz des Verkehrslärms vor dem Fenster? Man zieht sich zurück in jene Stille, die alles um einen herum zum Schweigen bringt. Man muss sich dabei weniger auf sich selbst besinnen, sondern vielmehr darauf, als Selbst zu verschwinden. Nur dann wird das, was man gerade vorhat, auch zu einem glaubhaften Ausdruck jenes Selbst, das man wirklich ist."

Dieser Blick nach innen, losgelöst von den äußeren Umständen, wurde in den wechselnden Piratenhäusern nun zur wichtigsten Übung für mich, wichtiger als die Hoffnung auf irgendeinen Gott, der sich meines Schicksals gütig annahm. Mein Selbst verschwinden zu lassen, ließ mich am Leben bleiben. Auch Epiktet muss diese Übung im Blick gehabt haben, als er uns riet, unser Selbst aus dem Leid wegzudenken. „Betrachten wir uns als Menschen und als solche als ein Teil eines Ganzen", sagte er seinen Schülern, „dann ist es gleichgültig, ob ihr krank seid, euch den Gefahren einer Reise stellt, Not leidet oder vor eurer Zeit sterbt. Warum also quält ihr euch? Soll an euer Stelle ein anderer krank werden, auf Reisen gehen oder sterben?"

Manchmal hörte ich in der Nacht Geräusche, als ob etwas in der Luft herumschwirrte. Wenn ich aufwachte, sah ich die Wärter, wie sie regungslos dasaßen und mit ihren Smartphones den Interferenzen in der Atmosphäre nachzuspüren versuchten. Vor meiner Zeit als Geisel war ich absolut kein Freund von hochgerüsteten Überwachungstechnologien. Jetzt allerdings sehnte ich mich regelrecht nach Tarnkappenflugzeugen jeder Art, selbst nach winzigen, als Insekten getarnten Drohnen. Angeblich gab es bereits erste Versuche mit dieser Art ferngesteuerter Roboter, die kaum von Käfern oder Libellen zu unterscheiden waren, um in Privaträume einzudringen und die Menschen dort auszuspionieren. Zwei Jahre nach meiner Geiselhaft war solche Technik in der Verfilmung des Thrillers *Eye in the Sky* über einen Drohnenangriff auf Eastleigh, den somalisch geprägten Vorort Nairobis, zu sehen.

In jenen Nächten voll angespannter Stille, wenn uns eine Macht von außen zu beobachten schien, schlug ich das Kreuz über der Stirn, faltete die Hände und füllte die Stille mit meinem Gebet. Die Piraten wagten nicht, mich dabei zu stören. Sie respektierten mein Gebet. Allerdings beunruhigte sie die Lautstärke, in der ich sprach. Sie fürchteten nämlich, dass die Drohnen unsere Stimmen hören konnten. Ich beschloss, mich ihrem Aberglauben an diese fantastische Entwicklung der Abhörtechnik anzuschließen und sie mir im Zweifel zunutze zu machen. Für den Fall der Fälle enthielten meine Gebete jedes Mal auf Deutsch eine detaillierte Beschreibung unseres Hauses, des Hofs und der genauen Lage meines Zimmers. Wie gesagt, nur für den Fall.

Meine Gebete hatten also einen höchst diesseitigen Anlass. Selbst die elendsten Tage in Somalia konnten mir nicht eine gewisse Widerstandskraft nehmen. Für Geiseln tauschen Gut und Böse ihre Bedeutung, hatte Rolly einmal gesagt: „Wir sind wie die Teufel, sie aber Gott." Jedes „Leckt mich doch am Arsch" jedoch gab den Begriffen „richtig" und „falsch" ein wenig von ihrem Sinn zurück. Doch war es schwierig, bei der Willkür der Piraten diese gerechte Wut auch lebendig zu halten. Außerdem wurde mit ihr jeder Versuch des gewaltlosen Widerstands schwieriger. Wie gern hätte ich Gewalt angewandt – nicht weniger gern als meine Entführer.

Während des Ramadan zum Beispiel hatten die Piraten Dhuxuls Fernseher aus meinem Zimmer getragen, um beim Fernsehen auf der Terrasse unter sich bleiben zu können. Dort ließen sie das Gerät nun bei voller Lautstärke laufen.

„Macht das leiser!", rief ich, so laut ich konnte.

„Halt's Maul, Michael!"

Dhuxul ging irgendwo seinen Geschäften nach und ich lag in meinem stickigen, hell von der Sonne ausgeleuchteten Zimmer auf einer dünnen Matratze. Der Fernseher war zu einem steten Anlass für Streitigkeiten geworden. Ich ärgerte mich darüber, dass Dhuxuls Entgegenkommen nun mir allein Streit und Verdruss einbrachte, wo es doch vor allem dazu genutzt wurde, um meinen Bewachern die Langeweile zu vertreiben.

„Macht das leiser", rief ich nach einer Weile zum zweiten Mal.

„Halt's Maul!"

Irgendjemand drehte das Gerät noch lauter.

„Macht das leiser!", brüllte ich jetzt und Bashko stürmte daraufhin mit Gewehr im Anschlag in mein Zimmer. Ich war wütend genug, um mich mit ihm zu prügeln. Ich war außer mir und wäre nur zu gern aufgesprungen, um so viel Schaden anzurichten wie irgend möglich. Doch beherrschte ich mich und zwang mich, ruhig auf dem Boden sitzen zu bleiben. Ich wollte wissen, wie weit Bashko seinerseits in seiner Wut ging. Solange sie nicht selbst bedroht wurden, war meinen Wärtern körperliche Gewalt untersagt. Um die Grenzen der Piraten kennenzulernen, musste ich mein Selbst verschwinden lassen und innerlich meine Interessen aus der Gleichung kürzen. Nur so erfuhr ich, wann meine Geduld erschöpft sein würde und wie weit ich mich selbst im Griff hatte.

Gegen Ende des Jahres 2013 starb auch Nelson Mandela und die BBC berichtete tagelang über die Trauerzeremonien. Meine Wärter verfolgten gespannt die Nachrichten. Mandela war ihr Held. Ein afrikanischer Widerstandskämpfer, der den mächtigen Weißen die Stirn geboten hatte. Mit ihren Waffen in der Hand saßen meine Gefängniswärter da und hielten sich selbst für Mandela, der seinerseits ein Gefangener gewesen war. Dabei war Mandela vor allem deshalb so einflussreich, weil er die Grenzen zwischen Rassen und Stämmen überwunden hatte. Das Radio sendete dazu eines der Interviews, das 1990 unmittelbar nach seiner Freilassung aus dem Gefängnis aufgezeichnet worden war. „In dem Moment, als sich die Tür öffnete und ich durch das Tor in Freiheit ging", so hörte ich ihn auf meinem kleinen Kurzwellenradio, „wusste ich, wenn es mir nicht gelang, meinen Hass und meine Verzweiflung hinter mir zu lassen, wäre ich mein Leben lang ein Gefangener."

Dennoch blieb für mich während meiner Zeit in Galkayo die Wut der Normalzustand, Nachsichtigkeit hatte kaum jemand von mir zu erwarten. Mandela beschrieb in seiner Autobiografie, wie ihn die weißen Rechtsanwälte in Südafrika stets als „Kaffir-Anwalt" lächerlich zu machen versucht hatten. „Kaffir" ist ein hässlicher Begriff auf Afrikaans, seine Bedeutung liegt sehr nah bei „Nigger" und stammt aus Zeiten des muslimischen Sklavenhandels. Mit dem Begriff beschrieben die arabischen Händler nichtmuslimische, schwarze Sklaven. Menschen, die nach den Gesetzen des Korans gefangen und verkauft werden durften. Im 17. Jahrhundert verbreitete sich der Begriff über alle europäischen Kolonien in Afrika als Synonym für das Wort „Sklave". Ich konnte nur schwer meine eigene Situation mit der von Mandela vergleichen. Denn Mandela musste im 20. Jahrhundert mitten in seinem eigenen Land nur wegen seiner Hautfarbe leiden, ohne je das Land verlassen zu haben. Doch solange ich in Somalia gefangen war, galt ich als „Galo" und „Kaffir", als Ungläubiger, insofern gab es durchaus ein paar Parallelen.

Vergebung bedeutete für Mandela, den eigenen Stolz zurückzustellen. Selbst wenn er sich im Recht sah, lernte er die eigene Wut zu beherrschen. Er selbst war Methodist, doch der Sprecher im Radio betonte, dass er seinen Glauben niemals vor sich hertrug. Niemand konnte genau sagen, wo und wann Mandela eigentlich den

Gottesdienst besucht hatte. Die Vergebung, die für ihn ja die wahre Befreiung aus seinem Gefängnis bedeutet hatte, war unabhängig von Glauben und Konfession. Sie gehörte den Menschen, nicht einer jenseitigen Macht, sie war keine mystische Größe, sondern lag greifbar in unserer Welt.

Während ich auf dem Boden lag, hatte ich genug Zeit, darüber nachzudenken.

Eines Tages im November saß ich in Dhuxuls Haus auf meiner Matratze und plagte mich damit ab, ein paar Zeitungsfetzen zu entziffern, während ich gleichzeitig versuchte, mir in der stickigen Nachmittagsluft die Fliegen vom Leib zu halten. Bashko saß vor seiner Ration Khat. Er war aufgekratzt, irgendetwas schien ihn zu amüsieren. Schließlich stellte er mir eine Frage.

„Michael", fing er an, „gibt es in Amerika Fliegen?"

Ich zuckte mit den Schultern: „Klar, nur andere."

„Europa?"

„No same-same!"

Er überlegte kurz und fragte weiter: „Warum? Atombombe?"

„Hah?"

Er wollte anscheinend wissen, ob Amerika und Europa ihre Insektenplage auf dem Land mit Atombomben beseitigt hatten.

„Komische Idee", sagte ich schließlich und versuchte ihm zu erklären, dass in Amerika die Fliegen aus weniger dramatischen Gründen umgänglicher waren: sauberere Toiletten und Küchen, keine Ziegen in den Straßen. „Klar, in manchen Gegenden Amerikas gibt's auch viele Fliegen, aber das ist anders als hier."

„Malaria?"

„Small-small. Hängt von der Gesundheit der Tiere und der Leute ab."

Bashko fragte mich nun über Kamele, Esel, Kühe und Ziegen aus, was am Ende unweigerlich zur Frage der wichtigsten Schlachttiere führte. Er brachte mir bei, auf Somali „Lo" und „Digaag" zu sagen, was „Kuh" und „Huhn" hieß. Ich malte dafür ein kleines Huhn auf ein Stück Papier.

„Verstehe!", sagte Bashko.

Unsere Unterhaltung sollte allerdings Folgen haben – in Kalifornien. Von nun an verbreitete sich das Gerücht unter den Piraten, dass mein Lieblingsgericht Hühnchen sei und ich alles für ein Stück Hühnerfleisch gäbe. Fuad ließ am Ende meine Mutter wissen, dass ich die Piraten um ein Hühnchen gebeten hätte. Ein Wunsch, den sie mir gern erfüllen wollten, jedoch nicht bevor meine Mutter ihnen dafür 500 Dollar überwiesen hätte.

„Niemals, hab ich ihm einfach gesagt", berichtete meine Mutter.

Dhuxuls Haus stand etwas außerhalb Galkayos, dort wo die Stadt in ländlichere Gebiete überging. Das Grundstück grenzte sowohl an andere Häuser als auch an offene Felder. Draußen hörten wir oft das Meckern der Ziegenherden, gurrende Tauben, Esel, Hühner und rollige Katzen. An diesem Tag hörte ich nach dem Mittagessen ein kleines Kätzchen miauen und blickte von meinem Schreibheft auf. Noch nie hatte ich innerhalb unseres Grundstücks einen derart hilflosen Laut gehört.

„Bisad?", fragte ich Bashko, „Katze?"

„Ja!"

„Mutter?"

„Tot", erklärte Bashko.

Vielleicht war die Mutter noch auf der Jagd und so wartete ich noch, bevor ich etwas unternahm. Immerhin gab es bei mir Fisch und etwas Milchpulver. Eine Stunde hörte ich dem kläglichen Jammern zu, bevor ich schließlich bat, das Tier mal sehen zu dürfen. Bashko machte sich auf den Weg in die verdreckte Küche, die sich etwas abseits am anderen Ende des Hauses befand. Er kam mit einem kleinen Kätzchen zurück, nicht größer als die Fläche seiner Hand. Ihr von Flöhen zerzaustes Fell war orange getigert.

Fasziniert sahen mir die Männer zu, während ich eine Dose Thunfisch öffnete und sie für die Katze auf den Boden stellte. Die schnupperte nur kurz und vergrub schließlich ihr ganzes Gesicht in der Dose. Sie grunzte dabei derart zufrieden, dass die Piraten laut zu lachen anfingen. Ein gutes Zeichen, denn eine Katze, die sich derart auf feste Nahrung stürzte, konnte kein Säugling mehr sein. Vielleicht wollte sie ja auch etwas Milch.

Doch konnte ich nirgendwo einen Teller oder eine Schüssel entdecken und so bat ich Bashko, mit dem Messer den Boden einer Plastikflasche abzuschneiden, um daraus ein kleines, wenn auch scharfkantiges Gefäß machen zu können. Ich rührte etwas Milchpulver an und stellte es der Katze hin, die daraufhin ihre provisorische Plastikschüssel im ganzen Zimmer hin und her schob.

Sie konnte höchstens vier Wochen alt sein. Ob es ein Männchen oder Weibchen war, konnte ich vor lauter Fell nicht erkennen. Ich nannte sie also „Jack", schließlich war bald Halloween und ihr Fell leuchtete orange wie ein Kürbis. Als er das unerwartete Mahl beendet hatte, rollte sich Jack am Fuß meiner Matratze zusammen und schlief ein.

Streunende Katzen waren für meine Wärter schlicht Ungeziefer und so nahmen Bashko, Hashi und Farrah meine Fürsorglichkeit mit leiser Verwunderung zur Kenntnis. Madobe kam aus seinem Zimmer heraus und beobachtete mich voller Abscheu.

Nachdem Jack nun auf den Geschmack von Fisch gekommen war, wurden wir schnell gute Freunde. Er horchte jeden Morgen auf das Klimpern meiner Ketten, und wenn ich von der Toilette zurückkam, lief er mir laut miauend entgegen. Auch Dhuxul hatte die Katze bemerkt, doch statt das Tier des Hauses zu verweisen, wies er seine Männer mit dröhnender Stimme zurecht. Das Kätzchen durfte bleiben – vorerst.

In seiner dritten Nacht im Haus brachte Jack jedoch Madobe gegen sich auf, als er immer wieder quer über die Matratzen der Piraten auf dem Boden lief. Als er sich irgendwann mitten auf die Veranda hocken wollte, um sein Geschäft zu verrichten, kickte ihn Madobe gegen die Wand. Ich schlief noch und bekam von der Aufregung nichts mit. Als Jack jedoch zu mir kam, schien er plötzlich krank oder irgendwie angeschlagen zu sein. Bashko berichtete mir, was passiert war. Er verlangte, dass ich die Katze anleinen sollte.

„Das ist nicht dein Ernst! Ich soll ihn anbinden?", fragte ich.

„Haa, yes", sagte er, „wenigstens in der Nacht!"

„Womit?", fragte ich und sah mich im Zimmer um.

Er gab keine Antwort und ich ließ Jack weiter frei umherstromern. Als es dunkel wurde, bat ich die Somalis, ihn einfach laufen zu lassen. Am nächsten Morgen war er verschwunden. Bashko erzählte, die Piraten hätten ihn mit seiner Mutter davonlaufen sehen, die plötzlich zurückgekommen war. Hashi jedoch erzählte eine andere Geschichte, demnach hatte Madobe das Kätzchen einfach über die Grundstücksmauer geworfen.

„Wozu das?", fragte ich.

„Because – Madobe!"

„Fucking!", sagte ich nur.

Junge Tiere haben in Galkayo kaum eine Chance. Das wusste ich vorher. Ich wusste auch, dass meine Zeit mit einem Haustier wie Jack vermutlich nur kurz sein würde. Doch hatte mich die Sorge um ein verlaufenes Kätzchen an das gewöhnliche Leben außerhalb meines Gefängnisses erinnert.

Drei Tage später hörten wir ein klägliches Winseln vor unserem Tor. Ein Pirat öffnete und ein winziger Fellball schoss in mein Zimmer.

„Jack!", rief ich.

Er war abgemagert und lief zitternd und verunsichert im Zimmer umher. Vermutlich hatte er nicht viel zu fressen gefunden. *Es war einfach Mist dort draußen.* Ich öffnete eine Dose Fisch und er machte sich wie ein Löwe darüber her.

Ich hatte ihn wirklich vermisst. Doch versuchte ich dieses Gefühl möglichst zu unterdrücken, so wie ich auch meinen Ekel über die Fliegen und den Unrat in meinem Zimmer unterdrückte. Oder wie ich meine Wut unter Kontrolle zu halten versuchte. Doch wusste ich genau, dass ich bei all den unterdrückten Gefühlen innerlich voller Anspannung war und gleichzeitig von außen immer weniger zu mir durchdrang. Die Katze jedoch hatte mich erwischt. Nach meinem Sprung von Bord der NAHAM 3 war ich außer ihr keinem Geschöpf begegnet, das mich wirklich mochte. Jetzt, wo sie zurückgekommen war, war ich fest entschlossen, sie bei mir zu behalten. In meiner Tasche fand ich eine kaum benutzte lange Hose mit einem

Gürtel aus einem langen Stofffetzen von einem alten Sarong. Ich band Jack den Stoff wie ein Geschirr um seinen Bauch. Das lose Ende befestigte ich am Türgriff, sodass er sich immer noch bequem am Fußende meiner Matratze außen auf das Moskitonetz legen konnte. Bashko steuerte einen Lumpen bei, den Jack als Katzenklo benutzen konnte. Der Plan ging auf. Jack suchte sich seinen Platz und schlief dort. Nur nachts machte er sich manchmal durch das Netz über meine Füße her. Zwar lag ich dann wach, doch wenigstens war Jack in Sicherheit vor meinen Wärtern.

Ich wusch ihn auch. Jack in der einen Hand, Shampoo und Seife in der anderen marschierte ich zur Dusche, seifte ihn ein und spülte gründlich mit Wasser nach. Er war davon nur wenig begeistert, allerdings trocknete sein Fell in der Hitze des Nachmittags sehr schnell. Die Farbe änderte sich daraufhin von stumpfem Fuchsrot zu leuchtendem Pfirsichorange.

Jack hatte das längliche Gesicht einer Abessinierkatze. Er war tollpatschig und dabei unglaublich unterhaltsam. Er wuchs sehr schnell, allerdings entwickelten sich keine männlichen Geschlechtsmerkmale. Also hielt ich ihn ab jetzt für ein Weibchen und verpasste ihr den Namen „Julianne" – nach der Schauspielerin Julianne Moore, die schließlich auch rote Haare hatte.

Eines Morgens, als Yoonis gerade mal wieder im Haus war, scherzte ich in Bashkos Gegenwart darüber, dass Julianne ihre täglichen Gratismahlzeiten dem Chaos vor unserem Tor vorgezogen hatte. „Yoonis same-same!", tuschelte Bashko kichernd. Sein Witz lenkte mich allerdings von der Tatsache ab, dass Yoonis nur dann im Haus aufzutauchen pflegte, wenn die Bosse mal wieder einen Anlauf für einen Telefonanruf unternehmen oder ein Video aufzeichnen wollten. Ich war deshalb völlig unvorbereitet, als mich Bashko am nächsten Tag aufforderte, meine Sachen zu packen. „Video, Video", flüsterte er mir zu und versprach, dass wir danach wieder in Dhuxuls Haus zurückkehren würden. Also ließ ich Julianne allein und angebunden in meinem Zimmer zurück. Vorsorglich stellte ich ihr etwas Milch auf den Boden neben einer geöffneten Dose

Thunfisch. Wir fuhren hinaus in die Wüste, um dort in der Kulisse eines dornigen Gestrüpps einen weiteren, vermutlich nutzlosen Akt unseres Piratenstücks zu inszenieren. Diese Ausflüge dauerten meist Stunden – ein Lehrbeispiel sinnlos vergeudeter Zeit. Allerdings hörte ich dort unter den Dornen das erste Mal den Namen „Abdi Yare", den meine Entführer auch in ihren Telefonaten mit Kalifornien verwendeten. Der Name gehörte möglicherweise niemand Bestimmtem, sondern war eine lose Bezeichnung für eine ganze Gruppe der Piratenbosse. Wie man daheim in Kalifornien vermutete, waren inzwischen auch die Piraten meine lange Geiselhaft leid. Dem ominösen Abdi Yare ging anscheinend das Geld aus. Er war bereit zu verhandeln.

Wir kehrten tatsächlich in Dhuxuls Haus zurück und warteten im Vorhof, während die Männer unsere Sachen packten. Hashi entdeckte Julianne in meinem Schlafzimmer und brachte sie eingewickelt in eine Decke zu mir herüber. „Bisad, okay!", sagte er. Doch statt hier zu übernachten, fuhren wir nun weiter in die Piratenvilla. Die Katze zitterte während der ganzen Fahrt auf meinem Schoß.

In der Nacht hörten wir über dem Haus wieder laute, brummende Geräusche. Ein unsteter Lärm wie von Propellermaschinen, die auf dem Flughafen von Galkayo landeten oder starteten. Dort gab es keine Beleuchtung für die Landebahn, weswegen der Flughafen in der Dunkelheit den Betrieb einstellte. Aus diesem Grund träumte nicht nur ich in dieser Nacht von militärischen Spezialtruppen, die sich dort in Stellung brachten. Eine Woche lang hörten wir nun jede Nacht diesen Lärm, der mich mit einer seltsamen und hoffnungsfrohen Unruhe erfüllte. Die Piraten bekamen es offensichtlich mit der Angst zu tun. Einer von ihnen konnte in der Dunkelheit seine Furcht nur noch mit Beruhigungspillen unter Kontrolle halten. Am nächsten Morgen saß er dann mit dem Rücken an der Wand am Eingang, rauchte mit herunterhängenden Lippen und musste sich den Spott der anderen anhören. Mir sagte man, er hieße Xiiro – ausgesprochen wie das englische Wort „hero".

„Xiiro", sprach ich ihn also an, doch er stierte nur mit glasigem Blick vor sich hin.

Zu diesem Zeitpunkt wollte ich nur noch sterben oder frei sein. Ich war jedoch ausdauernd genug, um so lange zu warten, bis mein Preis auf eine vertretbare Summe gesunken war. Freizukommen dank einer mehrere Millionen schweren Lösegeldzahlung lehnte ich immer noch ab. Allerdings war meine Geduld langsam am Ende und ich sehnte mich nach Rache. Ich wollte die Piraten tot sehen. Ich hatte die Regeln nicht gemacht. Gewalt und Todesdrohungen waren Sprachen, die jeder in Somalia verstand. Die Piraten bedienten sich ihrer aus Geldgier genauso wie zu ihrem bloßen Vergnügen.

Eines Morgens fragte ich Bashko nach Neuigkeiten von der NAHAM 3 und bekam eine überraschende Auskunft.

„NAHAM 3 finished!", sagte er. „ALBEDO gesunken."

„Was ist passiert?"

„Finished. Alle Mann, Somalia."

Das neue Frachtschiff, an dem die NAHAM 3 festgemacht hatte, war gesunken, erzählte Bashko. Die Piratenbosse hatten noch versucht, mit Schnellbooten die Geiseln und ihre Bewacher auf dem sinkenden Schiff zu retten. Doch für einige der ursprünglich 23 Geiseln und für etwa 20 Somalis war jede Hilfe zu spät gekommen.

„Alle tot", sagte er.

„Himmel", rief ich aus, „können Piraten nicht schwimmen?"

„Nein."

Ich nickte nur. „NAHAM 3 okay?"

„Yes, okay, nicht tot."

„Alle Mann in Hobyo?"

Bashko zögerte etwas: „Ähm – Hobyo, Harardhere."

Manche Einzelheiten seiner Erzählung waren Unsinn, jedoch hatte er im Großen und Ganzen die Wahrheit erzählt. Die ALBEDO sank im Sommer 2013, nachdem Teile des Rumpfes durchgerostet waren. Die NAHAM 3 blieb danach noch etwa einen Monat auf dem Wasser, doch mit dem Ende des Sommers gaben die Piraten auch sie auf.

„Ein Chinese ist auch tot", fuhr Bashko fort.

„Was? Wer?"

Er beschrieb nun den jungen Chinesen Jie und behauptete, er sei bei einem Hungerstreik ums Leben gekommen. Jie war der freundliche, hübsche Kerl, mit dem ich an meinem zweiten Tag an Bord der Naham 3 über mein neues Fußballtrikot gescherzt hatte – ein „Frachtgut".

Trauer heißt immer auch Angst, Angst vor dem nahen Tod. Die Nachricht vom Tod einer Geisel – selbst in weiter Ferne – stimmte mich düster und traurig.

„Er ist wahnsinnig geworden", meinte Bashko.

„Wen wundert's?"

Wie jede gute Katze war auch Julianne ein echtes Biest. Wenn sie tagsüber ohne ihre Leine frei herumlief, trieb sie Madobe zur Weißglut. Sie stöberte im Hinterhof der Villa herum und schnüffelte an den Wäschekörben und Blumentöpfen. Mehr als einmal sah ich aus dem Fenster und erwischte Madobe dabei, wie er etwas Unsichtbarem hinterherjagte, so wie ein Baseballspieler einen schwierigen Ball zu fangen versucht. Regelmäßig kam er in mein Zimmer, zischte etwas Unverständliches auf Somali und setzte mir Julianne vor die Matratze. Verzweifelt streckte er dabei die Hände aus: „Sie will einfach nicht stillsitzen!"

Eines Nachts flog ein Flugzeug tief über Galkayo hinweg und ich konnte die Piraten flüstern hören: „A-C!" Angespannt und totenstill warteten sie ab. Ich schlief ein, während sich Julianne zu meinen Füßen einrollte. Um Mitternacht weckte mich Issa: „Michael, come on! Raus mit dir!" Noch halb im Schlaf ließ ich mir die Ketten abnehmen, sammelte meine Sachen ein und rollte das Moskitonetz hoch. Die Piraten luden alles ins Auto, während Julianne verstört mitten auf dem Betonboden saß. Sie war noch immer in ihrem Geschirr an einem der Fensterläden festgebunden.

Bashko führte mich in den Vorhof, während die Piraten weiter das Haus leer räumten.

„Bashko", bat ich, „Bisad."

„Bisad no", beschied er, „Bisad frei."

In eine Decke gewickelt hockte ich neben dem Auto und sah hinauf in den schwarzen Himmel voller Sterne. Seit Monaten fühlte ich mich wie unter Wasser. Kaum ein menschliches Gefühl hatte ich mir in dieser Zeit erlaubt, keine Sympathie und auch keine Hoffnung. Sie hätten mich viel zu verletzlich gemacht, doch hatte die Katze diese Gefühle in mir wieder geweckt. Bashko sagte, er würde hier bleiben und das Haus aufräumen, während wir uns auf den Weg zurück zu Dhuxuls Haus machten. Er wollte sich um die Katze kümmern, danach wollte er sie freilassen.

„Okay, Michael?"

Ich zuckte mit den Schultern. Lange hatte ich diesen Moment kommen sehen. Okay war er nicht.

Hastig fuhren wir nun zu Dhuxuls Haus. Auf dem feuchten Betonboden in meinem Zimmer legte ich mich zum Schlafen. Durch den Türstock mit seinem arabesken Bogen sah ich hinaus in den Sternenhimmel. Die Piraten fürchteten den Überfall durch ein Einsatzkommando und ich fragte mich mit gemischten Gefühlen, ob uns die Überwachungskameras der Drohnen bis hierher folgen konnten. Sahen sie mich oder nicht? Ich hatte keine Ahnung, was das Militär plante und warum ich noch hier war. Nur an dem tauben Gefühl in meinem Inneren konne ich bemessen, wie groß meine Verluste waren – der Verlust meines Selbst, das Fehlen von Liebe. Trauer überwältigte mich, nicht nur wegen der Katze, auch wegen Jie, der Besatzung und der ganzen sinnlosen Verschwendung von Menschenleben und Lebenszeit, die mit dem Piratenunwesen unweigerlich einherging. Noch nie war mir eine derart chaotische Kraft begegnet, noch nie hatte ich eine derartige Kraft hautnah erlebt. Die Piraten folgten engstirnigen, selbstsüchtigen Gesetzen. Das Bedürfnis nach Zusammenhalt und Kooperation war bei ihnen schwächer ausgeprägt als bei jeder anderen Gruppe von Menschen, mit der ich bis dahin zu tun hatte. Außerdem waren sie faul und khatsüchtig, sodass sie noch nicht einmal ihren eigenen Saustall in Galkayo in Ordnung halten konnten. Aus all dem war eine dumpfe, selbstherrliche Gesellschaft mit einer Kultur der Selbstzerstörung entstanden. Ständig hallten Schüsse durch die Straßen, nur die Leute mit dem Gewehr in der Hand zählten als Gewinner. *Die Gebildeten sind in dieser Gesellschaft die Verlierer*, hatte Fuad sinngemäß meiner Mutter geschrieben.

Eine Theorie besagt, dass die Piraterie vor allem in Zeiten zur Blüte gelangt, in denen die Kämpfe und Auseinandersetzungen zwischen zwei sonst verfeindeten Mächten ruhen. Dort, wo diese Kämpfe intensiv ausgetragen werden, blieb Piraten genauso wie Guerilla-kämpfern nur wenig Raum für ihr Tun. Meist sorgte die eine oder die andere Macht dann schnell für Ordnung. In Übergangszeiten wie zum Beispiel nach dem Niedergang des Kommunismus räumten diese Ordnungsmächte jedoch ihren Platz und gestatteten gesellschaftlichen Splittergruppen, ungehindert ihre eigenen Interessen zu verfolgen. Dieses Muster hat der französische Historiker Fernand Braudel für den Mittelmeerraum um 1570 beschrieben. Die spanische Armada besiegte damals in der Seeschlacht von Lepanto die Flotten des Osmanischen Reiches. Eine Schlacht, in der auch Miguel de Cervantes kämpfte. Danach ließen die Spannungen zwischen den beiden Reichen nach. Braudel schreibt: „Erst mit dem Ende des Konflikts zwischen beiden Staaten tritt in der Marinegeschichte eine nachrangige Form des Seekrieges hervor, die Piraterie." Dieser Zusammenhang gilt genauso für Somalia, denn Siad Barres Macht implodierte erst, als nach dem Kalten Krieg die internationalen Hilfsleistungen eingestellt wurden. Allerdings erklärt diese Theorie nicht, warum vor der Zeit des Kalten Krieges auf den Meeren meist Ruhe herrschte. Eine überraschende Ruhe ohne Piraten, die während des 19. Jahrhunderts nur auf den Einsatz einer einzigen Republik, der Vereinigten Staaten, zurückzuführen war.

Mitten in der Hitze meines betonierten Gefängnisses fiel mir jedoch noch eine weitere Erklärung ein. Die Piraterie der Berber war eine Randerscheinung eines tiefer reichenden Konflikts zwischen Christen und Muslimen. Beide Religionen gab es vor der Schlacht von Lepanto und beide überdauerten sie. Die Streitereien zwischen den beiden Mächten mochten nach der Schlacht geringer gewesen sein, doch war der Kampf nicht beendet. Als nachrangige Form des Seekriegs existierte die Piraterie im Mittelmeer auch während der heißen Kriegsphasen. Ganz ähnlich zu den gegenwärtigen Zeiten, in denen Imame durchaus politische Ziele verfolgen, wenn sie ihre Gefolgsleute mit vermeintlichen „Versen des Schwertes" aufstacheln.

„Nur wer zu feige ist, für seine eigenen Interessen geradezustehen, ist am Ende bereit, für eine bloße Idee wie ein Held zu kämpfen", sagt Don Juan in Bernard Shaws herrlichem Theaterstück *Mensch und Übermensch*. Genau so. Es waren Ideen, geliehen aus dem Koran, die meinen Piraten erst die Rechtfertigung für meine Entführung gaben. Allerdings waren sie in der Geschichte menschlicher Niedertracht auch nicht besonders originell. Jacobo Timerman, ein argentinischer Journalist, zählte während seiner Haft in den 70er-Jahren all die hochtrabenden und tödlichen Ideen auf, die für die Gewaltausbrüche in seinem Land verantwortlich waren: „Es gab trotzkistische Guerillas in der Stadt und auf dem Land, rechte Todesschwadronen der Peronisten, die bewaffneten Terroreinheiten der Gewerkschaften, Terrorgruppen rechter Katholiken, organisiert durch Cliquen innerhalb der Kirche, die Papst Johannes Paul XXIII. nicht anerkannten, neben hundert weiteren Organisationen, die sich mit Haut und Haar der Gewalt verschrieben hatten, sowie Splittergruppen, die eine Rechtfertigung für ihren Kampf in Nerudas Gedichten oder einem Aufsatz von Marcuse sahen", schrieb er in *Wir brüllen nach innen*.

Doch Ideen sind nur Wegweiser, so wie Worte auch. Sie können in einem Menschen das Beste zum Vorschein bringen, aber auch seine natürlichen Gefühle und seine Liebe ersticken. Mit manchen Ideen lassen sich blutige Stammesfehden rechtfertigen. Selbst die beste Idee kann einen Menschen verrückt werden lassen. Welche Früchte sie trägt, hängt davon ab, auf welchem geistigen und emotionalen Boden sie gedeiht. Chaos und Gewalt regieren die Welt, doch Chaos und Gewalt herrschen auch im Menschen selbst.

Eines Morgens sah ich Issa an einer Wand lehnen und mit seinem Telefon herumspielen. Er wirkte immer so nachdenklich, dass ich dachte, er sei intelligent oder wenigstens weniger leichtgläubig als seine Kollegen. „Michael", sprach er mich an und zeigte mir ein offensichtlich bearbeitetes Foto eines lächelnden Afrikaners mit nur einem Auge mitten auf der Stirn. Er hatte es im Internet gefunden.

„Ist das echt?", fragte er mich.

„Ein Einäugiger?", fragte ich zurück und musste lachen. Doch es war kein Witz, er wollte wirklich meine Meinung hören.

„Nein", sagte ich nur, irritiert von seiner Frage.

Er nickte kurz und suchte weiter nach Bildern auf seinem Handy.

„Issa", fragte ich ihn nach einer Weile, „was wirst du machen, wenn ich frei bin?"

„Ich verschwinde hier", antwortete er und wies mit seiner Hand in die Ferne, „raus aus Somalia."

„Mit deinem Anteil?"

„Genau."

„Wenn Michael frei ist, ist auch Issa frei?", fragte ich mit einem schiefen Lächeln.

„Ja."

„Wohin willst du?"

„Italien", sagte er, „mit dem Boot aus Libyen."

Die Nachrichten waren zu dieser Zeit voll mit den Geschichten von Migrantenströmen nach Europa. Issa wartete auf seine wenigen Tausend Euro Lohn aus meinem Lösegeld. Mit dem Geld würde er in Somalia gut über die Runden kommen. Träumte er wirklich von der gefährlichen Reise nach Italien? Allein der Weg über Land durch Äthiopien und Sudan nach Libyen war lang und voller Risiken.

„Somalia nach Libyen, wie?", fragte ich.

„No problem."

Vielleicht hatte er ja bereits Verbindungen zu Schleppern, vielleicht hatte ich ihn auch mit meiner Frage beschämt.

„Du spinnst", meinte ich.

Ende 2013 hatte das Chaos in Libyen für die Schlepper neue Wege in Richtung Mittelmeer geöffnet. Überall hörte man in den Nachrichten seitdem von den gekenterten Booten vor der libyschen Küste. Ich stellte mir dabei die Menschen wie eine anonyme Masse vor, die sich nach und nach in das Meer ergoss. Es war eine Gruppe, die so lange unsichtbar geblieben war, bis man unmittelbar auf sie stieß – überall in Europa, als sogenannte Migranten. Ein Mensch aus dieser Masse saß mir nun gegenüber. Meine Gefühle ihm gegenüber nur ambivalent zu nennen, wäre eine Untertreibung. Sie stürzten in diesem Augenblick eher auf mich ein wie ein Sturm in den Tropen; da waren Abscheu, Wut, Mitleid und auch Schrecken. Issa hatte mich in seiner Gewalt, er konnte mich töten, sobald ihm etwas an mir oder meinem Verhalten merkwürdig vorkam. Doch beide wollten wir aus Somalia verschwinden. Nur während ich, sein Gefangener, in mein privilegiertes Leben in Berlin zurückkehren wollte – wenn ich denn einmal freikam –, wollte er, mein Aufpasser mit der Kalaschnikow, seinen Lebenstraum erfüllen und nach Europa reisen – in einem winzigen, schaukelnden Schlauchboot auf dem Mittelmeer.

Gegen Ende 2013 nahmen die Verhandlungen erneut Fahrt auf und meine Mutter war voller Hoffnung, dass die Piraten bald ihre Bedingungen akzeptieren würden. Zum ersten Mal seit meiner Entführung machte sie sich Gedanken über den genauen Ablauf meiner Freilassung. „Wir waren sicher, dass sie unserem Angebot von anderthalb Millionen zustimmen würden", erzählte sie später, „also begannen wir uns zu überlegen, wie wir dich aus Somalia rausschaffen." Sie rief einen pensionierten Offizier der britischen Armee an, der in Nairobi wohnte. Colonel John Steed hatte Erfahrung mit den Reisevorkehrungen für freigelassene Geiseln nach der Lösegeldübergabe. Er war für eine Wohltätigkeitsorganisation der Vereinten Nationen tätig, die sich „Hostage Support Program" nannte. „Sie müssen viel Vertrauen haben", schrieb er meiner Mutter, „die Piraten werden Ihnen eine unterschriebene Übereinkunft zufaxen. Mir sind nur zwei Fälle bekannt, wo sie dieser Übereinkunft nicht nachgekommen sind."

Colonel Steed vermittelte meiner Mutter auch den Kontakt zu einem Piloten aus Nairobi namens Derek, der mit seinem Charter-Unternehmen bereits ähnliche Fälle in Somalia und in ganz Afrika erfolgreich abgewickelt hatte. Seine Dienste waren extrem teuer, doch ließ er meine Mutter wissen: „Ich werde während des Einsatzes selbst den Piraten schutzlos und ohne Hilfe ausgesetzt sein."

Noch während meine Mutter über dieses Angebot nachdachte, verlangte der geheimnisvolle Unterhändler Scheich Mohamud sein eigenes Honorar von 100 000 Dollar – und erhöhte damit beträchtlich die Lösegeldsumme. Derek befragte daraufhin seine Kontaktleute in Galkayo und konnte die Identität einiger meiner Entführer bestätigen, darunter Ali Duulaay und Abdi Yare. Allerdings wusste niemand etwas über jenen ominösen Scheich Mohamud. „Er passt nicht ins Bild", schrieb er meiner Mutter. „Der Präsident Somalias heißt ebenfalls Scheich Mohammed. Mich macht das misstrauisch." Scheich Mohammed war 2012 Präsident der Bundesrepublik Somalia geworden.

Mich erinnerte der Name „Scheich Mohamud" an Mustaf Mohammed Scheich, jenen Piratenboss, mit dem wir damals in Hobyo ein Interview geführt hatten. Vielleicht war die Ähnlichkeit der Namen bewusst gewählt. Allerdings ist „Scheich Mohamud" in Somalia ein gängiger, fast klischeehafter Name, wie „Fred" in Amerika.

Einige Tage später jedoch erhielt meine Mutter einen Anruf von jenem Scheich Mohamud. Er habe Galkayo verlassen und wolle von Abdi Yare und den anderen Piratenbossen nichts mehr wissen: „Sie haben mich beleidigt", erklärte er. Sie hörte nie wieder etwas von ihm.

Ich wusste nichts von den Verhandlungen. Im Gegenteil, Bashko und Issa betonten immer wieder, dass meine Familie und die Behörden sie zum ständigen Wechsel unserer Verstecke zwangen. Nur wegen der Unnachgiebigkeit meines Klans seien wir immer noch gemeinsam eingesperrt. Um Silvester herum fuhren wir mitten am Tag durch die Straßen von Galkayo. Ich trug eine Augenbinde, während ich zu einem Anwesen gebracht wurde, das durch besonders hohe Mauern geschützt war. Die Schilder am Eingang deuteten darauf hin, dass das Gebäude einst als Schule oder Bürohaus genutzt worden war. Meine Wärter nannten es „Abdi Yares Haus". Warum wir hier waren, wurde mir nicht gesagt. An einer der mattblauen Wände im größten Raum des Hauses klebte ein Zettel. Neben einer cartoonartigen Computergrafik standen dort ein paar Worte auf Somali und ein Satz auf Englisch:

Pirat zu sein heißt in Gefahr zu sein!

Offenbar pflegte man hier einen gewissen Sinn für Humor. „Abdi Yares Haus" war ein Umschulungszentrum für Piraten.

Von einem der Fenster an der Stirnseite des Raumes aus sah ich ein mit Lautsprechern behängtes Minarett. Fünfmal am Tag plärrte daraus die fromme Aufforderung zum Gebet in einer Lautstärke, dass die Betonwände vibrierten wie bei einem AC/DC-Konzert. In einer muslimischen Geschichte, die Kabir, einem hinduistischen Poeten aus muslimischer Familie im 15. Jahrhundert zugeschrieben wird, fragt der Dichter einen Mullah: „Warum schreist du so? Ist Allah taub?"

Bashko wirkte in diesen Tagen zuversichtlicher, was den Lauf der Lösegeldverhandlungen betraf. Beinahe schien es, als erwartete er schon in nächster Zukunft einen unerhörten Reichtum, den Wohltäter aus Los Angeles, Berlin oder Washington D.C. über ihm ausschütten wollten. Sein Optimismus irritierte mich. Vor meiner Entführung dachte ich, es habe sich in den weltweiten Kidnapperkreisen längst herumgesprochen, dass Amerika sich niemals irgendwelchen Lösegeldforderungen beugte. Offenbar nicht bis zu Bashko.

Durch die somalischen Unterhändler schien die Botschaft, Washington zahle aus Prinzip nie Lösegelder, nun wohl zu den Piratenbossen durchzudringen, sodass ihre Hoffnungen einen empfindlichen Dämpfer erlitten. Bashko kam eines Tages zu mir ins Zimmer und forderte mich spöttisch heraus:

„Warum? Amerika kein Geld?"

Ich zuckte nur mit den Schultern.

„Amerika zahlt kein Geld an Diebe", sagte ich und versuchte ihm das Prinzip dahinter zu erklären: Solange Regierungen den Forderungen von Piraten nachkommen, laufen sie Gefahr, immer mehr solcher Forderungen zu erhalten. „Überall Verbrecher!", sagte ich und machte eine Geste wie jemand, der einen anderen als Geisel ergreift.

Allerdings war ich zu dem Zeitpunkt bereits nicht mehr sicher, ob ich selbst noch an diese Logik glauben konnte. Es ist zwar richtig, dass erst Lösegeldzahlungen eine Entführung zu einem lukrativen Geschäft machen. Doch wenn man kein Lösegeld zahlte, konnte man Entführungen auch nicht verhindern. Bestenfalls bremste man auf diese Weise etwas den wirtschaftlichen Erfolg dieses Geschäftsmodells. Europäer wie Amerikaner laufen also weiterhin Gefahr, verschleppt zu werden. Die Gier ist einfach viel zu groß, schließlich lockt die Piraten ein Leben in relativ großem Wohlstand. Meine Entführer träumten vom schnellen Geld, das ihr Leben zum Besseren wenden sollte. Die einzige Sorge, die Bashko plagte, war, dass amerikanische Hubschrauber seine Pläne durchkreuzten, bevor er seinen Anteil in Händen hielt. Jeden Morgen hörten wir im Radio von den milliardenschweren Bankenrettungsprogrammen, den katastrophalen Verlusten an der Börse, astronomischen Waffengeschäften und den Billionen Dollar Schulden, die auf dem amerikanischen Staatshaushalt lasteten. Machte man also die Summe auf, warum sollte denn nicht am Ende die ein oder andere Million dieser sagenhaften Geldströme in die Hände der Piraten fließen? Der Unterschied zwischen meinem Wohlstand und ihrer Armut war derart groß, dass sich dagegen mein gegenwärtiger Zustand – verlaust, unrasiert, gefesselt wie ein Aussätziger auf meiner stinkenden Matratze – wie ein gerechter Preis für den Kampf der Zukurzgekommenen ausnahm.

Diese Überlegungen machten mich jedoch kein bisschen nachgiebiger gegenüber den Piraten. Schließlich konnten mich solche Gedanken kaum trösten. Weder hätte ich meine Entführer gern in Europa gesehen noch gönnte ich ihnen nur einen Cent aus den Lösegeldzahlungen. Im Gegenteil, für mich war klar, wer von Regierungsseite jede Lösegeldzahlung verweigerte, musste eine harte militärische Strategie gegen die Piraten verfolgen. Anders würden weder Bashko noch Issa, noch irgendein anderer Krimineller in Somalia und auf dem übrigen Planeten verstehen, dass es verdammt gefährlich war, einen Westler zu entführen. Diese jungen Männer träumten zwar vom fantastischen Wohlstand des Westens und hatten genug Korruption in ihren eigenen Ländern erlebt, um über die einfachsten Verlautbarungen des amerikanischen Außenministeriums zu lachen, doch hätte sich keiner von ihnen je selbst die Mühe gemacht, sich über die Lösegeldrichtlinien der anderen Staaten zu informieren. Genauso wie es ihnen an grundlegender Bildung fehlte, um Staaten wie Großbritannien oder Frankreich überhaupt unterscheiden zu können.

„Michael", Bashko redete sich allmählich in Rage, „wegen Adiga Aniga nicht Amerika, nicht Europa!"

Wegen mir käme er weder nach Europa noch nach Amerika.

„Wegen mir?", fragte ich zurück. „Warum?"

Während er uns auf der NAHAM 3 bewacht habe, hätten ihn Drohnen an Deck fotografiert, erklärte er mir. Er sei nun als Pirat identifiziert. Sein ganzes Leben lang wären nun Bilder von ihm in den Datenbanken der westlichen Geheimdienste, die ihm nun künftig die Einreise in die für ihn interessantesten Länder verwehren würden. Seine Reisepläne dürften künftig deutlich magerer ausfallen und all das sei nur meine Schuld.

„Ich hab mich nicht selbst entführt", wandte ich ein. „Wegen mir hättest du nicht Pirat werden müssen."

„Aber – Adiga – Somalia!", schimpfte er in unserem Kauderwelsch: Wärst du bloß nicht nach Somalia gekommen. „Fucking!"

„Fucking!", stimmte ich zu.

Eines Nachmittags sah ich von meiner Matratze auf und konnte Bashko nirgendwo entdecken. Lediglich sein Gewehr lag verwaist auf seiner Matratze. Ich überlegte, es mir zu schnappen. Unser Zimmer war groß und leer geräumt. Aus dem betonierten Innenhof fiel gleißendes Licht in den Raum. Anhand der Stimmen und Schritte vor der Tür versuchte ich festzustellen, wo genau sich die anderen Piraten befanden. Vermutlich ruhten sie sich in den übrigen Räumen auf dem Boden aus. Schließlich kehrte Bashko zurück, entdeckte das Gewehr und hob es schnell auf. Mit einem breiten Grinsen setzte er sich zu mir.

„Problem", sagte er und meinte damit das unbeaufsichtigte Gewehr.

Ich lächelte ihn an.

Es war still im Haus, denn am Nachmittag war eine Drohne über das Haus geflogen. Bashko lehnte das Gewehr hinter sich an die Wand. Er schlang die Arme um seine Knie und kaute nachdenklich an einem Khatstängel. Seine Augen glühten. Gerade hatte ich mir überlegt, wie viele meiner Wärter ich wohl erschießen konnte, bevor sie mich erwischten.

„Michael", drohte er, „Amerika kommt, Adiga tot!"

Wenn die Amerikaner kommen, erschießen wir dich.

„Ist mir klar!"

„Warum dann kein Geld?", fragte er.

Ich zuckte mit den Schultern.

Wenn ich ich in Abdi Yares Haus auf meiner Matratze lag, konnte ich aus dem Fenster manchmal den Mond sehen. Riesengroß, etwas verschwommen, hing er wie eine Laterne über der Grundstücksmauer. Durch ein Metallgitter füllte er mein Zimmer mit silberhellem Licht. Es war ein seltenes Schauspiel für mich geworden, denn in unseren Verstecken kam ich nur selten mit der freien Natur in Berührung. Wie viele mondhelle Nächte ich während meiner Gefangenschaft schon verpasst hatte, schlimmer noch, wie viele Mondnächte ich überhaupt noch erleben würde, konnte ich nicht sagen. In Paul Bowles' Roman *Himmel über der Wüste* stellt sich einer der Protagonisten dieselbe Frage: „Jedes Ereignis im Leben geschieht nur einige Male, einige erschreckend wenige Male, um genau zu sein. Wie oft können wir uns an einen bestimmten Nachmittag in unserer Kindheit erinnern? Einen Nachmittag, der eine derart wichtige Rolle für das künftige Leben spielte, ohne den wir uns überhaupt unser Leben nicht mehr vorstellen können? Erinnern wir uns viermal? Fünfmal? Erinnern wir uns überhaupt so oft? Wie oft werden wir in unserem Leben noch den Vollmond aufgehen sehen? Kaum öfter als 20 Mal vermutlich."

Ob meine Mutter in Kalifornien denselben Vollmond sehen konnte? Es gab keinen Grund, der dagegen sprach. Ich war zwar von der Bildfläche verschwunden, aber den Planeten hatte ich nicht verlassen. Ich hatte es nur aufgegeben, mir weiter Hoffnung für meine Zukunft zu machen. Stattdessen trieb ich mich lieber im Unterholz meiner Vergangenheit herum. In einer dieser Nächte erinnerte ich mich wieder an meinen Vater, kurz bevor er gestorben war. Er hatte noch seine Arbeitskleidung an, als er mich von meiner Gitarrenstunde abholte. Er kaute abwesend auf einem Zahnstocher herum und schien hinter seiner dunklen Sonnenbrille über irgendetwas nachzubrüten. Trotz seiner düsteren Stimmung war er begeistert über einen Text, den ich über meine Abschlussprüfungen in der sechsten Klasse geschrieben hatte. Die paar sentimentalen Zeilen hatten ihn berührt und er bat mich um eine Abschrift. Ich kann mich nicht mehr an ihren genauen Inhalt erinnern, trotzdem entsann ich mich in Somalia dieser Szene. Sie widersprach all dem, was ich mir in den letzten Jahren und Monaten über meinen Vater zurechtgelegt hatte. Hätte er sich meiner Karriere als Schriftsteller tatsächlich so sehr widersetzt, wie ich mir das immer ausmalte?

Nicht zu lieben ist ein schweres Vergehen, mindestens genauso schwer wie den aufgehenden Vollmond nicht zu beachten. Als ich zwölf war, habe ich meinem Vater nie gestanden, wie sehr ich mir wünschte, dass er zu uns nach Hause zurückkehrte. Ich war nun mal erst zwölf, außerdem ahnte ich nicht, dass ich ihn in meinem Leben nur noch vier- oder fünfmal sehen würde.

Der Drang, sich einfach aufzugeben, muss bei den Alkoholmengen, die er damals in Northridge trank, stärker gewesen sein als jenes einfache Glück, das eigene Leben zu spüren. All meine Kindheitserinnerungen sind voll von diesem Glücksgefühl. Selbst die Langeweile des Vorstadtlebens konnte dem nichts anhaben. In Somalia erst fiel mir auf, dass ich nicht dieselben Probleme hatte wie mein Vater. Selbst in der unwirtlichsten Umgebung war es mir gelungen zu überleben. Mochten die Umstände noch so sehr gegen mich sein, ich konnte ihnen widerstehen. Ich weiß immer noch nicht genau, warum eigentlich. Die Desillusioniertheit meines Vaters wirkte auf den ersten Blick wie nüchterner Realitätssinn. Aber sie war nur ein chemischer Schleier, der ihm den Blick für die Schönheit trübte, die uns jeden Tag umgab. Northridge war schön. Es lag in einem einst fruchtbaren Teil Südkaliforniens, überall wuchsen Platanen, Pinien und Amberbäume, sogar Kakteen und Bananen. Und es gab wilde Tiere: Opossums, Pumas, Klapperschlangen, Eulen. Die öde Landschaft Somalias brachte mir die farbigsten Erinnerungen an das Amerika meiner Kindheits- und Jugendtage zurück, ein vielstimmiger Chor seltsamer Menschen, rissiger Asphaltschulhöfe, schmuckloser Restaurants und verstauber Baseballpokale, abgasreicher Autos und stickiger Klassenzimmer. Selbst die hatten für mich ihre eigene Schönheit. Und all diese Schönheit war nie verschwunden, auch nicht, als mein Vater sich entschloss, sich in den Brustkorb zu schießen.

Nach einer dieser furchtbaren Nächte wachte ich schreckgeschüttelt auf und fühlte mich dennoch auf eine merkwürdige Art befreit. Mir kam eine Stelle aus dem *Sonnengesang* des Franz von Assisi in den Kopf. Erst die Liebe zu dem Nichtliebenswerten öffnet die Seele, für die Schönheit ebenso wie für die hässliche Abscheulichkeit des Todes.

Ein Pirat warf mir die Schlüssel zu und ich schlurfte auf die Toilette. Ich kam zurück und wartete auf mein Frühstück. Bashko, der die Nachtschicht abgelöst hatte, brachte mir eine Schüssel Bohnen. Dann setzte er sich in seinem Sarong auf den Fußboden, lehnte sich mit dem Rücken gegen die Wand und hörte Nachrichten auf seinem Handy.

Ein paar Fliegen waren auch schon aufgestanden, um etwas von meinen gesüßten Bohnen abzubekommen. Ich versuchte sie wegzuscheuchen.

„Michael", sagte Bashko nach einer Weile, „Amerika kein Geld?"
Ich hatte keine Lust, darüber zu reden.
„Bur'ad finished", sagte er: Die Piraten sind am Ende.
„Tatsächlich?"
„Bur'ad kein Schiff mehr!", deutete er geheimnisvoll an.

Ich zuckte mit den Schultern, aß auf, legte mich zurück auf meine Matratze und schaltete das Radio ein.

Bashko hatte eine für die Piraten unbequeme Wahrheit ausgesprochen. Einer der Gründe, warum ich so lange in Somalia festgehalten wurde, war der allmähliche Niedergang der Piraterie vor der somalischen Küste. Die NAHAM 3 war das vorletzte Schiff, das nach dem dramatischen Anstieg der Piraterie in den Jahren davor in die Gewalt von Piraten gelangte. Ihre Blütezeit waren die Jahre zwischen 2005 und 2012, doch allmählich investierten die Bosse ihr Geld lieber in andere Geschäftsfelder wie Immobiliendeals im Ausland, Drogenschmuggel, Waffen- oder Menschenhandel. Die Reedereien schickten ihre Schiffe längst nur noch mit bewaffneten Einheiten an Bord in die Nähe somalischer Gewässer. Außerdem sorgten internationale Marineeinheiten vor Ort für Sicherheit. Das Jahr 2013, spätestens 2014 markierte faktisch das Ende der somalischen Piraterie und die Piraten mussten sich an das halten, was sie hatten. Zum Beispiel mich.

Im Radio brachten sie etwas über einen U.N.-Bericht, der genau das feststellte, was ich während meiner Reise nach Somalia herauszufinden gehofft hatte. In bestimmten Regionen und Städten Somalias hatte die Piraterie Tausende von Menschen in Lohn und Brot gebracht. Das kriminelle Treiben hatte in den betreffenden Gegenden Bootswerften, Restaurants und dem Wohnungsmarkt frisches Kapital gebracht. Wieder fragte ich mich, ob diesem illegalen Geschäft nicht eines Tages legale Geschäftsmodelle folgen würden. Und tatsächlich, noch während ich auf meiner Matratze in Galkayo vor mich hinschimmelte, begannen in Hobyo die Arbeiten an einem neuen kleinen Meerhafen. Außerdem wurden die Sandpisten, die aus der Stadt dorthin führten, zu Straßen ausgebaut. Die Regierung von Galmudug begann sogar damit, Mussolinis Bauernhof zu renovieren. Es war ein seltsamer Akt der Schönfärberei und es sollte noch Monate dauern, bis ich schließlich davon erfuhr. Doch ließen die Ältesten in Hobyo mit den Geldern einiger Investoren das Gefängnis, in dem Rolly und ich festgehalten worden waren, in ein halboffizielles Regierungsgebäude umbauen. Es sollte schließlich als „Villa Galmudug" bekannt werden.

Im Radio hörte ich einige mir vertraute Stimmen. In einem Beitrag über die Al-Shabaab-Milizen erkannte ich den Somaliaexperten Stig Jarle Hansen wieder, den ich während der Hamburger Piratenprozesse kennengelernt hatte. Ein Freund aus Berlin, der BBC-Reporter Damien McGuinness, berichtete nun aus Litauen. Das Leben der anderen ging weiter. Beim Klang von Damiens Stimme begann der Widerstand zu bröckeln, mit dem ich mich bisher gegen jede aufkeimende Hoffnung gewehrt hatte. Ich musste an Berlin denken, an volle Restaurants, schummrige Beleuchtung, gedämpfte Musik und Zigarettenrauch, an die halb verfallenen Mietskasernen im Osten der Stadt so wie das Haus mit der Kneipe, in der ich mich gern mit Freunden zum Abendessen oder auf ein Bier traf. Meine mühsam antrainierte Gleichgültigkeit gegenüber diesen Erinnerungen geriet ins Schwanken und ein überwältigendes Gefühl von Einsamkeit und Sehnsucht überkam mich. Ich vermisste das alles so sehr.

Während der ersten Hälfte des Jahres 2014 wechselten wir alle vier bis fünf Wochen zwischen Abdi Yares und Dhuxuls Haus. Die Umzüge hingen vom Flugaufkommen über dem jeweiligen Anwesen ab. Dhuxul wies mir deshalb eine finstere Ecke in einem etwas größeren Zimmer, weit weg von der Eingangstür seines Hauses, zu. Den Himmel konnte ich von dort nicht mehr sehen. Die Wärter hielten nun den ganzen Tag die untere Hälfte der stählernen Fensterläden in meinem Zimmer geschlossen. Wollte ich schreiben oder lesen, musste ich meine Augen fest zusammenkneifen. Nachts wurden die Läden vollständig geschlossen. Ich hoffte jedoch immer noch, dass meine farbenfrohe Kleidung die Aufmerksamkeit der Kameras in den Drohnen auf sich ziehen könnte, und so wusch ich bei jeder Gelegenheit meine Wäsche. Das Bad in Dhuxuls Haus war abgetrennt vom übrigen Gebäude. Es war ein Raum ohne Fenster, vor dem die Piraten mit ihren Kalaschnikows patrouillierten, während ich meine Unterhosen und mein Fußballtrikot in einen Eimer voll

Wasser und Waschseife tauchte. Manchmal jedoch ließen mich die Piraten nicht in den Hof, nachdem zuvor ein Flugzeug über uns gesichtet worden war. Ich fragte mich, ob nicht bereits die Anwesenheit bewaffneter Männer in einem Innenhof einem Aufklärer einen Hinweis auf unseren Aufenthaltsort geben konnte.

Die Wäsche wurde zum vertrauten Ritual. Meine Gedanken schweiften ab, während meine Hände ihre Arbeit verrichteten. Jeder Afrikaner, den ich kennengelernt hatte – selbst Rolly –, nannte Top-O-Mol, das Waschmittel, das ich nutzte, nur „O-Mol". Ich fand das merkwürdig, denn schließlich versuchte der Hersteller genau den anderen Namensbestandteil als Kurzform durchzusetzen. „Top!" stand groß auf der Verpackung. Während unserer Zeit im Busch blickte Ahmed Dirie eines Nachmittags versonnen auf eine Waschpulverpackung, bis er schließlich „Top" buchstabiert hatte und mich mit seinen faulen Zähnen verblüfft angrinste, als läse er das Wort zum ersten Mal.

Vermutlich hatten sie alle den Markenamen „Omo" im Ohr – das Waschpulver kannte auch in Afrika jedes Kind. Ich kam ins Sinnieren über den Einfluss eines banalen Waschmittels auf die Alltagskultur und erinnerte mich wieder an die altbekannte Werbung für den Reiniger Ajax in den U.S.A. Ganze Generationen wurden mit dem Schwarzweiß-Werbespot groß, der lange vor meiner Zeit entstanden war. Tom Waits und Jim Morrison machten sich in ihren Songs über den Jingle lustig. Der Spot drehte sich um einen Ritter in strahlender Rüstung, der selbstlos Klempnern, Köchen und Hausfrauen zur Hilfe eilte. Auf der scheppernden Tonspur feuerte ihn ein Männerchor an mit dem Ruf: „Stärker als Schmutz! Stärker als Schmutz!"

Während ich meine Wäsche schrubbte, summte ich den Jingle vor mich hin.

Eines Tages verbot mir Bashko, meine Wäsche zu waschen. „Morgen", sagte er nur. Am nächsten Tag dasselbe. Das willkürliche Verbot machte mich wütend. Es griff unnötig in den ohnehin überschaubaren Bestand meiner Rechte als Geisel ein. Auf meiner Plastikmatte stehend, versuchte ich gegen die Willkür anzugehen.

„Washy-wash", forderte ich in demselben ruhigen Ton, in dem ich meine Wärter sonst vor dem Schlafengehen bat, aufs Klo gehen zu dürfen. Der Tonfall schien jedoch Madobe geärgert zu haben, der plötzlich auf mich zukam und mir die Matratze unter den Füßen wegriss. Ich stürzte. Das größte Gewicht fing dabei mein etwas seitwärts gedrehtes, rechtes Bein ab und ich spürte einen stechenden Schmerz vom Schienbein bis in den Knöchel, so als ob etwas gebrochen wäre. Ich nutzte die ergiebige Gelegenheit zum Schreien und Fluchen. Bashko schrie zurück und fuchtelte mit der Waffe herum. Er befahl mir, mich ruhig auf meine Matratze zu setzen. Beim nächsten Gang auf die Toilette hinkte ich vor Schmerzen.

Beim Abendessen trat ich in Hungerstreik.

„No chum-chum?", fragte mich Bashko, als er das Essen brachte.

„No chum-chum", antwortete ich. „Wegen Madobe!"

Er seufzte nur und ging aus dem Zimmer. Meine Hungerstreiks waren inzwischen ein Ritual wie meine Wäschewascherei. Bashko und die anderen taten erst einmal so, als wäre nichts. Am nächsten Tag jedoch, als ich wieder das Essen verweigerte, fragten sie mich nach meinen Forderungen.

„Ich will zum Arzt", sagte ich und deutete auf das Schienbein. „Röntgen!"

In einer Klinik in Galkayo, die ein Röntgengerät besaß, arbeiteten sicher ausgebildete Ärzte. Ich hatte große Zweifel, dass mich die Piraten zu einem solchen Arzt bringen würden. Trotzdem schien es mir vernünftig, meine Entführer mit einer Forderung jenseits der Möglichkeiten ihrer Bosse zu konfrontieren. Vielleicht konnte ich sie so zwingen, mich gehen zu lassen. Meine Forderung war natürlich viel weitreichender, als es der Wunsch nach einer Schüssel Bohnen mehr am Tag gewesen wäre. Ich musste vorsichtig sein, denn die Bosse verweigerten sich jeder Bitte, die ihre Lösegeldforderungen in Gefahr bringen könnte. Möglicherweise brachte ein aufgesetzter, sinnloser Streik sie derart auf, dass sie mich prügeln und foltern ließen. Dennoch war ich bereit, unser kleines Missverständnis zu einem ordentlichen, regelrechten Protest auszuweiten.

In einem BBC-Bericht hatte ich gehört, dass ein Mensch etwa einen Monat ohne Essen überleben kann, vorausgesetzt, er bekommt ausreichend Wasser zu trinken. Ohne Wasser stirbt man innerhalb von drei Tagen. Ich fragte mich, ob die Piraten mir tatsächlich meine Getränkerationen vollständig streichen würden. Doch war die Verletzung meines Beines gegen jede Regel. Das wussten sowohl Dhuxul als auch Madobe ganz genau.

Den ersten Tag brachte ich gut mit Mangosaft, Wasser, Tee und Milch hinter mich. Ich teilte mir meine Vorräte ein. Mit einer halben Flasche Saft, einer Tasse Milch und einer Flasche Wasser am Tag kam ich aus. Ich konnte so das nagende Hungergefühl steuern und hatte auch meine Angst im Griff.

Am nächsten Tag jedoch fühlte ich mich schon beim Aufwachen extrem bedrückt und niedergeschlagen. Die Panik kehrte zurück. Mein Verstand suchte verzweifelt nach einem guten Grund für diese Hungerei, aber eigentlich war da nur der hartnäckige, trotzige Wunsch, Madobe nicht so einfach davonkommen zu lassen.

Am dritten Tag machten sich die Somalis allmählich Sorgen. Abdul, der androgyne Wärter, brachte mir ein fetttriefendes Päckchen voller Sambusi-Teigtaschen.

„Nein!", sagte ich nur.

„No Problem", flüsterte er, „Ich sag' es niemanden." Er deutete mir, das Päckchen zu verstecken, also aß ich eine Teigtasche und versteckte den Rest. Mein Körper nahm gierig die Nährstoffe auf und noch Stunden später fühlte ich mich besser.

Am nächsten Morgen kamen Bashko und Abdul zu mir. „Michael, heute Abend, Doktor!", versprachen sie. „Chum-chum okay!"

„Mm-hmmm."

Es war eine List, doch erkannte ich meinen Vorteil. Ich hatte um eine Röntgenaufnahme gebeten und ich hatte ihr Wort. Ich konnte also genauso gut etwas essen. Wenn es am Abend keine Röntgenaufnahme gab – was sehr wahrscheinlich war –, konnte ich immer noch am nächsten Morgen meinen Hungerstreik wiederaufnehmen.

„Okay", sagte ich also und verlangte nach einer Schüssel Bohnen.

Meinem Bein ging es inzwischen besser und ich ahnte, dass der Knochen nur gestaucht, nicht gebrochen war. Dennoch schleppte ich mich demonstrativ hinkend zur Toilette, um Madobes Spott in Schach zu halten. Er behielt mich stets im Auge, in der Hoffnung, womöglich meine Täuschung aufdecken zu können.

Abends ging ich zu Bett, ohne zu wissen, wie es mit meinem Streik weitergehen sollte. Bis dahin war kein Arzt aufgetaucht. Am nächsten Morgen tat Bashko, als wäre nichts gewesen, und brachte mir eine Schüssel mit Bohnen. Mit knurrendem Magen schimpfte ich los: „Kein Arzt, kein chum-chum!"

„Fucking!"

Der Hunger wurde mit jedem Tag schlimmer. Ich wurde aggressiv und böse. Während der langen Hunger-Nachmittage wuchs in mir ein Zorn, wie ihn wohl jeder Gefangene in sich trägt. Ich verachtete meine Wärter für ihre Feindseligkeit und verfluchte ihre Waffen. Ich hasste ihren Glauben. Ich hielt sie für meine persönlichen Dämonen, die einem niederen Kreis der Hölle entstammten. Sie waren mir moralisch weit unterlegen und standen von dem Augenblick an in meiner Schuld, an dem sie mir morgens klimpernd die Fesseln abnahmen, die Fensterläden öffneten und mir endlich die Erlaubnis erteilten, aufs Klo zu gehen. Dieser Zorn war nicht neu, doch brachte ihn der Hunger frisch hervor. Und je länger ich mich mit ihm aufhielt, desto mehr gerieten auch meine eigenen Fehler wieder in meinen Blick. Das emotionale Gleichgewicht, das ich mir um meines Überlebens willen mühsam antrainiert hatte, drohte sich in schwarzen Rauch aufzulösen wie ein Flugzeug, das in schlingernden Kreisen vom Himmel stürzt. Da lag ich dann am Boden und ließ mich von den Erinnerungen an meine Entführung in Präsident Alins Wagen und an das warme Wasser nach meinem Sprung von der NAHAM 3, von meinen Schuldgefühlen und dem Gedanken an das Leid meiner Mutter und die Hilflosigkeit meiner Verwandten und Freunde übermannen. Das ständige Wechselbad von berechtigtem Zorn und Selbstvorwürfen löste unbändige Wut in mir aus. Ein Teil von mir sehnte sich nach Rache, ein Teil wollte sich umbringen. Ich riss innerlich an meinen Fesseln wie ein Kettenhund.

Am fünften Tag musste ich mir erneut überlegen, was ich eigentlich wollte. Ich war schwach. Ich wollte nicht mehr kämpfen. Die Piraten deuteten an, dass ich bald freikommen sollte – „Chumchum, okay!" –, doch in meinem unterernährten Zustand fand ich diese vagen Gerüchte und leeren Versprechungen noch unerträglicher als schlichtes Verstreichenlassen der Zeit. Ich schaffte es, auf Durchzug zu schalten und ihr Gerede an mir vorbeirauschen zu lassen, so wie ein alter Mann fernsieht.

Am sechsten Tag spürte ich, dass mein Körper sich selbst aufzulösen begann. Ich sah wie eine Vogelscheuche aus und fühlte mich auch so. Ich wollte Bashko glauben, der mir versicherte, dass mich bald schon ein Doktor untersuchen würde. Er bestellte jedoch nur einen Boten, der uns einige Sambusi brachte. Noch am selben Abend fiel ich über die fettigen Teigtaschen her, allerdings wickelte ich eine in Plastik ein und hob sie mir für den Morgen auf.

Gleich nach dem Aufstehen fragte ich Bashko nach dem Doktor.

„Kein Doktor", sagte er.

„Kein chum-chum", sagte ich.

„Fucking!"

Am siebten Tag verweigerte ich wieder das Frühstück, danach das Mittagessen. Am Nachmittag kamen zwei der Piratenbosse. Dhuxul und einer der Ältesten, der mir als „Abdi Yare" vorgestellt wurde, traten mit ernstem Blick zu mir ins Zimmer. Sie brachten Yoonis mit und einen merkwürdigen, mir unbekannten, eher schmächtigen Somali mit Brille, den sie mir als Doktor vorstellten. Er hörte zu, während ihm Yoonis meine Klagen übersetzte. Er tastete mein Bein ab und bemühte sich, dabei möglichst fachkundig auszusehen. Jeder im Raum wusste, dass ich nur auf Zugeständnisse aus war, genauso wie jeder wusste, dass der junge Somali kein Arzt war.

„Das Bein ist nicht gebrochen", stellte er schließlich fest, „es wird Ihnen schon bald besser gehen."

„Okay, Michael?", fragte Yoonis.

Ich schwieg.

„Der Arzt sagt, es geht dir bald wieder gut", wiederholte Yoonis, während die Bosse mich finster anstarrten. „Du musst nicht zum Röntgen!"

„Mm-hmm."

„Du musst etwas essen."

Ich schwieg.

Nach meinem gescheiterten Hungerstreik war ich verzweifelter als je zuvor. Es schien nur noch zwei Möglichkeiten zu geben: Keine der beiden würde mir die Freiheit bringen, keine war besonders nützlich, außerdem widersprachen sich beide Möglichkeiten radikal. Dieser Widerspruch hatte mich schon seit Beginn meiner Entführung beschäftigt, jetzt spürte ich ihn mit jeder Faser meines Körpers wie die stumpfe Spitze eines Schwertes an meinem Hals.

Ich wollte sterben und ich wollte überleben.

Diese Gefühle wurden verschlimmert durch die drückende Wüstenhitze, die nachmittags über Galkayo lag. „Man kann das Unbehagen kaum beschreiben, dieses eigenartige Unbehagen der Seele", schrieb Hanley in *Warriors*. „Nach sechs Monaten voller Anspannung und hitzeschwerer Stille frisst es sich in einen hinein. 15 Menschen wurden inmitten dieser Wildnis wahnsinnig." Sechs Monate nur! Mir war bewusst, dass Hanleys Gedanken nicht besonders geeignet waren, mich aufzubauen. Doch war es genau dieses Unbehagen, dem ich mich jeden Tag zu stellen hatte, wenn ich hier überleben wollte.

Mein Hungerstreik hatte auch die Piraten in Aufruhr versetzt. Falls ich umkam, gab es für sie kein Lösegeld und keinen Lohn für ihre Arbeit. Farrah, der hoch aufgeschossene Aufpasser mit dem kräftigen Kinn und den großen Zähnen, der mich meist freundlich behandelte, war beeindruckt von meiner Ausdauer. Als er eines Nachmittags allein auf einer Matte bei mir im Zimmer saß, beobachtete er mich und sagte schließlich:

„Zwei Jahre!" Er hatte dabei ein lässiges, breites Grinsen im Gesicht, als hätte auch er die ewig gleichen Tage in unserem Haus satt. „Adiga."

„Hmm", antworte ich nur.

„Zwei – Jahre", betont er.

Tatsächlich dauerte meine Gefangenschaft bereits länger. Wir hatten inzwischen März 2014 und ich war nun zwei Jahre und zwei Monate in der Gewalt der Piraten. Farrah grinste immer noch, als könnte ich stolz sein auf diese Leistung.

Ich mochte Farrah. Er war ein schlanker, ruhiger Mann, dem seine Rolle als Pirat sichtlich Unbehagen bereitete. Manchmal erwischte ich ihn dabei, wie er in sich gekehrt und voller Verzückung Musik auf seinem Smartphone hörte. Wie ein Teenager, der Luftgitarre spielt, ahmte er dann einen Lautenspieler nach, ließ seine langen Finger geschickt über den imaginären Hals laufen und nickte im Takt zur Musik. Voll unschuldigem Stolz schwärmte er von K'naan, der als Sa'ad sein Klanbruder war. Meist befahlen ihm dann die anderen Piraten, ruhig zu sein.

Sollte mich ein Einsatzkommando befreien kommen, durfte keinesfalls Farrah dabei umkommen.

Sollte das Einsatzkommando kommen, wollte auch ich nicht sterben.

Eines Morgens hörte ich im Radio ein einstündiges Feature über den neuen Papst Franziskus. In der Stunde vor den Weltnachrichten war das Kurzwellensignal meist sehr schwach und wechselhaft. Mal konnte ich nur Radio Sultanate aus Oman hören, bisweilen jedoch empfing ich Radio Vatikan. An diesem Morgen hörte ich den neuen Papst, wie er menschliche Sünde mit den Sternen verglich. Das Bild entfaltete für mich als Geisel, die auf dem Betonboden eines Piratenhauses lag, eine völlig unerwartete Wirkung.

„Wir liegen nachts wach und schauen in den Sternenhimmel", übersetzte der Reporter im Radio, während der Papst im Hintergrund bereits auf Italienisch seine Predigt fortsetzte: „Tante stelle, tante stelle!"

„Wenn jedoch morgens die Sonne wieder aufgeht, verschwinden mit ihrem Licht auch alle Sterne. Die Gnade Gottes wirkt wie dieses Licht, sie ist ein einziges Licht voll Liebe und Zärtlichkeit."

Die Predigt war der erste bewegende und hilfreiche Gedanke, den ich seit Monaten gehört hatte. Sie erinnerte mich wieder an das Gleichnis vom unbarmherzigen Knecht. Jenem kleinlichen Mann aus dem Evangelium, der, nachdem ihm sein Herr großzügig seine Schuld erlassen hat, im nächsten Augenblick von einem anderen Knecht eine weit kleinere Schuld zurückfordert. Wenn also die Piraten in meiner Schuld standen, einer moralischen Schuld, dann stand wiederum auch ich bis zum Hals in einer moralischen Schuld. Auch ich war zutiefst moralisch verpflichtet, vor allem gegenüber meiner Mutter, aber auch gegenüber meiner gesamten Familie und all jenen, die für meine Freilassung kämpften. Ihnen gegenüber war es idiotisch und verlogen, es mir selbst in der Rolle des verfolgten Opfers bequem zu machen. Zunächst, weil ich noch am Leben war. Denn trotz all der widrigen Umstände war diese Tatsache etwas durchaus Positives. Es war gut, dass ich nach dem Sprung von der NAHAM 3 nicht ertrunken war. Deswegen war es nur richtig, wenn ich mich auch weiterhin nicht umbrachte. Von Epiktet bis Pramoedya über Thich Quang Duc bis Derek Walcott, all jene Personen, deren Gedanken und Ideen mich bisher am Leben erhalten hatten – ihre Vorstellungen von der Befreiung des Selbst liefen für mich letztlich auf jenes eine Gleichnis des neuen Papstes von der Sonne hinaus. In mir breitete sich ein ganz neues Gefühl von Dankbarkeit und Frieden aus. Mir war nichts geblieben außer dem Leben, das durch meine Adern floss, aber allein das schon war ein Geschenk, genauso wie die Macht der Gedanken. Die schlichte Poesie im Gleichnis des Papstes hatte etwas in mir gelöst. Ich begann zu verstehen, warum Verbitterung und Wut, genauso wie Leiden, eine Frage des Willens sind. Ein kleiner Schritt zurück, ein Loslassen der eigenen Vorstellungen – und ein Strom von Gnade und Licht bricht sich Bahn.

Also schloss ich Frieden mit mir selbst. Ich hörte auf, die Piraten als meine Peiniger anzusehen. In unserem Zimmer zwischen all den Khatstängeln und den Gläsern voll überzuckertem Tee gab ich mich ihnen gegenüber so freundlich, wie es mir möglich war. Baten sie mich um eine Flasche Mangosaft, gab ich sie ihnen. Auch wenn ich immer noch nicht verstand, warum sie sich ihren verdammten Saft nicht einfach selber im Laden kauften.

„Guten Morgen", grüßte Hashi, sobald er morgens die Fensterläden öffnete.

„Subax wanaagsan", antwortete ich in seiner Sprache und meinte auch, was ich sagte. Mein Alltag änderte sich dadurch kaum. Ich hörte Radio und skizzierte einen neuen Roman in meinen Notizheften. Ab und zu redete ich mit lauter Stimme, für den Fall, dass dort draußen eine Drohne nach Lebenszeichen von mir lauschte. Auf dem Kopf und im Gesicht wuchsen unaufhörlich meine Haare, sodass ich längst aussah wie ein Penner auf der Straße. Ich entdeckte die ersten grauen Strähnen, doch fühlte ich in mir keine große Anspannung mehr.

Hoffnung zu hegen, hatte ich längst aufgegeben. Hoffnung war ein dekadenter Luxus, der zwar durchaus den Geist beflügeln konnte, aber regelmäßig zu noch tieferer Verzweiflung führte. Meine Mutter in Kalifornien, meine Großmutter in Holland, die Familie in Köln und die Freunde in Berlin, alle waren für mich nur noch Schatten aus der Vergangenheit. Vermutlich hatte meine Mutter längst meine Wohnung ausgeräumt und meine Habseligkeiten in einem Lager verstaut. Seit 14 oder 15 Monaten hatte ich nicht mit ihr gesprochen. Ich war mir bewusst, dass mein Dahinvegetieren hier in Somalia irgendwann in einem Feuergefecht enden konnte – oder mit meinem Verkauf an die Al-Shabaab-Milizen, die sicherlich den einen oder anderen Amerikaner für eine Hinrichtung vor laufender Kamera gebrauchen konnten. Vergangenes war vergangen, jetzt lebte ich nur noch von einem Augenblick zum nächsten.

Epiktet sagte häufiger in seinen Vorlesungen, dass die wahre menschliche Freiheit nur einer moralischen Entscheidung entspringen könne, nämlich der Fähigkeit, Gutes von Bösem zu unterscheiden, ohne sich dabei von anderen Eindrücken ablenken zu lassen. Diese Haltung verlangt große Anstrengungen. Dabei meinte Epiktet mit „Eindrücken" weniger unsere Vorurteile und fertigen Handlungsmuster. Auch nicht jene ersten Eindrücke, aufgrund derer wir Menschen als Freunde oder Feinde einordnen, und genauso wenig die Brechung unserer Erkenntniskraft durch unseren subjektiven Blick, wie es die moderne Psychologie lehrt. Epiktet meinte mit

„Eindrücken" die grundlegend falsche Auffassung, dass Gut und Böse reale Optionen seien, die in der Welt dort draußen vorliegen, einer Welt voller unberechenbarer anderer Individuen. „Spaltertum, Unfrieden, Zwist, Vorwürfe und Anschuldigungen, das Geschimpfe und Geschrei, sind bloße Meinungen, die bloße Vermutung, dass das Gute wie das Böse außerhalb von uns zu finden sei", schrieb Epiktet. „Übersetzt jemand diese bloßen Meinungsäußerungen in eine bloße Willensäußerung, dann verspreche ich ihm tiefen inneren Frieden, ganz unabhängig von seinen Lebensumständen."

Eines Nachmittags beobachtete ich Rashid und Issa dabei, wie sie sich auf einem glänzenden neuen Smartphone gebannt einen Film ansahen. Der Rest der Mannschaft in Dhuxuls Haus war bereits schlafen gegangen. Die Stimmen der Schauspieler, die aus dem Lautsprecher des Handys drangen, klangen amerikanisch. Ich war neugierig, welcher amerikanische Film die beiden Somalis derart in seinen Bann schlagen konnte. Die BBC berichtete seit Tagen von den Oscar-Verleihungen und Tom Hanks' neuem Film *Captain Phillips*, der die Geschichte der Gefechte im Jahr 2009 zwischen einem amerikanischem Scharfschützenkommando und einigen Piraten rekonstruierte.

Ich hörte eine Weile zu und war mir dann sicher: Es war, verdammt nochmal, Tom Hanks.

„Issa", fragte ich mit leicht spöttischem Grinsen, „ist der Film gut?"

„Haa."

Eine Woche später hockte sich etwas schwerfällig der allzu jugendliche Mogadischuveteran Farhaan zu mir auf eine Matratze. Diesmal hatte er das neue Smartphone in der Hand.

„Michael, schau", lud er mich ein und zeigte mir dann eine Szene aus dem Film *Captain Phillips*. Zu meiner Überraschung überließ er mir nach einer Weile ganz das Telefon. Und während wir weiter den Film ansahen – die Anfangsszenen spielen in Oman auf dem Frachtschiff MAERSK ALABAMA –, wachte ich aus meiner Lethargie der vergangenen Monate auf und fasste voll leiser Hoffnung einen Plan. Konnte ich jetzt nicht einfach zu Hause anrufen? Normalerweise bewahrten die Piraten ihre Handys außerhalb meiner Reichweite auf, weil sie genau diese Möglichkeit verhindern wollten. Ich überlegte, wie ich die Nummer meiner Mutter wählen konnte, ohne dass es Farhaan mitbekam. Ich konnte ihr dann schnell etwas auf Deutsch mitteilen, sofort wieder auflegen und Farhaan damit beruhigen, dass ich wegen des Films geschrien hätte. Danach hätte ich etwas geflucht und geschimpft und mich dafür entschuldigt, dass ich die Einstellung auf dem Handy durcheinandergebracht hätte: Oh, sorry, wo kann ich den Film wieder einschalten?

Farhaans Nummer würde dann zurückverfolgt werden können und man könnte kommen, um mich zu retten.

Das erste Mal seit Monaten sah ich eine echte Chance, die Eintönigkeit des Alltags in meinem Gefängnis zu durchbrechen. Mir schlug das Herz bis zum Hals. Es konnte klappen, doch bedeutete die Aktion auch, dass die Nummer meiner Mutter im Handy gespeichert wurde und danach von den Piraten entdeckt werden konnte.

Farhaan setzte sich zurück auf seine Matte. Er kaute etwas Khat und unterhielt sich mit Farrah. Ich suchte nach dem Lautstärkeregler, denn ich wollte mögliche Wählgeräusche vermeiden. Langsam drehte ich die Lautstärke zurück und wartete, bis sich meine Wärter anderen Dingen zuwandten.

„Michael", fuhr mich Farhaan stattdessen an.

„Hmm?"

„Problem, Telefon?", fragte er.

„Keine Ahnung", antwortete ich.

„Lauter, lauter!"

„Hmmm, falscher Knopf", murmelte ich.

Er setzte sich zu mir, um das Problem zu beheben.

„Danke!", sagte ich.

Er kehrte zu Farrah zurück und ich sah mir weiter den Film an. Nach einer Weile stand er auf und ging. Farrah saß jedoch weiter in seiner Ecke und kaute Khat.

Die Entscheidung, ob ich das Handy nutzen sollte, um möglicherweise freizukommen, war ebenfalls eine moralische Entscheidung. Was war besser, was schlechter? Ich konnte dabei umkommen, genauso wie meine Wärter. Doch waren das nun mal die Spielregeln in diesem Haus, Regeln, die ich mir nicht ausgesucht hatte. Außerdem war ich kein Heiliger.

Ich drehte erneut das Telefon leiser.

„Michael! Problem!" Diesmal war es Farrah.

„Was? Nein!", widersprach ich.

„Sound! Lauter!", sagte er.

„Hmmm."

Inzwischen war im übrigen Haus Stille eingekehrt und Farhaan kam zurück ins Zimmer. Die beiden sprachen kurz miteinander, dann kam Farhaan zu mir herüber. Schwerfällig und gutmütig ging er vor mir in die Hocke und sah mich an.

„No problem", sagte er.

„No problem", pflichtete ich ihm bei.

Ein paar Fliegen schwirrten umher und das nachmittägliche Licht drang durch die Tür zu uns ins Zimmer. Farhaan hockte etwa einen Meter von mir entfernt. Um ihn von meinen eigentlichen Plänen abzulenken, deutete ich auf einen der somalischen Hauptdarsteller, einen Piraten, der am Ende überlebte und dem daraufhin in New York der Prozess gemacht wurde.

„Der Somali hier", sagte ich.

Farhaan nickte. „Abduwali", setzte er hinzu, „der wirkliche Name des Piraten, Abduwali Muse. Er war mein Freund."

„Echt?"

„Ja, er war ein Klanbruder, ich kannte ihn schon als Kind."

„Darod?", fragte ich ihn nach dem Klannamen. Farhaan hatte mir bereits erzählt, dass er aus der Region Puntland stammte, wo der Darod-Klan das Sagen hatte.

„Genau", bekräftigte er.

„Abduwali ist jetzt in Amerika", sagte ich ihm, „im Gefängnis."

„Ich weiß."

Ich habe keine Ahnung, warum mir Farhaan den Film *Captain Phillips* zeigte. Vermutlich wollte er nur nett zu mir sein. Für einen Piraten war der Film vielleicht ein wenig unerfreulich, denn jeder weiß, wie er ausgeht: drei Geschosse aus dem Gefechtsturm eines Kriegsschiffes und drei verstümmelte Piraten, dazu Blut und Schrecken – einen erfolgreich geretteten Amerikaner nicht zu vergessen. Vielleicht suchten sie in dem Film aber auch nur nach Tipps für ihr Piratendasein. Außerdem hatte der Hollywood-Blockbuster, der ja in ihrem Heimatland spielte, für die Somalis sicher seinen ganz eigenen Reiz. Mit den Smartphones und auf den Fernsehschirmen war diese einlullende Welt der westlichen Popkultur jederzeit auch für die Piraten abrufbar. Nachdem er 45 Minuten neben mir in der Nachmittagshitze gehockt und mit mir gemeinsam den Film angesehen hatte, noch vor dem Höhepunkt mit den Scharfschützen, hatte Farhaan schließlich genug. Er nahm mir das Telefon aus der Hand. „Okay, Michael“, sagte er nur.

Eines Nachmittags im Mai, ich saß gerade über mein Notizheft gebeugt, kam Bashko zu mir ins Zimmer und stellte mit lautem Klimpern eine Schnapsflasche vor mir auf den Betonboden.

„Alkohol?“, fragte ich verwundert. „Wozu?“

„Von Taliyaha“, meinte er. „Taliyaha“ war das somalische Wort für Kommandeur, in unserem Fall war damit Dhuxul gemeint.

„Warum?“

„Ist gut!“, sagte Bashko, streckte mir den Daumen entgegen und ließ mich allein.

Die Flasche kam offensichtlich aus Äthiopien und trug ein gelbes Etikett mit einem Wacholderbusch darauf. Unter dem amharischen Markenname stand auf Englisch „Dry Gin“. Dhuxul trank dasselbe Zeug. Weil ich gerade beschäftigt war, hob ich mir die Flasche für die Zeit nach Sonnenuntergang auf. Der Alkohol würde mir sicher helfen einzuschlafen. Die Flasche in meinem Zimmer zog die Wärter magnetisch an. Sobald ein Pirat in mein Zimmer trat und die seltene, klare und hochprozentige Flüssigkeit auf dem Fußboden entdeckte, sah er mich entnervt an. Schließlich war ich es, der ihn damit in Versuchung brachte. Doch ein paar Worte auf Somali klärten schnell das mysteriöse Auftauchen der Flasche. Wenn auch das

Geschenk von Dhuxul für mich gedacht war, so konnte sich keiner der Piraten dem verheißungsvollen Locken einer Flasche Gin entziehen.

Als Erster kam Abdinuur, der Mann mit dem Maschinengewehr, zu mir, um mit einem Plastikbecher etwas Alkohol von mir zu schnorren.

„Sahib", bat er mit rauer, beinahe flehender Stimme, „Aniga, Gin, okay?"

Ich musste lachen und goss ihm einen kleinen Schluck aus der Flasche ein. Noch nie hatte er mich bisher „Sahib" genannt.

„Adiga Moslim?", fragte ich ihn. Bist du nicht Moslem?

„Haa", machte er und stürzte den Schluck Gin hinunter.

Etwas später tauchte auch Rashid, der Piratenkronprinz, auf und versuchte sein Glück. „Sahib", fing auch er an, doch hatte er mich zuvor um meine Limetten, Teigtaschen und ein paar andere Kleinigkeiten betrogen. Ich mochte ihn in jedem Fall weniger als Abdinuur und so machte ich nur eine knappe, ablehnende Geste mit meinem Zeigefinger.

„Nicht für Moslems", zog ich ihn auf, obwohl ich genau wusste, dass er es weniger streng mit seinem Glauben hielt.

„Sahib", bettelte er.

„No."

Abends mischte ich vor dem Schlafengehen etwas Gin mit Mangosaft. Es schmeckte abscheulich. Als Abdinuur hereinkam, um mir die Fußfesseln anzulegen, teilte er mir in einer Mischung aus Somali und Pidgin-Englisch mit, dass ich froh über Dhuxuls Geschenk sein sollte. Schließlich kostete eine Flasche äthiopischer Gin mehr als 20 Dollar.

„Ich würde dafür nicht mehr als zehn ausgeben", teilte ich ihm überrascht mit.

Am nächsten Morgen konnten es die Piraten kaum glauben, als sie sahen, wie viel von dem Gin noch in der Flasche übrig war. Warum hatte der ausgehungerte Christ die Flasche nicht sofort in einem Zug heruntergestürzt? Einer nach dem anderen kam zu mir ins Zimmer, um sich selbst zu überzeugen und am Ende um einen

Schluck zu betteln. Rashid ließ ich für seinen Schluck mit einer Limette bezahlen und als Bashko am Abend ins Zimmer kam, bat ich ihn, die Limette für mich aufzuschneiden.

Die Hälften presste ich über einer Tasse süßen Tees aus der Thermoskanne aus. Die Mischung war akzeptabel, also schrieb ich sie mir auf.

Somalischer Gimlet
Ein Teil äthiopischer Gin
Eine ganze, frische Limette
Zwei Teile süßen, schwarzen Tees
Ginanteile je nach Geschmack erhöhen.

Die Piraten sammelten nun Geld, um sich ihrerseits eine Flasche Gin besorgen zu können. Eines Tages, als Dhuxul außer Haus war, lieferte schließlich ein Bote eine Flasche, exakt so eine, wie ich sie besaß. Abdinuur öffnete sie und trank in großen Schlucken daraus. Vier andere warteten um ihn herum, jeder mit einem Plastikbecher in der Hand. Bashko und Farrah lehnten ab – zumindest in meiner Gegenwart. Doch all die anderen ließen nun einen Abend lang den Islam Islam sein.

Ein paar Tage später Anfang Juni sagte Hashi, als er morgens die Fensterläden öffnete: „Michael? Adiga frei!"

„Hmm?"

„Heute", antwortete er und ahmte mit der Hand ein Flugzeug nach. Eine Geste, die ich inzwischen zutiefst verachtete. „Adiga frei!"

„In echt?"

„Haa!"

Ich ging auf die Toilette, kam zurück und machte mich über meine Schüssel Bohnen her. Danach befahlen mir Hashi und Bashko, meine Sachen zu packen.

„Warum?"

„Adiga free!"

„Bashko, was willst du?"

Er hockte sich neben meine Matratze und eröffnete mir, dass ich irgendwann im Verlauf des Nachmittags nach Galkayo gebracht würde, wo bereits das Flugzeug nach Nairobi auf mich wartete. Ich könnte nun nicht mehr länger hier herumsitzen, das Handtuch über den Fensterladen gehängt, das Hautdesinfektionsmittel auf dem Fensterbrett und das Zahnputzzeug auf dem Boden verstreut. Ich sollte mich besser bereit machen zu gehen.

Ich glaubte ihm kein Wort, sah jedoch, wie die Piraten ihrerseits die Kleider in Plastiksäcken verstauten. Mein Herz begann zu rasen. Schließlich fing auch ich an, meine Kunstledertasche zu packen. Ich verstaute sogar ein paar Snacks und einige Flaschen Mangosaft in einer Plastiktüte als Reiseproviant. Die Vorstellung, dass mein provisorisches, mit einem schmutzigen Stück Schnur zusammengeschnürtes Gepäck den Transport in einem Gepäckfach überstehen könnte, war natürlich abwegig. Aber zum ersten Mal seit Monaten erlaubte ich mir eine Handbreit Zuversicht. Ich malte mir das Flugzeug aus, ein kleiner Zwölfsitzer, eine Propellermaschine der Vereinten Nationen. Ich machte mir Gedanken darüber, was ich den Menschen dort draußen erzählen sollte.

Gegen Mittag kam Abdurrahman, der weltgewandte Übersetzer, zu uns in Dhuxuls Haus. Auf seinem Telefon zeigte er mir eine kurze Textnachricht auf Englisch.

Sagen Sie Michael, dass wir ihn zurück in die Dunckerstraße nach Berlin bringen.

Dort stand sogar die richtige Hausnummer. Ich war perplex. Wieder regte sich ein Funken Hoffnung in mir.

„Du musst dieser Person ein paar Fragen beantworten", sagte Abdurrahman.

„Wem?"

„Er wird dir helfen", sagte er nur und reichte mir ein Notizheft. „Schreib deine Antworten hier auf, ich schicke sie ihm dann."

„Ich soll ihm schreiben?"

„Genau."

Allerdings wollte Abdurrahman nicht, dass ich sein Telefon benutzte, sondern er wollte meine handschriftliche Botschaft selbst eintippen und sie später von einem anderen Ort aus versenden.

„Ich verstehe."

Den Rest des Nachmittags verbrachten Dhuxul und seine Männer auf der Veranda und gruben sich dabei durch einen großen Haufen Khat. Das Holzbein lag noch vollständig bekleidet mit Socke und Schuh neben ihm auf einer Matte. Dhuxuls Fürsorglichkeit seinen Männern gegenüber wirkte beinahe bedrohlich. Sie erinnerte mich an eine Reise nach Indonesien vor etwa zehn Jahren, als ich auf Java eine Koranschule besuchte. Dort gab es, kaum beschattet durch ein paar Bananenstauden, einen einfachen und drückend heißen Schlafsaal, in dem junge, radikale Muslime und ihr Lehrer schliefen. „Er ist anders als andere Anführer", hatte mir damals einer der Jungen erzählt, „er schläft und isst mit uns gemeinsam." Der Lehrer war Abu Bakar Ba'aysir, ein Zottelbart und enger Freund der al-Qaida. Er hatte 2002 die blutigen Bombenattentate auf Bali geplant. Das Schleifen jedweder gesellschaftlichen Hierarchien war ein erprobtes Mittel der Piraten schon seit Anbeginn. Es geschah nicht nur aus Idealismus oder Freundlichkeit, es war meist nur ein einfaches Mittel, das Zutrauen armer, junger Männer zu gewinnen.

Am späten Nachmittag läutete schließlich Dhuxuls Telefon. Das Letzte, was ich dann von unserem Kommandeur hörte, war: „Ahhh. Maya." Was so viel hieß wie Nein.

Es wurde dunkel und Hashi fesselte mir die Beine. Ich fragte ihn voll zerbrechlicher, beinahe kindlicher Hoffnung: „Aniga free?"

„Haa", machte er, „heute Nacht!"

Ich erwachte mit dem ersten Ruf des Muezzins. Immer noch lag ich auf derselben schmutzigen Matratze. Draußen hörte ich das Dröhnen eines Flugzeugs. Die Stimmung unter meinen Wärtern war angespannt, meine Bitten um Wasser und etwas Shampoo wurden geflissentlich ignoriert.

„Abdinuur", bat ich. „Kadi!"

Er sah mich nur düster an.

„Was habt ihr für ein Problem?", rief ich nun äußerst laut, sodass Bashko mit dem Gewehr in der Hand in mein Zimmer geschossen kam. Er befahl mir, still zu sein, und fing dann an, sich mit Abdinuur zu streiten. Eine Minute lang sah ich ihnen ungläubig zu. Es war wie in der Slapstick-Komödie *Keystone Kops*. „Kadi", brüllte ich und nun stritten sich alle Piraten.

Schließlich wurde mir gestattet, aufs Klo zu gehen, doch hatte ich die drückende Stille durchbrochen. Stunden später, mitten in der Nacht, kam ein Auto und fuhr uns zu Abdi Yares Haus. Die Männer warfen meine Sachen auf den Boden. Sie waren voller Hass und Verachtung. Nachdem ich im Dunkeln mein Moskitonetz ausgebreitet hatte, kam Bashko, um mir die Ketten anzulegen. Flüsternd bat ich ihn um eine Erklärung.

„Wegen Adiga", sagte er, „alles wegen dir!"

Als Bote und Übersetzer diente in Abdi Yares Haus ein aalglatter, öliger Mann mit länglichem Gesicht und dicht stehenden Augen. Er brachte auch das Khat und andere Einkäufe vom Markt. Obwohl kaum älter als die meisten meiner Bewacher, strahlte er eine gewisse Gelassenheit und Überlegenheit aus. Er schien sich auszukennen und so bat ich Bashko, ob der Mann mir nicht die neuesten Entwicklungen erklären könnte. Er trat ins Zimmer und blickte sich geringschätzig um. Sobald er etwas wie Trotz oder Widerstand in meiner Stimme zu hören glaubte, antwortete er mir, dem Ungläubigen, voller Hass, als wäre ich nur zu dumm, um zu verstehen, warum man mich in diesem Zimmer festhielt.

Ich fragte ihn nach dem Tag, an dem man mich hatte freilassen wollen. „Ein Mann ist gekommen" erzählte er, „und wollte uns Geld für dich geben. Er hieß Joe. Kennst du ihn?"

„Nicht, dass ich wüsste."

„Er hatte 700 000 Dollar dabei, doch wir sagten ihm, dass wir drei Millionen für dich wollen. Wir schickten ihn schließlich zurück in sein Heimatland."

„Seltsam."

„Er trug die Uniform deiner Armee. ,Grünzeug', sagt ihr nicht so? Er hatte noch drei andere dabei. Sie hatten keine richtigen Visa und wir wussten nicht, wie sie ins Land gekommen sind. Wir haben sie dem Innenministerium übergeben. Zwei Tage waren sie dort unter Arrest."

„Das Innenministerium für Galmudug?", fragte ich.

„Genau."

„Mm-hmm."

„Wir haben Beweise, dass er aus Dschibuti eingereist ist. Wir wissen auch nicht, was er wollte, aber er hat wie ein Amerikaner geklungen. Vielleicht war er ein Sonderagent."

„Komische Geschichte", sagte ich.

„Kennst du ihn?"

„Ich kenne niemanden, der Joe heißt."

Zumindest kannte ich keinen Joe, der nach Somalia gereist wäre. Möglicherweise hatte einer der Unterhändler versucht, mich freizubekommen. Allerdings wusste ich auch nicht, aus welchem Grund er meine Entführer ausgerechnet in einer Uniform in die Irre führen wollte. Das Einzige, was stimmte, war meine Adresse in Abdurrahmans Handy. Sie war vollkommen korrekt buchstabiert. Kein Pirat hätte sich mit dem „c" in Dunckerstraße aufgehalten. Immerhin bedeutete das wohl, dass meine Wohnung in Berlin noch existierte. Es bedeutete auch, dass die Möbel nicht in einem Lager vergammelten, und es bedeutete, dass irgendjemand auf meine Rückkehr hoffte. Meine Familie und Freunde waren also keine Schatten aus meiner Vergangenheit. Je länger ich mich mit diesen Gedanken aufhielt, umso schneller pendelten meine Gefühle von Hoffnung zu Enttäuschung. Meine Nerven lagen blank. In einem Augenblick fühlte ich mich großartig, im nächsten Moment umso deprimierter.

Meine Aufpasser durchlitten dasselbe Wechselbad der Gefühle. Es schwächte sicher ihre Moral, zu hören, dass ihr Lösegeld bereits in Galkayo angekommen war, nur um sich im nächsten Augenblick wieder davonzumachen und im blauen Himmel über der Stadt zu verschwinden.

Als ein paar Wochen später der Ramadan begann, lebten wir wieder in Dhuxuls Haus. Wieder hatte jemand den Fernseher aus dem

Schlafzimmer hervorgeholt, diesmal jedoch nicht für mich. Es war Fußballweltmeisterschaft. Die Männer verfolgten das Event vor dem Fernseher auf der Terrasse. Jeden Abend sah ich nun vor dem Einschlafen durch die Tür das Flackern des Bildschirms mit den Fußballspielen. Wenn die aus Brasilien übertragenen Spiele anfingen, war es in Somalia immer schon dunkel. Weil ich zu dieser Zeit gefesselt auf meiner Matratze lag, konnte ich das Turnier nur morgens mit den Nachrichten der BBC verfolgen.

Mit der Weltmeisterschaft wurde wieder die Sehnsucht nach meiner Wahlheimat Berlin wach. Die Aufregung, wie sie in Europa während des Turniers die Straßen und Plätze beherrscht, kennt man in Amerika nicht. Zu Zeiten des Super Bowl oder der World Series verziehen sich die Menschen dort in die Hinterhöfe und in ihre Wohnzimmer. Die Straßen sind dann wie leergefegt. Anders in Berlin, wo sich Männer und Frauen, Jung und Alt im Sommer in den Bars und Cafés versammeln, sich unterhalten, trinken und herumgrölen, während sie auf großen Bildschirmen die Spiele verfolgen. Die Menschen laufen mit Nationalfahnen durch die Straßen, singen ihre Nationalhymnen. Selbst wenn ich damals an meinem Schreibtisch arbeitete, wusste ich dank des Geschreis draußen, wie das Spiel stand. Hatte der Gegner ein Tor geschossen, jubelten verstreut ein paar Leute. War für die Deutschen ein Tor gefallen, brach die Hölle los. Je größer die Spannung am Ende eines Spiels wurde, umso lauter wurde auch der Lärm vor dem Fenster. Man konnte hören, sobald die Spieler sich dem Tor näherten. Niemand brauchte einen Fernseher, um ein gutes Spiel mitzuverfolgen.

Deutschland erreichte 2014 das Viertelfinale gegen Brasilien und ich bat die Piraten, das Spiel anschauen zu dürfen. Ich spürte immer noch die Nachwirkungen des Hungerstreiks an meinem Körper. Nicht nur waren meine Muskeln kleiner geworden, mein ganzes Immunsystem war zusammengebrochen. Meine Haut war nach einer Infektion überzogen von Pusteln und ich litt an einem regelmäßig wiederkehrenden Fieber. Jetzt jedoch erbarmte die Piraten mein schlechter Gesundheitszustand und Dhuxul erlaubte mir, das Spiel zu sehen. Dabei wusste niemand genau, wann das Spiel übertragen würde, und so entschied ich mich für die erste Übertragung an diesem Tag. Mit Ketten an den Füßen nahm ich auf einem der Plastikstühle mitten auf der Türschwelle Platz. Leider zeigten sie zu diesem Zeitpunkt nur eine Wiederholung und so schickten mich die Männer zurück ins Bett.

In der Früh weckte mich Bashko dann mit den aufregenden Neuigkeiten.

„Michael", sagte er, „Deutschland hat sieben Punkte geholt!"

Ich schimpfte und schüttelte nur den Kopf. Piraten-Quatsch, was sonst! Bei welchem professionellen Fußballturnier wären je sieben Tore in einem Spiel gefallen.

Doch Bashko bestand darauf: „Sieben Punkte, Brasilien ist raus!"

„Alles klar!"

Die Geschichte war der Aufmacher für die Weltnachrichten. Mit sieben Toren hatte Deutschland den Gastgeber Brasilien aus dem Turnier geworfen. Vor den Augen einer Milliarde Zuschauer vor dem Fernseher war Brasilien gedemütigt worden. Die Ungeheuerlichkeit des Ereignisses erinnerte den Radiosprecher an die Weltmeisterschaft 1950, ebenfalls in Brasilien. Damals brachte ein einziger Spieler aus Uruguay die Massen im Stadion zum Schweigen, als er im entscheidenden Spiel gegen Brasilien in den letzten Minuten der Nachspielzeit das Tor traf. Mit einem Mal wurde es im Maracaná-Stadion mit 200 000 Menschen totenstill. Die BBC hatte den Spieler von damals, nun natürlich ein alter Mann, anlässlich der Niederlage gegen die Deutschen erneut zum Interview gebeten. Seine eigene Karriere fasste er dabei auf eine bemerkenswerte Weise zusammen: „Es gab nur drei Menschen, die zuvor die Massen im Maracaná-Stadion zum Schweigen bringen konnten: Frank Sinatra, der Papst und ich."

Die Freunde daheim fragten sich, ob ich mich nicht zu diesem Zeitpunkt mit meinen Entführern verbrüdert hätte. In der Art, wie schon andere Geiseln ihr Überleben sicherten, indem sie die Ansichten und Einstellungen ihrer Peiniger übernahmen. Psychologen nennen das Phänomen „Stockholm-Syndrom", nach dem Verhalten einiger Geiseln bei einem Banküberfall in Stockholm im Jahr 1973.

Selbst vor der Polizei versuchten die Geiseln nach ihrer sechstägigen Tortur, das Verhalten ihrer Entführer zu entschuldigen. Bei mir war es anders. Vieles von meiner Höflichkeit und meinem Anstand war inzwischen verschwunden, doch der Kern meiner Person, mein Wille war während der Geiselhaft stärker geworden. Hätte man mir die Möglichkeit gegeben, ich wäre ohne zu zögern geflohen. Meine Mutter in Kalifornien wusste von der Fußballweltmeisterschaft und ermutigte das FBI, noch während des Turniers einen Befreiungsversuch zu unternehmen. Sie vermutete, dass meine Entführer während der Übertragungen abgelenkt waren. „Fußball ist eine Weltmacht", sagte sie, „also dachte ich mir, dass sie sicher vorm Fernseher sitzen, weil sie sonst nichts anderes zu tun haben."

Sie hatte natürlich recht, doch ihr waren die Hände gebunden. Auch sie hatte keinen direkten Draht zum Präsidenten. „Ich schrieb ein paar Briefe an das Weiße Haus, allerdings bekam ich nie eine Antwort", erzählte sie. Nach zwei Jahren begann sie sich allmählich über diese vornehme Zurückhaltung zu ärgern.

Mir hätte es nichts ausgemacht, denn ich war noch vernünftig genug, mich über jeden Weg aus der Gefangenschaft zu freuen. Allerdings war es enorm wichtig für mich und meine psychische Stabilität, dass ich nicht über Rache nachdachte. Stockholm-Syndrom und Vergebung sind verschiedene Dinge. Ich hatte gelernt zu vergeben, auch wenn ich mir zu jeder Zeit der Regeln unseres Spiels bewusst war.

Deutschland erreichte schließlich das Finale und noch einmal erlaubten mir meine Aufpasser, das Spiel von meinem Plastikstuhl im Türrahmen aus anzuschauen. Lange nach Einbruch der Dunkelheit wickelte ich mich in eine Decke und schon bald erschien mir unsere kleine Versammlung wie eine billige Kopie der großen Feierlichkeiten in Berlin. Acht oder neun Somalis saßen, nur erhellt durch den flackernden Schein des Bildschirms, im Schneidersitz in der Kälte auf der Veranda. Einige hatten deren arabeske Holzverzierungen mit Planen abgedeckt, um den Widerschein des Fernsehers etwas zu dämpfen. Farhaan reichte eine Plastikflasche mit schwarz gebranntem Gin herum und versuchte sie vor Dhuxul zu verstecken, der vorn in unserer Gruppe saß und sein Holzbein an die Hauswand gelehnt hatte. Während der Vorberichte zeigte man eine Nahaufnahme des Pokals, um den es bei diesem Turnier ging, gold-glitzernd und mit Malachitsteinen besetzt. Dhuxul streckte seine Hand aus, als ob er nach dem Pokal greifen wollte. Seine Männer lachten. Mich stieß seine Geste ab, sie entsprang ausschließlich dem Instinkt eines Diebes, der nach allem greift, solange es nur glänzt.

Den ganzen Sommer über wechselten wir immer wieder zwischen Dhuxuls und Abdi Yares Haus. Die Piratenvilla sah ich jedoch nicht wieder. Der Grund dafür seien Drohnen, behauptete Bashko. Ich vermutete dahinter eher wechselnde Allianzen zwischen den Pira-tengangs, denn auch in unseren gegenwärtigen Verstecken hörten wir nachts das Brummen der Flugzeugmotoren über uns.

Spät im August erfuhr ich dann eines Morgens von dem blutrüns-tigen Video der Enthauptung des freiberuflichen Journalisten James Foley in Syrien. Die Monate davor schon waren die Radionachrich-ten voll von den teils bizarren Nachrichten über den Islamischen Staat. Ungreifbar wie Nebel, war er während des Jahres 2014 in den sunnitischen Provinzen im Irak und in Syrien entstanden. Junge Männer und Kriminelle versuchten an vielen Orten ein Kalifat zu errichten, in denen das gewöhnliche Recht jede Gültigkeit verlor. Genau wie die Piraten, die Rolly an den Füßen gefesselt von einem Baum baumeln ließen, so wie ihre Vorläufer bei al-Qaida, nutzten auch sie den Islam nur als Vorwand, um die eigenen blutrünstigen Gewaltfantasien Wirklichkeit werden zu lassen.

Ich hatte Foley zuvor nicht gekannt. Er war erst 2012 entführt worden, noch in jener Zeit, in der mich als Geisel keine Nachrich-ten erreichten. Nach dem Radiobericht war ich wie gelähmt. Noch hatte ich die Bilder des Journalisten in seinem orangefarbenen Ove-rall, wie er auf dem Wüstenboden vor seinem islamistischen Henker mit dem Messer kniet, nicht gesehen. Ich hatte keine Ahnung von der emblematischen Wirkung der Bilder, die bald schon als Sinnbild des Wahnsinns und Unheils unserer Zeit durch die sozialen Medien gereicht wurden.

Auch meine Wärter waren aufgebracht von den Bildern der Hinrichtung. Als mir Bashko meine Schüssel Bohnen ins Zimmer brachte, sagte er: „Michael! James Foley! Killed!"

„Hab ich schon gehört."

„Daesh böse!", fügte er noch hinzu.

Ich kannte den Namen „Daesh" bis dahin noch nicht, für Bashko jedoch war er genauso geläufig wie für mich der Name „Islamischer Staat" in den Radioberichten.

Bashko erklärte mir die abschätzige Bedeutung der arabischen Bezeichnung.

„Verstehe", sagte ich, „fucking!"

Ich sah dabei vermutlich wütend und grimmig aus.

„Adiga no", setzte Bashko deshalb hinzu. Mir sollte dieses Schicksal erspart bleiben.

„Hmmm", machte ich nur.

Bis dahin hatten sich die Al-Shabaab-Milizen nur wenig für den Kauf einer amerikanischen Geisel interessiert. Ich war für sie das Geld nicht wert. Wäre es anders, hätte mich Garfanji in den zwei Jahren, die seit seinen Drohungen in der Wüste inzwischen vergangen waren, sicher längst weiterverkauft. Doch Daesh gewann immer mehr an Boden und Bekanntheit im Nahen Osten. Die Gruppen hatten ein starkes Interesse daran, al-Qaida und anderen konkurrierenden Organisationen die Anhängerschaft abspenstig zu machen. Ein probates Mittel dafür war ein Video von der Enthauptung eines verhassten Amerikaners. Sicher stieg also unter den Al-Shabaab-Gruppen derzeit mein Marktwert, was meine Piraten letztlich dazu verleiten konnte, mich weiterzuverkaufen.

Wahrscheinlich war Foley unter ähnlichen Umständen ums Leben gekommen, war von einer Gruppe entführt worden und an die Islamisten weiterverkauft worden. Zu Hause schirmte das FBI meine Mutter von derartigen Überlegungen ab. Sie hatte noch nichts von dieser Entwicklung des Geiselhandels mitbekommen, auch wenn sie schon eine Weile lang mit Jims Mutter Diane E-Mails austauschte, um sie zu trösten. Jetzt war Jim Foley tot. „Als ich die Nachrichten hörte, hatte ich schon ein ungutes Gefühl", gestand sie mir, „erst dann erfuhr ich, dass es Jim Foley war." Voller Furcht, ihr stünde Ähnliches bevor, musste sie sich hinsetzen und ein Beileidsschreiben aufsetzen.

Wer 2014 die Nachrichten verfolgte, dem schien es, als dämmere eine neue Weltordnung. Viel war die Rede von der Krise nationalstaatlicher Ideen und der Bildung neuartiger, supranationaler Organisationen wie Boko Haram oder der Islamische Staat, die in Afrika und im Nahen Osten unabhängig von Staatsgrenzen operierten und damit die Macht der Militärs in den einzelnen Ländern als Trugbild bloßstellten. Russland war in der Ukraine eingefallen und nutzte den U.S.-amerikanischen Krieg gegen den Terror als Rechtfertigung, um selbst die Grenzen eines souveränen Staates zu überschreiten. „Großartig", war Bashkos Kommentar, als er von Putins Annexion der Krim erfuhr. Immer schneller schien die Welt um mich in Unordnung zu versinken. Erstaunlich oft hörte man nun auf BBC Menschen sowohl aus dem rechten wie aus dem linken Lager, die sich über die Idee nationalstaatlicher Souveränität lustig machten. Ganz so, als wären alte Ideen und Konzepte grundsätzlich schlecht. Allerdings fehlte in all den Statements eine neue Perspektive, wie auch in Zukunft ein Leben in Frieden und Gerechtigkeit möglich sein sollte. Stattdessen schien die Welt bei all den widerstreitenden Partikularinteressen und machtbewusstem Opportunismus in einem Sumpf aus Gewalt und Verbrechen zu versinken.

An einem strahlend hellen Spätsommermorgen schmiedete ich unter meinem Moskitonetz Pläne für einen erneuten Hungerstreik, während neben meinem Ohr das Radio lief. Das Netz war ein Indikator für meine Laune: Ließ ich es tagsüber unten, so fühlte ich mich niedergeschlagen. Bashko saß allein mit mir im Zimmer und beobachtete mich.

„Sahib", sagte er.

Ich blickte auf.

„Mango", forderte er.

Ich wollte mit Bashko an diesem Tag nichts zu tun haben. Dennoch seufzte ich und kroch unter meinem Netz hervor. Ich zog klimpernd eine Flasche Saft aus der Kiste und warf sie ihm zu. Für den Gefallen erwartete ich Neuigkeiten.

„News!", forderte ich also.

„Keine News", antwortete er.

Wir waren vor wenigen Tagen erst in Abdi Yares Haus zurückgekehrt und ich war müde und angeekelt von den ewig gleichen Tagesabläufen.

„Warum sind wir in diesem Haus?", fragte ich.

„Ich weiß nicht, Sahib", Bashko schüttelte den Kopf.

„Aniga immer noch nicht frei. Warum?", sagte ich.

„Keine News", wiederholte er.

Ich schimpfte etwas und kroch wieder unter mein Netz, legte mir einen Arm über das Gesicht und hörte weiter Radio. Damit wies ich deutlich sichtbar jeden Kontakt mit Bashko zurück.

Doch schon nach einer Minute zischte Bashko wieder: „Hey, Michael!" Er bedeutete mir, mich aufzusetzen.

Wusste er vielleicht doch etwas Neues? Ich zog also das Netz zur Seite und hockte mich auf den Rand meiner Matratze. Bashko erzählte mir eine abenteuerliche Geschichte. Auch meine Aufpasser hatten allmählich genug vom ständigen Wechsel unseres Verstecks. Seit zwei Monaten hätten sie nun kein Geld mehr gesehen. Brächten die Bosse die Lösegeldverhandlungen nicht bald zu einem Ende, würden sie die Arbeit verweigern.

„Alle" – er meinte alle meine Aufpasser – „hören dann auf zu arbeiten."

Ich nickte nur, denn mir fiel keine passende Antwort ein: „Ein Streik also?"

Die BBC hatte vor Kurzem über einen Streik der Minenarbeiter in Südafrika berichtet, deshalb fragte ich, um sicherzugehen: „Südafrika – same-same?"

„Genau!", antwortete Bashko und lachte.

Ich nickte und fragte ihn, ob ich sie nicht meinerseits mit einem Hungerstreik unterstützen konnte.

„Okay, Sahib!", er streckte mir seinen Daumen entgegen. „Aber langsam, erst in zwei Wochen."

Ein paar Tage später kam Abdinuur zu mir ins Zimmer. Selbst wenn er sich nicht so benahm, respektierten ihn die anderen als ihren Anführer. Nun erzählte er Bashko und ein paar anderen, dass er seinen Job hingeschmissen hatte. Bashko riss die Hände nach oben und jubelte, um die Entscheidung gebührend zu feiern. Angeblich hatte Abdinuur dem ominösen Abdi Yare zuvor von den Streikabsichten erzählt und war von ihm auf der Stelle gefeuert worden. Aus mehreren Gründen war das für mich ein gutes Zeichen. Doch noch am selben Abend fuhr draußen im bereits dunklen Hof ein Auto vor und es entstand ein merkwürdiges Durcheinander. Danach war Abdinuur verschwunden. Es war beängstigend, doch versicherte mir Bashko, dass er und die übrigen Piraten weiter auf mich aufpassen wollten. Er behauptete, ich stünde kurz vor meiner Freilassung, doch ich wollte ihm nicht glauben. Genauso sah ich keinen Grund, warum Abdi Yare nicht jeden Einzelnen aus dem Wärterteam ersetzen und mich neuen, vermutlich weit brutaleren Wärtern überlassen sollte.

Am 1. September setzte sich Yoonis zu mir auf die Matratze. Er meinte, uns würde nun ein Mann namens Robert anrufen, der für die Vereinten Nationen arbeitete. Er nannte mir auch ein paar Dinge, die ich im Gespräch erwähnen sollte: „Sag ihm nur nicht, wo wir sind!"

„Ich weiß nicht, wo wir sind."

Genauso wenig wusste ich in diesem Augenblick, was vor sich ging. Ich wusste nicht, ob Robert derselbe Mann war, der zuvor schon am Flughafen nicht mit dem Sicherheitsdienst der U.N. aufgetaucht war. Oder ob Robert nicht vielleicht der wirkliche Name von „Romeo" war, jenem Unterhändler mit der ruhigen Stimme, den Garfanji vor zwei Jahren im Dunkeln aus dem Busch angerufen hatte.

Ich legte mir also ein paar Sätze auf Deutsch zurecht, mit denen ich am Telefon meinen Aufenthaltsort beschreiben wollte. Darin erwähnte ich das Haus nahe der Moschee mit den dröhnenden Lautsprechern am Minarett, die ich aus einem nach Osten zeigenden Fenster sehen konnte. Ich übte, diese deutschen Sätze möglichst unauffällig in meinen englischen Redefluss einzubetten, ohne dass es die Somalis merkten. Und immerzu pochte mein Herz.

Noch vor dem Mittagessen befahl mir Yoonis, mir die Decke über meinen Kopf zu ziehen. Zu sechst saßen wir danach bei verschlossenen Fenstern und Türen in einem Land Rover und warteten. Der Verbindung wurde über Mogadischu vermittelt, während Abdi Yare als Zuhörer in die Leitung geschaltet wurde. Das Telefon läutete. Yoonis sagte krächzend etwas auf Somali und reichte mir dann das Gerät. „Michael, ich heiße Robert", sagte eine mir unbekannte, selbstsichere Stimme mit amerikanischem Klang.

Ich beantwortete die Sicherheitsfragen und schwatzte etwas von meiner schlechten Gesundheit. Weil mir Yoonis befohlen hatte, möglichst dramatisch zu klingen, verriet ich ihm danach mit halb empörter, halb verzweifelter Stimme auf Deutsch meinen Aufenthaltsort. Es schien zu klappen. Ich brachte all das unter, was ich mir zuvor zurechtgelegt hatte. Ich vermutete, dass Robert, oder kurz Bob, gar nicht bei den Vereinten Nationen arbeitete. Vermutlich war die Geschichte nur eine Finte des Pentagons, wie bereits Yoonis vermutet hatte. Dort würde man nun alle Informationen haben, die man benötigte.

Robert stellte mich nun zu meiner Mutter durch. Sie fragte mich mit bebender Stimme, wie es mir ging. „Wir versuchen dich da rauszuholen", versprach sie mir. Allein sie nach 19 Monaten wiederzuhören war ein Wunder. Es brachte die Erinnerungen an mein verlorenes Leben zurück. Doch versuchte ich, mir keine Hoffnungen zu machen, denn ihr Tonfall war nach wie vor unverändert. Nach all den Monaten fragte sie immer noch dieselben Fragen und strahlte immer noch denselben vagen Optimismus aus, mit dem sie mir schon in früheren Telefonaten Mut zu machen versuchte. Den Rest des Tages verbrachte ich in Verwirrung und Panik. Mir war völlig unklar, ob die Verhandlungen vor einem Ende standen und wie viele meiner deutschen Sätze von den Piraten verstanden worden waren.

Zum Mittagessen kochte uns Hashi anstelle der Pasta sogenannte Anjeros, pfannenkuchenartige Teigfladen. Ich benutzte die Fladen, um den Zwiebel-Kartoffel-Brei mit der Hand aufzunehmen. Seit

Wochen, vielleicht schon seit Monaten aßen wir auf diese Weise. Die Piraten registrierten sehr wohl, dass ich zwar keine Nudeln mehr mochte, jedoch gegen die Anjeros nichts einzuwenden hatte. Bashko fragte mich, ob ich Anjeros schon einmal in Amerika gegessen hätte. „Ja", sagte ich, „in einem äthiopischen Restaurant." Seit meinem wochenlangen Hungerstreik schien es mir, als behandelten mich meine Entführer besser. Vielleicht hatte ich sie überzeugt, dass ich notfalls auch Selbstmord begehen würde.

Nun sah mir Bashko mit misstrauischem Blick beim Essen zu. Er wollte wissen, ob meine Mutter etwas über das Lösegeld gesagt hatte. Das war nicht der Fall. Dennoch erklärte ich Bashko: „Klar doch!"

Er entspannte sich etwas.

„Bashko", fragte ich vorsichtig zwischen zwei Bissen zurück, „Abdi Yare, was hat er gesagt, ist er zufrieden mit dem Anruf?"

Eigentlich wollte ich natürlich nur wissen, ob alles in Ordnung war, obwohl ich auf Deutsch unseren Aufenthaltsort verraten hatte.

„Haa, klar doch!", sagte er.

„Okay!"

Ich versuchte mich etwas zu entspannen. Aussichtslos.

Am nächsten Morgen erfuhren wir aus dem Radio, dass Ahmed Abdi Godane, ein Führer der Al-Shabaab-Milizen, bei einem Drohnenangriff auf seinen Konvoi nahe einem Dorf im Süden Somalias ums Leben gekommen war. Er hatte 2013 den Angriff auf die Westgate Shopping Mall in Nairobi geplant. Damals waren Dutzende Kunden des Einkaufszentrums durch seine Leute bestialisch ermordet worden. Sie ließen die Geiseln vorher das islamische Glaubensbekenntnis aufsagen: „Es gibt keinen Gott außer Allah", damit sie die Moslems von den „Ungläubigen" unterscheiden konnten.

Bashko hörte die Nachrichten von dem Luftschlag, während er in eine Decke gewickelt neben seinem Gewehr hockte.

„Michael!"

„Hmm?"

Mit einem Strahlen teilte er mir die Nachricht vom Tod Godanes mit und streckte mir beide Daumen entgegen: „Amerika gut!", sagte er.

Später in derselben Woche weckte mich ein höllischer Lärm auf unserem Grundstück. Es war ein lautes, elektrostatisches Brummen, das mal hier, mal dort zu hören war. Ohne zu zögern begann ich auf Deutsch zu beten und beschrieb dabei gut hörbar für jede Drohne in der Umgebung meinen genauen Aufenthaltsort. Vor der Tür flüsterten meine Aufpasser aufgeregt miteinander im Dunkeln. Bashko ging hinaus in den Hof und mir wurde in dem Moment klar, dass wir im Grunde beide nicht genug über militärische Drohnentechnologie wussten. Solange wir nur von ihr profitierten, war uns beiden alles recht.

Dann knallte ein Schuss aus Bashkos Gewehr und ich zuckte unwillkürlich in meinem Bett zusammen.

Am nächsten Morgen fragte ich Bashko, warum er in der Nacht geschossen hatte. Normalerweise hätte er darauf lediglich geantwortet: „Wegen einem Dieb!" Damit meinte er für gewöhnlich jeden unbekannten Somali, der sich dort draußen nachts herumtrieb. Manchmal stritt er es auch einfach nur ab, geschossen zu haben. Dieses Mal jedoch erzählte er mir aufgeregt flüsternd, dass in der Nacht unablässig fünf Drohnen über dem Haus gekreist hätten. Er habe am Himmel die Reflexion ihrer Position in den Wolken ausgemacht. Die Lichter hätten oben auf den Drohnen gesessen. Nur wegen des Wetters und der Wolken habe er sie überhaupt erkennen können.

„Wirklich fünf?", fragte ich ungläubig und hielt ihm fünf Finger entgegen.

„Five", bekräftigte er und ahmte meine Geste nach.

Es klang wie ein typisches Piratenmärchen. Oder war dies den deutschen Sätzen in meinem Telefonat zu verdanken? Würden wir jetzt womöglich alle bei einem Militäreinsatz sterben? Bashko jedoch wunderte sich überhaupt nicht, warum die Drohnen ausgerechnet jetzt aufgetaucht waren.

„Wegen Adiga!", erklärte er mir: Nur wegen dir!

„Nein", widersprach ich lächelnd. „Wegen al-Shabaab. Sind wir nicht in Harardhere? Al-Shabaab sind doch in Harardhere."

„Okay Sahib", gab er nach.

Den ganzen September über tauchten immer neue, teils beängstigende und widersprüchliche Gerüchte auf. Trotz der jüngsten Entwicklungen verbot ich mir jedes Gefühl der Hoffnung, ich wollte hier niemandem mehr vertrauen. Meine Aufpasser erzählten mir, dass Mohamed Garfanji in Mogadischu festgenommen worden war. Dann hieß es, er sei wieder auf freiem Fuß. Ich zog einen erneuten Hungerstreik in Betracht, um die Bosse zum Handeln zu zwingen. Doch sorgte ich mich, dass meine Widerspenstigkeit meine Situation weiter verschlimmern könnte. Auch konnte ein Streik meiner Wärter leicht zu einem Ausverkauf führen, bei dem ich zu günstigen Preisen in den Händen anderer Piratengruppen oder gar in der Gewalt der al-Shabaab landen könnte. Unter derartigen Umständen wäre ein Hungerstreik der falsche Weg gewesen. Alles hätte dann wieder von vorn begonnen.

Die ständige Unsicherheit betäubte mich allmählich und ließ mich immer weniger an die Gerüchte über meine baldige Freilassung glauben.

Eines Morgens jedoch, es war der 23. September, kam Yoonis in mein Zimmer, um mit Robert zu telefonieren. Dieses Mal ließ er uns eine halbe Minute lang miteinander sprechen. „Okay", sagte Robert, „weißt du, was gerade passiert?" Allerdings konnte er mir nichts weiter erklären, denn Yoonis riss mir das Telefon aus der Hand.

„Nur ein Lebenszeichen", sagte er und mir riss der Geduldsfaden.

„Verdammt noch mal, was zur Hölle machst du da! Lass mich gefälligst zu Ende telefonieren!"

„Wozu?", fragte er. „Du kommst doch heute Abend schon frei!"

„Lüg' mich nicht an, Yoonis! Ab morgen ess' ich keinen Bissen mehr, das schwör ich dir!"

Es war ein hitziger Gefühlsausbruch, denn ich versuchte, meine Pläne für einen erneuten Hungerstreik noch für mich zu behalten. Später hörte ich Yoonis, wie er sich vor Hashi über unser Gespräch lustig machte. Ich vermutete, dass er vor Hashi damit prahlte, mich wieder einmal hereingelegt zu haben. Mir wieder einmal Hoffnung gemacht zu haben, wo doch der wirkliche Plan war, mich wie einen Sack Hirse in einem Land Rover irgendwohin zu karren.

Gegen Mittag musste ich auf die Toilette und hörte von dort, wie das Tor laut krachend geöffnet wurde und ein Land Rover in den Hof fuhr. Eine bange Vorahnung ließ meine Knie weich werden.

Grundsätzlich fuhren Autos nur nachts auf das Grundstück. Hashi, der vor dem Klo auf mich aufpassen sollte, rief durch die Tür: „Michael, gari! Dein Auto ist da!"

„Welches gari? Ich kann jetzt nicht."

„No problem", war die Antwort.

Die anderen Wärter liefen inzwischen wie aufgeregte Schuljungen in der Eingangshalle umher. Der Übersetzer Abdurrahman, Madobe und unser Bote waren mit einem versiegelten Plastikbeutel voller Hundertdollarnotenbündel aus dem Land Rover geklettert.

„Du wirst freigelassen", erklärte mir Yoonis, als ich aus der Toilette kam.

Ich sah mir die Scheine an, um sicherzugehen, dass sie nicht gefälscht waren. Schwer zu sagen. Es war eine Menge Geld, aber die Al-Shabaab-Milizen hätten vermutlich auch in Dollar bezahlt (nicht in somalischen Schilling). Es sagt viel über meinen zerbrechlichen Gemütszustand aus, dass ich selbst zu diesem Zeitpunkt noch nicht auf meine baldige Freilassung hoffen wollte. Mein Selbsterhaltungstrieb zwang mich dazu, Derartiges von mir fernzuhalten. Und immer noch war ich äußerst leicht reizbar. Meine Instinkte misstrauten inzwischen jeder kleinsten Veränderung meiner kleinen, bequemen Gefangenenwelt.

„Du musst packen", riet mir Abdurrahman, „du fährst gleich zum Flughafen."

Ich verstaute schnell ein paar Dinge achtlos in meiner Kunstledertasche und band alles mit einem schmutzigen Stück Schnur zusammen. Draußen war es warm und angenehm. Ich hatte auch noch etwas Zeit für einen Eintrag in mein Tagebuch: „Ich bin die verstopften Ohren leid, die verschwommene Sicht, die Bronchitis in den Lungen und das Herz voller Wut." Einer meiner Aufpasser hatte mir eine Flasche mit durchaus wirksamem Hustensaft aus Ägypten besorgt, um meine Bronchitis – oder was es auch immer war – zu beruhigen. Der Saft half mir beim Schlafen, doch war ich schon seit Wochen krank. Pusteln übersäten meine Haut. Bis jetzt hatte ich das alles als Normalzustand empfunden.

Ich verstaute meine Notizhefte, niemand interessierte sich mehr für sie. Ein paar der Männer wollten mir zum Abschied die Hand schütteln. Ich gab nach, sah ihnen dabei jedoch nicht ins Gesicht.

Ich wusste, dass ich sie nie wiedersehen würde, allerdings war ich immer noch davon überzeugt, dass mich das Auto nur irgendwohin in den Busch bringen würde, um mich der nächsten, noch gefährlicheren Piratengruppe zu übergeben.

Mit mir stiegen nur Abdurrahman und Yoonis, die beiden Übersetzer, in das Auto, die Waffen blieben draußen. Das war ermutigend, doch als das Auto das Grundstück verlassen hatte, tischte mir Yoonis eine neue Geschichte auf.

„Wir fahren zum Flughafen", sagte er. „Dort übergeben wir dich an ein paar andere Somalis." Das war die falsche Geschichte in meiner gegenwärtigen, labilen Verfassung. Ich hätte ihm am liebsten den Kopf abgerissen, denn ich war sicher, dass er mich nur an eine andere Piratengruppe verkauft hatte. Ich war blind vor Misstrauen und wütend wie eine Katze in ihrem Reisekäfig.

Mir gefielen jedoch die Hitze und der Staub in den Straßen von Galkayo. Ich sah Schulhöfe, Krankenhäuser und einige Gebäude, die ich schon einmal gesehen zu haben glaubte. Die Fahrt in einem Auto ohne die üblichen bewaffneten Bewacher um mich herum fühlte sich unglaublich normal an. Ich bestaunte das Alltagsleben in der somalischen Stadt, ohne dass ich dafür durch eine Augenbinde schielen musste. Allmählich fühlte ich eine neue, bisher unbekannte Angst. Was, wenn von nun an meine gut eintrainierten Selbsterhaltungsmechanismen nichts mehr wert waren? Was, wenn ich diese Mechanismen nun ablegen musste? Was, wenn diese Männer dieses Mal nicht gelogen hatten? Die Straßen dort draußen quollen förmlich über vor Ziegen und Menschen. Die Bäume am Wegrand spendeten unruhige Schattenflecken. Überall entlang der Hauswände sammelte sich der Plastikmüll. Auf die Wände waren Logos, Namen und Werbung gemalt. Mit leichtem Schwindel stellte ich mir vor, einfach auszusteigen und völlig unbehelligt als normaler Mensch durch diese Straßen zu spazieren.

Ich hatte mich derart an mein Leben als Geisel gewöhnt, dass ich mir kaum vorstellen konnte, es zu beenden. Wir fuhren weiter in den Busch hinaus, wo neben einer knorrigen Akazie ein weißer

Sedan auf uns wartete. „Steig aus, du bist frei", sagte Yoonis. Und das war es dann.

Meine entkräfteten Arme begannen zu zittern.

Ein Pirat, den ich bereits kannte, stieg aus dem Sedan und öffnete die Tür zur Rückbank. Abdurrahman und Yoonis stiegen dort ein und im nächsten Augenblick waren sie verschwunden. Ich war mit einem neuen Fahrer allein, der mindestens so nervös wirkte wie ich. Ein Windhauch wirbelte etwas Sand hinter den Büschen auf. Nirgendwo waren andere Piraten zu sehen. Der Fahrer sprach amerikanisches Englisch und erklärte mir einen völlig abwegigen Plan. Gemeinsam mit mir wollte er in ein Hotel in Nord-Galkayo fahren, wo angeblich meine Mutter auf mich wartete.

„Wie wunderbar", sagte ich zitternd vor Wut, jedes Wort triefte vor bitterem Spott, „meine Mutter ist in Galkayo."

„Ja, im Hotel."

„Ich dachte, wir fahren zum Flughafen."

„Zuerst zum Hotel", entschied der Somali.

Leck mich am Arsch, dachte ich.

„Prima", sagte ich stattdessen.

Während wir durch die Stadt fuhren, bat er mich, ich solle mich so weit wie möglich zurücklehnen und mir eine Decke über den Kopf ziehen.

„Es ist besser, wenn Sie niemand in diesem Auto sieht!"

„Können Sie mir sagen, was hier gespielt wird?", fragte ich.

„Alles ist in Ordnung, Sie sind jetzt frei."

„Ich will mit jemandem sprechen."

„Ich rufe gleich Bob an."

Während er den Wagen durch die Stadt lenkte, wählte er eine Nummer. Am anderen Ende meldete sich nicht nur Robert, oder Bob, der Unterhändler, sondern auch meine Mutter. Ich war völlig verwirrt. Waren beide im selben Zimmer?

Die Stimme meine Mutter klang fröhlich und aufgeräumt.

„Wo seid ihr gerade?", fragte ich sie. „Doch nicht etwa in Galkayo im Hotel?"

„Nein, wir sind in Kalifornien", antwortete sie.

„Dein Fahrer wird dich aber in ein Hotel bringen", erklärte Bob. „Danach fährt dich ein anderer Mann zum Flughafen. Dein Pilot heißt Derek."

Das enge Korsett aus Pessimismus, das ich mir angesichts der unerwarteten Ereignisse selbst angelegt hatte, saß zum ersten Mal seit diesem Morgen etwas lockerer. Doch wusste ich immer noch nicht, was genau ich fühlen sollte. Meine Freiheit schien mir ebenso merkwürdig wie die Feierlichkeiten zu Thanksgiving. Ich war viel zu ausgelaugt und heruntergekommen, um ein derartiges Vergnügen durchstehen zu können. Wir fuhren weiter durch Galkayo und der Fahrer begann sich mit mir zu unterhalten. Er klang dabei wie ein vorsichtiger Amerikaner, der trotz der unerfreulichen Lage freundlich sein wollte. Dabei war er sorgsam darauf bedacht, nicht allzu viel von sich selbst preiszugeben. Mir ging es ähnlich. In der sengenden Sonne hielten wir schließlich vor einem kleinen, aber ordentlichen Hotel. Wir blieben dort jedoch nur kurz und riefen noch einmal Bob an. Dann kam der andere Fahrer. Schon war ich wieder auf dem Weg, hinaus zum Flughafen.

Die ausgedorrte Landepiste mit den wenigen, flachen Gebäuden an ihrem Rand war inzwischen für mich zu einem mystischen Ort geworden. Die meisten meiner Wünsche und Träume hatten um diesen Ort gekreist. Ihn nun wiederzusehen, fühlte sich merkwürdig an. Auf dem Vorfeld, wo ich vor langer Zeit Ashwin zum Abschied die Hand geschüttelt hatte, stand eine einmotorige Cessna. Ein kleiner Mann mit ledriger Haut und einer verspiegelten Pilotenbrille stieg aus, ging unter einem der Flügel hindurch und schoss ein paar Fotos von mir, als ich aus dem Auto ausstieg.

„Für deine Mutter", sagte er.

„Sie sind vermutlich Derek."

Müde lächelte ich ihn an. Derek war der erste fähige Mann, dem ich begegnete, seit ich vor zwei Jahren die NAHAM 3 verlassen hatte. Er schüttelte mir die Hand und überreichte mir einen einfachen blauen Rucksack voller Kleidung. Eine meiner Thai-Sandalen fiel genau in dem Augenblick auseinander, als ich ins Flugzeug stieg. Entsprechend freute ich mich, als ich ein Paar neuer Sandalen im

Rucksack entdeckte. Nebst einer Tube Dramamine gegen Reise-krankheit. Derek stapelte das Gepäck hinter unseren Sitzen, während ich meine neuen Besitztümer in Augenschein nahm.

„Musste mein eigenes Kerosin mitnehmen", erklärte er mir und deutete auf ein paar große Plastikkanister im Stauraum hinter unseren Sitzen. Während er auf mich wartete, hatte er damit das Flugzeug frisch betankt. „Für den Rückflug." In Galkayo gebe es nirgendwo den richtigen Treibstoff, also sei er in seinem kleinen Flugzeug als fliegende Brandbombe von Mogadischu eingeflogen.

In meinem neuen Rucksack fand ich auch ein frisches Shirt, Pro-teinriegel, Kosmetika und eine neue Brille, allerdings nicht in der richtigen Stärke. Außerdem gab es noch eine wasserfeste Hose mit einem Preisschild von Navex in Dschibuti. Auf einmal erinnerte ich mich voller Dankbarkeit an die klimatisierte Supermarkthalle mit den billigen Klamotten und Tausenden Shampoomarken inmitten der glühenden Hitze Dschibutis.

Derek redete in flüssigem, beruhigendem Englisch auf mich ein. Er klang, als sei er Schotte, vielleicht auch Südafrikaner. Das Cock-pit seiner Cessna war voller altmodischer Instrumente und Messge-räte mit Zeigern ohne jeden Computerbildschirm. Er stieg schließ-lich ein und schloss die klapprige Tür. Ich legte mir den Gurt an. Wir setzten die Kopfhörer auf und alles war startklar. Die Startbahn vor uns war leer. Doch jetzt bat uns ein somalischer Wachmann, noch eine halbe Stunde mit dem Start zu warten.

„Wozu?", fragte ihn Derek.

„Es kommt noch ein Reporter, der will Bilder von euch machen", erklärte der Somali.

„Bitte nicht!", sagte ich zu Derek.

Mein Kopf drohte zu platzen, ich war schwach und ausgelaugt. Noch Wochen später fühlte ich mich so. Die Leute fragten mich immer, ob ich in diesem Moment nicht überglücklich gewesen sei. Doch Glück konnte ich an diesem Nachmittag nicht empfinden. Eine Lösegeldzahlung ist immer ein schmutziger Kompromiss. Außerdem hatte ich zu lange wie ein Ausgestoßener gelebt, um jetzt glauben zu können, dass irgendwer mich tatsächlich zurückhaben wollte. Ich blinzelte also in die Sonne und versuchte, die Gedanken in meinem überlasteten Hirn zu sortieren.

„Galkayo tower, Galkayo tower", funkte Derek und gab sein Rufzeichen. „Request permission to take off", setzte er hinzu. „Two souls on board."

Der Tower gab keine Antwort. Derek ließ das Flugzeug etwas weiter auf die Startbahn rollen.

„Galkayo tower, Galkayo tower", wiederholte er und ich spürte wieder das Zittern meiner schwächlichen Muskeln. Zwei Seelen an Bord, dachte ich bei mir, da hatte er recht. Ein lebendiger Hund war besser als ein toter Löwe. Ich hatte mir für meine Rettung durchaus eine moralischere Lösung vorstellen können. Allerdings wäre auch eine gewaltsame Befreiung moralisch nur ein Kompromiss gewesen. Sie hätte all jene gefährdet, die für meine Befreiung zu kämpfen gehabt hätten. Vermutlich wären Bashko, Farrah und Hashi dabei umgekommen. Vielleicht wäre auch ich dabei umgekommen. Die Bosse im Hintergrund hätten in jedem Fall überlebt.

„Manchmal antworten sie einfach nicht", sagte Derek.

Das vertraute Gefühl von Schrecken und Vergeudung löste sich langsam in Nebel auf. Aber jetzt überkam mich eine andere Panik. Um Gottes Willen, was passiert jetzt?, dachte ich. Nachdem ich mich jahrelang nur in irgendwelchen Pidgin-Sprachen verständigt hatte, war ich nicht imstande, meine Gefühle zu benennen. Dankbarkeit war ein viel zu schwaches Wort. Vermutlich hat es Lazarus nach seiner Rückkehr aus dem Grab genauso die Sprache verschlagen wie jetzt mir. Ich saß in der wohlig warmen Kabine eines funktionierenden Flugzeugs und blickte stumm wie ein staunendes Kind auf die rissigen, sonnenverbrannten Flughafengebäude, die es zweieinhalb Jahre lang nur in meiner Fantasie gegeben hatte.

„Galkayo tower, Galkayo tower", sagte Derek noch einmal. „Request permission for takeoff. Two souls on board."

Schließlich kam ein Knarzen aus dem Funkgerät.

„Yes, okay", krächzte eine Stimme. Derek brachte unsere Maschine in Startposition.

SCHWIERIGE FREIHEIT

Unsere Sonnenbrillen schützten uns gegen die grelle Sonne. Des Propellerlärms wegen unterhielten wir uns über die Mikrofone an unseren Kopfhörern.

„Ich hab' zwei deiner Freunde kennengelernt", erzählte Derek.

„Was?", fragte ich, immer noch durch die schnelle Abfolge der Ereignisse überfordert.

„Ich hab' zwei Fischer von den Seychellen auf derselben Route rausgebracht. Aus Adado."

„Rolly und Marc!", sagte ich.

„Genau."

Meine Vergangenheit erschien mir großenteils unwirklich wie ein Traum, daher überwältigte es mich jetzt, von Menschen zu hören, die ich kannte.

„Wann sind sie freigekommen?"

„Ich glaube, das war November 2012."

„Die Piraten haben mir erzählt, dass für sie vier Millionen Dollar bezahlt wurden."

„Ja, die erzählen gern Geschichten."

Wir glitten über den flachen, hitzeflirrenden, verdorrten Busch, über Dörfer und Kamelherden. Einige Böen rüttelten an unserem Flugzeug. Derek meinte: „Wir haben noch zweieinhalb, vielleicht drei Stunden Flug vor uns, hängt ganz vom Wind ab. Vielleicht gibt es auch ein paar Turbulenzen, normalerweise wird es am späten Nachmittag in der Nähe von Mogadischu etwas unruhig. Ich wurde gerade schon nervös am Flughafen, um ehrlich zu sein. Noch längere Warterei, und wir hätten dort übernachten müssen."

Ich nahm etwas gegen die Reisekrankheit ein.

Ich war es nicht mehr gewohnt, ein längeres Gespräch am Leben zu erhalten.

„Ist das dein Job?", fragte ich.

„Ja", antwortete Derek, „ich war 17 Jahre lang Soldat in der britischen Armee, neun davon beim Special Air Service. Danach hab' ich in Nairobi mein eigenes Charter-Unternehmen aufgebaut. Ich dachte mir: Gelernt ist gelernt! Wozu wäre die Ausbildung sonst gut gewesen?"

Derek hielt seine rechte Hand hoch. An seinem Zeigefinger fehlte ein Glied. „Das hab' ich 1975 in Oman verloren", erzählte er. „Ich hab auch ein Metallknie. Ich bin mit den Amerikanern bei Fort Bragg aus einem Flugzeug gesprungen, durch zwei Wolkenschichten. Eigentlich das perfekte Wetter, allerdings bin ich mit dem Knie auf einem scharfkantigem Felsen gelandet. Die Kniescheibe war dann kaputt."

„Autsch."

„Man sollte immer gut aufpassen."

Dereks Vorfahren waren Schotten, er allerdings sprach mit einem leichten südafrikanischen Akzent, weil er lange in Ost- und Südafrika gelebt hatte. Ein Buschpilot vom alten Schlag.

Wir flogen von Norden auf Mogadischu zu und kreisten eine Weile über den ausgedehnten Stränden von Lido Beach, wo die Stadt bis ans Meer reicht. Bei klarer Sicht erkannten wir die heruntergekommenen Siedlungen der einst glanzvollen afrikanischen Stadt. Vom Meer aus setzten wir schließlich zur Landung auf einer holprigen Piste an, an deren Ende bereits ein paar Geländewagen warteten. Männer mit Bärten und verspiegelten Sonnenbrillen wiesen uns mit ihren Armen den Weg. Sobald ich ausgestiegen war, schoben mich vier von ihnen in einen stickig heißen Land Rover. Es war genau wie bei den Piraten.

Die Männer im Auto waren Deutsche und Amerikaner und arbeiteten beim FBI und dem BKA. Einer überprüfte sofort meinen Blutdruck und ich zeigte ihm die Pusteln auf meiner Haut, ebenso den ägyptischen Hustensaft, den ich bisher eingenommen hatte. Sie erklärten mir, dass wir auf die Militärmaschine warteten, die mich nach Nairobi bringen sollte. Etwas verloren saß ich in dem heißen Auto, eingehüllt in meine Decke mit dem rosafarbenen Blumenmuster. Ich war erleichtert, Galkayo hinter mir gelassen zu haben, aber nervös, weil wir immer noch in Somalia waren. Nach 20 Minuten landete mit viel Getöse ein olivgrünes Frachtflugzeug vom Typ C-130. Ähnliche Flugzeuge hatte ich während meiner Geiselhaft über uns kreisen hören. Es hielt neben dem Land Rover und öffnete die Laderampe am Heck. Das Innere war für medizinische Versorgung ausgerüstet. Ich setzte mich auf eine Trage, die am Boden des Flugzeugs festgeschraubt war. Ein Arzt der Luftwaffe stellte mir einige Fragen und überprüfte wieder meinen Blutdruck. Er fragte mich, ob ich im Liegen transportiert werden wollte.

„Ganz so schlimm ist es nicht", antwortete ich.

Er drückte mir schon mal eine Schlaftablette für die Nacht in die Hand und warnte mich, sie keinesfalls mit Alkohol einzunehmen. Lange schon hatte ich keine Menschen mehr um mich gehabt, die sich derart wohlwollend um mich sorgten. Ich wusste nicht, wie ich mich ihnen gegenüber zu benehmen hatte. Ohne Brille konnte ich sie auch kaum voneinander unterscheiden. In dem schwach beleuchteten Laderaum machte ich aber eine ganze Reihe olivgrün uniformierter, junger Soldaten mit freundlichen Gesichtern aus. Wir setzten uns auf die Sitze entlang der Rumpfwände und gurteten uns an. Neben mir saß Kevin, ein bärtiger FBI-Agent.

„Schön, dass du hier bist", sagte er und lächelte mich an. „Vorn gibt's ein paar Sandwiches, wenn du willst. Warte aber besser, bis wir in der Luft sind."

Ohne dass ich es bemerkt hätte, war mir die rosa geblümte Decke auf den Boden geglitten. Er zeigte darauf und schmunzelte in seinen Bart. „Die musste ich mir jahrelang auf den Fotos anschauen."

Allmählich kam ich etwas zur Besinnung, aber tiefschürfendere Fragen hätten mich überfordert.

„Wenigstens bin ich jetzt in einem Flugzeug und hör' es nicht nur die ganze Zeit über unser Versteck fliegen", meinte ich.

Kevin musste lachen.

Wir flogen wieder nordwärts, Richtung Dschibuti. Dort sollten wir aus irgendwelchen bürokratischen Gründen landen.

„Wir müssen erst noch nach Dschibuti, weil …" Das Dröhnen der Maschinen übertönte Kevins Erklärung. „Danach geht's aber in

Richtung Kenia." Ich nickte nur. Neben mir saß auch ein junger blonder Soldat. Seine Knie waren unter der Uniform dick gepolstert und ich musste an Derek und seine Geschichte über die scharfkantigen Felsen denken.

„Seid ihr Fallschirmspringer?", fragte ich ihn.

„Klar!", antwortete er.

Das Flugzeug war 20 Minuten nach Derek gelandet, vermutlich hatte es uns davor schon eine ganze Weile Begleitschutz geleistet. Offenbar hatte man für alle Fälle Vorkehrungen getroffen.

Unser Flug dauerte bis in den späten Abend. Irgendeines Papierkrams wegen kreuzte ich nun also über Ostafrika hinauf nach Dschibuti und danach zurück in Richtung Nairobi. Frei, aber völlig verwirrt von all den neuen und irritierenden Umständen, flog ich so durch die Nacht. Die Aufregung und die Ungewissheit, was in den kommenden Stunden passieren sollte, ließen mein Herz schneller schlagen und meinen Blutdruck steigen.

Lange nach Einbruch der Dunkelheit landeten wir in Nairobi. Ich übernachtete bei einem BKA-Beamten und seiner Familie in einem ruhigen Vorort. Der Beamte – ich nenne ihn einfach Heinrich – hatte vorsorglich schon mal deutsches Bier kaltgestellt. Anscheinend konnte er Gedanken lesen. „Männer wollen immer erst mal ein Bier, wenn sie freikommen", wusste er.

Zum Haus gehörte ein lichtdurchfluteter Garten voller Obstbäume und Blumen. Ich war in einem Gästeapartment untergebracht, das etwas abseits des Haupthauses stand. Dort konnte ich mich duschen und rasieren. Vor allem aber konnte ich schlafen, wann und so lange ich wollte. Es gab sogar richtigen Kaffee aus einer kleinen Maschine. Zwei Schildkröten streiften durch das Gras und paarten sich im Sonnenschein – allerdings ohne dabei zu röhren. Durch all diese Annehmlichkeiten bewegte ich mich wie ein Zombie. Noch wollte ich dem Frieden nicht trauen, hoffte aber, dass es kein Traum war. Mein Blutdruck, der nun schon zwei Ärzte schockiert hatte, ließ sich immer noch nicht senken. Selbst in dieser wunderbaren Ecke Kenias wachte ich nachts mehrfach mit Herzrasen auf. In meinem Tagebuch notierte ich: „Ich gleite von einer Sache zur nächsten wie ein Fisch. Mein Gehirn neigt dazu, sich zu verkrampfen, meine Brust auch. Bisweilen packt mich weiß glühende Wut." Allerdings gelang es mir in dem Haus immer besser, mich zu entspannen.

Während der ersten drei Tage begleitete mich ein Psychologe des FBI, der in Dschibuti zu uns ins Flugzeug gestiegen war. Er war ein äußerst gutmütiger schwarzer Amerikaner, ein kräftiger ehemaliger Elitesoldat, mit dem trockenen Humor eines schlachtenerprobten Kämpfers. Wir gingen zusammen in der Westland Mall zu Mittag essen und ich merkte, wie sich meine Nerven anspannten. Unwillkürlich begann ich, jeden einzelnen Fremden um mich herum misstrauisch auf seine Absichten hin zu überprüfen. Diese panikgetriebene Scharfsichtigkeit erinnerte mich an einen Veteranen, den ich einmal in Kalifornien interviewt hatte. Der ehemalige Soldat versuchte, mir seinen Gemütszustand zu beschreiben. „Das Erste, was mir an dir aufgefallen ist", sagte er, 30 Jahre nach seinem letzten Einsatz in Vietnam, „war, dass du keine Waffe dabei hast."

Ich wandte mich an Carl, den FBI-Psychologen.

„Bin ich überwachsam?"

„Gut möglich", sagte er mit einem breiten Grinsen.

Ich dachte eine Weile nach und fragte ihn schließlich: „Du bist hier, weil ich eine Posttraumatische Belastungsstörung haben könnte, nicht wahr?"

„Ich glaube nicht, dass wir heute irgendeine Schublade für deine Beschwerden brauchen."

Ich rief meine Mutter an und wir feierten ein erstes, aufgeregtes Wiedersehen am Telefon. Vor ihrem Haus in Redondo Beach standen bereits die Übertragungswagen der Fernsehsender. Da meine Mutter bis dahin meine Geschichte vor den Medien geheim gehalten hatte, waren die Sender in Los Angeles von den Entwicklungen völlig überrascht worden. Selbst jetzt gab es für sie, abgesehen von einem kurzen Statement meiner Mutter, nur sehr wenig zu berichten. Ich war nicht in der Verfassung für Interviews. Ich war überwältigt und hatte kaum mehr die Kraft, eigene Entscheidungen zu treffen. Ich traute mir selbst nicht mehr. Selbst die einfachste Wahlmöglichkeit, die mir die

Leute vom FBI oder dem BKA boten, überforderte mich. Es fing schon in Mogadischu an. Wollte ich sitzen oder liegen? Hatte ich Hunger? Brauchte ich ein Beruhigungsmittel? Wollte ich zuerst nach Berlin oder nach Kalifornien? Ein Regierungsangestellter in Dschibuti hatte in einem Zelt auf mich gewartet und wollte mir dringend eine Verschwiegenheitserklärung zeigen. Er fragte mich, ob ich das Formular unterschreiben wollte oder nicht. Wie um alles in der Welt hätte ich das entscheiden sollen? Wollte ich selbst vor die Medien treten oder sollte das die Regierung für mich machen? Für jemanden, der zwei Jahre in einer Ecke auf dem Betonfußboden verbracht hatte, der seine Kenntnis über die kleinen zwischenmenschlichen Gesten verlernt hatte, der stattdessen bitter erfahren musste, dass jede getroffene Entscheidung die eigene Lage in der Regel verschlimmerte, war der Weg zurück in die Normalität keineswegs leicht. Statt beschwingt davonzufliegen, ging ich wie durch eine zähflüssige Masse, so als würde ich mich tief am Meeresgrund fortbewegen.

Jemand aus Heinrichs Haus hatte bei einem Optiker in Nairobi eine neue Brille für mich bestellt. Ich hatte versucht, mich an meine Werte zu erinnern. Zwar lag ich damit daneben, dennoch sah ich den Garten nun viel schärfer und entdeckte jedes Mal zahllose erstaunliche Details auf unserem Weg in die Stadt. Ich erkannte den rötlichen vulkanischen Erdboden der ausgetretenen Wege entlang der Straße, die schattigen Bananenhaine, die rostigen Autos im Stau, der sich bildete, wenn mal wieder eine Herde Kühe die Mombasa Road blockierte, den strahlenden, brennenden Himmel über Kenia.

Ich setzte die Brille lieber wieder ab.

In der deutschen Botschaft in Nairobi traf ich mich am zweiten Tag mit Matthias Gebauer, einem Reporter des *Spiegel*. Er erkundigte sich, wie es mir ging. Beiläufig, als wüsste ich bereits davon, erwähnte er eine Schießerei, ein Massaker unter meinen Piratenbossen, bei dem etliche Menschen ums Leben gekommen waren.

„Wann war das?", fragte ich ihn.

„Heute Morgen in Galkayo", war seine Antwort. „Ich hab es auf Twitter gesehen." Der *Spiegel* hatte sich intensiv um meinen Fall gekümmert und seit dem ersten Tag meiner Entführung auch meine Familie unterstützt. Er war dazu rechtlich gesehen überhaupt nicht verpflichtet. Auch Matthias war sehr aufmerksam und hilfsbereit. Er erzählte mir alles, was er über die Schießerei wusste.

Zwei Tage nachdem ich Galkayo verlassen hatte, trafen sich einige Piratenbosse in einem gelben Haus, das Abdi Yare gehörte. Ich kannte es nicht. Es hatte das typische blaue Blechdach und die geschwungene Toreinfahrt. Es grenzte unmittelbar an zwei Geschäfte irgendwo in der Stadt, wie man auf den Fotos an den gelben Wänden mit den gemalten Werbebotschaften gut erkennen konnte. Im Haus sollen sich Dhuxul und Abdi Yare aufgehalten haben.

Die deutschen und amerikanischen Agenten in Nairobi nannten Abdi Yare meist „Ali Qoryare" oder „Nuur Jareer". Er war es, der hinter meiner Entführung steckte. Doch weder der eine noch der andere Name erlaubten mir, ihm ein Gesicht zuzuordnen. Außerdem nannten sich diverse Piraten „Abdi Yare". Aber dieser Mann war einer der wichtigsten Anführer in meinem Fall.

Die Schießerei begann damit, dass eine zweite Gruppe Bosse mit ihren Geländewagen auf das Grundstück gefahren kam. Ali Duulaay und Ahmed Dirie, der Mann mit den schlechten Zähnen, den ich während der ersten Monate meiner Geiselhaft kennengelernt hatte, traten daraufhin vor die Haustür. Genauso wie Ahmeds Bruder und ein vierter Mann namens Abdi Ganeey, der Bruder Bakayles. Sie hatten zu meinem Entführungskommando gehört und während des Jahres 2012 meine Aufpasser befehligt. Nach meinem Fluchtversuch auf der NAHAM 3 hatte dann ein anderes Team unter dem Befehl von Dhuxul und Abdi Yare übernommen. Letztere hatten am Ende auch das Lösegeld in Höhe von ca. 1,6 Millionen Dollar für mich in Empfang genommen. Duulaay und die anderen waren zu diesem Zeitpunkt nicht mehr im Geschäft.

Jede der Gruppen brachte eine Reihe loyaler Leibwächter mit und so standen sich bald die rivalisierenden Banden gegenüber und zielten mit ihren Waffen aufeinander. Einer von ihnen – es war Farhaan, der mir den Film *Captain Phillips* gezeigt hatte – zielte auf Duulaays Kopf. Und aus Gründen, die ich nicht kenne, drückte er den Abzug. Duulaay war der Mann, der Rolly mit seiner Zigarette folterte, während dieser an Füßen gefesselt von einem Baum hing. Der Mann, der mich mehrmals ohne Grund misshandelte. Der grausamste Mann in einer Gruppe von Sadisten. Er war sofort tot. Die andere Gruppe eröffnete nun ihrerseits das Feuer und tötete Ahmed Dirie, seinen Bruder und Abdi Ganeey. Abdi Yare wurde verletzt. Dhuxul gelang es irgendwie, sich auf seinem Holzbein humpelnd in Sicherheit zu bringen. „Farhaan – ein anderer der vielen, unteren Piratenbosse – lief um sein Leben", schrieb mir später ein Kontakt in Galkayo. „Er versteckt sich seitdem aus Furcht vor Rache durch Ali Duulaays Klanbrüder." Gerüchten zufolge soll er bis nach Südafrika geflohen sein. „Er hatte mit Wachdiensten ein paar Tausend Dollar zusammenbekommen."

Freunde brachten den verletzten Anführer bis in Mohamed Garfanjis Haus in El Hur an der Küste Galmudugs. Dort starb Abdi Yare – oder wie immer sein Name in Wirklichkeit lautete – nach drei Tagen an seinen Verletzungen.

Fünf der Männer, die mich beinahe drei Jahre lang gequält hatten, waren ausgelöscht. Die Nachricht machte mich sprachlos. Aber vor allem war ich erleichtert. Ein Befreiungskommando, bei dem Bashko und die anderen Wärter umgekommen wären, hätte mich schwer belastet. Doch die Nachricht von der Schießerei hinterließ keine Spur von Traurigkeit in mir. Die Bosse hatten sich selbst entsorgt. Der Geruch des Geldes hatte sie derart in einen Blutrausch versetzt, dass sie sich gegenseitig eliminierten. Besser hätte es auch ein amerikanisches Spezialkommando nicht zu Ende bringen können.

Begleitet von zwei BKA-Beamten und drei Jungs vom FBI flog ich nach Berlin. Wir mussten dafür auf dem Flughafen in Abu Dhabi zwischenlanden, einer grellen Zirkuswelt, beinahe wie in Las Vegas, voller falscher Minarette und architektonischer Spinnereien, durch die sich selbst noch nach Mitternacht die Menschenmassen schoben. Ich drohte unter dem Eindruck der seltsamen, befremdlichen

Reize beinahe zusammenzubrechen. Wir warteten an einem der Imbissstände und ich fragte mich, wie es sein würde, meine Mutter wiederzusehen. Und ob meine Oma noch lebte.

Von Abu Dhabi ging es direkt nach Berlin. An Bord wurde uns ein zweigängiges Menü serviert. Zwischen den Gängen fragte mich eine Stewardess: „Darf ich Ihnen frisches Besteck bringen?" Die Frage lag so jenseits von allem, was ich in den vergangenen Jahren erlebt hatte, dass ich mit offenem Mund dasaß und nicht wusste, was ich antworten sollte.

Ich trat eine Flucht an, genauer: was Mediziner eine „dissoziative Flucht" nennen. Zwar kehrte ich gerade in mein altes Leben zurück, doch innerlich entfernte ich mich immer weiter von ihm. In grauem Nebelwetter landeten wir frühmorgens in Berlin-Tegel. Die deutschen Behörden hatten einen kleinen Empfang mit Häppchen und einem Umtrunk vorbereitet. Auch meine Mutter wurde erwartet. Es war geplant, dass sie ungefähr zur selben Zeit wie meine Maschine in Berlin landen sollte und wir danach mit all den deutschen und amerikanischen Beamten unser Wiedersehen feiern würden. Doch Mutters Flug hatte Verspätung und nach ein paar Häppchen und absurdem Smalltalk – ich kannte niemanden im Raum – fuhr mich ein BKA-Mitarbeiter zu meiner Wohnung.

Die altbekannten Straßen Berlins waren nebelverhangen und es nieselte ein wenig. Sie sahen aus wie in meinen Träumen als Gefangener. Und dennoch wusste ich nicht, ob sie Wirklichkeit waren. Seit drei oder vier Tagen konnte ich mich jetzt wieder in meinen beiden Muttersprachen mit anderen Menschen unterhalten. Die Menge an Informationen, die ich dadurch erhielt, war überwältigend, genauso überwältigend wie der Blick durch meine provisorische Brille. Suzy erwartete mich an der Tür mit dem Wohnungsschlüssel. Ich konnte kaum fassen, dass auch sie Wirklichkeit war, genauso wie alle meine Freunde oder meine Wohnung. Mein Onkel in Köln war in der Zwischenzeit für die Miete aufgekommen. Ich öffnete einfach die Tür und setzte mich hin. Aus irgendeinem Grund, den mir Suzy erläuterte, ohne dass ich ihr so recht folgen konnte, hatten meine Freunde alle Kleidungsstücke aus den Schubladen und Schränken geräumt. Doch die dunklen Pflastersteine und die futuristische Uhr auf dem Helmholtzplatz vor meinem Fenster waren noch da. Alles sah unverändert aus, auch die großen Bäume draußen im herbstlichen Nieselregen.

Suzy hatte auf dem Küchentisch eine Postkarte hinterlassen, die die Sache mit meinen Kleidern erklären sollte: „Mike, wir sind's, das Hausmeisterteam Suzy, Daryl, Aimee, John und Desmond. Wir entfernen gerade ein paar Motten aus deinen Habseligkeiten. Du musst alle Stoffe in deiner Wohnung sofort reinigen lassen oder bei 60 Grad in die Waschmaschine geben. Wir haben noch ein paar Kleidungsstücke von dir, die werden grade noch gewaschen. Wir freuen uns, dass du wieder zu Hause bist, und können es kaum erwarten, dich wiederzusehen und dir deine Sachen zurückzugeben.“

Meine Freunde hatten Anfang 2014 das letzte Mal die Wohnung gereinigt und danach eine kleine melancholische Gedenkfeier veranstaltet. Sie mussten wohl etwas zu viel getrunken haben, jedenfalls standen noch etliche Flaschen herum. Als schließlich das BKA Suzy ein paar Tage vor meiner Freilassung über meine baldige Rückkehr informierte, kehrten die Hausmeister zurück, um aufzuräumen, doch während des heißen Berliner Sommers hatten die Motten meine Wohnung zu ihrer Brutstätte erkoren. Also wurden schnell meine Kleider aus den Schränken geräumt und in den verschiedenen Waschmaschinen meiner Hausmeister gewaschen. Voller Freude und Dankbarkeit lud ich alle zu ein paar Drinks in eine Bar ein. Es war meine erste Willkommensparty mit Menschen, die mir wirklich nahestanden. Ich lief zwar immer noch wie ein Schlafwandler herum und fremdelte mit diesem Leben, aber die Party war wunderbar. Suzy, Daryl, Aimee, John und Desmond, jeder kam mit einem riesigen Packen frisch gewaschener Kleider in die Bar.

Auch meine Mutter traf nun endlich in Berlin ein und ich fuhr zu ihr ins Hotel. Sie wiederzusehen war ein Schock. Ein Teil von mir wollte noch nicht begreifen, dass die Person, die ich seit jeher liebte und kannte, wieder in Fleisch und Blut vor mir stand. Meine Mutter sah zwar älter aus, aber lebhaft, rotwangig vor Freude und verletzlich wie ein kleines Mädchen. Ich sah aus wie ein hohläugiges Gespenst. Gleich zu Beginn unseres Wiedersehens erzählte sie davon, wie sie sich während meiner Geiselhaft nachts beim Betrachten des Mondes immer gefragt hatte, ob ich ihn wohl auch sehen könnte. Ich musste lächeln und erzählte von den wenigen Augenblicken, wo ich in Abdi Yares Haus den Mond sehen konnte. Zwei Jahre und acht Monate lang war der Mond das Einzige, was uns miteinander verbunden hatte.

Sie hatte in der Kirche Kerzen für mich angesteckt und trug jetzt ein kleines Kreuz um den Hals. Wie nicht wenige der Geiseln, die ich getroffen habe, war auch sie zum Glauben ihrer Kindheit zurückgekehrt. Zwei Jahre und acht Monate war auch meine Mutter eine Gefangene gewesen.

In diesem komfortablen, sterilen Holiday-Inn-Hotelzimmer konnte ich mir nur noch schwer vorstellen, dass ich nahe daran gewesen war, mich umzubringen. Ich erzählte es meiner Mutter nicht, doch ich musste an unsere Kirchenbesuche in Northridge denken, an die heißen Vorstadtstraßen und den Apartmentblock, wo Vater sich das Leben genommen hatte. Meine Mutter war 977 Tage lang jedes Mal ruhig und kontrolliert geblieben, wenn sie das Telefon abgenommen hatte, denn sie wollte mich schützen. Aus dem gleichen Grund hatte sie mir erzählt, mein Vater sei an einem Herzinfarkt gestorben. Es war keine bösartige Lüge. Trotzdem war es für uns beide ein Glück, dass ich die Wahrheit herausgefunden hatte. Nur der Gedanke, dass meine Mutter nicht zwei Männer in ihrem Leben durch Selbstmord verlieren sollte, erhielt mich an meinen schlimmsten Tagen in Galkayo am Leben.

Ihre psychische Stärke ließ erst gegen Ende meiner Geiselhaft nach und ein professioneller Unterhändler übernahm. Robert, oder kurz Bob, stammte aus Kalifornien und arbeitete für Missionsstationen in Afrika, deren Mitarbeiter in Geiselhaft geraten waren. Anfang 2014 war es ihm bereits gelungen, eine Gruppe kenianischer Krankenhausmitarbeiter aus der Hand Ali Duulaays zu befreien. Er kannte die richtigen Leute und war auf Bitten des FBI bereit zu helfen. „Abdi Yare kam uns zum Schluss sehr weit mit seinen

Forderungen entgegen", erzählte meine Mutter. „Ich hab' immer noch keine Ahnung, warum. Noch im Juli wollte er vier Millionen Dollar."

Ich erzählte von der Unruhe und den Streikplänen meiner Bewacher und sie nickte: „Wir konnten nicht genau sagen, ob es Streit gab oder ob die Geschäfte für die Piraten generell schlecht liefen. Doch als im September die Forderungen derart fielen, wussten wir, dass wir dringend handeln mussten."

Sie erzählte, dass auch Denis Lyon meinen Fall anfänglich voller Energie und mit einigem Geschick begleitete. Da war er noch ein gesunder Mann Mitte 70. Doch 2012 erlitt er einen Schlaganfall. „Er konnte gar nicht mehr sprechen", erzählte meine Mutter, „er gab nur noch unverständliche Laute von sich. Er erkannte Freunde und Familie, konnte aber nichts mehr sagen." Nach über einem Jahr in der Reha-Klinik und einem zweiten Schlaganfall 2013 war Denis gestorben.

Es war unfassbar. Viele Stunden hatte ich in meiner Vorstellung mit Familie und Freunden verbracht. Größer als die Überraschung, all die Menschen noch am Leben zu sehen, war nun der Schock, erfahren zu müssen, wer inzwischen gestorben war.

„Wie geht's Oma?"

„Michael, sie ist letztes Jahr gestorben, sie hätte so gern durchgehalten."

Ich fing an zu weinen.

Meine Großmutter war gestorben, während ich in einem stickigen Betonbunker auf einer durchgeschwitzten Matratze lag und meine Wärter Zigaretten qualmend über ihr verdammtes Khat stritten. Ein Teil von mir hatte es geahnt und schon getrauert. Trotzdem hätte ich bei der Nachricht am liebsten den Boden aufgerissen, um nach ihr zu suchen. Ich hatte noch nicht abgeschlossen mit ihr. Es gab keine Worte, die groß genug dafür waren. Piraten überall auf der Welt taten Seeleuten so etwas an. Alle Geiselgeschichten, egal ob aus dem Senegal oder aus Vietnam, aus Argentinien oder Indien, handeln von persönlichen Verlusten. Sie sind der eigentliche Preis, den Piraten und Menschenhändler aller Art von ihren Opfern fordern.

In den ersten Wochen nach meiner Rückkehr wechselten Nieselregen und sonnige Herbsttage einander ab. Wieder in Berlin zu leben, fühlte sich an wie ein altes Paar Jeans anzuziehen. Es war vertraut. Andererseits waren einige Veränderungen unverkennbar. Die eher abweisende, raue Nüchternheit der Stadt schien auf dem Rückzug. Es gab mehr Lichter und schickere Restaurants in meinem Viertel und alle waren besessen von merkwürdigen Fantasy-Fernsehserien. Von *Games of Thrones* hatte ich noch nie gehört. Neben all dem glitzernden Neuen und Edlen spürte ich aber auch eine unbekannte Unzufriedenheit, fast lag etwas wie Rebellion in der Luft. Als hätte die westliche Welt nicht schon öfters solche Zyklen erlebt, als passierte alles zum ersten Mal. Niemand schien sich auch nur im Entferntesten vorstellen zu können, dass der Wohlstand der 60er-Jahre etwas mit der Unzufriedenheit der damaligen Hipstergeneration zu tun gehabt hatte. Die jungen Männer trugen nun ähnliche Bärte wie den, den ich mir gerade abrasiert hatte.

Berlin ist eine Stadt der Fußgänger. Als ich nun versuchte, auf meinen geschwächten Beinen meine täglichen Besorgungen zu erledigen, schwollen meine Knie und Fußgelenke bedrohlich an. Verkürzte Sehnen protestierten wie quietschende Türscharniere. Einen Monat lang fühlte ich mich wie ein Krüppel und beschränkte meine Laufwege auf höchstens zwei Häuserblocks. Das FBI jedoch zitierte mich zu einer ganzen Reihe von Nachbesprechungsterminen, um die Ermittlungsakten gegen die Piraten füllen zu können. In den ersten drei Wochen musste ich mich beinahe täglich in der amerikanischen Botschaft den Fragen der Ermittler stellen. Doch schon der Weg zur U-Bahn war mir zu weit, also bekam ich einen Chauffeur. Der Mann, der mich nun jeden Morgen abholte, war ein freundlicher Außendienstmitarbeiter, der einige Zeit als Fallschirmjäger in Afghanistan verbracht hatte. Er erzählte mir von seinen Sprüngen aus einer C-130 und dem Training im Hochgebirge bei Schnee. Er schien unter einer Posttraumatischen Belastungsstörung zu leiden, denn er hörte nie auf zu reden. Und nach zwei Tagen machte ich es ihm einfach nach. Wir quasselten die ganze Zeit aufeinander ein — die allerbeste Therapie.

Sowohl das BKA als auch das FBI wollten so genau wie möglich meine Sicht auf die Ereignisse erfahren, um Lücken in ihrer Beweiskette schließen zu können. Falls möglich, wollte man die Piraten vor Gericht bringen. Ich erzählte ihnen meine Geschichte nur zu gern. Es half mir, meine Erlebnisse mit jemandem zu besprechen, der sie aus einem anderen Blickwinkel verfolgt hatte. Ich lernte wieder, mich längere Zeit auf Englisch zu unterhalten. Ich lernte Dinge zu beschreiben, die ich nur beobachtet oder empfunden hatte. Manche Tage jedoch waren einfach ermüdend. Auf der Rückfahrt saß ich erschöpft und ausgelaugt im Wagen des FBI. „Wenn du es zum hundertsten Mal erzählt hast, wird's dir besser gehen", ermunterte mich mein neuer Freund.

Seit meiner Zeit in Somalia war ich schnell gereizt und geriet in größeren Menschengruppen leicht in Panik – meine „dissoziative Flucht", mein Fremdeln mit dem Alltag hingen damit zusammen. Dadurch bildete ich eine Grenze zwischen mir und der Außenwelt, eine Brandmauer gegen den unkontrollierten Ansturm auf meine Sinne. Das beste Mittel dagegen war Sport. Gefühle sind eine Art von Energie, das hatte ich an Bord der NAHAM 3 gelernt. Die Energie meines Schmerzes und meiner Wut während eines ausdauernden Trainings einfach zu verbrauchen, war der beste Weg. Drei Monate lang blieb ich höchst angespannt und labil, immer noch nahe dran, mich selbst umzubringen. Doch Körper und Geist sind nicht voneinander zu trennen und so half das Wiedererstarken meines Körpers auch meinem Geist.

Genauso half mir Carls Weigerung, meinen Zustand als Posttraumatisches Belastungssyndrom zu diagnostizieren. „Wir sollten nicht alles pathologisieren", sagte er. Mir tat es gut, nicht allzu viel über meine Genesung nachzudenken, meine Wut und den Schmerz nicht zu einer eigenen, abgetrennten Aufgabe innerhalb meines Genesungprozesses zu machen. Ich konzentrierte mich darauf, wieder zu Kräften zu kommen, nicht darauf, glücklich zu werden. Um Spaß und Fröhlichkeit ging es gar nicht mehr. Somalia hatte mich in einer Weise verändert, die ich nur sehr schlecht beschreiben konnte. Manches an mir fühlte sich verschrumpelt und verknittert an. Bisweilen, wenn es mir gelang, eine Falte wieder glatt zu ziehen, überkam mich eine widerliche Depression, wie der Gestank aus einer Höhle. Doch wusste ich inzwischen, dass ich meine Gefühle schlecht herumkommandieren konnte. In Somalia hatte ich gelernt, glückliche Momente zu genießen, sobald sie passierten. Der lateinische Ausdruck „amor fati" bezeichnet das hingebungsvolle Annehmen des eigenen Schicksals, ein Gedanke, den Nietzsche bei Epiktet gefunden hatte: „Strebe nicht danach, dass alles so geschieht, wie du es dir wünschst, sondern wünsche dir alles so, wie es gerade passiert. Dann ist auch dein Leben einfach und heiter." Der Gedanke durchzieht seit Jahrtausenden in den verschiedensten Formen die europäische Geistesgeschichte. Genauso taucht er im Islam und im Buddhismus auf. Entweder man umarmt sein Schicksal oder es zerstört einen.

Ein kleines Beispiel dieser Idee aus dem muslimischen Afrika findet sich in einem Essay Paul Bowles' über Marokko in den 50er-Jahren. Mitten in der Wüste beobachtete er, wie ein ungeduldiger Moslem aus der Stadt achtlos die Tür seines Autos zuschlug und dabei die Hand eines alten Mannes vom Land einklemmte. „Ruhig öffnete der alte Mann die Autotür mit der anderen Hand", schrieb Bowles, „die Spitze seines Mittelfingers hing nur noch an einem Stückchen Haut. Er sah sich beide Teile seines Finger eine Weile an, hob dann, ohne etwas zu sagen, eine Handvoll Sand vom Boden auf, setzte das lose Glied des Mittelfingers wieder an seinen Platz und streute den Sand darüber. Leise sagte er: ‚Allah sei Dank.' Danach, der Ausdruck in seinem Gesicht war immer noch unverändert, hob er sein Gepäck auf und ging davon."

Es war nicht unbedingt die Art des Islams, die mir in Somalia begegnet war. Genauso wenig war es der Islam salafistischer Terroristen. Schon bevor ich nach Somalia aufgebrochen war, wurde in der Öffentlichkeit – in Amerika genauso wie in Europa – laut über den Islam diskutiert. Doch während ich als Geisel auf meiner Matratze saß, hatte die Debatte sehr harte, beinahe manische Züge bekommen. Nach meiner Freilassung war sie immer noch nicht abgeschlossen. Sie wurde jetzt nur viel gröber geführt und folgte beinahe schon altbekannten Stammesdünkeln. Der große, inzwischen etwas betagte Dichter Hadraawi aus Gerlachs Generation, ein Kameltreiber, geboren in den 40er-Jahren, schrieb wunderbare Kampfgedichte gegen das Stammesdenken. Er nannte es „die böse Malaria", die ganz Somalia anzustecken drohte. Doch auch wir im Westen spüren inzwischen – wieder einmal – die Fieberschübe derselben Krankheit.

Ich dachte an die früheren Jahrhunderte, als auf den Paraden zu Ehren der heimkehrenden Gefangenen von der Berberküste in italienischen Dörfern Trommeln und Trompeten erklangen und katholische Chöre Lieder von der Befreiung schmetterten. Im Grunde feierten sie den Unterschied zwischen dem christlichen Europa und dem muslimischen Feindesland. Mein Abenteuer in Somalia machte mich mit dem Ausmaß dieser Unterschiede vertraut, mit einer kulturellen Kluft, die unter der Oberfläche lauert, einer Kluft, die man im Westen entweder maßlos übertreibt oder ignoriert. Doch weder das eine noch das andere wird uns weiterhelfen. Es ist lächerlich, wenn es heißt, somalische Piraten seien keine echten Moslems. Die meisten von ihnen sind nämlich sonst nichts anderes. Jeder kann, wenn er will, die Suren im Koran lesen, die den Missbrauch der Ungläubigen entschuldigen. Die andere Seite der Medaille jedoch hat ein Pirat, den Mitarbeiter der Vereinten Nationen in einem kenianischen Gefängnis befragten, recht gut beschrieben: „Sollte ich nach Somalia zurückkehren, möchte ich gern zur Schule gehen. Denn ich weiß bis heute nicht, was falsch und was richtig ist. Jeder in Somalia wird als Moslem geboren und kann die Verse des Koran aufsagen. Doch haben wir vergessen, wofür diese Verse wirklich stehen."

Im November erreichte mich über Facebook eine Nachricht von Mohammed Tahliil, dem Anführer meiner Bewachertruppe in Hobyo. Zunächst wollte ich damit nichts zu tun haben und ignorierte die Nachricht eine ganze Weile. Doch war Tahliil gutmütig und meist anständig mir gegenüber gewesen und so antwortete ich ihm schließlich doch.

„Hi, Mohammed."

„Wie geht's dir, Michael?", schrieb er zurück. „Ich bin in Hobyo. Hoffentlich geht's dir gut. Die Piraten, die dich gefangen genommen haben, haben sich in einer Schießerei nach einem Streit über Geld gegenseitig umgebracht."

„Wer von ihnen ist denn gestorben?", fragte ich.

Er schickte mir eine Liste mit Namen, und als ich ihn um weitere Informationen zu Abdi Yare bat, schrieb er mir: „Abdi Yare war der Anführer und Aufseher einer Einsatzgruppe der Piraten. Er hat das Lösegeld abgeholt. Sein Team wurde später wegen des Lösegelds von Ali Duulaay in Galkayo angegriffen."

Dann schrieb er noch:

Du hast vielen jungen Piraten wegen deiner Schmerzen und der Fesseln wirklich leid getan. Wir haben uns sehr gefreut, als du freigekommen bist. Die Leute aus dem Dorf hatten zu wenig Einfluss und konnten dir nicht helfen. Aber es gab viele in der Nachbarschaft, Junge, Frauen, Älteste aus der Moschee, die sich für dich eingesetzt haben. Alle wollten verhindern, dass dir irgendetwas passiert, um die Ehre und den guten Namen des Landes und der Leute dort zu retten.

Die Dorfgemeinschaft, einzelne Leute in Jugend- und Frauengruppen, Autoritäten aus den religiösen Gemeinschaften, alle haben sich für deine Freiheit eingesetzt. Doch für dich sind sie bestenfalls als Umriss wahrnehmbar, wie ein Geist, den du nie gesehen hast. Ich will nur, dass du weißt: Du warst nicht allein und hattest im Verborgenen viele Freunde. Jede Gesellschaft, jede Gemeinschaft hat solche Leute, gute Menschen im Ozean der schlechten.

Tahliils Englisch war auffallend flüssig. Vermutlich hatte ihm jemand beim Tippen des Textes in sein Smartphone geholfen. Als ich ihn um ein Bild Abdi Yares bat, schlug er mir vor, einfach das Bildmaterial „meines alten Freundes" noch einmal genauer durchzusehen. Also rief ich Ashwin an und besorgte mir Kopien seines Filmmaterials. Er lebte ganz in der Nähe meines Kölner Onkels. Nach meiner Freilassung trafen wir uns regelmäßig, um unsere Notizen abzugleichen. Wir hatten in Somalia ein paar taktische Fehler begangen, allerdings machten wir uns deswegen gegenseitig keine Vorwürfe. Beiden war uns das Risiko der Reise vor unserer Landung dort bekannt gewesen.

Ashwin erzählte mir, dass ihm auf der Fahrt zum Flughafen in einiger Entfernung ein Technical mit ein paar Somalis aufgefallen war. Sie warteten dort zwischen ein paar Felsen. Wir fuhren jedoch in der Stadt einen Umweg, der uns letztlich über eine andere Piste zum Flughafen brachte. Es war also durchaus wahrscheinlich, dass die Piraten uns beiden auf dem Hinweg auf der üblicheren, viel befahreneren Piste aufgelauert hatten. „Ich glaube, es war einfach nur Glück, dass sie mich nicht erwischt haben", sagte er.

Eine Sequenz aus seinem Filmmaterial zeigte eine Nahaufnahme eines unserer Leibwächter, eine konturlose, mürrische Gestalt, die hinter dem Geschütz auf jenem Technical saß, der uns damals auf dem Weg nach Hobyo beschützen sollte.

„Verdammt, das ist Dhuxul!", platzte ich heraus.

Der Anblick seines Gesichtes entfachte die kalte Wut in mir. Die Bilder erklärten auch, warum mir Dhuxul in Galkayo derart bekannt vorgekommen war. Er hatte uns nach Hobyo begleitet. „Er ist ein Anführer unter den Piraten", hatte Yoonis geprahlt, als ich das erste Mal als Geisel in Dhuxuls Haus untergebracht worden war. Ich kochte vor Zorn beim Gedanken an die Leute, die ihn angeheuert hatten: Nuur, unser sogenannter Sicherheitschef mit seiner Zahnlücke, aber genauso Digsi, Hamid und natürlich Gerlach, der letztlich für unsere Sicherheit verantwortlich war. Noch immer trage ich, bildlich gesprochen, ganze Fässer randvoll mit Zorn in mir, die allmählich vor sich hinrosten. Die Frage ist nur, wohin damit.

„Abdi Yare" allerdings blieb ein großes Rätsel. Viel zu viele Piraten hatten sich so genannt. Der, auf den es wirklich ankam, steckte hinter meiner Entführung. Er war Piratenboss und tauchte auch unter den Namen „Qoryare und „Nuur Jareer" auf. Immer noch auf der Suche nach dem entscheidenden Hinweis schickte ich schließlich Tahliil ein paar Aufnahmen, insbesondere ein Bild von Mustaf

Mohammed Scheich, jenem Piraten mit dem Palästinensertuch vor dem Gesicht, den wir in Hobyo interviewt hatten.

„Mohammed", fragte ich ihn, „wie heißt der Mann?"

Die Antwort, die er mir kurz darauf schrieb, überraschte mich nicht wirklich:

„Er heißt Nuur Jareer."

Ich erinnerte mich daran, wie uns dieser Mann in dem stickigen Zimmer in Hobyo angestarrt hatte; seine vermeintliche Verzweiflung über das Leben als Fischer, sein unruhiger, unheilverheißender Blick. Ich konnte es kaum fassen, dass er bereits tot sein sollte. Er hatte nichts Gutes für mich geplant, vielleicht steckte auch Digsi, jener Älteste aus dem Sa'ad-Klan, mit ihm unter einer Decke. Er hatte schließlich das Interview vereinbart und vermutlich wollte uns Digsi auf dem Rückweg nach Galkayo bereits bei Garacad in einen Hinterhalt locken.

Gerlach war, um es vorsichtig zu sagen, ein höchst unfähiger Fremdenführer. Hamid und Digsi hatten unter seiner Aufsicht ein paar Piraten als unseren Sicherheitsdienst angestellt. Gerlach hätte deren Entscheidungen überprüfen müssen. Doch am Ende war es mein Fehler, ihm zu vertrauen. Allerdings waren Ashwin und ich bei unserer Ankunft dem Eindruck erlegen, dass sowohl Gerlach als auch Präsident Alin für ihren gesamten Klan sprachen, als sie uns in der Region Galmudug willkommen hießen. Dem war ganz offensichtlich nicht so. Es war gut möglich, dass Gerlach selbst betrogen worden war. Doch waren es nicht gerade diese ausufernden Schuldzuweisungen, diese Verbitterung und dieses Verharren in der Opferrolle, was meine Entführer zu ihren bösartigen Handlungen getrieben hatte? Wenn ich wieder gesund werden wollte, durfte ich mich nicht in solche Gefühle hineinsteigern.

Ich traf mich mit Gerlach ein paar Mal in Berlin, allein oder zusammen mit anderen, um Informationen auszutauschen. Zuletzt legte ich Ashwins Aufnahme von Dhuxul auf den Tisch. Plötzlich redete Gerlach zusammenhangloses Zeug und wirkte fahrig und unkonzentriert. Als ich ihm sagte, wie sehr mich seine Nachlässigkeit als unser Sicherheitsbeauftragter ärgerte, stand er auf und verließ das Lokal.

Ich habe ihn seitdem nicht wiedergesehen.

Den geheimnisvollen Amerikaner, der im Juni in Galkayo gelandet war, um mich freizubekommen, gab es tatsächlich. Meine Mutter hatte ihn beauftragt. Er nannte sich „Joe" und tatsächlich stimmte vieles von dem, was mir Hasan erzählt hatte. Joe war einst Soldat gewesen und arbeitete für einen Dienstleister in Somalia. Noch zu Zeiten der Schlacht von Mogadischu hatte er als Angehöriger der amerikanischen Sondereinsatzkräfte Navy SEALs Kontakte zum Sa'ad-Klan geknüpft. Er bot an, meiner Mutter und mir mit diesen Kontakten zu helfen.

Joe hatte meine Mutter im Frühjahr 2014 angesprochen und trat mit ihrer Erlaubnis mit einer kleineren Gruppe innerhalb der Piratenbande in Verhandlungen. Im Juni hatte er diese Verhandlungen so weit gebracht, dass er mit 700 000 Dollar aus Mutters Lösegeldfonds im Koffer und einem gehörigen Vertrauensvorschuss nach Galkayo flog. „Ich hatte gehört, jeder hatte es gehört, dass die Piraten zu diesem Zeitpunkt pleite waren", erzählte mir Joe. „Ihre Gläubiger wollten endlich Geld sehen. Auch deine Aufpasser waren es allmählich leid, sie warteten auf ihren Sold, entsprechend sank damals dein Preis." Dhuxul war demnach am Ende bereit, mich zum Schnäppchenpreis gehen zu lassen.

Bewaffnet mit einer Pistole und in Begleitung eines Arztes sowie eines somalischen Polizeibeamten, dem er vertraute, traf sich Joe mit einem Vertreter der Piraten in einem Hotel in Galkayo. Den wirklichen Namen des Piraten kannte Joe nicht, doch stellte sich ihm der Mann als Abdi Yare vor. Er war so etwas wie der Buchhalter der Gruppe und stand während des Gesprächs in ständigem telefonischem Kontakt mit Dhuxul.

Einen Tag vor Joes Ankunft jedoch waren die Crewmitglieder, die den Untergang der ALBEDO überlebt hatten, freigekauft worden. Ihre Lösegelder hatten die Kassen der Piratengruppen in der Region Galmudug geflutet und Joe ahnte schon vor seiner

Ankunft, dass seine Mission scheitern könnte. Und tatsächlich forderte der Pirat im Hotel selbstbewusst wesentlich mehr Geld als vereinbart.

„Was heißt das, du willst mehr Geld? Wir haben darüber oft genug gesprochen", entgegnete Joe.

Der Piratenbuchhalter war allein gekommen und trug keine Waffe bei sich. Joe hatte seine Pistole, ein Messer und zwei Männer an seiner Seite. „Wenn ich gehe", drohte er, „dann habe ich entweder Michael bei mir, oder du liegst tot hier im Badezimmer. Sollte unsere Verhandlung schiefgehen, geht nur einer von uns beiden lebend zu dieser Tür hinaus."

Das Telefon klingelte. Wahrscheinlich war es Dhuxul, doch ließ Joe den Piratenbuchhalter nicht ans Telefon.

„Ich bin doch nur ein Mittelsmann", protestierte dieser.

„Das ist mir egal", antwortete Joe.

„Allah weiß, dass ich nie etwas Verkehrtes gemacht habe", flehte der Buchhalter.

„Dann kannst du das Allah ja gleich persönlich sagen", meinte Joe.

Wieder klingelte das Telefon. Joe warnte ihn nochmals, dranzugehen, denn er fürchtete, dass sein Gegenüber bewaffnete Unterstützung anfordern würde. Trotzdem nahm der Pirat ab und Joe verlor die Geduld. Er zog das Messer und schleifte den Mann ins Badezimmer, fest entschlossen, ihn umzubringen. Einer seiner Begleiter, der somalische Polizist, überzeugte ihn schließlich, davon abzulassen.

Ich traf Joe eines Abends im Frühjahr an der Küste Virginias, wo er mir seine Version der Geschichte erzählte. Er trug einen Schnurrbart und war ein eher schüchterner, bescheidener Mensch. Seine Hilfe hatte er freiwillig angeboten, weil er einige Kontakte zu meinen Piraten hatte. Es war seine Art zu arbeiten und es erstaunt mich noch immer, dass jemand sich einen so schwierigen Job aussucht. Mir wurden jedes Mal die Knie weich, wenn ich von solchen Überlegungen und Plänen erfuhr, mit denen andere Menschen mich aus Somalia herausholen wollten – vor allem beim Gedanken an die ungeheuren Opfer, die sie hätten bringen müssen, wenn ihre Pläne schief gegangen wären.

„Die Piraten haben mir erzählt, du wärst in Uniform aufgetaucht?", fragte ich Joe.

„Nein, ich hatte ganz normale Kleider an."

„Sie haben mir auch erzählt, dass du ein paar Tage im Gefängnis warst, weil du kein gültiges Visum für Galmudug hattest."

Er musste lachen: „Ich bin noch am selben Tag wieder abgereist."

„Aber den Buchhalter umzubringen", fragte ich ihn, „war das Teil des offiziellen Plans?"

„Nun ja, es war *mein* Plan – schließlich war ich in Galkayo völlig auf mich allein gestellt", meinte er lächelnd.

Ich war voller sturem, stolzem Individualismus nach Somalia aufgebrochen. Dieser bekam durch meine Erfahrungen dort einen gehörigen Dämpfer und ist einem Gefühl unendlicher Dankbarkeit gewichen. Ich war stets darauf bedacht gewesen, die Risiken meiner journalistischen Arbeit so gut wie möglich abzuschätzen und bei meinen Reisen niemanden außer mir selbst in Gefahr zu bringen. Darauf vertrauen zu müssen, dass mich andere retteten, war eine Schande. Doch wenn man Hilfe braucht, ist es nicht zu ändern. Den anderen meine große Dankbarkeit für ihre Hilfe zu zeigen, erwies sich für mich als guter Weg, mit der Wut und dem Ärger, die sich in mir aufgestaut hatten, umzugehen. Joe weiß, dass ich ihm dankbar bin. Doch ich möchte, dass genauso all jene unbekannten Soldaten wissen, wie viel Dank ich ihnen schulde.

Gerüchteweise bekam ich mit, dass ein amerikanisches SEAL-Kommando mich an Bord der NAHAM 3 befreien wollte und dass dasselbe Kommando, das Jessica Buchanan befreit hatte, auch meine Verstecke im Blick hatte. Den Gerüchten nach vermuteten mich die amerikanischen Geheimdienste im selben Lager wie die beiden Entwicklungshelfer. Die Gerüchte können falsch sein und mir fehlen die Möglichkeiten, sie zu überprüfen. Zwar hat Buchanans Befreiung vermutlich meine eigene Zeit als Geisel verlängert, doch genauso waren daran die wechselnden Pläne der Piraten oder meine eigenen Starrköpfigkeit schuld. Ich konnte schlecht etwas gegen die Befreiung von Jessica und Poul haben, wo sie doch erfolgreich war und verhinderte, dass die Piraten noch mehr Lösegeld abkassierten. Was gibt es mehr dazu zu sagen?

„Strebe nicht danach, dass dir alles so geschieht, wie du es dir wünschst, sondern wünsche dir alles so, wie es gerade passiert. Dann ist auch dein Leben einfach und heiter", sagt Epiktet.

Ende 2015 flog ich auf die Seychellen, um Rolly zu besuchen. Seine Tochter Maryse beschloss, ihn mit meinem Besuch zu überraschen und ihm vorab nichts darüber zu sagen. „Wir wollen, dass es eine Überraschung für ihn wird", schrieb sie mir. Noch mit über 70 Jahren, als ehemalige Geisel im Ruhestand mit einer kleinen Rente ausgestattet, war Rolly oft wochenlang mit seinem Boot rund um Mahé unterwegs, um zu fischen. Maryse musste also erst einen Vorwand finden, mit dem sie ihn an Land halten konnte.

„Er hat in letzter Zeit mit dem Trinken aufgehört", teilte sie mir mit.

„Macht nichts, ich spendier ihm eine Limo", antwortete ich.

„Na, wenn er dich sieht, wird er sofort wieder anfangen!", meinte sie.

Victoria ist eine moderne Stadt, die rund um den Hafen errichtet wurde. Es gibt wunderschöne, sattgrüne Hügel voller Palmen, Restaurants, die sich als Piratenkneipen verkaufen wollen, und es ist zwar heiß, aber die Leute sind entspannt. Maryse holte mich vom Flughafen ab und fuhr mit mir durch die freundliche, geschäftige Innenstadt bis in ein Viertel an einem der Hügel voller riesiger, schattiger Bäume. Das Viertel Belvedere mit seinen Reihen flacher, langgezogener Bungalows aus Beton war am Reißbrett entstanden. Wir traten zwischen zwei dieser Häuser hindurch und da sah ich Rolly. Er stand in seiner Haustür und schimpfte auf Kreol vor sich hin.

Als er mich erblickte, rief er: „Eh! Michael!"

„Rolly!"

Über zwei Stunden saßen wir dann auf der Veranda beisammen. Der Strom von Töchtern, Enkelkindern, Schwiegersöhnen, Freunden und Nachbarn, die auch mal vorbeischauen wollten, riss nicht ab. Ich erinnerte Rolly an das Versprechen, das wir uns in Somalia gegeben hatten: Wir wollten zusammen unter dem Mangobaum gegenüber seinem Haus ein Bier trinken. Ich bot ihm an, stattdessen Cola zu besorgen, aber am Nachmittag brachte er mich zu einem Getränkemarkt in der Nähe, wo wir Bier kauften, und dann setzten wir uns zu einer Gruppe Bekannter und Freunde unter den Mangobaum im Vorgarten gegenüber Rollys Haus. Den riesigen Baum mit seinem ausladenden Blätterdach hatte ich bei der Ankunft gar nicht wahrgenommen. „Bonswar!", begrüßte Rolly jeden Einzelnen und wir stießen mit unseren Bierflaschen an. Die Männer nannten ihn „Ti Rolly" – eine Kurzform für „Petit Rolly", denn schließlich war Rolly wirklich nicht der Größte.

„Wegen mir musst du das nicht", meinte ich zu ihm gewandt.

„Eh?"

„Wegen mir musst du keinen Alkohol trinken."

„Schon in Ordnung, Michael. Manchmal mache ich eine Pause wegen der Gesundheit. Aber es ist alles okay!"

Ich nickte.

„Auf den Seychellen machen wir das so", beruhigte er mich.

Von unserem Platz, genauso wie vom Haus und der ganzen Straße aus, sah man auf den grünen Rasen und die weißen Steine und Kreuze eines Friedhofs. Die Männer um uns unterhielten sich leise und immer wieder hörten wir das Lachen der Kinder und Enkel vor Rollys Haus.

„Eine nette Familie!"

„Yah. Danke!"

„Wie geht's dir?", fragte ich ihn.

„Mir? So weit ganz gut, Michael!"

„Schläfst du gut?"

„Ja, ja!"

„Keine Albträume oder so was?", fragte ich

„Nein, nein!"

In Somalia hatten wir beide nur schlecht schlafen können. In Berlin wachte ich nachts immer noch regelmäßig mit Herzrasen auf.

Albträume waren nie ein Problem, die Träume über Somalia konnte ich an einer Hand abzählen. Doch hatte ich mir als Geisel angewöhnt, spätestens um vier Uhr früh aus dem Schlaf zu schrecken, um nach Drohnen zu lauschen. Im Augenblick halfen mir leichte Beruhigungsmittel durchzuschlafen.

„Ich hab gehört, sie haben den fetten Mann verhaftet", sagte Rolly.

„Garfanji? Das habe ich auch gehört." Die somalische Regierung ließ ihn gegen Ende meiner Geiselhaft 2014 ein oder zwei Monate lang ins Gefängnis sperren. „Hat aber nicht lange gedauert."

„Nicht wahr! Haben sie ihn wieder laufen lassen?"

„Er hatte zu viele Freunde in Mogadischu."

„Aha", machte Rolly resigniert. „Aber Ali, der ist doch inzwischen tot, oder?"

„Ali Duulaay haben sie erschossen, soweit ich weiß wegen meines Lösegelds", erzählte ich. „Das Gleiche gilt für Ahmed Dirie."

„Das habe ich auch schon gehört."

Einer von Rollys Freunden unterbrach uns, um uns Marc anzukündigen, der jeden Augenblick eintreffen sollte.

„Wie geht's Marc?", fragte ich Rolly.

„So weit ganz gut, Michael."

Rolly und Marc waren inzwischen seit zwei Jahren frei und ich glaubte ihm, dass es ihnen beiden gut ging. Aber Rollys Antwort war zu unbestimmt. „So weit ganz gut", bedeutete in unserer Geiselsprache nicht viel mehr, als dass man noch am Leben war und seinen Selbstzerstörungstrieb im Griff hatte.

Wir saßen eine Weile schweigend da.

„Die Jungs", fragte er schließlich, „sind die immer noch in Somalia?"

„Ja, leider, die ganze Crew der NAHAM 3", sagte ich. „Zwei von ihnen sind inzwischen tot: Jie und Nasurin."

Wir hatten beide gekannt, wenn auch nicht besonders gut. Nasurin war ein kleiner Indonesier mit dünnem Bart, Jie der clevere chinesische Junge. Das Gerücht von seinem Tod erwies sich später als falsch. Solche Gerüchte um Tote oder vermeintliche Tote waren aber ein gutes Beispiel für den schwankenden Boden, auf dem ich mich seit meiner Freilassung bewegte. Beinahe hätte mich dieser Sumpf aus Halbwahrheiten und Geheimniskrämerei selbst das Leben gekostet.

„Bakayle passt jetzt auf die Kids auf, nachdem Ali nicht mehr ist", sagte ich.

„Wer genau?", fragte Rolly.

„Du kennst doch Bakayle noch: ‚Fifty Million'."

„Du liebes bisschen! Der! Ohje!"

„Du sagst es!"

Wir tranken unser Bier. Ich war bereits ein Jahr wieder in Freiheit, doch fühlte sich diese Freiheit unvollkommen an, solange die Crew der NAHAM 3 noch in Somalia in Gefangenschaft war.

„Ich hab' noch immer die Bibel, die mir die Jungs damals gegeben haben", erzählte Rolly. „Ich hab sie mitgenommen."

„Die der Pirat von Bord kicken wollte?"

„Genau! Inzwischen fällt sie fast auseinander. Aber ich hab meinen Leuten gesagt, wenn ich sterbe, dann sollen sie die Bibel mit mir beerdigen. Oben auf dem Sarg."

Der Friedhof unterhalb des Hangs hieß Mont Fleuri, sonntags war er voller Leben. Familien mit Kindern liefen dann zwischen den Grabsteinen umher und brachten Ballons und Blumen mit.

Jede Geisel erholt sich auf andere Weise von der Zeit in Gefangenschaft. Rolly half seine große, ungestüme Familie dabei, neben seiner Religion und der Fischerei, versteht sich. Seine Familie liebte ihn. Nichts anderes zählte. Er und Marc wurden sogar vom Präsidenten der Seychellen anlässlich der präsidialen Geburtstagsfeier in einem Haus in Victoria empfangen. Darauf war Rolly inzwischen mächtig stolz. Wie Soldaten nach dem Krieg brauchen auch Geiseln nach ihrer Heimkehr die Unterstützung der Gesellschaft.

„Ich freu' mich sehr, dass du hier bist, Michael."

„Ich freu' mich, dass ich hier sein darf!"

Wir sprachen weder über den Schmerz noch über die Dankbarkeit, die wir beide seit unserer Freilassung empfanden. Dankbar zu sein war wie eine stete Erinnerung daran, die anderen genug zu lieben – was immer auch „genug" im Einzelfall heißen mochte. Während meines Besuchs bei Rolly versuchte ich immer wieder, ihm oder Marc ein kleines Geschenk zu machen. Doch zahlten sie mir alle meine Gaben mit Geschenken ihrerseits heim. Am Ende saßen wir alle am Familientisch beisammen und genossen frischen Tintenfischsalat und gegrillten Schnapper.

„Wenn du schon mal hier auf den Seychellen bist", eröffnete mir Rolly eines Tages, „dann müssen wir morgen unbedingt zusammen zum Fischen rausfahren."

„Okay, und mit welchem Boot fischst du?"

„Ein Freund leiht mir seins", sagte er. „Es ist genau wie die ARIDE. Etwa gleich groß. Es gehört ihm, nicht mir, aber er weiß, dass ich gern zum Fischen rausfahre."

„Ich komm' gern mit raus zum Fischen."

„Aber nur in Hafennähe!"

„Und bloß nicht Richtung Somalia!"

Rolly lachte: „Keine Angst!"

„Sonst bringt uns deine Familie um, glaube ich."

Ist eine Schuld – egal ob ethischer, emotionaler oder rein praktischer Art – zu groß, um sie zurückzuzahlen, dann versucht man sie wiedergutzumachen, indem man anderen hilft. Das war zumindest die Herangehensweise, die ich nach meiner Zeit als Geisel wählte – als eine Geste der Demut gegenüber der ungeheuerlichen Vergangenheit. Ende Oktober 2016 stand ich mit einigen anderen Menschen im trüben Licht eines wolkenverhangenen Tages am Flughafen von Nairobi, während neben mir indonesische, vietnamesische und philippinische Diplomaten aufgeregt telefonierten. Abseits am Straßenrand warteten einige chinesische Botschaftsangehörige in einem schwarzen Van. Beinahe fünf Jahre war die Crew der NAHAM 3 nun in somalischer Gefangenschaft. Es war eine der langwierigsten Entführungen bis zu diesem Zeitpunkt. Nur die vier thailändischen Geiseln vom Fischkutter PRANTALAY 12 mussten danach noch zwei Monate länger unter den Piraten ausharren. Ich war gekommen, um vor Ort etwas von meiner Schuld abzutragen.

Ich hatte etwas Geld zum Lösegeldfonds für die Crew beigesteuert und auch unter meinen Freunden dafür gesammelt. Es war natürlich nur ein Bruchteil von dem, was die Piraten gefordert hatten.

Und es gefiel mir gar nicht, dass Bakayle oder einer seiner Klanbrüder noch mehr Geld aus meiner Hand empfangen sollten. Doch anscheinend war keine der sechs involvierten Regierungen bereit, über militärische Schritte zur Befreiung ihrer Geiseln nachzudenken. Es gab also keinen anderen Weg, die Männer freizubekommen.

Die Presse bezeichnete die Mannschaft der NAHAM 3 inzwischen als „vergessene Geiseln", Seeleute, die während der Hochzeit der somalischen Piraterie schlicht verloren gegangen waren. Eine britische Sicherheitsfirma, Compass Risk, handelte das Lösegeld für die Geiseln schließlich so weit herunter, dass es nur noch die Kosten der Piraten für die lange Geiselzeit deckte. Bakayle musste schließlich seine Kredite an die Gemeinden in Galmudug zurückzahlen, die ihn, seine Leute und die Geiseln über Jahre mit Essen, Wasser und Khat versorgt hatten. Ein pensionierter britischer Offizier, John Steed, rief die Wohltätigkeitsorganisation *Hostage Support Partners* ins Leben, die alle Benefizaktionen steuerte. Steed hatte meiner Mutter den Kontakt zu Derek, dem Piloten, vermittelt und besorgte für den Tag meiner Freilassung den zweiten Fahrer. Er half bei vielen der langwierigen Entführungen in Somalia.

Außerdem wurde die Crew inzwischen auch von Holman Fenwick Willan unterstützt, einer Kanzlei für Seerecht mit Niederlassungen in Hongkong und London. Sie gaben rechtlichen Beistand und organisierten die Logistik hinter der Freilassung. Sie waren es auch, die mich an jenem trüben Tag nach Nairobi gebracht hatten.

Die Crew kam in zwei Gruppen. Der chinesische Van schloss als Erster seine Türen und raste mitsamt den Diplomaten zu einem abgelegenen Gate am Rand der Startbahn. Das Reporterteam eines chinesischen Fernsehsenders hatte Mühe, den Diplomaten zu folgen. Als der Van schließlich mit flatternden chinesischen Fähnchen auf der Motorhaube zurückkehrte, folgte ihm ein Bus. Die Fenster waren mit Gardinen verhängt. Der chinesische Teil der Crew wurde so in die chinesische Botschaft verfrachtet. Wir bekamen sie nie zu Gesicht. Den Gerüchten nach wollte Peking die Geschichte der erfolgreichen Freilassung für sich reklamieren und trennte deshalb die Chinesen mitsamt dem Taiwanesen Taso vom Rest der Mannschaft.

Man fürchtete angeblich, die patriotische taiwanesische Presse würde anderenfalls die Geschichte für sich nutzen. Allerdings kehrte Taso ein paar Tage später ohnehin in seine Heimat zurück und infolgedessen tauchten dort allerhand patriotische und gefühlsselige Geschichten über ihn in der Presse auf.

Ein anderes, hartnäckigeres Gerücht lautete, dass Cao Yong etwa vor einem Jahr einen Schlaganfall erlitten hatte. Er und ein paar andere hätten damals dringend einer schnellen medizinischen Versorgung bedurft. Heute war der drahtige und ernste junge Mann, der mir damals von meinen Plänen zu einer Meuterei an Bord abgeraten hatte, zur Hälfte gelähmt. Zwar wäre vermutlich auch ein gewaltsamer Aufstand an Bord nicht gut ausgegangen, dennoch schmerzte es mich, von seinem Schicksal zu erfahren.

Der Rest der Mannschaft trat schließlich schweigend aus dem Terminalgebäude. Alle hatten abgehärmte, sorgenvolle Gesichter. Arnel, schon vorher eher schmächtig, war nun dürr wie ein Besenstiel. Auch Hen war nicht mehr der kompakte kambodschanische Kraftprotz, den ich kannte. Er wirkte ausgelaugt, sein Blick gehetzt. Sosan hatte einen Zahn verloren – und seinen zornigen, spöttischen Blick. Keiner von ihnen kannte irgendeinen der Journalisten und Beamten, die zu ihrem Empfang aufgetaucht waren, keiner rechnete mit mir. Den ganzen Tag hatte ich mir schon Gedanken gemacht, ob die Jungs wohl verärgert oder gekränkt sein würden oder ob sie einfach nur ihre Ruhe haben wollten. So hatte ich mich zumindest an meinem ersten Tag in Freiheit gefühlt. Ich fragte mich auch, ob ich nicht mehr für ihre Freilassung hätte tun können.

Ich tippte Sosan auf die Schulter. Seine Miene erhellte sich und er schrie unwillkürlich auf. Die anderen drehten sich um und riefen: „Michael!" Sofort war ich von glücklichen, aufgeregt schreienden Männern umringt, die mich in ihrer Begeisterung beinahe umrissen.

Ein paar Tage verbrachten wir gemeinsam in einem sauberen, gläsernen Hotelbau, der den Männern nach der langen Zeit des Elends sicher wie ein Traum vorkam. Tony Libres zog mich damit auf, dass ich inzwischen fett geworden sei, dabei hatte ich nur meine verlorenen 20 Kilo wieder wettgemacht. Während des Essens bestürmten mich schließlich alle gleichzeitig mit Berichten über ihre furchtbaren Erlebnisse. Auch sie hatten eine Zeit lang „im Wald" gelebt, wie sie es nannten, in einem bewaldeten Tal ähnlich dem Ort, an dem Rolly und ich 2012 festgehalten wurden. Sosan hatte seinen Zahn beim Kauen eines Stücks Straußenfleisch verloren, das sie sich im Busch zubereitet hatten. Korn Vanthy laborierte immer noch an einer Schusswunde.

Sie hatten bis Ende Juni 2013 auf der NAHAM 3 zugebracht, bis die ALBEDO im vom Monsun aufgepeitschten Meer versank. Ihr Untergang dauerte mehrere Tage. Die Piraten hatten alle Warnungen der Crew ignoriert. Nahe dem Bug war das Wasser in den rostigen Rumpf eingedrungen. Am Ende stießen die lastwagengroßen Container aneinander und kamen an Deck ins Rutschen. Während der letzten Nacht schwankte das Schiff im stürmischen Meer derart, dass die Container ins Meer fielen. Sieben Mitglieder der Mannschaft auf der ALBEDO sprangen in die Wellen und versuchten, die NAHAM 3 zu erreichen. Vier von ihnen ertranken dabei. Der vietnamesische Fischer Nguyen Van Xuan sprang mit einem Rettungsring an einer Fischleine ins tobende Wasser und schwamm damit zu den Crewmitgliedern der ALBEDO. Die Crew auf der NAHAM 3 hielt die Leine fest und zog die Schiffbrüchigen damit über die Bordwand zu sich an Deck – genau wie mich damals. Immer wieder warfen sie den Rettungsring zurück ins Wasser zu Xuan und konnten so immerhin drei Leben retten.

„Unglaublich", staunte ich.

Xuan zuckte nur mit den Schultern – eine Demonstration asiatischer Bescheidenheit.

„Das hätte jeder gemacht", sagte er nur.

Während sie sank, zerrte die ALBEDO an den Trossen, die sie mit der NAHAM 3 verbanden. Zum Glück lag das Schiff in seichten Gewässern. Die Trossen blieben intakt und so riss die Albedo wenigstens nicht auch noch die NAHAM 3 mit in die Tiefe. Es war den Piraten zudem gelungen, mit ihren Schnellboten eine Reihe weiterer Geiseln von der ALBEDO an Land in Sicherheit zu bringen. Nach einer Nacht des Schreckens kam der Frachter auf einer Sandbank zum Liegen. Nur sein hoher Brückenturm ragte noch aus dem Wasser. Das Wrack diente nunmehr als Landungssteg. Die NAHAM 3 blieb noch einen Monat lang mit der ALBEDO vertäut. Beide Crews mussten in dieser Zeit zusammengepfercht auf dem überfüllten und unglaublich schmutzigen Arbeitsdeck der NAHAM 3 leben. Doch schließlich quittierten die lange schon anfälligen Dieselgeneratoren des Schiffes vollends ihren Dienst. Daraufhin kappten die Piraten die Trossen zum Wrack der ALBEDO und der Fischkutter trieb mit der Strömung nordwärts. Bei Idaan, nur ein paar Hundert Meter von dem Strand entfernt, den ich mit Gerlach und Ashwin besucht hatte, lief der tiefe Kiel der NAHAM 3 schließlich an einer Sandbank auf Grund. Die Piraten brachten ihre Geiseln mit Booten an Land.

Danach wurden die Gefangenen aufgeteilt. Die Mannschaft der ALBEDO wurde nach Adado geschafft, einer Stadt im Hinterland, unweit von Harardhere. Die Jungs von der NAHAM 3 dagegen landeten in jenem bewaldeten Tal, wo die Piraten unter einem Dornbusch ein provisorisches Lager errichtet hatten. Mit etwas Gestrüpp und ein paar Planen versuchten sie den Regen abzuhalten. „Für uns war es unser Haus", erzählte Arnel. Dort brachten sie den größten Teil der nächsten drei Jahre zu. Nur gelegentlich versteckten die Piraten sie in festen Gebäuden in Budbud. Als Verpflegung hatten sie Reis, Anjero-Fladen, Bohnen und Tee. Die Crew flocht schließlich aus Seilresten und Baumrinde Fallen, um mit Ratten und Vögeln den Speiseplan etwas abwechslungsreicher zu gestalten. Die Piraten, die ja für die ganze Misere verantwortlich waren, begannen sich jedoch plötzlich um die Gesundheit ihrer Geiseln zu sorgen. Deshalb brieten die Geiseln die gefangenen Tiere heimlich, um den argwöhnischen Blicken der Piraten zu entgehen. „Wer erwischt wurde, wurde zur Strafe gefesselt", erzählte Arnel, „wir mussten also das Fleisch vor ihnen verstecken."

An einem Nachmittag forderte ein Pirat Korn Vanthy auf, Reis für ihn zu kochen. Der junge Kambodschaner weigerte sich, schließlich war er gerade mitten in einem Kartenspiel. Man schrie sich an und als Korn Vanthy das nächste Mal austreten musste, schoss ihm der Pirat eine Salve Kugeln in den nackten Fuß. Daraufhin verbarrikadierten sich die anderen Crewmitglieder in ihrem Unterschlupf und traten in Hungerstreik. „Ein Aufstand", freute sich Tony, „leider nur 24 Stunden lang. Aber wir waren sehr wütend."

Zwischen den verschiedenen Nationalitäten der Crew schien es in Nairobi keine Unstimmigkeiten zu geben. Die alten Spannungen an Bord waren verschwunden. Aus dem, was die Mannschaft über ihre chinesischen Mitglieder erzählte, schloss ich, dass sich während der langen Geiselhaft alle gegen die Piraten verbrüdert hatten. Es war schön, wenn auch etwas seltsam, sie sich alle einträchtig beieinander vorzustellen. Mehr als ich je gedacht hätte, waren die Männer in diesen Tagen eine echte Mannschaft. Und doch war die Situation, in der sie sich befanden, künstlich geschaffen – durch Agenturen wie Step Up. Auf alle warteten in ganz Asien verstreut ihre Familien. Nach ein paar Tagen Erholung reiste jeder von ihnen ab und vermutlich würden sie sich nie wieder zur selben Zeit am selben Ort treffen. Auch für mich war es ein etwas melancholischer Abschied.

„Hat dir Step Up dein Gehalt bezahlt?", fragte ich Ferdinand.

„Nein, Michael."

„Gar nichts? Noch nicht mal ein kleines Gehalt für die Familie?"

„Nein."

Allerdings hatte Steeds Hilfsorganisation für jedes Mannschaftsmitglied etwas Geld zusammengekratzt, um ihnen daheim einen Neuanfang zu ermöglichen.

Ich fragte nach Jie, dem chinesischen Jungen, und wollte von Tony wissen, wie er ums Leben gekommen war.

„Jie ist nicht tot, Michael! Wang Zhao ist gestorben."

„Oh!"

Ich erinnerte mich an Whang Zhao als ein junges, ruhiges Crewmitglied mit schwarzem, fransig geschnittenem Haar, einer recht stylischen Frisur. Für gewöhnlich saß er über uns auf dem Förderband. Seine großen, dunklen Augen schienen alles mit kindlicher Gleichmut verschlingen zu wollen: das chinesische Karaoke-Programm und die Kung-Fu-Filme genauso wie die *Tom und Jerry*-Cartoons oder die Gewalt der Piraten.

Er starb 2013 nach dem Ausbruch einer merkwürdigen Hautkrankheit an Bord, eine Amöbengangräne oder etwas dieser Art.

„Sie haben uns damals zwar Medizin gegeben, doch leider die falsche", erzählte Tony. Wang Zhao wollte gerade ein Tablett voller frisch geputzter Fische in die Küche tragen, als er bewusstlos an Deck zusammenbrach. Die ganze Nacht pflegte ihn die Crew, doch schwoll sein Hals immer weiter an, bis er zuletzt kaum mehr Luft bekam. „Ungefähr um zehn Uhr morgens ist er gestorben", erzählte Tony. „Die Piraten sagten einfach nur zu uns: ‚Bringt ihn in den Tiefkühler.' Sonst nichts."

Wang Zhao wurde nur 24 Jahre alt. Anders als Bashko mir erzählt hatte, kam er also nicht bei einem Hungerstreik ums Leben. Ein paar der anderen litten noch wochenlang am Fieber und den dunklen Schwellungen, allerdings war niemand mehr gestorben. Im Frühjahr 2014 jedoch wurde der Indonesier Nasurin im Buschcamp krank. Nach einem Gewitter bekam er Fieber und lag dann zwei Wochen darnieder. Arnel und Tony vermuteten eine Malariainfektion: „Er meinte, alles in seinem Körper fühle sich sehr heiß an", erinnerte sich Tony. Die Piraten warfen ihm daraufhin die Tabletten nur so zu, Antibiotika ebenso wie Paracetamol. Dennoch starb Nasurin 2014 in jenem bewaldeten Tal. „Kein Arzt, keine Behandlung, nichts", meint Tony voller Verachtung.

Als die Piraten die NAHAM 3 aufgaben, lagen in ihren Kühlkammern zwei Leichen, die Wang Zhaos und die des Kapitäns. Ich fragte, was die Piraten mit dem Inhalt der Kühlkammern gemacht hatten.

„Den Thunfisch haben sie ins Meer geworfen", berichtete Arnel mit seiner singenden Stimme.

„Alles? 100 Tonnen?"

„Richtig", bestätigte Tony, „nur die Leichen haben sie an Bord gelassen."

„Das ist nicht wahr, oder?"

„Piraten sind völlig durchgeknallt, Michael."

Ich konnte mir vorstellen, wie es nach Abstellen der Generatoren an Bord der NAHAM 3 still geworden war, konnte mich gut in die Angst der Crew hineinversetzen.

An ihrem letzten Tag auf See tauchte am Horizont ein Kriegsschiff auf. Ein paar Piraten kamen mit einem Schnellboot und vertäuten es am Heck des zum Untergang verdammten Schiffes. Als es Abend wurde, gab Jian Zui vor, krank zu werden. Er bestand darauf, an Deck schlafen zu dürfen. Spät in der Nacht schlich sich der Chinese, der vor mir aus Spaß einmal so getan hatte, als wolle er ins Wasser springen, bis zum Heck der NAHAM 3. Die Piraten dösten zu diesem Zeitpunkt nur vor sich hin und Jian wollte versuchen, mit dem Schnellboot das Kriegsschiff am Horizont zu erreichen. Er kletterte über die Bordwand ins Wasser und schnitt die Leinen durch. Doch noch bevor er in das Schnellboot einsteigen konnte, wurde es von einer Welle erfasst und davongespült. Jian Zui geriet in Panik, schwamm jedoch im tiefschwarzen Wasser gegen die Tide bis zum Strand. Um sein Gewicht zu verringern, zog er sich alle Kleider aus. Als er schließlich durstig und erschöpft das Ufer erreichte, entschloss er sich, nicht weiter im Dunkeln herumzuirren, sondern sich erst einmal schlafen zu legen. Eigentlich wollte er noch vor Morgendämmerung wieder aufstehen, doch er wachte schließlich erst bei hellem Tageslicht auf. Arnel musste kichern: „Und er war völlig nackt!"

„Was hat er dann gemacht?"

In einem Piratenboot am Strand fand er schließlich ein paar trockene Kleider und lief ohne einen Tropfen Wasser eine lange Strecke landeinwärts. Er kam zu einer Behausung der Nomaden und bettelte dort um etwas zu essen und zu trinken. Eine junge Frau gab ihm etwas Milch und Ziegenfleisch. „Doch noch während er aß, rief die Frau Bakayle an", erzählte Arnel, „und der holte ihn schließlich mit einem Auto ab."

„Und einem Gewehr", ergänzte Tony.

Damit hatte Jian Zui eine Frage beantwortet, die mich beschäftigte, seit ich Somalia verlassen hatte: Was wäre passiert, wenn ich über Land geflohen wäre und ich von der Hilfsbereitschaft der Menschen in der Region Galmudug abhängig gewesen wäre?

„Hat Bakayle Jian danach geschlagen?", fragte ich.

„Er hat behauptet, er hätte ihm nur einen Klaps verpasst", meinte Arnel. Doch in einem Bericht eines chinesischen Magazins fand ich später die Beschreibung einer langen Narbe auf Jian Zuis

Kopf, die von einem Schlag Bakayles mit dem Gewehrschaft her-
rührte.

In Nairobi hatte ich Jian Zui nicht gesehen, konnte also über
seinen Zustand nur spekulieren. Er tauchte auf ein paar Bildern auf,
die als Lebensbeweis gemacht worden waren. Darauf sah er nicht
wesentlich schlechter aus als die anderen. Dazu kam, dass sich kaum
einer der asiatischen Seeleute je beklagte. In der verhalten ausgelas-
senen Atmosphäre während unseres Hotelaufenthalts war es ohnehin schwer, über die psychischen Wunden zu sprechen. Allerdings
fielen mir die langen Gesprächspausen, die eingefallenen Gesichter,
der unterdrückte Ärger und der aufgestaute Schmerz auf. Es würde
lange dauern, bis sich alle davon erholt hatten.

Die Erfahrung der somalischen Geiselhaft hatte mich extrem
skeptisch gegenüber vagen Ideen und hochfliegenden Plänen gemacht. Ich verbot sie mir geradezu. Nur das reine Überleben war
wichtig. Körper und Geist wissen ganz von selbst, wie sie sich
Schritt für Schritt erholen können. Der tierische Überlebensinstinkt
steht auch nicht im Gegensatz zur Traumwelt der Ideen – beide Seiten gehören unbedingt zum Menschsein. Doch ich misstraute noch
lange Zeit allen großen Ideen und Plänen für eine ferne Zukunft.
Ideen hatten mich in diesen Schlamassel geführt. Ideen konnten
nach hinten losgehen. Noch in Nairobi, zwei Jahre nach meiner
Freilassung, widerstrebte es mir, mich auf langfristige Pläne einzulassen. Trotzdem begann ich langsam etwas zu verstehen, das ebenso
unwiderstehlich wie schwer zu beschreiben ist.

Ich konnte weder Tagalog oder Ilocano, die beiden wichtigsten
Landessprachen auf den Philippinen. Außerdem schienen die Filipinos während ihrer Zeit in Somalia ihr Englisch fast verlernt zu
haben. So hatten wir wieder Probleme damit, die richtigen Worte
zu finden. Ich musste daran denken, in welch vielfältiger Weise
Rolly und ich das Wort „Okay" genutzt hatten. Ganze Bücherei-
en hätte man mit den verschiedenen Bedeutungen dieses „Okay"
füllen können. Ich freute mich, die Crew auf dem sonnigen Balkon des Hotels wiederzusehen, freute mich, dass sie endlich gutes
Essen und anständigen Kaffee genießen konnten. Doch machten

mich die Schwierigkeiten, die den Männern bei der Erholung von ihrer langen Geiselhaft noch bevorstanden, auch traurig. Die beiden gegensätzlichen Gefühle schlossen sich nicht aus. Weder löscht Trauer Freude aus, noch kann man mit Freude Trauer bekämpfen. Beide verstärken einander vielmehr. Als ich über meinen Sprung in den Ozean von Bord der NAHAM 3 nachdachte, wurde mir bewusst, dass ich niemals die Freude über diesen Moment der Freiheit von dem anhaltenden Schrecken würde trennen können, den ich gleichzeitig empfand. Es war schlicht unmöglich. Als die Jungs nun über die Rückkehr zu ihren Jobs auf der heimischen Farm in Vietnam, Kambodscha oder auf den Philippinen sprachen – Phumanny, der tätowierte Buddhist, wollte zum Beispiel künftig die scharfen Chilischoten seiner Eltern vermarkten –, spürte ich die klägliche Unsicherheit solcher Zukunftspläne, aber gleichzeitig die große Erleichterung darüber, dass wir überhaupt wieder eine Zukunft hatten.

„Jian Zui wollte entkommen, so wie du", lächelte mich Tony an.

„Ja, aber, äh …"

Großer Gott, war das schwer.

„Ist er okay?", fragte ich.

Arnel nickte freundlich.

„Ja, er ist okay."

Später gab es eine Feier in der philippinischen Botschaft in Nairobi, mit Gottesdienst, abendlichem Buffet und Karaoke. Wir sprachen wie auf der NAHAM 3 unser Seemanns-Pidgin miteinander. Es fühlte sich merkwürdig an, diese verstümmelte Sprache nun an Land und bei einem derart formellen Anlass zu benutzen. Aber um nichts auf der Welt hätte ich den Abend missen wollen. Seit der Nachricht von der Freilassung der Crew war ich in Hochstimmung. Die Welt war wieder in Ordnung, jedenfalls im Moment. Im Kern dieser albernen Aufgeregtheit spürte ich etwas von jenem erleuchteten „Körper der Glückseligkeit", den ich erst in Galkayo entdeckt hatte. Er verwies auf etwas Unvergängliches in der menschlichen Seele, das mir an Bord der NAHAM 3 noch so ungreifbar erschienen war. Jetzt aber fehlten mir buchstäblich die Worte, diesen Gedanken irgendjemandem hier in der Botschaft mitzuteilen. Ich war ja kaum in der Lage, meine Dankbarkeit auszudrücken – nein, nicht allein Dankbarkeit, auch Wut, Hunger und Angst, die lange Hoffnungslosigkeit. Tod, Erneuerung, Leid, Liebe. Die sengende Sonne in der Wüste und das wundersam belebende Meer.

DANKSAGUNGEN

Ich bedanke mich vor allem bei meiner Mutter Marlis Saunders und den FBI-Agenten, die sie während der langen und frustrierenden Verhandlungen mit den Piraten unterstützt haben.

Danke auch an ihren Mann Lou Saunders, der mit ihr leiden musste.

Danke an Mathias Müller von Blumencron, Georg Mascolo, Holger Stark, Matthias Gebauer und Wolfgang Büchner vom *Spiegel*, genauso wie an Daryl Lindsey und Charles Hawley bei *Spiegel Online* sowohl für ihre moralische als auch für die praktische Unterstützung.

Danke an Jon Sawyer und Tom Hundley beim Pulitzer Center on Crisis Reporting für ihr gesamtes Engagement während der ganzen Zeit, besonders aber für die Unterstützung meiner Mutter in Kalifornien.

Danke an Sarah Miller-McCune beim heutigen *Pacific Standard*, an David Bradley bei Atlantic Media, an Mel Leshowitz und Ellen Beaumel und an John Keenan bei Keenan & Associates.

Danke an Ashwin Raman, Derek Seton, John Steed in Nairobi und natürlich an Joe für die exzellente logistische Unterstützung.

Danke an David Rohde für all seine Hilfe.

Danke an Olivia Judson, die mir den Film *Mut zur Wahrheit* nahegebracht hat, genauso wie James Stockdales großartigen Aufsatz über seine Zeit als Kriegsgefangener in Vietnam. Stockdales Gedanken zu Epiktet ergänzten sich mit meinen eigenen Erfahrungen. Mir scheint es äußerst bemerkenswert, dass wir beide während unserer Gefangenschaft auf verschiedenen Wegen zu ähnlichen Schlüssen gekommen sind.

Danke an Susanna Forrest in Berlin und auch danke an den Rest des Putzkommandos John, Aimee und Desmond. Außerdem Dank an alle meine Freunde in Berlin und sonstwo, die während meiner Geiselhaft um mich bangten.

Danke an Nicole Busse und Blanche Schwappach.

Danke an den Kreis aus FBI- und BKA-Beamten, die mich nach meiner Freilassung unterstützt haben, außerdem danke für das herrliche Mahl aus Königsberger Klopsen in Nairobi.

Die Arbeit an diesem Buch wurde mit Hilfe von Stipendien der Logan Nonfiction Fellowship beim Carey Institute for the Global Good im Staat New York unterstützt, genauso wie vom Pulitzer Center on Crisis Reporting in Washington D.C.

Danke an meine Leser Susanna Forrest, Stig Jarle Hansen, Rasha Elass, Taran Khan, Mark Kramer und allen aus dem Winterkurs 2017 der Logan Nonfiction Fellowship.

Danke an meine wunderbare Surflektorin Karen Rinaldi und meine fabelhafte Agentin Kathy Robbins.

Danke auch an Hannah Robbin und Nate Knaebel für ihre sorgfältige Durchsicht des Manuskripts.

Danke an Abdi Warsames gesamte Familie in Wiesbaden und Berlin für ihre moralische Unterstützung und Abdis Übersetzungen aus dem Somalischen.

Danke an H., einen Somalier, der in meinem Auftrag einige der Geschichten in diesem Buch zusammengetragen hat.

Und danke auch an Anna Noryskiewicz für ihre Übersetzungen aus dem Chinesischen und ihre Hilfe mit der Pidgin-Orthografie.

DIE PERSONEN IN DIESEM BUCH

Abdi Warsame – ein somalischer Übersetzer vor Gericht in Hamburg.

Abdi Yare – Spitzname des höchstrangigen Piratenbosses im Fall der Geiselnahme des Autors, allerdings wurde der Name von mehreren Piraten genutzt.

Abdinasser – ein gutmütiger, jedoch etwas stürmischer Wärter, der sich zum „Sahib" des Autors erklärte.

Abdinuur – ein Pirat und Maschinengewehrschütze, nominell der Anführer der Wärtergruppe für den Autor.

Abdirashid – ein Emporkömmling unter den Piraten, der behauptete, Sohn des Anführers Dhuxul zu sein, wurde auch „Rashid" genannt.

Abduelle – inoffizieller Bürgermeister in Hobyo, lebt in Hobyo.

Abdul (Wärter) – ein dünner, leicht androgyner Wärter.

Abdul (Übersetzer) – ein somalischer Verhandlungsführer während der Zeit an Bord der Naham 3.

Abdurrahman – ein somalischer Übersetzer und Hilfsverhandlungsführer in Galkayo, auch „Mustaf" genannt.

Abduwali – ein älterer Wärter und Pirat an Bord der Naham 3, mit guten Englischkenntnissen, fungierte bisweilen als Übersetzer.

Ahmed Dirie – ein Gruppenführer bei den Piraten, mit fauligen Zähnen, war äußerst unfreundlich zum Autor, gehörte sowohl dem Entführungs- als auch dem Bewachungsteam an.

Aidid, Mohamed Farrah – ein ehemaliger somalischer General und Warlord, der sich während der Schlacht um Mogadischu 1993 ein Gefecht mit U.N.-Streitkräften geliefert hatte.

Akes – ein ruhiger, philippinischer Seemann an Bord der Naham 3.

Alis Bruder – ein Gruppenführer bei den Piraten, gewaltbereit und Bruder von Ali Duulaay.

Alin, Präsident Mohamed Ahmed – zwischen 2009 und 2012 Präsident des somalischen Bundesstaates Galmudug.

Anders – ein norwegischer Unterhändler mit guten somalischen Sprachkenntnissen, sein Name wurde für dieses Buch geändert.

Angelo – Spitzname eines Wärters, der Rolly gut behandelte und dem Autor seine Lederjacke überließ.

Arnel Balbero – ein philippinisches Mitglied der NAHAM 3-Crew, wurde wegen seiner Englischkenntnisse befördert.

Ashwin Raman – indischstämmiger Dokumentarfilmer aus Deutschland, Partner des Autors bei seiner Reise nach Somalia.

Awale, Mohamud – offiziell, wenn auch nur dem Namen nach, der Bürgermeister von Hobyo, lebt in Galkayo und London.

Bakayle – Spitzname eines Anführers der Piraten mit großen Ohren – Bakayle bedeutet auf Somali „Hase". Rolly nannte den Mann „Fifty Million".

Bashko – Kosename von Bashir, einem Wärter, der dem Autor half.

Big Jacket – Spitzname für einen Gruppenführer an Bord der NAHAM 3.

Boodiin – ein Übersetzer für die Piraten in Hobyo.

Buchanan, Jessica – eine U.S.-Entwicklungshelferin, die in Somalia entführt und danach durch amerikanische Spezialeinheiten befreit wurde.

Cao Yong – ein drahtiger, chinesischer Maschinist auf der NAHAM 3, musste häufig die Generatoren reparieren.

Chorr – Freund des Piratenbosses Bakayle, versuchte, Rollys Bibel von Bord der NAHAM 3 zu kicken.

Dag – ein Wärter unter Ali Duulaay, war oft vom Khat zugedröhnt.

Derek – ein Buschpilot und Unternehmer aus Kenia.

Dhuxul – ein Piratenboss in Galkayo mit einer Holzprothese am Bein.

Digsi – ein geachteter Ältester aus dem Sa'ad-Klan in Galmudug.

Duulaay, Ali – ein hochrangiger Piratenboss und Anführer des Entführungskommandos, das sowohl Rolly Tambara als auch den Autor in seine Gewalt brachte.

Farhaan – Spitzname eines etwas schwerfälligen Wärters, der den Autor den Film *Captain Phillips* ansehen ließ.

Farrah – Spitzname eines hochgewachsenen, jedoch etwas schüchternen Wärters in Galkayo.

Fatxi – ein Piratenboss mit Haus in Hobyo.

Ferdinand Dalit – ein philippinisches Crewmitglied der NAHAM 3.

Fuad – ein somalischer Unterhändler aus der Nähe von Galkayo.

Garfanji, Mohamed – einer der obersten Geldgeber der Piraten aus deren Netzwerk in Hobyo und Harardhere.

Gerlach, Mohammed – ein Ältester aus Galkayo, der jedoch in Berlin lebt und dem Autor als Kontaktmann in Somalia diente.

Ha, Nguyen Van – ein vietnamesisches Crewmitglied auf der NAHAM 3, ehemaliger Reisbauer.

Hamid – ebenfalls Kontaktmann in Somalia und Assistent Mohammed Gerlachs und des Autors.

Hanley, Gerald – Autor des Buchs *Warriors* über Somalia während und nach dem Zweiten Weltkrieg.

Hashi – Spitzname eines recht netten Wärters in Galkayo.

Hen, oder „Hayle" – Spitzname von Kim Koem Hen, einem kambodschanischen Crewmitglied der NAHAM 3.

Hersi – ein recht unterhaltsamer, junger Wärter in Hobyo.

Issa – Spitzname eines großen, sehnigen Piraten, der sowohl in Hobyo als auch auf der NAHAM 3 und in Galkayo auf den Autor aufpasste.

Jian Zui – Spitzname von Leng Wenbing, einem chinesischen Crewmitglied auf der NAHAM 3.

Korn Vanthy – ein kambodschanisches Crewmitglied der NAHAM 3, der beim Fischen seine Hand aufspießte.

Li Bo Hai – der erste Maschinist an Bord der NAHAM 3, einer der Sprecher der Crew.

Lyon, Denis und Sylvia – Freunde der Familie des Autors.

Madobe – Spitzname von Abdisalaan Ma'alin Abdullahi, einem Wärter, der den Autor nicht leiden konnte.

Mohamed Siad Barre – der letzte Präsident Somalias vor Ausbruch des langen Bürgerkriegs, 1991 gestürzt.

Marc Songoire – eine Geisel und Fischer auf den Seychellen.

Mowliid – ein Maschinengewehrschütze, der den Autor auf dem Weg nach Hobyo beschützen sollte.

Mustaf – Spitzname von Abdurrahman, einem somalischen Übersetzer und Hilfsverhandlungsführer.

Mustaf Mohammed Scheich – ein Deckname für den Piratenboss, den der Autor in Hobyo interviewte.

Ngem Sosan – ein etwas sarkastisches, kambodschanisches Crewmitglied der NAHAM 3.

Özyurt, Kapitän Hasan – Kapitän der Fregatte GEDIZ der türkischen Marine im Einsatz gegen die Piraten.

Phumanny, Em – ein gutmütiges, kambodschanisches Crewmitglied der NAHAM 3 mit einem Rücken voller Tätowierungen.

Pramoedya Ananta Toer – indonesischer Romancier und politischer Gefangener, vom Autor 2004 interviewt.

Qiong Kuan – Chinese und erster Maat der NAHAM 3.

Rashid – ein Emporkömmling unter den Piraten, der behauptete, Sohn des Anführers Dhuxul zu sein, wurde auch „Abdirashid" genannt.

Robert – kalifornischer Unterhändler, der die Lösegeldverhandlungen im Fall des Autors zum Abschluss bringen konnte, wurde auch „Bob" genannt.

Rolly Tambara – eine Geisel und Fischer von den Seychellen.

Romeo – Deckname für einen Unterhändler in den U.S.A.

Saunders, Marlis – die Mutter des Autors.

Sayyid Mohammed Abdulla Hassan – ein sufistischer Hassprediger und Revolutionär während der britischen Besatzungszeit in Somalia, lebte zwischen 1856 und 1920.

Scheich Mohamud – Spitzname eines somalischen Ältesten, der bei den Lösegeldverhandlungen intervenierte.

Siad Barre – Somalias Präsident und Diktator, 1991 abgesetzt.

Steed, Colonel John – Leiter der Hostage Support Partnership in Nairobi.

Steve – ein kalifornischer FBI-Agent, mit dem Fall des Autors betraut.

Suzy – Susanna Forrest, die Exfreundin des Autors in Berlin.

Tahliil, Mohammed – ein anständiger Gruppenführer der Piraten in Hobyo.

Taso – Spitzname von Shen Jui-chang, einem taiwanesischen Maschinisten an Bord der NAHAM 3.

Thích Quang Duc – buddhistischer Mönch in Vietnam, der sich 1963 selbst verbrannte.

Thisted, Poul – ein dänischer Entwicklungshelfer, der mit Jessica Buchanan in Somalia entführt und durch amerikanische Spezialkräfte befreit wurde.

Tony Libres – Antonio, ein philippinisches Crewmitglied der NAHAM 3, der Koch an Bord.

Tuure, Ali – Spitzname eines somalischen Piratenanführers an Bord der NAHAM 3.

Xalane – ein junger Wärter, der gern als Mohammed durchgegangen wäre.

Xuan, Nguyen Van – ein vietnamesisches Crewmitglied auf der NAHAM 3, Spitzenfischer.

Yasar – ein Marineoffizier an Bord der türkischen Fregatte GEDIZ, im Einsatz gegen die Piraten vor Somalia.

Yoonis – ein Übersetzer für die Piraten in Hobyo und Galkayo.